한반도
기적의 역전
드라마

한반도
기적의 역전
드라마

초판1쇄 2024년 7월 19일 발행
지은이 김충근
펴낸이 이재욱
펴낸곳 (주)새로운사람들
디자인 김성환 디자인플러스
마케팅·관리 김종림

© 김충근, 2024

등록일 1994년 10월 27일
등록번호 제2-1825호
주소 서울 도봉구 덕릉로 54가길 25 (창동 557-85, 우 01473)
전화 02)2237-3301, 02)2237-3316
팩스 02)2237-3389
이메일 ssbooks@chol.com

ISBN 978-89-8120-664-5(03340)

*책값은 뒤표지에 씌어 있습니다.

한반도 기적의 역전 드라마

김충근

새로운사람들

차례

제3부 북핵 시대 한반도 국제 정치, 地經學的 전망

프롤
로그

2024년 한반도

북핵 시대, 남남갈등으로 한국도 아프다

한반도 남북, 빛과 어둠

한반도 하늘 높이에서 찍은 위성 사진을 보면 남한은 환한 불빛으로 비치는 데 반해 북한은 암흑의 어둠에 잠겨 있다. 그보다 더 높은 고공에서 찍은 동북아의 야간 전경을 보면 한국(남한)은 환히 빛나는 동북아 산업지대의 원형 고리 속 외딴 불빛 섬으로 보인다.

중국-만주-연해주-일본열도가 모두 훤히 불 밝히고 있는 데 반해 불빛이라곤 없는 북한은 서해-남해-동해-다시 서해를 잇는 남한 북쪽의 '북해'인 양 칠흑의 바다로 보이기 때문이다.

어둠의 북한 모습은 바다 위에서도 같다. 대왕문어로 유명한 동해의 북방어로 한계선 부근 저도 어장에서 야간에 조업하는 우리 어선들은 선체 좌현 멀리 육지의 불빛 선까지만 올라갈 수 있다. 불빛이 끝나고 어둠이 시작되는 곳이 바로 북한이기 때문이다.

밤이 이렇듯 낮 또한 북한의 모습은 이채롭다. 두만강과 압록강을 사이에 두고 북쪽 중국과 러시아 땅은 고층 건물이 솟아 있거나 수목이 우거진 데 비해 남쪽 북한은 낡고 조악한 시골집이 드문드문 보일 뿐 산과 들은 온통 민둥산이다.

강 이쪽과 저쪽은 한 세기 이상 시대를 건너뛴 듯 완전히 딴 세상이다.

두만강 압록강을 따라 이어지는 러시아와 중국의 대북 국경선은 삼엄한 군경순찰은 물론 높고 견고한 철책과 철조망이 2중으로 쳐져 있다. 북한 남쪽의 분단 선상에 있는 DMZ 철책선은 물론 이보다 훨씬 더 살벌하다.

북한은 육지로는 남북 철책, 동서 해상으로는 바다로 밀폐된 수용소나 다름없다. 북한은 개혁개방을 거부하고 스스로 가난과 미개발의 자폐 생활을 하고 있다. 오로지 '백두혈통 천부왕권'을 수호하기 위해서다.

이렇다 보니 중국 단동(丹東)은 '원시 조선'을 구경하려는 중국인들의 관광명소가 되었다. 헐벗고 굶주려 삐쩍 마른 사람들, 폐품 쓰레기나 다름없는 선박과 의복 등 생활용품과 장비들, 먹고 마시는 모습은 어디서도 찾아볼 수 없는 배고픈 생활상 등등.

압록강 위 모래톱 뒷켠에서는 국경경비대가 눈감아주는 가운데 쪽배에 싣고 온 북한 담배 술 지폐 등이 인기리에 암거래된다. 말이 인기이지 실은 중국 사람들이 과거 마오쩌둥 시절 피폐했던 죽의 장막이나 문화대혁명의 암흑기 추억을 소환하기 위한 호기심으로 사는 장난감일 따름이다.

북한은 비밀의 베일에 싸여 있고 수수께끼 같은 정권이 지배하고 있다. 북한은 군사력에 자금을 투입하는 반면, 사회간접자본 인프라, 특히 도로는 미정비된 채로 남아있다. 실제로 북한의 도로는 12만 평방km가 넘지만, 포장된 도로는 2.83%에 불과하다.

이토록 가난하고 낙후한 나라이지만 부정부패가 만연해서 돈 없고 당과 군의 배경 없으면 탈북도 하지 못할 지경이다. 탈북에 성공하여 한국에 오는 사람들 가운데 여성이 많다는 사실도 부정부패한 북한 관헌을 설득하는 데 여성이 유리하다는 점과 관련이 있어 보인다. 2015년에는 세계에서 가장 부패한 국가로 동률 1위를 차지하기도 했다.

김정은 체제에서 부패는 북한에 깊숙이 뿌리내린 것으로 보인다. 부패인식지수에서 북한은 100점 만점에 14점에 불과하다. 이는 10점으로 다소 낮은 소말리아와 함께 가장 부패한 국가 5위권에 속한다.

북한의 국토 면적은 12만 538평방km로 미국 펜실베이니아 주보다 조금 더 넓은 정도지만, 이 중 옥수수라도 심어 먹을 경작 가능한 토지는 19.5%에 불과하다. 130만 명의 현역 군인을 보유한 조선인민군(KPA)은 북한 사회 어디에나 존재하는 세계 최대 규모의 군대이다.

북한에서 사람들은 자기 나라에 갇혀서 밖으로 나갈 수 있는 자유가 없다. 탈출을 시도하면 강제수용소의 공포 또는 죽음이라는 악몽에 직면하게 된다. 도망치는 것은 이판사판 생사 갈림길의 시작에 불과하다. 탈출에 성공한 사람들은 종종 또 다른 함정에 빠진다. 도망 다니다 중국 당국에 붙잡힌 남성은 강제 송환되어 처형되며, 여성은 중국 내 인신매매의 덫에 걸려 이리저리 팔려 다니는 성노예가 되어야 하는 암울한 운명에 직면한다.

평양 만수대의 언덕에는 김일성 주석과 김정일 국방위원장의 동상이 권력의 상징으로 우뚝 솟아 있다. 위성 사진을 통해 칠흑의 북한 땅에서 한점 반딧불처럼 보이는 만수대는 신비에 싸인 국가의 영원한 수호신을 의미한다. 흥미로운 사실은 북한 사람들의 키와 몸무게가 남한 사람들보다 훨씬 작아지는 등 체형이 달라져 한국인과는 민족이 다른 아시아 황인종처럼 보일 정도이다.

한국인들은 1970년대 이후 경제 번영으로 잘 먹고 사는 데 반해 북한 주민들은 너무 오랫동안 굶주려 왔고, 지금도 무려 24%가 영양실조에 시달리고 있기 때문이다.

2023년 12월 20일 통계청이 발표한 '2023 북한의 주요 통계지표'에 따르면 지난해 북한의 명목 GDP는 36조 2,000억 원이었다. 남한의 지난해 명목 GDP인 2,161조 8,000억 원과 비교하면 60분의 1 수준이다. 북한의 1인당 국민총소득(GNI)은 143만 원으로 1년 전(142만 3,000원)보다 0.5% 늘었다. 1인당 GNI가 4,249만 원인 남한과의 격차는 29.7배로, 2021년의 28.6배보다 더 커졌다.

UN통계로 확인할 수 있는 가장 오래된 데이터인 1970년 기준으로 북한의 1인당 GDP는 384달러로, 당시 전 세계 176개국 중 105위를 기록하여 286달러(123위)를 기록한 한국을 앞섰고, 이와 같은 추세는 1973년까지도 지속되었다. 그러다 1974년 남한은 571달러(102위)를 기록하여 515달러(110위)를 기록한 북한을 드디어 추월하였다.

2021년 현재, 북한의 1인당 GDP는 654달러를 기록하여 195개국 중 181위를 기록했으나, 남한은 34,940달러를 기록하여 195개국 중 29위를 기록하기에 이른다.

반세기 동안 122배나 성장한 남한과는 달리 북한은 겨우 1.7배만 성장했다는 것이며, 이 기간 북한의 1인당 GDP를 남한에 대입하면 남한의 1.3배(倍) 수준에서 남한의 1.9% 미만 수준으로 추락했다는 것이다.

더욱이 화폐 가치 변동을 고려하면 북한의 1인당 GDP는 반세기 전보다도 더 추락한 셈이다. 그런데도 북한은 공식적 차원에서 경제 파탄을 전혀 인정하지 않고 오히려 자신들이 '제국주의 렬강(列强)들이 힘을 모아 가해 오는 세계적인 중압'을 '단독으로 이겨내면서 끄떡없이 상승일로로만 내달려 왔다.'고 주장하고 있다.

북한은 간단히 말해서 역사상 세계의 그 어느 전제 왕조보다 더 지독한 철권독재체제다. 신격화된 김정은 일인이 군(軍)과 당(黨)은 물론 국가 자체를 소유하고 있다. 그를 둘러싼 권력 핵심(노멘클라투라) 360여 명이 김정은 군주를 옹위하며 세계 최고의 삶을 누리는 가운데 기껏 3백만, 많아야 5백만 명이 의식주를 걱정하지 않을 뿐 나머지 2천만 명은 압제와 가난의 어려운 삶을 산다.

북한 체제 아래서는 인민의 몸도 마음도 생각에도 자유가 없다. 그마저 김정은이라는 현인신(顯人神)에게 신탁된 것이나 다름없기 때문이다. 김일성을 시작으로 김정일을 거쳐 김정은에 이르도록 강화되어 온 북한 체제의 악성이 이 지경이다.

이런 북한이 이제 누가 뭐라고 하든 실질적인 핵(核) 4강(强)에 등극하였다. 종래 미국 러시아 중국 영국 프랑스를 묶어 핵 5강이라 일컬었다. 이들 5개국은 유엔 안보리 상임이사국(P5)이기도 하다.

그러나 북한은 여태까지 미국 러시아 중국 세 나라만 가지고 있던 대륙간 핵탄두 발사 공격 기술인 ICBM 개발에 성공함으로써 영국과 프랑스를 제치고 양탄일성(兩彈一星, 원자탄+수소탄+ICBM) 보유국이 된 것이다.

　　북한은 2018~9년 문재인-김정은-트럼프의 남북미(南北美) 3국 정상 간 북핵 협상을 통해 P5 체제를 제치고 핵 4강에 올랐다. 북한의 3대 세습 수령 김정은이 핵 포기라는 루어(lure)를 던져 낚아낸 것이다.

　　김정은이 교묘히 꾸민 '핵 포기' 미끼를 물어다 트럼프에게 전달, 루어가 기능하도록 한 장본인은 문재인이다.

　　김정은은 남북미 북핵 협상 과정을 이용, 중국 시진핑과 러시아 푸틴과도 글로벌 핵 역학 구도를 협의 조정하는 수완을 발휘했다. 트럼프와는 핵과 미사일로 맞짱 뜬 끝에 사상 최초로 열린 북미정상회담을 제1차 핵 군축회담으로 마감하였다. 세계최강 미국이 2019년 북핵 협상 막바지에 '북핵 동결-미북 관계 개선'의 절충안을 던졌으나 북한은 이를 거부한 것이다. 한국은 언제든 마음먹기에 따라 점령할 기세다.

　　불량국가 왕따국가에서 이젠 누구도 함부로 대할 수 없는 막가파 국가로 행세하고 있다. 마치 조폭 두목처럼 중러 권위주의 1인 독재국가들의 종주국 노릇을 하려 들고 있다.

　　김정은이 세계열강을 상대로 벌인 희대의 대사기극은 김정일의 선군(先軍) 외교 신봉자인 서훈 당시 국정원장과 이념 정체성이 모호한 문재인 전 대통령의 중개 도움으로 성공할 수 있었다.

　　안보의 관점에서만 보면 한반도 남북 간에는 어둠이 빛을 꺾는 비정상(非正常)과 반문명(反文明)이 자행되고 있다.

동북아 최고의 민주 문명 대국, 대한민국

지난해(2023) 한국의 명목 국내총생산(GDP) 규모는 세계 13위로 집계됐다. 앞서 2년은 연속 '톱(Top)10'을 유지했었다. 한국은행에 따르면 지난해 한국의 명목 GDP(시장환율 적용)는 1조 6천733억 달러로 나타났다. 총인구 5,130만 명(행안부, 2024년 2월 말 기준)으로 전 세계 인구의 0.6%(29위)를 가진 대한민국이 초고령화와 출산 격감의 상황 속에서 이룩한 눈부신 성취이다.

국가별로는 미국이 25조 4천627억 달러로 1위, 중국이 17조 8천760억 달러로 '빅2'를 형성한 가운데 일본이 4조 2천256억 달러, 독일이 4조 752억 달러, 영국이 3조 798억 달러로 '톱5'에 이름을 올렸다.

이어 인도(3조 96억 달러), 프랑스(2조 7천791억 달러), 캐나다(2조 1천436억 달러), 러시아(2조 503억 달러), 이탈리아(2조 105억 달러)가 전 세계 경제대국 10위 안에 들었다. 브라질이 1조 8천747억 달러로 11위, 호주가 1조 7천23억 달러로 12위였고, 한국 다음으로는 스페인이 1조 5천207억 달러, 멕시코가 1조 4천597억 달러로 각각 14위와 15위를 차지했다. 강달러 상황 속에서 지난해 우리나라를 제친 러시아와 브라질, 호주 등은 모두 석유나 광물 등 원자재 수출국이라는 공통점이 있다.

지난해 미국의 한 시사지(US News)는 세계 10대 강국 중(10 powers) 미국 중국 러시아 독일 영국 다음으로 한국(韓國)을 세계 6위로 꼽기도 했다.

이 잡지는 한국을 세계 6대 강국으로 선정한 기준을 ①최근 무기 수출로 드러나는 방위 산업 ②반도체를 중심으로 하는 기술력 ③미디어 콘텐츠 패권 ④최강 미국과 완벽한 군사동맹 및 K-컬쳐의 세계적 영향력 등 네 가지를 들었다.

선정 기준이 다소 무리한 면은 있다. 그러나 한국은 세계 1∞6등 규모의 조선소를 다 가지고 있고, 오대양을 누비는 대형 선박의 43%가 한국산인 나라다. 서울의 지하철은 세계 1등이며 전국 단위의 대중교통이 가장 잘 발달해 있다. 인터넷의 속도 기술 보급률이 가장 우수한 나라로, 유엔은 한동안 한국을 전자정보 기술이 세계 1등이라고 파악했다.

이 밖에도 한국은 연간 3조 원대의 화장품을 전 세계 100여 개국에 수출하고 있는 등 비록 작지만 알차고 다부진 모범국가로 인식되고 있다.

곰곰이 생각해 보면 한국은 유사 이래 동북아에서 가장 부강한 자유 민주국가이자 문명 대국이다. 아니 아시아에서도 가장 모범적인 민주 산업 국가라고 할 수 있다. G2로 부상한 중국에는 당청(唐淸) 제국이 있었고, G3 일본에도 아시아 태평양을 다 석권하던 군국시대가 있었다. 그러나 그들은 남의 나라를 짓밟고 자기 백성은 개돼지 노예, 기껏해야 신민(臣民)이나 당(黨)의 세포로 부리고 억압한 과거와 현재로 점철되어 있다.

이에 반해 대한민국은 국가의 진화 발전 단계상 안보(安保)국가, 발전국가, 민주국가를 거쳐 복지국가로 전진하고 있는 과정이 모두 국민의 손으로 이루어졌다. 남의 나라를 넘보거나 침략한 적 없이 모두 자력갱생했다. 초기 독립과 국가방위가 중요하던 안보국가 및 발전국가의 과정은 민족지도자와 군인들이 주축이 되었고, 민주국가는 의혈 학생과 시민이 힘을 뭉쳐 이룩했으며 지금은 온 국민이 복지를 향해 나아가느라 개성과 요구가 오히려 과한 구석도 드러나고 있다.

그럼에도 북한은 지금도 원시 안보국가 수준에 머물러 있다. 사방 아무도 저들을 쳐들어가지 않는데도 주구장창 미제(美帝)와 남조선 괴뢰 집단의 침략과 위협만 외쳐대고 있다.

북한에 비해 국민총생산(GDP)은 60배, 인당 소득(GNI)은 30배인 대한민국! 경쟁은 오래전에 끝났고 비교도 의미가 없다. 다만 핵이 없을 뿐이다. 이 바람에 한국은 목에 가시가 걸린 채 덜미를 잡혀있다. 우리의 덜미를 잡은 세력은 북한뿐만 아니고 중국 러시아 등 공산독재 1인 지배 국가들이 있고, 좌우 정쟁과 남남갈등 등 우리 내부에도 산재해 있다.

외부의 장애는 군사동맹, 기술동맹, 가치동맹의 강화로 극복할 수 있다 손 치더라도 정작 문제는 우리 내부의 좌우 극한 대결 남남갈등이 점점 심화할 뿐 해소될 기미조차 보이지 않는 데 있다.

남북, 왜 빛과 어둠으로 갈렸을까?

한반도는 역사를 통틀어 주민이 배불리 먹고 선정(善政)을 누리던 태평성대가 별로 없었다. 땅은 척박하고 천연자원은 부족한 데다 중국 일본으로부터의 침략과 노략질은 끊이지 않았다. 한반도 내에서도 소국으로 나뉘어 서로 싸우고 갈등했다. 왕조실록에 이런 구절도 나온다.

'남북의 각 고을이 하나같이 가뭄, 수해, 바람, 우박의 재난을 당하여 각종 곡식이 거둘 것이 없게 되었으며 상수리 열매도 익지 않았다. 농민들이 진을 치고 모여서 통곡하는 소리가 들판을 진동시켰다.'(《현종실록》 1670년 8월 11일)

'굶주린 어미가 죽은 남매를 삶아 먹었다.'(《현종실록》 1671년 3월 21일), '실성한 백성이 사람고기를 먹었다.'(《숙종실록》 1696년 2월 5일).

조선은 자존심도 버리고 오랑캐 나라라 여기던 청에 양곡 지원을 요청, 1698년(숙종 24) 청에서 3만 석을 실어와 1만 석은 무상으로 제공하고, 2만 석은 유상으로 판매했다.

처참한 역사 기록들은 흉년에 천재지변까지 겹친 특별한 경우이겠지만, 한반도는 보릿고개가 연례 고난기간이었고, 주린 배를 채우기 위해 초근목피(草根木皮)로 연명하는 지경이었다. 이러다 보니 남북 간, 삼남 간, 한만 국경 간 남부여대(男負女戴) 걸식 유민이 끊이지 않았고, 반도 쪽에 곡식과 빨래 도둑이 많았다는 중국의 고전기록까지 있다.

이런 한반도에 이런저런 사유로 중국과 일본의 군대가 들어와 맞붙어 싸우면 주민들의 운명은 그야말로 의지할 데가 없었다. 낮에는 침략군의 살상을 피해 도망 다니고, 밤이면 지원군의 민가 약탈 부녀자 겁탈을 피해 산속으로 숨어들어야 했다.

한반도는 대략 1,250년간(서기 633년 신라 선덕여왕∽1884년 갑신정변) 조공국으로 중국을 섬기고 살았다. 너무 오랜 세월 중국의 속방 노릇하다 보니 대중 사대주의가 국민의 관성처럼 뿌리 깊다.

일본에는 36년에 걸쳐 국권을 송두리째 잃고 식민지가 되어 노예 생활했다, 두 나라가 한반도를 지배하고 수탈한 것은 마찬가지이다.

중국은 자기 좋은 것들을 한반도 백성의 등짐이나 소 말의 달구지로 지고 싣고 가져갔다. 일본도 한반도에서 가져갈 것은 다 가져갔다. 더 많이 더 편리하게 가져가기 위해 저수지를 만들어 수확을 늘리고 신작로를 닦았다. 여자들만 해도 중국은 먹여 키우고 문물을 가르쳐 준다며 예닐곱 살 여아를 공출받듯 데리고 가서는 식모살이 농사일꾼으로 부리며 성 노리개로 실컷 가지고 놀다 20세 전후 다 망가진 몸으로 돌려보냈다.

일본은 아리따운 처녀들에게 일감을 주겠다며 속이고 징발해 가서는 전장에서 군인들의 정액받이로 활용했다.

남북이 여기까지는 큰 차이 없이 서로 비슷했다. 싸우고 갈등하더라도 같은 핏줄 하나의 민족으로 사는 처지는 같았다고 할 수 있다. 조선 말 당시 한반도 주민 약 40% 정도는 농노나 다름없는 삶을 살아야 했다.

이런 한반도에 천지개벽 같은 대격변이 1945년 8월 15일 2차 대전의 종전과 함께 시작되었다. 한반도만 들여다보면 일제로부터 해방과 동시에 남북분단이 발단되었다. 삼팔선 남쪽엔 미군이, 북쪽에 소련군이 주둔하면서 남과 북이 빛과 어둠으로 갈라졌다. 남한은 미국이 주도하는 자유민주주의 시장경제, 북한은 소련이 주도하는 사회주의 공산 체제가 심어졌기 때문이다. 이를 계기로 한국은 미국 일본 등 해양 세력, 북한은 소련 중국 등 대륙 세력과 연합함으로써 흥망성쇠(興亡盛衰)의 정반대 운명을 재촉하게 되었다.

자유민주주의 개방경제 대 공산주의 통제(폐쇄)경제, 해양 세력 대 대륙 세력 간의 경쟁에서 전자가 흥하고 이기는 것은 국부론 이후 모든 정치경제

이론의 공통된 귀결이다. 지구상에서 성공한 모든 국가는 하나같이 전자의 길을 걸었음을 분석하고* 있다.

* 대런 애쓰모글루 제임스 A 로빈슨 지음 최완규 옮김, 『국가는 왜 실패하는가』 (서울: ㈜시공사, 2020)

반면에 후자의 길은 경제 파탄과 체제 붕괴의 운명뿐임이 역사적 체험적으로 입증되었다. 이를 가장 대표적으로 분석한 책이 동구 공산권 헝가리 출신 코르나이 교수(하버드대학)의 저서*다.

* 야노쉬 코르나이 지음 차문석 박순성 옮김, 『사회주의 체제의 정치경제학 1, 2』 (경기 파주: ㈜나남, 2019)

중국의 개혁개방 과정을 현장 체험하면서 북한 사회를 곁눈질로 엿본 필자가 보기에 공산독재 폐쇄사회는 멸망할 수밖에 없는 운명임을 이 책보다 더 종합적으로 분석 입증한 책은 없다고 생각한다.

그런데도 우리 사회 내부에는 북한을 향한 회한과 동정 등 아주 복잡한 감정이 뿌리 깊이 흐르고 있다. 동조 친북을 넘어 찬양 종북하는 세력이 두껍게 형성되어 있다. 이는 북한 연구의 내재적 접근법, 대북 정책 기조의 친북 유화(햇볕) 노선, 그리고 일선 교육의 진보 좌편향이 삼위일체가 되어 심화 확산시킨 결과다.

그런데 1980년대 중반 이후 한 세대 이상 우리 사회를 풍미한 이 삼위일체 친북 좌경 조류의 근저를 좀 더 자세히 들여다보면 해방공간에서 민족지도자 이승만 김구 김일성 3인 3색의 건국 방안에 대한 찬반 인식의 차이가 발단으로 작용하고 있음을 알 수 있다. 더 좁혀 말하자면 김일성을 어떻게 보고 인식하느냐에서 출발했다고 볼 수 있다.

이승만 김구 김일성의 3인 3색

민족지도자 3인의 해방공간에서의 활동과 주의 주장을 일별해 보자. 일제 강점기 이승만 김구 김일성 3인이 해외에서 항일독립운동을 이끈 민족지도자라는 사실은 의심의 여지가 없다.

이승만은 미국과 유럽 국가들을 상대로 33년 동안 외교적 독립운동을 벌였다. 주로 미국의 대통령과 상하 의원들을 상대로 로비를 벌이는 것은 물론 저술 강연 언론투고 신앙 간증을 통해 일제의 실체를 알리며 한국 자주독립의 당위성을 강조하는 국제여론 형성에 주력하였다.

김구는 상해를 비롯한 중국의 대륙을 거점으로 윤봉길 등의 의거를 지도하고 광복군을 조직, 장개석 국민당군과 연합하여 27년간 항일투쟁에 몰입했다. 주로 항일 무장투쟁에 집중했으나 그 세력은 미미하여 독자적으로 대일연합군의 지위를 인정받지는 못했다.

1912년생으로 이승만 김구보다 한 세대 이상(36~7세)의 나이 차가 나는 김일성은 그의 첫 항일투쟁으로 알려진 보천보전투가 갓 스물다섯 살 되던 1937년이었으니 해방된 1945년까지 항일투쟁 기간이 우파 쪽 두 지도자에 비해 매우 일천(日淺)하다. 초기엔 모택동 공산군 계열의 동북항일연군 소속으로 한만 국경을 넘나들며, 1940년 이후는 소련극동군의 다국적 88연대 소속으로 연해주 방면에서 주로 항일 빨치산으로 활동했다.

중국 동북 지방과 함경도 평안도 접경지역에서 '김일성'이라는 이름으로 활약했던 항일 투사는 전후 총 5명이 있었는데 본명 김성주의 이 빨치산 김일성은 그중 마지막 다섯 번째 인물이라고 한다.

일제 강점기 한반도는 물론이거니와 중국 동부 해안지역과 만주 지방은 일본 군경과 중국의 국공(國共) 양군이 밤낮 또는 서로 뒤섞여 관할했으므로 항일투쟁을 하는 한국과 중국의 많은 인사들이 일제 군경의 추적을 피하고자 수시로 바꿔가며 가명을 사용했다.

해방 당시 한국에는 대략 60여 개의 정치 사회조직이 있었다. 일제의 통계에 따르면 벌써 1920년대 말 사회주의 계열 조직 단체만도 300개에 달했다. 한반도엔 어느 시절이건 그만큼 분파가 많고 논리 갈등이 심했다.

이승만은 전주이씨 왕족 출신이지만 신식교육(배재학당)을 받아 일찍이 서구문화와 이념에 눈을 떴다. 1899년 1월 9일 발생한 대한제국 고종폐위 음모 사건에 가담한 혐의로 체포되어 1904년까지 5년 7개월간 투옥되기도 한 공화정 신봉자였다. 미국에 망명해서는 조지 워싱턴 대학에서 학사, 하버드에서 석사(정치학과 국제법), 프린스턴에서 박사(철학)학위를 받은 자유민주주의 이념과 국제 정치의 시대조류에 정통한 당대 최고의 지성이었다. 그때 박사학위 논문은 필생 소원이었던 대한의 자주민주 독립 방안을 서술한 '미국의 영향을 받은 영세중립론'이었다.

김구는 민족주의 중도 우파의 1세대 정치인으로 보수파의 대부였다. 대한민국 임시정부 수립에 직접 참여하여 의정원 의원, 내무총장, 국무총리 대리, 내무총장 겸 노동국 총판, 국무령, 의정원 의원, 국무위원 겸 내무장, 재무장, 군무장을 거쳐 1940년 임시정부 주석에 선출되었다,

광복 이후에는 본인은 반공주의자였지만 자신의 이념보다 민족을 중시하는 성향 때문에 남북분단과 남한 단독 정부수립에는 반대하면서 남북이 단일정부를 구성하자는 통일론을 고집하였다.

김일성은 1919년 8살 때 부모를 따라 만주 지린성(吉林省)으로 이주했다. 무면허 한의사로 일하던 그의 아버지 김형직은 공산주의자는 치료도 해주지 않던 강성 반공주의자라 1926년 공산주의자에게 암살당한 것으로 전해진다. 조부모 슬하에서 지금의 지린성 송화강 강변에 있는 위원(毓文, Yùwén, 육문) 중학교에 다닐 때인 1929년 5월 조선공산청년회(朝鮮共産青年會) 조직에 가입하여 공산주의 활동을 하다가 일경(日警)에 적발되어

퇴학당했다. 이때부터 공산주의자들과 어울리며 사상적으로 공산주의로 기울었으나 아버지의 사연 등으로 인해 그에게 공산주의는 입신양명과 권력 추구의 수단이었을 뿐이라고 한다.

이 세 민족지도자의 운명은 환국 후 이미 국내에 포진하고 있던 여러 갈래의 정치 사회단체 사이에서 불붙어 있던 건국 논쟁에 휩쓸리면서 갈라지며 이에 따라 한반도의 불운도 심화 고착된다.

이승만은 앞에서 살펴본 바와 같이 무지 무능 무력한 이조(李朝) 왕정 때문에 망국한 통한으로 인해 현대적 문명 공화국을 건설해야 한다는 신념에 차 있었다. 2차대전 후 세계질서는 미소 양극체제로 재편되고 있으며 미국은 대서양에 이어 이미 태평양도 장악함으로써 Pax Americana 시대가 활짝 열렸다고 보았다. 그런데 대양 진출의 교두보를 한반도에서 마련하겠다는 스탈린의 간계를 진작 간파한 이승만은 소련의 군정이 자리 잡은 북한을 당장 통일하는 것은 불가능하다고 판단했다.

이런 이승만은 자유민주주의 체제의 국가건설은 현실적으로 미국과 손잡는 방법밖에 없다고 믿었고, 그 미국의 여론정치를 움직일 로비력과 인적 네트워크도 갖고 있었다.

또 미국은 해방 직후 국내의 좌파 세력에 비해 우파의 리더십이 부족한 것을 염려한 미군정청 하지 장군의 요청에 따라 1945년 10월 16일 이승만을 미 군용기 편으로 워싱턴–도쿄 경유–서울로 운송하였다. 이때 이승만은 미 육군 문관 대령 신분이었다.

김구가 이끌던 임시정부는 해방 당시 일본과 공산군에 쫓긴 국민당군을 따라 내륙 깊숙이 총칭(重慶)에 가 있었다. 본래 항일무장투쟁에 골몰했던 김구는 군사력이 뒷받침되지 않는 정권의 성립을 믿지 못하는 경향이었다. 특히 중국의 국공내전 과정에서 부패한 국민당군이 미국의 막강한 무기지원과 인적 우위에도 불구하고 공산군에 연전연패(連戰連敗)하는 것을 보고 무력에서 이미 월등한 상태에 있는 북한 김일성 세력을 따로 두고 남한 단독으로 나라를 세워봐야 금방 공산군에 먹히고 만다고 보았다.

그래서 남북 통일국가 건설이라는 이상론에 집착하다 끝내 우익 청년 장교의 손에 변을 당하였다. 김구는 1945년 11월 5일 장개석이 제공한 군 수송기편으로 총칭-상하이로 이동하고, 환국 후엔 망명정부 요인이 아닌 개인 자격으로 미군정에 협력할 것을 서약하고서야 11월 23일 상하이 주재 미군이 제공한 수송기편으로 상하이-서울로 이동했다.

김일성, 스탈린의 하수인이 되다

해방 직후 김일성의 귀국 행로는 사뭇 달랐다. 활동 방식과 노선도 오로지 소련이 하는 대로 일편향이었다. 항일 민족지도자 3인 중 조국 땅에서 가장 가까운 두만강 건너편 하바롭스크에서 해방을 맞았는데, 1945년 9월 초 멀리 모스크바로 먼저 달려가 스탈린의 '면접'을 받았다고 한다.

88여단 시절의 김일성을 유심히 관찰한 소련 극동군 사령부는 이때 그를 극동 소비에트(북한) 관리자 후보로 즈다노브 정치국원을 통해 스탈린에게 추천, 북한 지도자로 옹립한 것이다.

1945년 9월 21일 소련 군함을 타고 원산항에 도착할 때 김일성은 소련군 대위 계급장을 달고 있었고 10월 14일 평양시 군중대회에 참석할 때는 평양시 군경무사령부 부사령관 자격이었다.

일본 항복의 경우 일본군 무장해제와 일제 점령지 접수계획을 논의할 당시, 소련은 홋카이도 분할을 미국에 요구하다 거부되자 한반도 38도선 분할안을 받아들이면서도 제주도에 이어 거제도 심지어 마산항 기항 및 사용권을 끈질기게 요구하기도 했다.

제정러시아 이래 오대양으로 남진할 수 있는 통로 확보를 줄기차게 모색해 온 전략을 스탈린이 그대로 계승한 것이다. 이에 따라 소련군이 북한에 진주할 때 미국의 눈에 나지 않도록 아주 조심스럽게 작성한 소비에트 설치 청사진을 이미 휴대했던 것으로 보인다.

1945년 8월 26일 소련군은 평양에 들어오자 즉각 북위 38도선 통행을 차단하고 북한 전 지역을 대상으로 무상몰수 무상분배 원칙의 토지개혁에 착수했다. 표면상 북한의 인민조직이 주동한 것처럼 위장한 토지개혁은 1946년 3월에 모두 끝났다. 같은 기간 산업시설 국유화도 완료했다. 모든 일이 마치 전광석화처럼 빠른 속도로 추진됐다.

김일성이 모스크바에서 극동 소비에트 관리자로 점지받고 9월 하순 귀국했을 때는 소련 점령군이 이미 벌여놓은 토지개혁 작업을 각 지역 인민위원회 명의로 추인하는 등 북 치며 바람 잡고 뒷설거지 역할만 하면 되었다. 토지개혁이 진행되던 당시 비록 38선 통행이 차단됐다고는 하나 아직 철책이 쳐진 상태는 아니었으므로 38선엔 남부여대 월남 또는 월북하는 발길이 끊이지 않았다.

북한에서 내려오는 사람은 친일파 청산이나 토지개혁 명목으로 숙청되거나 가진 것을 다 털린 사람들이었고, 남에서 올라가는 사람은 공짜로 땅을 나눠준다는 소문을 듣고 고향으로 돌아가는 빈털터리 유민들이었다.

이와 같은 현상은 북한에 소비에트 체제를 이식하려던 스탈린의 간계에 따라 북한 전역에서 이미 유산자를 모두 축출하는 계급 청소가 완성되었음을 의미했다.

그리고 김일성 휘하에는 중국에서 국공내전이나 항일유격전의 실전경험이 풍부하고 잘 무장된 조선인 의용대 약 3~5만 명이 언제라도 출격할 수 있는 대기 상태를 갖추고 있었다.

이 모든 상황은 공산 소비에트의 길로 깊숙이 접어든 북한과는 이미 통일을 추진하려고 해봐야 할 수 없는 지경이었음을 말해 준다. 이같이 돌이킬 수 없게 된 북한 상황을 간파한 이승만이 1946년 6월 3일 정읍 발언에서 남한 단독정부 구성의 불가피성을 피력했고, 스탈린과 김일성은 '남한이 통일을 외면하고 먼저 이탈했다.'는 명분만 노리고 있었다.

1948년 8월 15일 서울에 대한민국 정부가 수립되고, 이어 9월 9일 평양에 조선민주주의인민공화국 정부가 수립된 후에도 이승만 김구 김일성 세 사람의 정치구호는 여전히 통일이었다.

다만 통일이라는 정치구호를 직접 행동으로 실행하려 한 사람은 김일성

뿐이었고, 그것이 바로 6.25 남침 적화 전쟁이었다.

이후 김일성이 불문곡직 내달린 방향과 목표는 개인숭배 공산 왕국 건설과 한반도 적화통일, 이것뿐이다.

6.25 전쟁은 이미 알려진 대로 김일성이 기획하고 스탈린이 감수 지도하는 가운데 마오쩌둥이 사실상 수행한 것이다. 앞서 언급한 스탈린의 남하 동진(東進) 간계(奸計)에다 만주 지역 영토 완정과 중공군 무기 현대화, 그리고 이이제이(以夷制夷) 전략 실현을 한꺼번에 노린 마오쩌둥의 음흉수가 어우러져 일으킨 전쟁이다.

6.25 한국전쟁 휴전 이후에도 김일성은 1.21 사태, KAL 858기 폭파, 잠수정 공비 침투, 아웅산 테러 등 육해공 도발 공격은 물론 땅굴과 해킹을 통해 지하와 사이버 공간까지 수단 방법을 가리지 않고 남한적화를 획책하였다. 개인숭배 영구집권 체제 확립과 남한적화통일을 위한 영구혁명의 연장선에서 핵미사일을 개발, 오늘날 핵 4강의 지위에 올라선 것이다.

이 과정에서 김정일은 권력 주변의 경쟁과 질시 속에서도 어떡하든 김일성의 가슴과 머릿속을 파고들기 위해 '김일성 주의'를 창조하고 주체사상을 보완하는 등 아버지 김일성의 뜻에 충성해서 자력으로 성장했고, 김정은은 할아버지를 닮은 외형을 보고 김정일이 골라 김일성 DNA를 집중하여 주입한 복제 인물이다.

김씨 3대가 필생의 사업으로 이룩한 북한 체제는 도대체 어떻길래 이렇게 끈질기며, 북핵의 본질은 또 무엇일까.

북한 체제의 속성

전(全) 세계의 공산국가와 독재국가는 20세기에 다 망했다. 왕정(王政) 독재는 타도·도태되거나 왕이라는 지위가 상징 또는 형식적인 것으로 바뀌었다. 공산국가도 실은 거의 다 환골탈태(換骨奪胎)하듯 체제전환국들이 되었다. 중앙위나 정치국 등 집단지도체제, 시스템으로 운영되던 사회주의 계열의 독재는 모두 다 변한 것이다.

이 가운데 1인 독재는 왕정이건 뭐건, 그 독재자 한 사람이 죽어야 끝이 났다. 자연사하거나 타도 피살되어야 끝난다는 것이 독재연구가 도출해 낸 법칙이다. 그러나 북한은 김일성이 죽고, 세습한 김정일마저 죽어도 그 지독한 독재체제는 오히려 더 강화되고 견고해지는 길을 가고 있다.

아직 젊은 김정은이지만, 그다음엔 딸 김주애가 또 대를 이어 핵 4강의 북한 체제를 이끌기로 되어있다.

다음과 같은 북한 체제의 속성과 북한 핵의 본질 때문이다.

공산 왕국(Communist Kingdom)

북한은 소련 군정 시절 '무상몰수 무상배분' 원칙에 따라 불과 6개월의 사상 최단 시간에 단행된 토지개혁*의 바탕 위에 세워진 공산정부로 1948년 출발했다.

* 김성보, 『북한의 역사 1』 (경기 고양: 역사비평사, 2017), pp. 81~91.

스탈린의 소비에트화 정책에 따라 소련 점령군이 한반도 북반부에 설치한 '극동 소비에트'와 같은 성격이었다. 이웃 중국과 베트남이 아직 자체 무장 혁명의 도정에 있을 때 북한은 동유럽 국가들과 함께 구(舊)소련의 소비에트 제도를 간단히 이식받은 것이다.

이후 북한은 김일성의 개인 취향에 따라 때론 소련을 수정주의, 중국을 교조주의라 비난하며 거리를 조정하는 이른바 등거리 외교(일명 시계추 외교)를 통해 독자노선을 지켰다. 김일성-김정일-김정은 3대가 세습으로 유지 발전시킨 북한 체제는 코르나이가 말하는 '고전적 사회주의' 내지 스탈린식 전체주의 체제와 술탄체제의 조합, 다시 말해서 스탈린과 마오쩌둥 시대 공산주의 국가 모델에 가장 가까운 나라이다.

이런 국가체제는 철저한 감시와 테러, 그리고 국가 의식을 통한 대중 동원이라는 세 가지 요소를 통치 수단으로 삼는 속성을 지니고 있다. 하지만 이런 체제의 국가들이 경험한 사례들로 볼 때 북한에서 위로부터의 체제 전환은 기대하기 힘들다.*

* 최완규, "북한 국가 성격의 이론과 쟁점: 비교사회주의적 관점", 『북한의 국가 성격 변용에 관한 연구』(서울: 도서출판 한울. 2001), pp. 13~40.

사회주의 정치경제학의 대가인 코르나이 교수는 억압적이고 비효율적인 고전적 사회주의 체제는 장기적으로 생존 가능성을 입증해 보이기 위해 스스로를 내적으로 갱신하는 것이 불가능하다며 "결국에는 정말로 혁명적인 변화의 시간이 도래하는데, 이때 사회주의 체제는 제거되고 사회는 자본주의 시장경제 쪽으로 나아간다."고 분석했다.*

* 야노쉬 코르나이 저, 차문석 박순성 역, 『사회주의 체제의 정치경제학 1』(경기 파주: 나남, 2019), p.22.

그럼에도 북한 체제가 아직 생존하고 있는 것은 북한 사회가 봉건왕조의 농노생활과 일제의 식민 노예 생활밖에 경험한 바가 없기 때문이며, 바깥 자유 문명사회를 알게 되면 체제 변전은 순식간일 것으로 예견하였다.

북한 체제 성립 당시 공산주의 종주국이었던 소련은 이미 붕괴해서 사라졌고 대신 환골탈태한 러시아가 나타나 있다. 동구(東歐)의 공산 위성국가들은 물론 중국 베트남 심지어 쿠바까지 모두 옛 모습을 완전히 바꾼 체제 전환국들이 되었다.

그러나 북한은 홀로 공산 체제의 법통을 지키는 '마지막 공산 왕국(The Last Communist Kingdom)'이라는 데 오히려 자긍심을 느끼는 것 같다. 아닌 게 아니라 한국에 진보 좌편향 바람이 일고부터 남한은 '헬조선'이라는 자조적인 이름을 갖게 되었고, 김정은 일인 체제가 강화되면서 '서조선(시진핑 중국)'과 '거대조선(Giant North Korea, 푸틴 러시아)'도 생겨났다. 조선(북한)을 중심에 두고 남쪽의 한국, 서쪽의 중국, 그리고 북쪽의 러시아를 일컫는 신조어들이다.

군사 국가

북한 체제의 속성 중 가장 충격적인 것은 '군대식 지배 통솔'이 아닐까. 북한은 일찌감치 스탈린이 극동 소비에트의 관리자로 낙점한 소련군 대위 출신 김일성에 의해 통치되기 시작했다. 중국 동북 연군 시기 만주 지방과 소련 연해주를 무대로 항일유격전을 벌인 전투군인이었다.

군인 출신 김일성은 한반도 국제 정치도 내부 국가 운영도 한결같이 군대식으로 접근했다. 골치 아픈 남북협상과 통일문제도 남침 기습으로 단시간에 간단히 해결한답시고 전쟁을 일으켰다.

적화통일 전쟁에 실패하자 1960년대 초 4대 군사노선*을 실행하여 전민(全民)의 무장화, 전국의 요새화, 전군의 간부화, 전군의 현대화를 통해 국가를 전대미문의 항시 전투체제로 바꾸었다.

* 이종석, 『현대북한의 이해』 (서울: 역사비평사, 2000), p.293.

목적은 첫째가 체제 보위이고 둘째가 한반도 무력 통일인데 이를 위해 기습/속전속결/배합전이라는 군사전략을 채택하였다. 그러나 1990년대 이후 공산권 붕괴로 무기 도입의 원천 국가들이 없어지자, 전략무기에 눈을 돌려 핵미사일 개발 생산에 몰두했다.

북한은 군대 의식을 늘 인민대중에게 각인시키기 위해 최고지도자에게도 '원수' '대장' 같은 계급을 붙이고 '장군'으로 호칭하는 것이 일상화해 있다. 북한의 군대식 국가 운영은 김정일 시기 강성국가 선군(先軍)정치를 통치 담론으로 삼기에까지 이르렀는데 북한의 군사 국가화 경향*과 군대식 통치 규범은 김일성 주의, 김정일 주의, 김정은 주의의 3대 세습 지도 노선에 면면히 이어져 있다.

* 류길재, "예외 국가의 제도화: 군사 국가화 경향과 군의 역할 확대", 『북한의 국가 성격 변용에 관한 연구』 (서울: 도서출판 한울. 2001), pp.119~136.

이처럼 독특한 북한만의 국가 모델을 와다 하루끼(和田春樹)는 김일성이 사령관이고 인민이 유격대원인 '유격대 국가'로, 또 다른 학자들은 '군사 국가' '병영국가' 등으로 부른다. 이런 국가에서는 상명하복, 행동 통일, 인내 순종이 인민의 의무이자 미덕일 뿐 자유나 개방은 아예 용납되지 않는다. 반대 의견이나 다른 행동이란 존재할 수 없다.

신정체제(神政體制, Theocracy)

북한에서는 죽은 김일성이 여전히 막강한 지도력을 발휘하고 있다. 김정일도 마찬가지다. 김일성 김정일은 유훈통치뿐 아니라 김정은의 핏속에 흐르는 백두혈통 정치 DNA를 통해 북한을 다스린다. 그들의 통치는 '공화국의 영원한 주석' '공화국의 영원한 국방위원장'이라는 지위와 '김일성-김정일 주의' 지도 사상으로 북한의 당규약과 헌법에 법제화해 있다.

본래 주체사상을 근간으로 하는 김일성 주의 이데올로기는 새로운 세계를 창조하기 위해 현(現) 세계를 정복함으로써 기존사회를 급격히 부정하는 데 기초를 둔 재림 예수 같은 요구를 내포하고 있다.*

* 최완규(2001), 앞의 책, p.17.

또 주체사상을 보완하는 사회정치적 생명체론을 통해 김정일이 지향하는 수령-당-인민대중의 삼위일체 통일체가 북한 사회에서 실현된다면 이는 기독교에서 말하는 하나님과 교회, 그리고 신자의 삼위일체 원리가 구현되는 것과 같으므로 사회정치적 생명체와 일체화된 각 개인은 종교에서 신과의 관계를 통해 누리는 영생을 현세에서 향유(享有)하게 된다. 즉 김정일이 목표로 삼고 있는 사회주의 사회는 의사(疑似) 종교 공동체나 다름없다.* 한마디로 김일성교를 믿는 광신 집단이라는 이야기다.

* 스즈키 마사유키(鈴木昌之), "북한의 '사회정치적 생명체'론"

북한의 정치체제는 1948년 9월 9일 조선민주주의인민공화국으로 출범할 당시 형식상 다당제와 대의제를 갖춘 인민민주주의를 표방했다. 그러나 김일성이 당권을 장악해서 1인 숭배 지배체제를 구축하고 이어 김정일이 선군정치 군사 독재체제로 전환하는 과정을 거쳐 백두혈통 세습제를 갖추고 종교 국가화하였다.

지도자의 초인간적 권위를 국가통치의 정당화 근거로 하는 정치체제는 2012년 북한 헌법에 등재된 후 2016년 개정헌법을 통해 강화 완성되었다. 북한 체제는 소비에트형 인민민주주의로 출발하여 국가주석 1인 지배형 전제 체제로 진화했다가 다시 군 지배의 군사 국가체제를 거쳐 건국 지도자 김일성-김정일 부자를 신격화하고 그 가계에서 권력을 세습화하는 신정체제로 진화해 왔다. 북한은 세계 유일의 세습군주 식 전제국가인 신정국가, 1인 군사 독재체제의 종교 국가가 되었다.*

* 이상우, 『북한정치 변천: 신정체제의 진화 과정』 (서울: 오름, 2017), p.36.

신(神)은 무오류의 전능자이다. 그러므로 절대자이다. 신격화된 백두혈통 세습지배자가 이끄는 북한엔 세속의 의식과 논리로 이해할 수 없는 일이 다반사이다. 한국 미국 그리고 서방세계는 이런 신정국가 북한을 상대로 북핵 문제를 대화와 협상으로 푼다고 온갖 시행착오를 겪고 있다.

북핵의 본질

북한 핵의 기원과 개발 과정을 두고 오랫동안 내외적으로 많은 논란이 있었다. 한국 내에서는 여야(與野) 보수 대 진보 진영의 정쟁 대상이 되어 마침내 남남갈등의 원인으로 작용했다.

그동안 북핵의 진행 과정을 종합할 때 북한이 핵 무력을 완성한 것은 무엇보다도 외부 그 어느 쪽의 탓이나 잘못도 아니고, 북한 김일성-김정일-김정은 3대 세습 수령들의 끊임없는 노력의 결과였다.

북한이 핵무장 국가가 된 것은 북한의 김씨 왕조가 민생을 팽개치고 국제 제재를 당하면서도 반드시 핵무장 국가가 되겠다는 초지일관한 정치적 의지와 그에 상당한 기술력 개발 때문이었다.*

* 한용섭, 『북한 핵의 운명』 (경기 파주: 박영사, 2018), pp. 1~6.

핵미사일은 현실에서 비대칭적 절대무기로, 핵무기는 핵무기로만 억지할 수 있다는 점을 본질로 한다. 그러나 한반도 국제 정치에서 북핵이 갖는 본질은 북한 체제가 이 핵무기에 어떤 의미를 부여하고 있는가에 따라 달라질 수 있다. 북한이 인식하기에 따라 북한의 핵은 핵으로 억지할 수도 있고 억지하지 못할 수도 있기 때문이다.

첫째, 북핵이 실존하게 된 배경과 관련 김일성-김정일 부자가 생시에 어떤 경우든 조선(북한)이 망하게 될 위기에 처하면 지구와 함께 자폭(自爆)할 결의(決意)*를 하였고, 그 대처 수단이 핵 보유였다는 점이 심각한 의미를 갖는 셈이다. 이런 맹세를 한 두 사람은 이미 사망했으나 신격화되어 북한의 법제와 체제 논리상 영원히 존재하기 때문이다.

* 한용섭(2018), 앞의 책, p.33.; 태영호, 『3층 서기실의 암호』 (서울: 기파랑, 2018), pp. 48~51.

둘째, 북한의 핵무기는 국가 및 정권 안보와 인민 생존의 '담보'이자 북한이 안고 있는 모든 난관과 고민을 해결해 주는 '만능의 보검'으로 인식되어 왔다.*

* 김현환, 『김정일 장군 정치방식 연구』 (평양: 평양출판사, 2002), p.229. 한용섭(2018) 앞의 책 p.29에서 재인용.

실제 핵 개발 과정에서 북한은 대규모 아사 사태 등 많은 고난과 위기를 맞았지만 '미제(美帝)와 남조선 미제 추종 세력'의 조선 말살 정책 탓으로 돌리고 그것을 타개하는 수단으로 핵무장을 내세우는 방식으로 북한 주민을 결집하여 마침내 핵 무력을 완성했다.

셋째, 북한은 핵 무력 완성을 과거 남한과의 체제경쟁에서 패배한 것을 완전히 뒤집고 한반도 패권을 장악한 '게임 체인저(game changer)'로 보고 있다. 김정은은 2019년 8월 5일 자 트럼프 대통령에게 보낸 친서*를 통해 "한국군은 지금이나 미래에나 우리의 적수가 될 수 없다."고 하였고, 이후 북한당국은 성명 등을 통해 한국을 향해 "핵보유국 턱밑에서 살아야 할 숙명인데 객기부리지 말라."는 식의 경고를 발하였다.

* 한미클럽, 『한미저널』 통권 10호(2022), p.128.

이는 북한이 남북 관계를 핵보유국(北) 대 비핵국가(南)의 불평등 관계로 인식하고 한국에 대해 북한의 비대칭적 핵 무력 앞에 굴종하여 평화를 구하라는 본심을 드러낸 것이다.

넷째, 북한은 양탄일성 핵 무력을 완성함으로써 미래 전쟁을 이끌 공산권의 대표주자가 된 것은 물론 세계최강 미국과 맞짱을 뜰 수 있는 핵 양극을 이루었다는 국제적 위신(international prestige) 획득에 자만하고 있다. 북한이 핵을 개발하고 미국 본토에 직접 위해를 가할 수 있는 대륙간탄도탄을 개발해 온 이유는 전 세계에서 미국과 핵으로 맞짱 뜰 수 있는 국가는 북한밖에 없다는 국제적 위신을 과시하기 위함이고, 한반도에서 미군을 철수시키고 남한에 대한 영향력을 행사함으로써 북한 위주의 통일을 달성하기 위함이었음*은 숨길 수 없는 사실이다.

> * 한용섭(2018), 앞의 책, p.14.

그리고 그동안 북한은 자신의 핵 개발을 한사코 반대하는 G2 경쟁 중의 미국과 중국을 향해 북한의 핵무장이 '자신에게 공조와 상대에 대한 견제'라는 양면성 전략개념임을 강조해 왔는데 중국은 이제 그 효력을 보이기 시작했다. 나아가 김정은이 지난 전승절 행사(2023년 7월 27일) 중 중러 대표들 앞에 핵 투발이 가능한 최신형 드론과 ICBM을 전시 설명하고, 이어 군수 공장들을 돌며 재래식 무기의 개발과 양산을 현장 지도하였다.

이런 행위는 핵 보유의 기정사실화를 넘어 우크라이나와 전쟁 중인 러시아와 대만 점령을 모색하고 있는 중국을 향해 핵 및 최신무기 경제무역을 염두에 둔 판촉 활동이다.

다섯째, 무엇보다 북한은 이미 보유한 핵미사일을 일컬어 북한의 '국체(國體)'라고 선언*한 것을 유념할 필요가 있다. 이는 북핵이 더 이상 흥정 거래 협상의 대상일 수 없다는 천명이기 때문이다.

> * 김여정, "허망한 꿈을 꾸지 말라", 「로동신문」 (2022. 8. 19.)

이와 관련, 중국이 1979년 본격적인 개혁개방의 길로 들어선 것은 문화대혁명으로 경제가 붕괴 위기를 맞아 그대로 버티다간 지구에서 중국이라는 국가의 적(籍)이 사라질 것 같은 위기감 때문이었던 데 반해, 북한은 1990년대 초 수천-수만의 아사자가 속출하는 걷잡을 수 없는 참혹상을 겪으면서 오히려 핵 개발에 박차를 가하며 국제적인 위기를 조성했다는* 점을 특별히 유념해야 한다.

* 김경일(2018), 앞의 자료집, p.22.

이상, 한반도 평화 체제의 구축에서 가장 큰 걸림돌은 북한 핵 문제임을 고찰해 보았다. 이 걸림돌을 해결하기 위한 최우선 과제는 남북 간 신뢰수준을 높이는 것이며, 그것은 어떤 새로운 합의보다 기존의 약속에 대한 이행과 실천으로 가능할 것이다.*

* 임을출(2018), 앞의 자료집, p.55~56.

김정은 '교전 중인 적대적 두 국가' 선언의 의미

　2024년에 들어서면서 북한 김정은이 선대의 염원이었던 통일을 짐짓 포기하는 듯한 인상을 풍기며 남북 관계를 교전 중인 두 국가의 관계로 선언하였다. 이와 함께 이전까지 북한이 줄기차게 부르짖던 "우리 민족끼리" 구호를 싹 걷어내고 법과 규약에서 동족 개념을 삭제토록 지시했다.

　여동생 김여정이 문재인의 '오지랖'을 탓하고 '삶은 소 대가리도 웃을 짓거리'를 비난하다 윤석열 정부 출범 후 "이제 제발 서로 의식하지 말고 따로 살자."고 바람을 잡아 온 뒤끝이다. 섣불리 툭 던진 말이 아니고 북한 최고 권부가 전략적으로 기획해 온 화두임을 말해 준다.

　말의 속뜻에 숨겨진 흉계만 아니라면 "남북이 동족이라며 아옹다옹 싸우지 말고 아예 각자도생 따로 살자."는 것은 한국 쪽에서 보면 간절히 바라고 진작에 하고 싶었던 말(不敢請固所願)이었을 법하다. 북한은 역대로 남북 간 '내부적 이슈 전환'을 선점하는 탁월한 수완을 보여 왔다.

　김정은 남매가 '적대적 두 국가 관계' 선언을 통해 노리는 첫 번째 핵심 목적은 한류(K-culture) 차단 내부 결속이다. 풍요와 유행을 구가하는 한국의 자유민주주의 물결이 백두 1인 독재체제의 안위를 흔드는 가장 큰 위험 요소임을 깊이 인식하고 있다.

　두 번째 의미는 북한이 핵(核) 4강의 입장에서 자립갱생(自立更生)의 자신감을 나타낸다. 북한은 지난번 북미 핵 협상을 통해 미국이 함부로 북한을 치지는 않을 것이라는 믿음을 갖게 되었고, 한국 사회는 이미 좌경화로 기울어진 데다 내부 갈등이 심각함을 잘 알고 있다. 거기다 1인 독재 권위주의 체제로 기울어진 중국과 러시아가 든든한 우군 역할을 넘어 좋은 안보 시장이 될 수 있다는 희망을 보고 있다.

김정은의 입장에서 핵 무력을 완성했다고 발표한 후 전개되고 있는 내외 정세는 김일성 김정일 선대 수령 시기엔 감히 기대조차 할 수 없었던 꽃놀이패로 보이는 것이다.

세 번째 목적은 트럼프 재선 시 예상되는 북미(北美)정상회담은 물론 앞으로 여하한 북미협상에서도 한국은 절대로 개입시키지 말자는 뜻이다. 북한이 핵보유국으로 도약하기 위한 현실적 필요에 따라 북미정상회담을 성사시키는 데 한국을 이용했지만, 그 회담이 끝나고 핵 4강으로 일어선 이상 한국은 어디에도 더 이상 이용 가치가 없다고 보는 것이다.

여기에는 태평양 건너 머나먼 미국의 문물은 좋지만, 바로 등 넘어 한국의 문물만은 위험천만이라 싫다는 뜻이 거듭 담겨있다.

네 번째 우리가 가장 경계해야 할 북한의 흉계는 무슨 수를 쓰더라도 미국을 녹여 관계를 개선한 다음 핵을 앞세운 재래식 무기의 남침 적화 술책이다. 북한은 지금 당장은 여건이 미숙해서 '통일'을 잠시 접어두고 시간을 벌 필요가 있다고 보고 있다. 북한은 그 숨길이 살아 있는 한 절대 포기할 수 없는 고정목표가 남한적화통일이며, 그보다 더 절대적인 궁극목표는 백두혈통 신정체제 영구화이다.

이와 관련, 북한이 두 국가 선언과 동시에 일본에 계속 관계 모색의 신호를 보내는 것도 유의해야 한다. 한국의 안보는 미국과 일본이라는 두 끈에 묶인 갓을 쓰고 지탱하는 체제이므로 이 갓끈만 잘라버리면 끝난다는 이른바 김일성의 '갓끈 전술'을 실행하려는 것이다.

나는(飛) 김정은, 먹튀 문재인, 헛방 윤석열

김정은의 '동족(同族)' 지우기 두 국가 선언이 나온 후 지금 국내 지식인 사회와 정부 당국은 그 의미해석에 매우 당황하고 있다. 한마디로 가닥을 못 잡는 것 같다.

그런데 종북세력 특히 문재인과 현 야당 세력은 가타부타 아무 반응이 없다. 너무 태연하여 그 속내가 의심스럽다.

뒤에 다시 설명하겠지만 2018년 김정은이 핵 포기를 전제로 남북 및 북미정상회담을 제의할 당시 김정은의 머릿속엔 '핵 4강 진입'이라는 '그랜드 플랜'이 이미 마련되어 있었음을 알게 하는 정황이 수두룩하다.

그래서 필자는 2018~9년 북핵 협상을 김정은의 대사기극이라 단정하고, 문재인-서훈 종북 원팀이 결과적으로 한국 안보를 '네다바이'당한 책임을 물어야 한다고 (논문에서) 주장했다.

남-북-미 북핵 협상도 결렬된 이후인 2020년 들어서면서 북한은 내부적으로 사회주의 기강을 다잡는다고 남한의 문물 유입을 금지하는 〈반동사상문화배격법〉을 제정하였다.

이 법에 따라 북한은 K-문화 영상물을 유포하는 젊은이들을 처형하고 그 시청자들은 징역 15년, 심지어 남한말투 사용자도 징역 2년으로 처벌하고 있다.

그 당시 북한은 김여정의 대남성명을 통해 자유세계 소식이나 달러, 성경 등을 풍선에 실어 북한지역 내로 띄워 보내는 탈북민 단체들의 대북 삐라 살포 행위를 맹비난하면서 이를 수수방관하는 남한당국을 가만두지 않겠다고 협박한 적이 있다.

그러자 당시 문재인의 정부 여당은 당장 입법작업에 돌입, 최대 3년 이하의 징역형을 규정한 〈대북전단금지법〉 제정으로 호응한 바 있다.

이것이 바로 동족 지우기 교전 중인 두 국가 선언의 시작이었다. 김정은 김여정 남매체제에 이렇게 충실히 지원 협력한 문재인은 태연히 임기를 끝내고 지금 경남 양산 사저에서 이재명-조국이 이끄는 거대 야당을 점잖게 훈도하고 있다.

또 윤석열 정부는 김정은에게 핵 4강 셀프 등극에 이어 한국과의 동족 관계 의절까지 단행할 수 있는 여건을 만들어 준 문재인 정부에 대해 '은원관계'를 운운하며, 아무런 실상 규명 책임 소명 작업도 하지 못하고 있다. 더욱 한심한 것은 이렇게 세를 불리며 내달리는 북한 김정은의 핵 위협에 대해 실효적 대응책을 찾지 못하고 있다는 점이다.

윤석열 정부 출범 후 그때까지 대북 강경원칙을 고수하던 바이든 정부는 최근 대북 대화 협상을 다시 제의하고 나섰다. 2024년 3월 5일 미국 백악관 NSC 선임연구원 랩 후퍼는 "북과 비핵화를 향한 중간 조치를 논의할 용의가 있다."고 언급, 김정은-트럼프 때의 '북핵 동결-관계 개선'이라는 바로 그 북핵 타협안을 제기했다.

또 윤석열 집권 후 최대의 외교 성과라고 자부하던 한미 간 핵 협의기구 (NCG) 운영안 역시 제대로 한 번 실행해 보지도 못한 채 곧 무위로 끝날 것 같다. 만약 트럼프가 당선된다면 가장 유력한 백악관 안보보좌관 후보라는 앨브리지 콜비 전 미 국방성 부차관보는 최근 미국이 핵 협의기구 운영을 통해 일체형 확장억제를 한국에 제공하겠다던 윤석열-바이든 핵우산 강화 합의에 대해 "미국은 결코 그런 약속을 지킬 수 없다."고 단언하고, "주한미군을 중국 견제에 활용하는 대신, 한국의 자체 핵무장을 고려할 필요가 있다."고 말했다.*

* 「중앙일보」 단독인터뷰, "트럼프 외교 안보 최측근 '한국 자체 핵무장 고려해야". https://www.joongang.co.kr/article/25244983 (2024. 4. 25.)

콜비는 또 "동맹은 비즈니스다. 미국은 미국의 이익을 우선시하고, 한국도 한국의 이익을 우선시한다. 이게 현실이다."라며 "동맹들이 더 많은 부담을 져야 한다."는 점을 여러 차례 강조했는데 그의 이런 언급은 트럼프의 TIME지 회견을 통해 곧바로 확인되었다.* 트럼프는 부자나라 한국을 지키기 위해 미국이 공짜 안보를 제공할 수는 없다며 주한미군의 감축 및 철수까지 언급했다.

* 『연합뉴스』, "트럼프, 방위비 협상 시작하자마자 증액 압박…리스크 현실화하나" https://n.news.naver.com/mnews/article/001/0014663049?rc=N&n-type=RANKING (2024. 5. 1.)

전임 문재인 정권은 "북한은 핵무기를 개발할 능력도 의지도 없다. 북한이 핵을 개발한다면 내가 책임진다."라고 공언했던, 김대중 정권의 정신과 대를 이은 3기 진보 정부였다.

그런 정부가 북한이 핵 개발에 성공한 것은 물론 핵미사일 4강에 도약했는데도 아무 일도 없었던 듯 입씻고 퇴임했다. 지금은 역대 최강의 진보 야당으로 되살아났다.

뒤를 이어 등장한 윤석열 정권은 보수세력의 열화같은 북핵 대비책의 요구에도 아무런 보장 없는 미국의 구두선(口頭禪)만 믿고 뜬구름 잡는 소리를 하고 있다.

이렇듯 전·후임 정부와 진보·보수진영의 대북 인식과 태세는 극대 극으로 나뉘어 아무런 변화도 없는 와중에 2030 젊은 세대의 상황인식이 정말 염려된다.

정치권의 좌우 갈등에서 한 발짝 떨어져 있다고 보는 젊은 세대는 북한이나 김정은이라면 여전히 "우리 민족끼리"라는 감성적 구호에 마음이 기울어 있거나 아니면 북한이나 김정은에 대해 '도무지 희망이 없는 불량국가'

에 '처참하게 망할 철권 독재자'라는 인식뿐이다.

핵미사일로 무장한 북한이라는 나라와 김정은이라는 젊은 독재자가 머금은 위험이 얼마나 큰지 전혀 인식하지 않고 있다. 지금까지 드러난 김정은의 실체는 '핵미사일이라는 절대무기로 무장한 수백만 군대를 마음대로 부릴 수 있는 잔인한 독재자'다.

북한 그리고 백두혈통 독재 가문이 과연 우리에게 위험인가 아닌가에 대해 정답을 찾아야 한다. 아니 답을 국민 총의로 모으고 정해야 하며 그 임무는 여야(與野) 정치권의 몫이다.

한국이 믿을 것은 자체 핵무장뿐

이상에서 우리는 북한 김정은 체제의 본성과 북핵의 실체를 분석해 보았다. 그 결론은 김정은이 김일성 김정일과 조금도 다르지 않은 유사 종교 국가의 교주이기 때문에 북한 문제해결에는 백약이 무효라는 점이다.

더욱 암담한 것은 이런 김정은-북한-북핵에 대하여 남한의 문재인-윤석열 신구권력이 속수무책이라는 점이다.

이런 상황에서 우리는 냉철한 심정으로 먼저 우리 자신을 점검하고 북한을 다시 보아야 한다. 실용적으로 과감한 사고 전환이 필요하다. 우리가 처한 21세기는 누가 뭐라고 하든 엄연한 북핵 시대가 되고 말았다.

지금과 같은 북한 핵 4강 체제 아래서 우리가 구비(具備)해야 할 단 하나의 자구책이자 생존전략은 자체 핵무장이다.

나라를 지키고 국가를 보위하는 데 망설임이나 참작·고려 사항이 있어서는 안 된다. 미국 등 국제적 제재가 두렵다고 북핵 앞에 벌벌 떨면서 살 수는 없다. 미국과 유럽에서 먼저 한국 핵무장의 정당성을 들고나오는 전문가와 학자들이 많다. 따라서 우리는 다음과 같은 방향으로 핵과 관련된 우리의 사고구조를 완전히 전환해야 한다.

첫째, 한국 핵무장이 한반도 비핵화와 평화 구축의 실질적인 지름길이자 전 세계 비핵화의 출발이라는 인식이 필요하다. 우리가 핵을 갖는 순간 북한의 핵은 사용불능의 무용지물이 된다.

우리가 핵무장을 통해서 미국도 중국도 심지어 유엔도 해결하지 못한 북핵 문제를 우리 손으로 해결한다고 호언(豪言)해야 한다.

우리가 핵(核) 무장함으로써 북한의 공격 위험이 사라진다면 우리가 북한과 또 국내 종북 좌파 세력을 더 이상 걱정해야 할 이유가 없어진다.

북한은 본격적으로 핵 개발에 나선 1993년 이래 지난 30년 동안 "우리가 핵무기를 만들어 미제를 몰아내면 남조선은 바로 접수할 수 있다."라며 북한 주민을 다그쳤다.

북한 주민은 지금 '남조선을 점령해 서울의 고층빌딩과 아파트들을 나누어 가질 날'을 학수고대하고 있다.

그런 북한 주민들이 북핵 완성이 '고난 끝 행복 시작'은커녕 되레 한국의 분노를 부른 애물임을 인식하면, 그것 자체로 북한 내부와 한반도 분단 상황에 어떤 급변 조건을 야기(惹起)할지 알 수 없다.

우리가 핵무장에 착수하면 핵폭탄을 만들기도 전에 북핵이 먼저 폐기되는 것도 상상해 보자. 세계평화의 관점에서 볼 때 지구 동쪽의 '앓던 이' 격인 북한 이슈가 사라지면 대만해협은 물론 지구 중서쪽의 전쟁터(우크라이나와 이-팔 중동)에 나비효과도 발생할 것이다. 역사적으로 전쟁과 평화는 곳곳에 서로 영향을 주고받으며 지구 전체로 항상 연동해 왔다.

둘째, 핵무장이 가장 헐값의 안보비용이다. 미국이 매년 주한미군 주둔비용 등을 인상 청구하고 있는 것은 주지의 사실이다. 트럼프 같은 사람은 아예 주한미군의 주둔비용을 비즈니스로 생각하며 동맹도 돈으로 계산하려 들었다. 미국의 이런 안보비용 인식은 점점 더 심해질 조짐이다.

그동안 우리는 핵을 가지지 못한 입장에서 북핵을 저지 또는 만류한다고 중국과 북한에 직간접으로 지불(支拂)해야 했던 대가는 또 얼마나 많았던가. 이런 것들을 다 감안하면 우리가 핵을 가지기 위해 지불하는 비용이 안보비용 총액으로 따질 때 가장 헐값임이 분명하다.

셋째, 자체 핵무장이야말로 미중일러 4강 정글 속에서 우리가 자주독립국으로 우뚝 서는 길이다. 러시아와 중국 등 유엔 상임이사국들이 전쟁을 일으키고 대북 제재에 깽판을 치는데 우리가 이러고 앉아 있을 이유도 없다. 중국과 러시아가 지금 우리를 주권국으로 취급하는가.

중국은 한국 전체를 24시간 들여다보며 맘만 먹으면 언제든지 핵미사일로 공격할 수 있는데, 우리는 왜 사드조차 배치하면 안 되나? 북한 편을 들어 남침 전쟁을 다 치러줬고 지금도 북한 핵을 엉큼한 논리로 옹호하면서 우리가 대만해협의 질서유지를 거론한다고 '함부로 주둥아리 놀리면 다친다.'라고 위협하고 있다.

러시아도 지금 북한과 온갖 거래를 하고 있다는 사실을 전 세계가 다 아는데, 우리가 우크라이나를 지원하기만 하면 손을 보겠다고 협박한다.

넷째, 핵무장이 심각한 수준의 남남갈등을 해소하는 길이며 나아가 남북통일과 세계평화를 향하는 첫걸음이다.

세계최강 미국은 없어지지 않는데 러시아인들 망하겠나. 러시아는 소련 해체 후 죽는 줄 알았는데 다시 살아나 차르시대 제정러시아를 꿈꾸고 있다. 중국인들 해체되겠나. 살만해지니 앙앙대던 소수민족들도 독재자 밑에 굽신굽신 줄 서서 뭉치고 있다. 일본은 인류사에서 유일하게도 핵폭탄을 맞고도 살아남아 세계 3위의 부강한 국가가 되었다.

중일러미 이 네 나라는 우리와 은원이 가장 깊은 나라들이다. 한반도를 먹었거나 먹으려고 한 국가들이다. 앞으로도 우리 곁에서 사라지지 않을 이 네 나라의 단 한 가지 공통점이 있다면 핵보유국이다.

일본은 언제든지 자체 핵 개발을 할 수 있는 기술 능력을 준(準)법제화해서 가지고 있지만 일본열도 자체가 바로 핵 최강 미군기지나 다름없다.

일본은 2018년 12월에 채택한 국방요강에서 필요한 핵기술 능력을 항시 유지할 것을 명시했다. 이 국방요강은 일본의 국방정책을 정하는 중요한 문서로 북한의 핵무기 프로그램과 중국의 군사력 강화에 대응하기 위해 핵무기나 탄도미사일 방어체계를 개발하는 것을 포함한 새로운 방향을 제시하고 있다. 그럼에도 한반도에서와는 달리 일본의 미군 철수를 주장하며 딴지를 거는 나라는 없다.

다섯째, 비운의 한반도 운명을 바꾸는 데 핵무장이 필요하다. 자체 핵 개발로 '나라의 팔자'를 고치자는 것이다.

구한말~일제 강점기 개화파 젊은 엘리트들의 갑신정변(1884년), 대한독립군 중장 안중근의 동양평화론(1910년), 그리고 망명 독립운동가 이승만의 영세중립론(1912년)은 수천 년 중국의 간섭이나 종주권 또는 일본의 침략과 식민 지배로부터 벗어나 개화 문명국으로 거듭나는 자주 대한의 길을 모색한, 당시로는 탁월한 혁명 논리였다.

자주(自主) 자강(自强)의 방도를 논하되 최후목표는 결코 중일러미 주변 열강들과 등지거나 다투는 것이 아닌 공존공영의 평화론이었다. 그러나 이들 주장은 삼일천하 또는 미완이나 무시되고 세 선각자는 처참한 운명(김옥균은 피살 후 능지처참, 안중근은 일제의 교수형, 이승만은 타도 실각)을 맞았다. 나라가 낙후 미개해 국운이 다한 탓이었다.

국제 정치에서 독립적인 행위자가 되어 세계질서를 논하거나 온전한 중립국이 되려면 그것을 뒷받침하고 지탱할 힘과 실력을 갖춰야 하는데, 당대의 한반도는 아무것도 가진 것이 없었기 때문이다.

그러나 지금 한국은 과학 기술 문화는 물론 경제력, 재래식 무력 등 세계 10위의 국력을 고루 다 가졌다. 다만 한가지 절대무기인 핵이 없을 뿐이다. 자유 대한민국이 핵무장을 하면 선각자들이 몽매에도 염원하던 한반도의 슬픈 운명을 완전히 바꿀 수 있다.

22대 국회, 핵무장 촉구결의안 채택하라

　우크라이나 전쟁은 유라시아의 '거대한 체스판'에서 벌어진 지정학적 지진이다. 우크라이나는 냉전 종식과 소련 붕괴 과정에서 미국 러시아 영국으로부터 핵을 포기하는 대신 영토와 주권을 보장받았지만, 러시아의 침략으로 안보 보증서는 휴지가 됐다. 6.25 전쟁 경험을 생각하면 뼈저린 반면교사(反面教師)로 삼아야 할 대목이다.

　한반도 안보에 영향을 주는 미국과 중국의 패권 대결은 지난해 11월 샌프란시스코 정상회담을 계기로 숨 고르기에 들어갔다. 하지만 미·중 갈등은 조만간 또 불거질 공산이 크다.

　결국 미국과 동맹을 강화하면서 중국과의 경협 관계도 더 긴밀히 하자는 '안미경중(安美經中)'론이나 애매한 중립 노선은 국가 안보와 국민 안전을 보장받을 수 없다는 사실을 우크라이나 전쟁이 생생하게 보여줬다.

　동맹을 튼튼히 하고, 우방과의 관계를 강화하되, 자주국방 역량을 키우는 길만이 안보를 지키는 지름길이라는 사실이 우크라이나 전쟁의 가장 큰 교훈이다.

　내년이면 한반도 남북분단이 80년째 된다. 비록 남북분단은 해소하지 못할망정 지금처럼 남한이 다시 좌우 동서로 쪼개진 채 지낼 수는 없지 않은가. 남남갈등을 끝내는 동기가 필요하다. 그런 의미에서 22대 국회는 개원과 동시에 한가지만은 꼭 서둘러야 한다.

　여야 합의로 대정부 자체 핵무장 촉구결의안을 채택하는 것이다. 국내의 북한학 정치학 국제정치학 역사학 등 유관 학계도 한반도 이슈에 논의가 이르면 이전처럼 북한의 주의 주장에 동조하지만 말고 한국 핵무장의 당위성과 절박성을 강조하고 한국형 핵 논리를 개발해야 한다.

한국의 자체 핵 개발을 주장하면 북한 비핵화를 요구하고 추진할 명분이 없어진다며 자체 핵 개발 주장조차 반대해 온 국내 학계는 북한이 실존적 핵보유국이 된 마당이니 이제 더 이상 그따위 종북적 비겁 논리를 펴지 말아야 한다.

국회의 핵무장 촉구결의안도 행여 한국이 당할 국제적 제재를 지레 걱정해서는 안 된다. 한국의 자체 핵 개발 방침은 그 실행 이전에 여야 합의채택 자체만으로도 엄청난 힘이자 레버리지로 작용할 것이다.

중국이 우리를 비하할 때 걸핏하면 사용하는 '열강 체스판의 말'이나 '중국과 미국의 물갈퀴 짓에 이리저리 떠밀려 다니는 개구리밥'으로 게 눈 뜨고 4강 눈치 보는 신세를 면하는 계기가 될 것이다.

남북 관계의 역사적 변곡점

2024년은 남북 관계, 나아가 한반도 미래에 역사적 변곡점이 될 것이 분명하다. 북한의 3대 세습 권력자 김정은이 김씨 왕국을 유지하기 위해 김일성 김정일 등 선대 수령들이 그토록 중시하던 민족과 동족 개념을 다 부정하고 한국과도 주적(主敵) 관계를 재확인했기 때문이다.

이를 액면 그대로 해석하면 북한은 이제부터 민족의 시조 단군을 비롯하여 대대손손 이어진 조상은 물론 남쪽과 형제자매의 연(緣)도 다 끊고 의절하겠다는 것이다. 다시 말해 북한 스스로 호칭하기 시작한 '대한민국'과 혈연관계를 일체 의절하고 서로 적대로 돌아서면 핵미사일을 이용한 전쟁특수 영업과 사이버 해킹을 통한 기술 및 가상화폐 절도로 자립 갱생해서 잘살 자신이 있다는 것이다. 아니 백두혈통 천부 왕권을 지키며 살 수 있는 길이 이뿐이라는 소리다.

한국의 관점에서 보자면 이는 통일의 대상이자 장기간 교류 협력과 평화 공존, 심지어 퍼주고 동조 찬양하던 상대가 돌연 의절하고 돌아서 버린 꼴이다. 북한이 한국을 이제부턴 통일의 대상이 아니라 전쟁방식으로 점령 복속시킬 대상 지역으로 규정하겠다는 선언이니 예삿일이 아니다.

이와 같은 변곡점은 김정은이 2018년 남북미 북핵 협상을 제안하면서부터 주도면밀하게 기획되고 북핵 협상이 결렬됨과 동시에 한국의 정권교체 기간을 통해 강화 실행되었다.

문재인-윤석열 신구(新舊) 두 권력이 북한이라는 집단과 김정은 김여정 권력 핵심이 전 세계를 상대로 대사기극을 벌이는데도 두 손 놓고 아무런 대책도 마련하지 않았던 결과이다.

문재인이야 어설픈 친중종북(親中從北) 노선에 빠져 사기극인 줄도 모르는 채 당했다 치더라고 후임 윤석열은 문재인 재임 때부터 퇴임 후까지 줄줄이 드러나는 과도한 부역 행위를 그대로 두고 또 북한으로부터 의절 및 주적 선언의 뒤통수를 맞았으니 더 심각한 문제다.

윤은 문과 검찰총장과 그 임명권자인 대통령이었던 은원관계를 운위하며 '정치보복'이란 누명 쓰기를 거부하고 있다고 한다. 윤이 본래 문보다 조금도 덜하지 않은 진보~좌파 성향이라고도 한다. 놀라운 일이다.

대통령에게 국가안보에 위해를 불러일으킬 수 있는 이적 또는 여적(與敵) 행위를 묵과해도 되는 재량이나 권한은 없다. 김정은의 말만 믿고 결과적으로 북한을 핵 4강에 셀프 등극하도록 도운 문재인의 행위는 우리의 국가안보를 네다바이당한 것이나 다름없다.

국가의 보위와 국민의 생명 재산 보호를 첫째 책무로 하는 대통령이 처형될 것이 뻔한 탈북민을 북한이 요구한다고 강제로 넘겨주는 것은 그 자체로 중대한 범법 행위이다. 우리의 법체계는 탈북한 북한 주민은 대한민국의 국민이라 규정하고 있다.

문재인 시기 발생한 종북 사건들 가운데 2018년 12월 20일 동해 먼바다 대화태어장 부근에서 우리 해군과 해경의 함정이 북한 선박을 나포해 그 속에 타고 있던 탈북민 4명과 시체 1구를 그대로 북한 측에 넘긴 것과 2019년 10월 31일 남하 귀순한 탈북 어민 청년 2명을 눈을 가리고 포승에 묶어 판문점을 통해 강제로 북한 측에 넘긴 것 등 두 사건은 특히 어물쩍 넘겨서는 안 될 야만적인 사건이다.

당시 일본 측은 대화태 사건의 북한 선박이 2017년 이래 북한 내부에 목숨을 건 저항 사건이 지속되는 와중에 최고 수뇌부의 최정예 호위 부대인 호위사령부 소속 간부 90여 명이 일거에 총살되는 초유의 사태가 발생, 숙청의 피바람을 피해 탈출한 호위사령부 고위 간부들의 도피용 선박으로 추정하였다.

공해상에서 바로 북한 측에 넘겨준 이 북한 선박의 나포 당시 해군 1함대 기함인 광개토대왕함 등 우리 함정들은 일본 초계기와 레이더 조사(照射) 갈등까지 빚으면서 사건은 국제화했고, 문재인 정부가 한미일 군사 협력 체제를 유지하는 삼각동맹의 전통적 가치를 훼손하고, 적국인 북한 측의 요청에 따라 행동하고 있다는 의심을 받았다.

두 사건은 살길을 찾아 탈북한 사람들을 사지로 강제 송환한 생명 무시를 넘어 북한이라는 강제수용소에서 북한 주민들이 더는 탈출도 하지 못하게 틀어 막아주는 나쁜 선례를 남겼다.

이 사건 전까지만 해도 매년 탈북해서 한국에 들어와서 설문조사에 응하는 사람이 1천 명 이상 많을 때는 2천 명이 훌쩍 넘었는데 2019년 이후 그 숫자가 1백 명대로 급감, 서울대 통일평화연구소 등에서 탈북민을 상대로 한 북한실태 설문조사가 더 이상 통계로서의 가치를 잃게 되었다.

두 차례의 탈북민 강제 북송 사건은 성격상 대통령의 재가 없이 이루어질 수 없다는 것이 대체적인 시각이다. 북한이 2024년 들어 DMZ에 지뢰를 다시 매설하고 있는 것이 목격되고 있다. 우리 정부는 이것이 한국군의 침투 공격을 방어할 목적으로 보는 것 같은데, 그야말로 착각이다. 북한은 한국이 휴전선의 북한 쪽을 침투 공격할 힘도 용기도 없다는 것을 잘 알고 있다. 군대 내부로까지 몰아친 치맛바람과 인권운동의 영향 때문에 한국군은 이미 '당나라 군대'나 다름없다고 인식하고 있다. 남으로 탈북하는 통로를 막는 것이 주목적이다.

북한이 중국에서 압송되는 탈북자들을 매번 다 공개해 처벌하고 한국에서 북송되는 탈북자들은 무조건 공개 총살하는 것과 똑같은 효과를 노린 것이다. 내부를 향해 "강과 바다로 탈출하면 사방 각국이 다 붙잡아 보낸다. 육로로 도망가면 한국에 닿기 전에 지뢰 밟고 죽는 줄 알라." 하고 경고하는 것이다.

이 글을 쓰고 있는 지금(2024. 5. 18.) 문재인 회고록 내용이 신문에 났다. "김정은이 (한국을 향해) 핵무기를 절대로 사용하지 않겠다고 확약했다."를 비롯하여, 아직도 김정은을 믿고 찬양하는 조다. 반대로 북핵 협상이 잘못된 것은 대부분 미국 탓이나 유엔의 대북 제재 탓으로 돌리고 일본을 깊은 것도 빛나는 자기 업적이라고 자랑한다.

신문에 난 내용만 뜯어보니 그 당시 대부분 서방세계로부터 '김정은 대변인 행각'이라고 조롱받던 내용이다.

오죽했으면 당시 백악관 안보보좌관 존 볼턴도 문의 핵심 참모와 통화하면서 "조현병 환자 같은 생각"*이라고 비난했을까.

* John Bolton, 『The Room Where It Happened』 (New York: Simon & Schuster, 2020), p.332.

문재인은 대통령 후보 시절 노무현 청와대 참모회의에서 유엔의 북한인권규탄결의 참여 여부를 논의할 때 "북한의 의중을 물어보고 결정하자."라고 한 발언이 문제 되자 이를 극구 부인하며 "당선되면 김정은이 가장 무서워하는 한국 대통령이 될 것"이라고 거짓 다짐했던 인물이다.

한반도 분단 80년을 앞두고 남북 관계가 중대한 변곡점을 맞고 있는데 우리는 좌우, 동서, 진보 대 보수가 이렇게 마주보고 삿대질만 해대서야 되겠는가 말이다. 실체와 진의가 다 드러난 김일성 세습 독재와 북핵을 앞으로 우리는 어떻게 대처할 것인지 합의점은 찾아야 하지 않겠는가.

북한이 핵이 없어 이를 만들려고 온갖 수작을 벌일 때 (DJ는) "북한은 핵을 만들 의지도 능력도 없다."라고 했는데 북한이 핵 무력을 완성한 지금은 김정은이 "핵을 사용할 생각이 전혀 없다."라고 약속했다는 문재인의 말을 또 믿어야 하는가.

문재인과 윤석열이 머리를 맞대고 결론을 먼저 내야 한다. 22대 국회가 두 사람을 불러내 다그쳐야 할 가장 시급한 국가안보 어젠다이다.

요컨대 김대중 이후 문재인 시기까지 진보좌파 정권이 해온 좌편향 정책들에 대한 국민감정에 치유가 필요하다. 공허하게 빛바랜 노벨평화상 하나와 북한의 핵 4강 등극이라는 사리모순을 이대로 덮어놓고 갈 수는 없다. 김대중 이후 문재인 시기까지는 외교 안보 리드십이 노벨평화상 수상에서 조현병 환자 취급으로 이어지는 친북 좌편향 기간이다. 조현병(調絃病, Schizophrenia)은 환각, 망상, 행동 이상 등이 지속되는 일종의 만성 사고 장애*를 말한다. 일명 '정신분열증'이다.

* https://namu.wiki/w/%EC%A1%B0%ED%98%84%EB%B3%91 (2024. 5. 22.)

6.15 선언으로 받은 노벨평화상은 본래 대통령 되는 것이 필생 소원이던 DJ를 대통령 후보로 띄워 올릴 목적으로 야당 시절 참모들이 추진하다 실패한 것인데 엉뚱하게도 DJ가 대통령이 되고 나서 김정일과 사상 첫 남북 정상회담을 함으로써 받게 된 것이다.

그 회담은 뒤에 대북 송금 사건으로 많은 의혹을 남겼다.

신(新)삼국시대 신라 대 백제 각축

이런 때 실시된 22대 총선 결과는 한반도를 삼국시대로 되돌려 놓은 것 같다. 38선 이남 한국만 놓고 보면 지역적으로 영락없는 신라와 백제의 재현이다. 영남당(여)과 호남당(야)이 국토를 동서로 양분한 것이다.

총선 결과 야당 의석 192대 여당 의석 108, 여소야대치고도 이례적인 야당 싹쓸이 구도이다. 이게 도대체 무슨 뜻일까?

그토록 지긋지긋하게 매사를 놓고 싸우기만 하던 여야, 좌우, 동서로 나뉜 정당들 보고 계속 더 싸우라는 얘기인가.

제1야당(민주당) 대표는 여러 형사사건의 핵심 피의자로 법정을 들락거리면서 선거운동을 했고, 12석을 얻은 제2야당(조국혁신당)엔 형사사건 피고·피의자가 즐비해서 범죄자들의 도피처 같다. 그런데도 국민은 지역구 의원투표의 절반(50.5%)을 민주당에, 비례대표의 24.5%를 조국당에 몰아줬다. 이재명 대표 내외와 조국 일가가 검찰 수사로 탈탈 털리고 있는 상황에서, 윤석열 검사 시절 적폐로 몰린 박근혜 정부 인사들에게 내려진 가혹한 징벌을 기억하는 국민들은 윤석열 대통령이 지금 말하고 있는 상식 공정 정의는 무엇인가 하고 물은 것이다.

한마디로 이재명 부부 조국 부부도 싫지만, 윤석열 김건희 부부는 더 싫다는 거다. 어떤 문학평론가는 총선 결과를 두고 "선과 악의 경계가 흐릿해지는 퇴행"이라며 선거 시스템의 기능 부전이 확인된 선거라고도 했다.

우리의 여야 동서 정당 관계는 외교 안보 면에서 볼 때 친미 친일 대 친중 종북, 동맹 대 자주의 대립이나 마찬가지다. 다시 말해 보수는 친미(親美) 친일(親日) 반중(反中) 반북(反北), 진보는 반미(反美) 반일(反日) 친중(親中) 친북(親北)이라는 이분법이 통념으로 되어왔다.

북한 미국 일본 중국 등 대상국들의 국제 동향이나 상호관계는 이미 많이 변했고 지금도 수시로 변하는데도 이번 총선은 우리 정치의 진영논리에 따라 이미 고착된 친(親)과 반(反)의 고정된 처방만 자동으로 계속 더 내놓는 결과를 초래한 것이다.

　　외교 안보마저 국내 저질 정치 게임의 제물이 될 우려가 크다.

　　필자는 좀 더 심각한 이야기를 하고자 한다.

　　다소 편향된 관점일 수도 있으나 분단과 북한 이슈를 고민하는 연구자로서 그래도 꼭 하고 싶은 지적이다. 많은 국민 특히 보수유권자들은 "윤석열에 속았다. 보수가 아니라 DJ 팬이자 노빠에다 문재인 심복 출신 진보좌파라고?"라며 경악하고, 그런 인식이 들게 한 김건희 여사의 처신과 언설(言說)에 크게 실망한 점을 표심으로 드러낸 것으로 보인다.

　　총선보다 약 8개월 전인 지난해 가을 한 결혼식장에서 "이대로 가면 내년 총선 결과 윤석열 여당이 100석 대 200석으로 참패할 것"이라는 당시로서는 예상키 힘든 총선 전망을 들었고, 선거 1주일 전 같은 사람으로부터 "아무것도 달라지지 않았다. 1대 2 게임도 힘들지 모른다."라는 얘기를 다시 들었다.

　　그 사람은 경남출생에 대구서 자라고 대구와 서울에서 언론인-대학교수로 일하는 사람이다. 총선 후 표심을 분석한 한 전문가의 글에서 '대선 때 막판에 윤석열을 찍은 영남 유권자 및 수도권의 영남 출향민 표 320만이 기권한 결과'라는 구절과 일맥상통한 정황이다.

　　더욱 놀라운 것은 총선 후 영남 민심의 급랭 상태. 5월 13~14일 예천에서 열린 고교동기 모임에서 부산 마산 포항 울산에서 온 친구들이 윤석열 대통령의 앞으로 거취와 관련, 대뜸 "탄핵은 무슨 탄핵? 하야해서 빨리 대통령을 새로 뽑도록 해야지!" 하는 게 아닌가. 서울서 간 필자에게 "부산 경남에서 문재인이 움직이며 선거를 거든 곳은 다 떨어뜨린다고 우리가 어떻게 한 줄 아느냐?"는 자랑도 했다.

　보수세력의 선거 민심은 여야가 계속 더 싸우라는 게 아니고, 윤석열 대통령을 탄생시킨 대선 이전의 상태로 되돌리고 싶은 것이다. 이재명과 조국으로 결집한 진보세력의 선거 표심도 이유는 정반대지만 같은 생각을 한 것으로 보인다.

　우리 역사에서 역대 대통령들은 각기 그 시절에 부여받은 사명이 있었다. 이승만의 건국, 박정희의 기아 탈출, 김영삼의 군정 종식, 김대중의 호남차별 해소, 노무현의 연좌제 철폐 등이다. 이 사명을 성실히 감당해야 임기가 순탄하였다. 윤석열 대통령에게 부여된 시대적 사명은 종북좌파 척결이 아니었을까 생각된다.

　지난 80년 동안 북한 이슈와 김일성 일가는 한국의 정치 경제 사회 문화는 물론 국민 개개인 삶의 구석구석에 끼친 마이너스 영향이 지대했다. 그런 남북 관계에 역사적인 변곡점이, 그것도 핵 무장한 북한 김정은의 주도로 생겼는데 이를 정리하거나 매듭짓지 않은 채 그냥 간다고? 국민이 받아들이지 못하고 있다.

보수는 절망하고 있다

이런 와중에 5월 15일 개혁신당 이준석이 영남에서 준비해 간 국화 1,000송이를 들고 5.18 민주묘지를 참배했다.

995 영령의 묘비마다 애당초 대구에서 구하려다 사정이 생겨 김해에서 마련해 왔다는 국화꽃을 바치고 큰절을 올렸다. 그러면서 "영남 분들도 5.18 정신에 대해 많은 이해를 하는 것이 중요하다."라고 말했다. 영남 분들이라고 특정해서! 국민의힘 대표 시절에도 김종인 국민의힘 전 비대위원장과 더불어 호남을 향한 서진 정책을 강조했던 인물이다.

여기다 윤석열 대통령도 5월 18일 광주 현장 44주년 행사에 참석, 눈물을 흘리고 '님을 위한 행진곡'을 함께 부른 뒤 5.18 정신을 헌법에 담는 문제와 관련하여 "잘 챙겨보겠다."라고 답한 것으로 신문과 방송에 보도되었다.

해마다 맞는 5.18이지만 올해는 달랐다. 지역으로는 영남, 정치 성향으로는 보수우파라고 생각하는 국민에게는 특별하게 다가왔다. 두 사람 외에도 지금의 여당 국민의힘 계열의 인사들이 무릎 꿇고 울먹이며 묘비를 닦는 추모 퍼포먼스를 한 적이 여러 번 있었다. 윤 대통령도 취임 후 매년 행사에 참석, 올해가 세 번째라고 한다. '가짜 보수'에 속았다고 생각하는 사람들이 김정은에게 배은망덕을 넘어 속절없이 버림받은 울분까지 겹쳐 마음속에 침잠해 있던 응어리가 덧난 것이다.

4월 10일 밤 개표방송이 끝날 즈음부터 각종 SNS에 윤 대통령을 '보수 궤멸자'라고 성토하는 댓글이 나돌았다. 5월 들어서자, 국민의힘을 향해 "좌파 눈치 그만 보라" "또 5.18 사죄하러 갈 거냐?"는 노골적인 경고가 등장했다. 이런 와중에 이준석 등이 보인 추모 퍼포먼스는 영남 사람들을 5.18의 '가해자' 프레임에 가두는 것으로 오해받기에 충분했다.

우리 사회에 어느 때부터인가 '가치(價値)'가 해체당해 그 의미가 전도되는 시간을 살고 있다고 여기는 사람들이 많아졌다. 지금의 거야(巨野)인 민주당 쪽 정권이 과거사 정리 등 국정운영에 진보 드라이브를 걸면서부터인 것 같다.

보수우파 국민은 촛불시위 탄핵정국을 거치고 「4.3」과 「5.18」이 재평가 정리되는 과정은 물론 세월호 처리 등을 보면서 과유불급(過猶不及)을 떠올리고 본말전도의 느낌에 빠져든다. 김대중컨벤션센터와 이승만 박정희 기념관건립 논란, 그리고 김영삼 홀대 저평가를 서로 견준다.

이미 고인이 된 전두환과 노무현 두 분의 죽음 및 사후대우도 생각하고, 아직 생존해 있는 이명박 박근혜와 문재인 전 대통령들의 퇴임 후 사법 대우를 지켜보고 있다. 그러면서 어떤 데는 대못질이 쳐지고, 또 어떤 부분은 성역화가 되어 함부로 범접할 수 없는 거리감과 위압감 같은 것도 느끼고 있다.

특히 영남 국민은 국민의힘이 보수 가치를 수호하기는커녕 서진 정책이니 중도 포용을 빌미로 호남 눈치나 보고 색깔 바꾸기 쇼나 하는 것을 개탄한다. 국민의힘의 전신인 신한국당 때까지만 해도 보수우파 정당은 당기나 선거 유니폼 등에 당을 상징하는 색으로 푸른색을 사용했다. 그러다 한나라당 때 흰색을 거쳐 여러 곡절 끝에 지금은 빨간색을 당색(黨色)으로 사용한다. 빨강은 오성홍기의 중공이나 '북괴 빨갱이'를 떠올린다고 본래 보수우파 정당이 제일 혐오하던 색깔이었다.

영남 보수 국민은 박근혜 탄핵 후부터 오렌지색 웰빙족의 본당처럼 변해버린 보수우파 대표정당을 갈아엎어야겠다고 별러 왔지만, 매번 실패했다. 지난 총선 때 공천에서 배제된 몇몇 보수 투사들을 무소속으로 당선시켜 새로운 보수정당 건설의 불씨를 만들어 보려 했지만, 이마저 또 좌절되자 보수우파 국민은 지금 절망하고 있다.

1980년 5.18 전야 "광주가 심상찮다."라는 본사 데스크의 무전을 받고 광주로 달려갔던 기자 출신 필자는 울분에 찬 민중이 고립무원의 절망에 빠졌을 때 폭발하는 민심의 현장을 똑똑히 목격했다.

여야 양대 정당, 특히 국민의힘은 명심해야 한다.

경상도가 심상찮다.

윤석열, 국민의 명령인 선거 민심에 복종하라

윤석열 대통령은 '87년(민주화) 체제' 이후 최소 비율 및 득표 차인 0.73% 포인트, 24만 표 차이로 당선됐다. 대선 막판 윤석열 후보의 어퍼컷 세리머니 덕분에 그야말로 겨우 이겼다.

어퍼컷 유세 동작이 상징하는 메시지, 다시 말해 윤 후보가 온몸을 날려 공표한 대선공약은 온 국민이 다 짐작할 수 있었다. 그것은 김정은을 포함, 특히 문재인에다 이재명 조국 등을 싸잡아 겨냥하는 것으로 해석되었다. 그런데 윤석열 대통령이 지난 2년 동안 어디다 대고 어퍼컷을 제대로 날린 적이 없다.

당선 후 관념적인 '자유론'이나 펴면서 정작 국가 안위의 가장 큰 위험 요소인 종북좌파 척결은 외면한 채 검찰총장 시절처럼 '법치' 고집만 부리다 통치 불능 상태를 자초했다.

선거 결과는 항상 옳고 바르다. 그러므로 국민의 지상명령으로 수용해야 한다는 것이 민주정치의 기본원리다. 그럼에도 대통령은 시대적으로 주어진 사명이나 국리민복의 향상 발전, 국정 개혁 과제에 조금도 소홀해서는 안 된다. 행정권과 입법권, 최고 행정권자와 최고 입법권자가 서로 다른 상황을 맞아 22대 국회는 정책연합과 입법 연합을 피할 수 없게 됐다. 이걸 피하면 파국이 올 수밖에 없다.

여야가 다 슬기롭고 현명하게 행동해야 하겠지만, 특히 대통령은 매 순간 기도하는 심정으로 이 어려운 정치 방정식을 풀어가야 한다.

어려운 일일수록 기본과 원칙에 충실해야 한다. 출발선에서 다시 생각하는 자세도 필요하다.

협치를 위해 야당과 타협하되 야합 의혹을 특별히 경계해야 한다. 여야 정치, 즉 협치하라는 국민의 명령을 지키기 위해 당과 정무형 총리를 발탁해 힘을 실어주는 방안도 생각해 볼 일이다.

대통령은 민심이 지적한 이념 정체성을 포함한 신변검사를 다시 받는 위치로 돌아가 첫째, 이재명 대표 조국 대표는 물론 여야 정치인들과 관련된 피의사건들을 신속히 그리고 철저히 처리해야 한다.

이재명·조국 사건은 개인의 일탈이나 불법을 다투는 단순한 형사사건이 아니다. 재판 중 또는 1, 2심에서 실형 선고를 받고도 당을 만들고 선거에 출마함으로써, 법의 취지나 대의정치의 작동 기반은 물론 우리 공동체의 양심과 지성 도덕률에 이르기까지 모조리 혼란을 불러일으킨 심각한 성질의 사건이다.

두 사람 관련 사건들이 만에 하나 두 야당 대표 주장대로 검찰의 무리수로 조작 확대 포장된 것으로 확인되면 이는 검수완박이 아니라 검찰조직 자체를 해체해야 할지도 모른다. 대통령은 탄핵 이전에 정말로 하야(下野)해야 상황이 정리될 수도 있다.

반대로 김건희 여사 관련 사건도 한 점 의혹 없이 투명 공정하게 처리되어야 한다. 야당이 줄기차게 주장하고 여론도 많이 기운 것으로 나타나는 김 여사 관련 특검 요구는 디올 핸드백이 문제가 아닐 것이다. 특검 과정에서 두 번의 몰카 동영상 내용을 공중파까지 모든 매체에 대대적으로 보도되게 함으로써 윤 대통령을 '가짜 보수' 내지 '진보 진영 내 후계경쟁 이탈자'로 몰아가고자 하는 야당의 의도가 보인다.

만약 사실이라면 윤 대통령은 진보 쪽 국민 지지에 이어 보수 쪽의 지지기반까지 몰수당하는 모양새가 되겠지만, 그렇기 때문에 더욱 피해 갈 수 없는 사안이다. 이·조 사건과 김건희 여사 등 이른바 윤 대통령의 '본부장' 사건은 진실이 죄다 밝혀져 양쪽 중 어느 한쪽 또는 양쪽 다 정치생명이 끊어져야 끝날 문제이다.

국민이 이 사건들의 결말을 보고자 하는 것이 총선 민심이다. 여기서 또 하나 다시 강조하건대 북한 관련 서훈-문재인 종북 원팀(one team)의 이해하기 힘든 역할들도 낱낱이 밝혀져야 한다. 증인과 자료가 아직 충분할 때 처리해야지, 대통령이 인연이나 은원 관계로 그냥 지나칠 수 있는 사안이 아니다. 정치지도자는 어디 무엇이 중한지 항상 민심의 핵심 관심사를 장악하는 결단과 용기가 최고의 덕목이다.

모든 일을 하늘에 맡긴다는 심정으로 법대로, 국민만 보고 담대히 나아가면 된다. 그다음은 민심이 심판할 것이다.

혁명적인 정치개혁이 필요하다

다시 본론으로 돌아와서 이 장을 끝내고자 한다.

한반도는 지금 안녕하지 못하다. 대한민국도 몹시 아프다. 엄연한 북핵 시대를 또 남북이 적대하면서 살아가야 할 판이다. 동서 좌우, 그리고 신라 대 백제로, 다시 말해 남남 양국으로 쪼개진 한국이 북한과 어떻게 교류 협력해서 평화를 이루겠는가. 통일을 입에 올릴 자격도 없다.

김정은을 "잘 가라!"고 보내자. 불장난이나 딴생각일랑 엄두도 못 내도록 우리도 스스로 핵무장을 결심하자. 김정은은 앞으로 한두 번은 더 미국하고 핵 협상하자고 쇼할지 모르지만, 결국은 온갖 빌미를 지어내어 이란 등 세계 여러 곳에 핵미사일 장사에 나선다. 핵이 필요한 지구상의 모든 나라는 다 핵을 가지게 될 텐데 우리가 왜 가만히 앉아 고생해야 하는가.

그런 김정은과 북한의 의절 선언을 걱정할 필요도 없다. 북한 주민은 의식주가 해결되면 그다음엔 바로 자유와 인간의 존엄을 향해 행진하게 되어 있다. 인류 문명사가 이를 증언한다.

김정은과 북핵 리스크만 없다면 유사 이래 동북아 최고의 문명 대국이자 첨단 사이버 기술 국가인 대한민국이 꿈꾸고 못 할 일이 없다. 평양 울란바토르 모스크바 키이우 예루살렘 테헤란까지 통하지 않을 곳도 없다.

대한민국이 철저하게 근본부터 개혁하면 된다.

가장 시급한 일은 지금과 같이 여야의 정당들이 국론을 조정 통합하기는 커녕 지역과 진영별로 국민 갈라치기를 하는 정치의 틀을 완전히 혁신하는 것이다. 다음으로 고령화 저출산으로 시시각각 다가오는 인구 절멸의 위기를 막는 것이다.

우선 아래로부터 잘못된 지방자치가 문제다. 기초단체까지 장과 의원의 유급 및 정당 공천제로 인해 지방 건달들을 고액 월급쟁이 유지로 키우는 등용문이 된 지 오래다. 이들은 다시 돈 선거 표몰이로 중앙정치를 좌우함으로써 국회의원들을 생계형으로 오염시킨다, 꼬리가 몸통을 흔드는 격(Wag the dog)이다.

역으로 위에서는 공천을 통해 지방색과 정치색 딱 두 가지만 주입한다. 말하자면 중앙무대에서는 좌우 진영정치, 영호남 대결 정치에 충성할 것을 요구하고 있다. 정당의 존재 이유는 집권해서 정강 정책을 구현하는 것인데, 대통령 선거에 패해 정권을 잃어도 좌우 동서 진영끼리 뭉쳐있기만 하면 국회의원 신분은 걱정 없다는 풍조가 만연하다,

지금 같으면 솔직히 국회의원 선거 더할 필요 없다, 영호남은 경상도당 전라도당의 공천으로 국회의원을 임명하고, 수도권과 충청권은 정당공천을 금하고 당선자는 전원 중립 무소속으로 하면 된다.

그런데 이런 정치개혁이 선거제도나 지자제 개혁만으로 안 된다. 5년 단임 대통령제를 4년 중임제로 한다든지 과감히 내각제로 바로 간다든지 해야 실효를 낼 수 있다. '87년 체제'를 전면 개선하는 개헌이 필요하다.

다음으로 한국의 인구감소는 전 세계 어디서도 유례가 없을 정도로 심각하다. 지금 전국의 기초지방자치단체는 곳곳이 양로원 겸 농·어·산림조합으로 그 역할이 변해가고 있다. 생산활동을 하는 산업인력의 24%가 외래 취업자로 집계된다.

이런 나라에서는 국가의 존재 이유는 물론 영토와 정부의 의미 및 사명에 대한 패러다임도 변해야 살아남을 수 있다. 민족성이나 조국애라는 관념에서 과감히 탈피해야 한다. 통일도 조선 8도 식으로 생각하면 안 된다. 이미 국제결혼과 취업 이주로 단일민족이란 말이 무색해졌다. 다민족 다문화를 국가가 적극 지향할 수밖에 없다.

태초 이래 인류문명과 지식 성장은 피 섞음, 즉 혼인의 역사와 함께했다.

지구상 모든 민족의 기원은 설화나 전설이며 과학적 근거가 없다. 조국이란 말은 외침(外侵)에 시달리던 조선 중기에 처음 등장한 후 언제나 위정자가 자신의 정통성이나 지배에 대한 불만을 잠재우고 대신 충성을 강제하기 위해 들고나오는 구호였다. 지금은 가장 위선적인 대학교수요 장관으로 지탄받던 사람이 조국을 부르짖고 다니는 지경이다.

인공지능과 AI가 생활을 선도하는 이 시대는 배타적 민족의 굴레를 버리고 다인종 다언어 다종교 등 다원론의 초국가적 통합을 더욱 부채질하고 있다. 전 지구적 확산과 교류, 접변(接變)과 혼융(混融) 및 혼종(混種, hybrid)이 시대 가치가 되었다. 「5.18」을 담는 원샷 개헌을 넘어 국가 개조(改造)의 거대 담론에 나설 때이다.

복합 지경학 시대
한반도 국제 정치

복합 지경학

21세기는 국제 정치의 패러다임이 바뀌고 있는 복합 지경학의 시대이다. 복합 지경학은 인터넷과 네트워킹을 통해 안보와 경제가 수평적으로 상호작용하는 국제 동학이다.

한반도 평화 체제(평화 프로세스) 구축은 한반도 정전협정을 평화협정으로 전환하는 과정만이 아니라 분단 체제 냉전체제 정전 체제가 삼위일체로 연동된 한반도 역학 구도를 깨트리는 과정이다. 북핵 문제의 해결도 바로 이 삼위일체 구도의 극복과 직결되어 있다.

북핵 해결이 어려운 데는 바로 한반도의 냉전 구도에 강대국들의 전략적 이해관계가 얽혀 있기 때문이며 한반도 평화 프로세스의 달성이 어려운 이유도 바로 이 때문이다.

이번 연구를 통해, 한반도 질서의 '대내적 요인과 국제적 요인의 결합'이라는 속성을 고려하지 않고 분단 문제-북한 문제, 곧 북핵 문제를 해결하기란 사실상 불가능함을 알 수 있다.

비핵화를 통한 한반도 평화 체제구축은 북미 사이의 합의와 실천도 중요하지만, 그에 앞서 남북 간 합의와 이행이 더 중요하고 본질임을 남북한 문재인과 김정은이 가장 먼저 깊이 인식했어야 했다.

이 논문은 2018~9년 남북미 3국 정상 간에 전개된 핵 협상을 복합 지경학 전략에 대입해서 분석해 본 것이다.

남북미 핵 협상은 남한의 역대 진보 정부에서 개발·추진해 온 한반도 평화 프로세스의 클라이맥스에 해당하는 단계이다.

이 중요한 국면이 핵 포기를 전제한 김정은의 평화공세로 열렸다. 핵무기와 경제발전을 교환하려는 북한 김정은의 이니셔티브는 시의적절하고 감동적이었으나 분석 결과 그 속내와 실상은 매우 실망스러웠다.

첫째, 북한이 사상 유례가 없는 일인 숭배 신정체제이자 군사 국가라는 사실은 스스로를 고정 목표 단일 방향에 옭아매는 족쇄로 작용하고 있음이 확인되었다. 더구나 김정은 시기의 북한이 이미 변질되어 사라진 스탈린식 공산독재와 유사한 공산 왕국을 지향하고 있음은 이 족쇄를 아예 숙명으로 바꾸는 위력을 더하고 있다. 이런 북한에 복합 지경학적 협상전략의 구사를 기대하는 것은 사이즈가 맞지 않아 걸칠 수도 없는 옷을 입기를 바라는 경우와 비슷했다고 할 것이다.

21세기 현대국가들은 민족주의 대신 국가주의, 중앙정부보다 지방 자치 정부로 체중은 줄이고 운신은 가볍게 해서 움직인다. 변화에 대한 적응력이 국가 운영의 관건인 셈이다. 복합 지경학 시대 국제 질서가 다자주의 네트워킹과 개혁개방 자유화로 합리성과 유연성을 갖추고 재빠르게 행동하는 국가들에 의해 형성되고 있다.

그런데 북한은 이런 국제 정치의 작동 논리에 전혀 경험이 없음은 물론 보조를 맞추고자 하는 의지도 없어 보였다. 오히려 '변화하면 죽는다.'라는 생각에 사로잡혀 있는 것 같았다.

문제는 김정은 자신이었다. 김정은이 남한의 많은 사람이 기대하고 상상하던 개혁적 사고의 신세대 지도자일 것이라는 생각은 사실이 아니었다.

핵 협상 결렬 이후 북한이 보이는 행태에서 김정은은 미국과의 제도적 평화보다는 적당한 갈등에, 한국과의 경제 통합보다는 자력갱생에 방점을 찍고 오로지 핵미사일 기술 고도화에만 몰두하고 있음을 엿볼 수 있다.

이는 남북미 핵 협상 과정을 통해 북한은 자신의 핵미사일 프로그램에 대한 어떤 양보도 없이 세계최강 미국의 대통령과 3차례나 맞짱 떠서 핵 동결-관계 개선이라는 사실상 핵 군축 씨름을 해냈다는 자신감에 기인하는 것으로 보인다.

김정은이 위장된 복합 지경학 전략 카드 한 장으로 실로 대단한 수확을 올린 것은 김정은을 '주적'에서 '한반도 평화통일의 동반자'로 추켜세운 문재인의 노력 덕분이었음은 변명할 수 없는 사실이다.

한국으로서는 이 지경에 처하고도 여전히 불안이 남아있다. 지금 윤석열 정부가 취한 북핵 대응 조치들, 이를테면 한미 핵 협의 그룹 구성 운영 및 한미일 공조 강화 등이 현실적으로 가능하고 적절한 것이긴 하지만, 이미 고도화가 상당히 진척된 북한 핵미사일의 실존적 위협을 감당할 수 있는 근본적인 대책은 될 수 없다는 데 있다.

이 방안대로면 북핵에 대응한 한국의 안보는 전적으로 미국에 의존한다는 것인데, 미국은 역사적으로 볼 때 대외전략을 국익과 내외환경의 변화에 따라 포용주의와 먼로주의(고립주의) 사이를 왔다 갔다 하는 펜들림(pendulum) 현상을 보였다.

2018~9년 남북미 핵 협상이 결렬되어 한반도 평화 프로세스가 실패하는 과정을 통해 남한사회는 내재적 접근법으로 북한을 탐구하고 햇볕정책으로 북한을 거들면서 지난 30년 동안 북한 리더십에 걸었던 기대와 희망이 모두 무너져 내리는 허망한 경험을 하였다. 그렇더라도 전쟁 아닌 대화와 협상밖에 선택지가 없다. 그동안 북한과 씨름하며 남한이 받은 상처인 남남갈등부터 수습해서 심기일전하는 것이 급선무다.

이제부터 남한은 백두혈통 세습지배자가 아니라 북한 주민만 보고 상대하며, 모든 일을 그들의 자각과 결정에 맡기고 지원하는 방식으로 대북 전략을 바꿔야 한다. 이 경우에도 지경학 전략은 필수다. 남북이 서로 상처받지 않고 피해 없이 오래 가기 위해서뿐만 아니라 남한이 스스로 보호하는 자구책으로도 지경학적 접근은 필요하다.

제1장 연구의 배경과 목적

서론

2018~9년 남북정상회담과 북미정상회담이 잇달아 열리면서 한반도는 오랜 대립·적대로부터 평화로 전환되는 계기를 맞는 것 같았다. 남북미 3국 정상의 연쇄 회담은 역사적인 핵 협상으로 진행됐지만, 협상은 결국 결렬되었다. 그 결과 남한의 역대 진보 정부가 개발·추진해 온 한반도 평화 프로세스도 좌절되고 말았다.

그로부터 5년이 흐른 2024년 현재 한반도 이슈는 아무것도 해결되지 않았고 북핵은 기술 고도화를 넘어 오히려 실존화(實存化)하였다. 안보는 물론 국제 정치의 패러다임이 바뀌고 있는 복합 지경학의 시대를 맞아 한반도 평화 프로세스의 좌절·실종 과정을 되돌아봄으로써 한반도 이슈를 해결할 대안은 없는지, 우회로라도 찾아보기 위해 이 연구를 진행했다.

북한 김정은은 2022년 3월 24일 ICBM 시험발사로 스스로 약속한 핵미사일 실험 모라토리엄을 깨고 미국과의 장기전을 선언, 다시 위기 고조로 시작되는 벼랑 끝 전술의 루틴(routine)에 돌입하였다. 그럼에도 불구하고 바이든 정부 출범 이후 미국의 정책 우선순위에 있어 북핵 문제는 이미 미중 패권 경쟁의 4번째 후순위(後順位) 하부구조로 밀림*으로써 미국은 물론 동북아 역내 국가들의 관심과 긴장은 예전 같지 않다.

* The White House, Indo-Pacific Strategy of The United States (Washington: Feb.2022), pp.5-6.

돌이켜 보면 역사적인 북미정상회담이 2019년 하노이 노딜로 결렬된 것은 대내외적으로 한반도 차원을 훨씬 초월하는 심각하고 불길한 문제점을 남겼다. 어쩌면 세계적·문명사적 어떤 변곡점이 될지도 모를 일이다. 특히 한반도 남북의 미래 운명을 일단 시계 제로상태나 다름없게 만들었다.

김정은이 하노이 노딜 이후 지난 2년여 동안 고립무원의 고난 선상에서도 자력갱생 정면 돌파 노선을 준비하고 끝내 실행에 들어간 것은 지난 77년 분단의 세월 동안 동족상잔의 혈전은 물론 만난신고(萬難辛苦)의 험로를 돌고 돌아 다시 갈등 적대의 원점으로 되돌아간 것이나 마찬가지다.

북핵 협상 결렬과 북미 대립 재개가 남긴 문제점은 다음과 같다.

첫째, 분단 이후 남북 관계는 크게 보아 적대 섬멸-상호인정-교류 협력의 3단계를 거쳐 왔다.*

* 이종석, 『새로 쓴 현대북한의 이해』(서울: 역사비평사, 2000), pp. 376~392.; 김계동 김근식 등, 『북한의 체제와 정책』(서울: 명인문화사, 2018), pp. 197~226.

이것을 한국의 관점에서 살펴보면, 초기 반공통일에 실패한 후 국제무대에서 북한의 실체를 인정하고 공생의 길을 가다가 급기야 북한 체제가 여러 어려움을 당할 때 체제 유지에 적극 협조하는 단계로까지 갔지만, 모두 좌절한 결과가 된다. 햇볕을 쪼이면 스스로 무거운 외투를 벗을 줄 알았지만, 북한은 그렇지 않았다.

둘째, 역사적으로 볼 때 한반도 운명은 민족 내부의 분열과 갈등에 좌우되곤 했다. 내부의 분열 대립이 외세와 결탁할 때 언제나 국난이 따랐다. 북미 대립이 재개되고 한반도 평화 프로세스도 실종된 지금, 한국의 내부는 보수 대 진보 정파 사이는 물론 지역·세대 간 갈등이 거의 위험수위라고 할 정도에 이르렀다.

이런 상황을 한반도 차원에서 보면 남북분단이라고 하는 큰 구조 아래 남남갈등이 존재하는 민족 내부의 이중 분열이나 다름없다.

셋째, 외부적으로 북한과 미국이 다시 기약 없이 적대 불통의 관계로 돌아선 것은 안타까운 일이 아닐 수 없다. 미국과 북한은 한반도 관련 6자 회담국 중 가장 핵심축일 뿐 아니라 트럼프-김정은 정상회담은 김일성 이래 북한 체제가 반백 년 이상 오래 갈망하던 숙원사업이었다.

그런데 그 운명적이어야 할 회담이 아무것도 해결하지 못하고 결렬된 것은 역사의 퇴행으로 기록될 것이다. 북한과 미국은 쌍방 모두 최고 실권자인 정상 간 담판에서도 실패한 여운이 오래 갈 것이며 그 영향이 남북은 물론 동북아 평화 안정에도 미치는 바가 작지 않을 것 같다.

넷째, 이미 다 허사가 되고 말았지만, 그동안 한국은 상대적으로 더 어려운 북한을 자극하지 않기 위해, '비위를 맞추거나 눈치를 살피며' 많은 것을 인내하며 기다렸다. 이 과정에서 본의 아니게 동맹이 해이해지거나 인류 보편가치를 외면하는 우(愚)를 범했다.

반미(反美)의 목소리를 방치하고 숭중(崇中)의 태도를 취하다가 중국으로부터 사드 보복을 당하고도 3불1한(3不1限)의 약속을 해주는 굴욕도 당했다. 급기야 중국은 우리의 영역 언저리에서 육해공 입체 정찰감시를 상시화하고 있다.

그렇다고 북한이 살기가 나아진 것도 아니다. 그들은 여전히 세계 최빈국 대열에 끼어 허덕이면서 아무짝에도 써먹을 데가 없을 것 같은 핵미사일 개발에만 열중하고 있다. 이러다가 남북이 동반 추락하는 게 아닌지, 북한 생각하다 한국마저 어려워지는 것은 아닌지 걱정하는 사람이 많다.

다섯째, 막상 세계질서는 대전환기를 맞고 있다. 미중 갈등 경쟁으로 시작된 세력 재편은 정치경제 군사 안보 과학기술 반도체 수급 등 전방위적으

로 확대되고 있다. QUAD* 인도-태평양전략 대 일대일로(一帶一路) 중국
몽, IPEF** 대 RCEP*** 등 지정학과 지경학을 망라한 통합영역의 경쟁 구
도가 형성되고 있다.

* 인도-태평양전략의 당사자인 미국 인도 일본 호주 등 4개국이 참여하고 있는 안보협의체
  로 2007년 이들 4개국이 처음 개최한 '4자 안보대화'(Quadrilateral security dialogue)의
  영문명 제일 앞 4글자에서 유래.
** Indo-Pacific Economic Framework. 미국이 주도하는 '인도태평양경제프레임워크'.
*** Regional Comprehensive Economic Partnership. 중국이 주도하는 '역내포괄적경
    제동반자협정'.

　학자들은 이를 신냉전(新冷戰) 또는 재냉전(再冷戰) 혹자는 탈탈냉전(脫
脫冷戰)이라고 부른다. 하필 이런 시기에 북핵 이슈는 신냉전이라고 하는
태풍의 중심권에 자리 잡았다.
　이에 더해 러시아의 우크라이나 침략은 그렇지 않아도 동양의 발칸반도
로 일컬어지는 한반도의 한국에게 많은 경각심을 불러일으킨다.
　우크라이나 사태에서 푸틴이 보이는 호전 태도는 핵전쟁이 꼭 환상 속의
이야기만은 아닐 수 있다는 생각도 들게 한다. 무모하게도 김정은은 이런
때 '반공화국 적대행위'에 대해서는 남한을 향해 핵(核) 공격을 할 수도 있
다고 위협하고 있다.*

* 「로동신문」, 2022년 9월 9일.

　한반도는 20세기가 열리면서 국권을 상실하고 동서냉전이 시작될 때 그
첫 전쟁터가 되었는데 신냉전이 전개 강화되는 역사의 길목에서 또 국망(國
亡)의 그라운드 제로(Ground Zero)가 되는 것은 아닌지 불안하다.

그렇더라도 분단 해소와 한반도 평화 번영의 사명은 오롯이 남북한 한반도 내부로부터 발현될 수밖에 없는 운명이다. 이런 자각이 뒷받침될 때 질곡의 한반도 역사를 좌지우지해 온 미국 중국 일본 러시아 등 주변 4강의 원심력도 내부의 구심력으로 완화해 나갈 수 있을 것이다.

주지하다시피 2018~9년 남북미 정상회담을 통한 북핵 협상은 핵 폐기 의사를 전제로 경제발전과 평화를 추구한 김정은의 이니셔티브로 시작됐다. 안보와 경제가 수평적으로 상호작용하는 21세기 복합 지경학 시대에 매우 적절한 전략 전환으로 보였다.

김정은의 지경학적 접근시도는 좌절·실패하였는데, 이는 한반도의 운명을 결박해 온 지정학적 국제 질서의 유산 때문이었다. 역사적으로 볼 때 한반도 문제는 대내적 요인과 국제 요인의 결합으로 일어나는 속성을 지니고 있다. 그러므로 북핵 이슈와 같은 한반도 문제의 해결 또한 대내적 요인과 국제적 요인의 절충 조합이 아니고는 생각하기 힘든데, 남북미 북핵 협상 과정에서 내외적 두 요인은 모두 도전 요인으로 작용하였다.

그러나 한반도 문제해결은 남북한이 지경학 전략을 충실히 구사하는 외길뿐이다. 그것이 문명사적 시대적 국제조류이며, 전쟁은 하지 않기로 한 이상 한국이 갈 길도 마찬가지다.

돌이켜 보면, 1905년 한일합방은 19세기 내내 대륙 세력과 해양 세력 사이에 벌어진 각축의 한반도적 수렴이었다.

한반도를 사이에 놓고 대륙 쪽의 중국 러시아와 해양 쪽의 일본 영국 미국이 제각각 나름의 전략적 방향성을 갖고 움직였고, 피해의 현장인 한반도는 허약 무능 미개 낙후로 속수무책의 처지에 놓여있었다. 그때까지 세상은 지정학적 환경과 운명에 충실하며 살았다.

그리고 조선이 일제의 식민지로 추락하고부터 한반도는 수많은 우여곡절, 다시 말해 역사의 전개 과정을 거쳐 2차대전의 종전과 함께 해방을 맞는데, 불행하게도 그것은 남북분단이었다. 합방 후 해방까지, 그리고 2차

대전의 기간에도 국제 정치에서 한반도의 역할은 미미해서 독립적인 종전 인자의 범주에서 외면당한 것이다.

　강대국들의 종전기획에 따라 1945년 8월 15일 미국과 소련이 한반도 북위 38도 선상에서 조우(遭遇)한 사건은 한반도로서는 영토의 남북 분할이지만 세계사적 시각에서 보면 미소 양극 대결이자 이념전쟁 동서냉전의 시작이었다.

　국제 정치의 이 의미심장한 수렴이 그로부터 100여 년 전 프랑스의 정치 철학자이자 역사학자 토크빌에 의해 예견되었다니 놀라울 따름이다.

　한국의 수학자이자 역사학자 김용운은 북위 38도 선상의 미소(美蘇) 대치는 우랄에서 발원해서 시베리아를 거쳐 태평양으로 동진하는 러시아의 동방정교 문명과 북미대륙 동부 해안에 내린 이민자들에 의해 록키를 넘어 태평양을 향해 서진하는 미국의 기독교 문명이 운명적으로 충돌한 것이라며, 이는 미소 양국의 국가 성격과 지정학적 분석을 통해 충분히 예견됐다고 한다.*

**　* 김용운, 『역사의 역습』 (서울: 맥스미디어, 2018), p.319.**

　남북분단은 곧 6.25 전쟁으로 이어졌고, 앞서 말한 대로 적대 갈등-상호 인정-교류 협력의 오랜 과정을 거쳐 2022년 이후 다시 대치 갈등의 적대관계에 빠졌다. 이러는 동안 한반도는 미국과 중국 누구도 포기할 수 없는 지역*이 되어버렸고 일본 러시아 등 주요 국가들도 각기 국익에 따라 한국과 미국, 또는 북한과 중국 측에 연대 결속하는 추세로 돌아섰다. 이렇듯 역사란 국제관계상 전개와 수렴의 연속이다. 국제 정치에서 매 순간은 미세한 수렴이고 동시에 작은 전개의 시작일 것이다.

* 김용운(2018), 앞의 책, pp. 310~312.

위에서 개략적으로 살펴본 바와 같이 근대 한반도 역사는 모두 미국 중국 일본 러시아 등 주변 4강에 의해 크게 영향받고 있다. 물론 한반도 내부의 민족 세력에 의해 전개되는 역사가 없는 것은 아니나 그 영향력의 강약대소(强弱大小)를 구분하자면 한반도 역사이면서 외부 세력의 영향이 언제나 결정적 치명적이었다.

내부의 민족 역량이 분열적·갈등적이어서 역사 흐름의 구심력을 발휘하기는커녕 오히려 외부 원심력을 조장했기 때문이다. 동아시아 국제 정치에 정통한 호주 국립대 개번 맥코맥 교수는 '20세기는 한국에서 비극으로 시작해 비극으로 끝났다.'라며 21세기 들어서도 수많은 모순이 한반도에 집중되어 세계의 이목을 끌고 있다고 개탄했다.*

* 개번 맥코맥, 박성준 역, 『범죄 국가 북한 그리고 미국』(서울: 이카루스 미디어, 2006).

21세기 한국은 이른바 3050클럽 7대 회원국*이 되고 북한은 자칭 양탄일성(兩彈一星) 핵 강국**으로 우뚝 섰다. 하지만 예나 지금이나 한반도의 불행한 운명은 민족 내부의 갈등과 분열이 외세 개입의 단초(端初)를 제공함으로써 시작되었다.

* 1인당 국민소득 3만 달러 이상, 인구 5,000만 명 이상의 조건을 만족하는 국가를 지칭하는 용어. 현재 일본(1992년) 미국(1996년) 독일(2004년) 프랑스(2004년) 이탈리아(2005년) 한국(2019년) 등 7개국이 이 범주에 포함된다.
** 원자탄 수소탄에 이어 ICBM을 보유한 것을 의미.

국제 정치가 지정학을 넘어 지경학과 겹치고, 이제는 5G 인터넷 인프라의 첨단 기술 혁명 시대로 접어들면서 인류문명 자체도 일대 전환기를 맞고 있다. 지정학과 지경학을 가로질러 온 각 국가의 전략 패턴이 이 전환 시대에는 또 어떻게 작용할지 목하 러시아-우크라이나 전쟁이 짐짓 시사하는 바가 크다.

우크라이나 전쟁은 어찌 보면 인터넷에 의한 지리성의 확장으로 지구촌 곳곳의 사람들에게 현실의 국적이나 진영개념과 별개로 심리적으로 지정학이 더 영향을 미치는 듯도 한데 또 다른 한편 인접 NATO 회원국 등 세계 각국이 자원 수급과 경제 논리에 충실하면서 지경학이 압도하는 듯도 하다. 개전 후 종래의 강대국과 약소국이라는 선입견이 전혀 통하지 않는 전쟁 상황이 벌어지고 있다.

이런 가운데 드론 5G 등 첨단 기술이 도입되면서 재래식 무기의 전력 개념이 무의미해져서 누가 이기고 지고 있는지 과연 전쟁은 끝날 수 있는 것인지 과거의 잣대로는 가늠하기 복잡하게 돌아간다. 이런 우크라이나 전쟁은 한반도 상황 북핵 이슈와 관련, 유불리 호불호 간에 많은 영향을 미칠 것으로 보인다. 한반도의 남북분단 북핵 이슈를 다루는 정책추진에 일대 사고의 전환을 요구하는 요인이다.

공자(孔子)는 '지나온 길을 들려줌으로써 다가오는 미래를 가르쳐 줄 수 있다.'라고 했다.* 지리를 모르는 역사학은 의미가 없다. 그 둘은 늘 함께 가는 것이다.

*『論語』學而編: '子曰 告諸往 而知來者'.

미리 표명컨대, 이 논문은 20세기 중반부터 시작된 한반도의 남북분단-북미 대립-북핵 위기를 해결하려는 온갖 시도가 모두 실패했다는 뼈아픈 사실로부터 출발한다. 그러므로 논문은 한반도의 불운을 낳고 연장해 나가는 유관 각국의 행위 패턴을 우리가 조절할 수는 없는가? 조절이 힘겹다면 최악의 상황을 피할 수는 없는가? 이를 위해 남북한은 어떻게 해야 하는가? 북한이 따로 논다면 한국은 어떻게 하면 좋을까? 이런 지극히 비정치적이고 순진한 고민을 안고 분단의 과거와 현재를 들여다본 것이다.

논문이 궁극적으로 지향하는 목적은 남북분단-북미 대립-북핵 이슈를 푸는 길을, 그것들이 생성 격화된 과거와 현재에서 찾아보려는 데 있기 때문이다. 다시 말해 한반도의 불행한 운명은 민족 내부의 무능 갈등과 외세 특히 주변 4강의 세력다툼에 의해 결정되어 왔는데, 지난 70여 년 동안의 온갖 노력에도 그 불운이 해소될 기미가 보이지 않는다.

와중에 한반도를 위요(圍遶)한 동북아는 물론 세계질서는 다시 더 복잡하게 돌아가며 결코 한반도 남북에게 호의적이지 않다. 북핵 문제 등 한반도 이슈가 기약 없이 이렇게 장기간 방황하다간 북한은 물론 한국까지 정치 경제적으로 어려움에 빠질 위험이 있다. 중국의 사드 보복과 중-러 양국의 간접압력은 상시 진행형이다.

요컨대 한반도 이슈를 해결하려는 노력이 더 이상 좌절과 실패를 반복하지 않아야 함은 자명하다. 지금처럼 실패했다고 적대(敵對)관계로 돌아설 바엔 아예 각자도생(各自圖生)의 길로 가는 것이 낫지 않겠는가. 그러기 위해 실패의 과거를 복기해서 그 원인을 규명하는 것이 먼저다. 그런 다음 아무리 더디고 힘들더라도 더 이상 좌절하거나 실패하지 않도록 문제해결의 옳고 바른 궤도를 찾아야 한다.

북미협상 결렬 전후의 선행연구

한반도 이슈의 지경학적 접근에 관한 연구는 의외로 오래전부터 꾸준히 진행해 왔다. 주로 국제관계학 정치학 경제학 지리학 역사학계에서 이 문제를 관심 깊게 다루는데, 정작 북한학계의 관심이 덜했던 탓으로 의외로 느껴질 뿐이다.

국내에서 지경학 전략이 연구자들의 화두로 떠오른 것은 공산권 붕괴와 탈냉전 후 남북한 간의 발전단계나 체제경쟁은 더 이상 의미가 없어진 상황에서 분단 해소의 방법을 고민하는 차원에서 시작된 것으로 보인다.

그러다 북한이 아사자가 속출하는 가운데 고난의 행군기를 맞은 데 이어 한국은 IMF 환란(1997년)을 당하자, 한국을 리모델링하는 과정에 북한도 포함하는 한반도의 미래상을 상상하면서 국가 개조의 지경학 전략연구가 봇물 터지듯 줄을 이었다.

북핵 담판을 전후한 시기, 지경학적 접근법과 같은 맥락에서 한반도 '연성 통합론', '연성 복합 통합론', '평화외교론' 등의 연구도 활발했다. 지경학의 시대를 맞아, 대륙과 해양 사이에 끼어 침략과 방어의 길목이 되어온 오랜 반도 국가의 운명을 경제 기술이 무한으로 교류할 수 있는 해륙 교량 국가로 바꾸자는 희망의 발로였다.

'연성 통합론'은 남북한의 경제. 사회. 문화적 교류와 통합을 지칭하는바, 전통 지정학 관점보다는 지경학적 협력의 강조를 통해 남북한이 한반도 평화 정착과 연성 통합은 물론 더 나아가 동북아 연성 통합에 주도적으로 이바지할 수 있다고 본다.

동북아의 강대국들을 남북한 평화 정착과 연성 통합의 "이익 공유 주체로 참여시킴으로써" 한반도 평화의 지경학이 "교통, 물류, 에너지로 대륙과 연결"되기를 기대하는 것이다. 일차적으로 남북한 연성 통합은 한반도라는 좁은 범위에서 통일보다 훨씬 더 낮은 수준의 경제 중심 '통합'을 의미하며, 탈근대성과 지경학적 요인들의 작용이 수용되는 초국경적 공동체를 지향한다.*

* 강봉구, "남북한 연성 통합의 딜레마와 한러협력의 기회·공간",『대한정치학회보』29집 3호, (2021. 8).

전재성의 '연성 복합통일론'에서 '연성'은 "군사적, 정치적 통일뿐 아니라 경제. 문화. 이념적 통일을 함께 적극적으로 고려하자."라는 뜻이고 '복합'은 "남북의 통일일 뿐 아니라 동북아인들의 통합을 함께 추구"하는 정책적 실천을 의미한다.

이것은 한반도의 통일 과정이 동북아 접경지역(러시아의 극동+중국의 동북 3성+두만강 유역) 통합을 증진하고 동시에 동북아의 심화한 통합이 한반도의 통합과 안정성을 높여줄 것이라는 가정과 기대를 반영하고 있다. 연성 통일의 개념은 온전한 근대국가의 구성요소인 국내외 최고권으로서의 배타적 주권, 배타적 주권 관할의 물리적 영토성, 하나의 민족/국민 정체성을 가진 시민 등을 대신하여 "유럽연합과 같은 공통의 주권, 중첩적 영토성, 복수/공통 시민권 등의 개념을 상상"한다.

달리 표현하자면, 연성 통일은 탈민족화된 복수의 정체성을 가진 시민들이 공동 주권 관할 하의 영토 경계를 넘나들며 자유롭게 교류할 수 있는 '근대 주권개념을 초월한 공동체'를 지향한다.

더 나아가, 한반도의 연성 통일 모델은 "동아시아 전체의 다층적, 연성적 복합네트워크로 확산"되어 동아시아 다자주의 협력체/공동체의 연성 복합적 통합을 자극하도록 기대된다. 다자주의적 공존과 공영을 지향하는 이 지역 협력체는 종국적으로 동아시아 공동체로 진화될 것이다.*

＊ 전재성, "비판지정학과 한반도 연성 복합통일론," 서울대학교-연세대학교 통일대비국가 전략 연구팀(편), 『통일의 신지정학』 (서울: 박영사, 2017), pp. 359~60.

이 '연성 복합통일론'은 안중근 의사가 옥중에서 주장한 '동양 평화론'의 시대적 업데이트(update)를 느끼게 한다. 그만큼 현실을 뛰어넘는 이상론일 테지만 기왕 남북통일을 시간과 형태를 다투지 말고 더 멀리 더 크게, 좀 더 안전하고 평화롭게 내다보고 대비하는 차원이니까 음미해 볼 가치가 있는 발상이다.

한반도는 역사적으로 미·중·일·러가 상정한 지정학적 요소가 압도적으로 작용해 왔고, 북한의 핵무기 완성 선언으로 지정학적 긴장이 정점에 달하였다. 한반도는 남북분단과 북한의 핵무기 개발로 지경학적 가치를 강화할 수 없는 구조적 모순을 안고 있었다.

2018년 북한이 비핵화를 전제로 남북 및 북미 핵 담판에 나선 것은 한반도가 그 지경학적 가치를 강화하여 지난 1세기 동안 고조되었던 한반도의 긴장을 단숨에 해결할 수 있는 대전환점이 될 뻔한 사건이었다.

이 기회를 살릴 수만 있었다면 남북한이 경제협력을 주도하고 미·중·일·러를 남북한 평화 체제의 이익 공유 주체로 참여시킴으로써 더 이상 강대국들의 지정학적 영향력에 흔들림 없이 한반도 평화 체제구축을 완성할 수 있었을 것이다.

한반도의 지경학적 요소를 강화할 수 있는 수단으로 남북한 중심의 경제협력은 개성공단과 남북 철도의 연결, 확대된 형태의 경제협력으로는 남·북·러 가스관과 송전망 연결 사업 등이 이미 실행 또는 논의되었다. 개성공단과 남북 철도는 남북 경제협력의 수단으로서, 개성공단은 실질적인 남북 경제협력의 공간적 산물임과 동시에 공동 생산과 이익 공유의 실험구이고 남북 철도는 상호소통, 물적·인적 자원 교류를 가시화하여 향후 남북 경제협력을 촉진하고 중국·러시아의 철도망과 연결하여 유라시아 대륙을 거쳐 유럽까지 한반도의 경제 지경을 넓히는 데 필수적이다.

남·북·러 가스관·송전망 연결 사업은 남북 경제협력에 있어 에너지의 수급이 핵심적이고 동북아 에너지 슈퍼 그리드, 동북아 에너지공동체로의 발전 가능성이 충분하다.*

* 최재덕, "한반도 평화 체제구축 과정에서의 남북한 주도권 강화 방안-지경학적 접근을 중심으로-", 『국가전략』 제24권 4호, (2018). pp. 43~47.

이상과 같은 지경학적 관계가 남북한 사이에 펼쳐지면 이는 금방 중국의 일대일로 정책과 연결되고 러시아의 신동방정책과 만나면서 유라시아 대륙 쪽으로 엄청난 평화 및 경제적 시너지효과를 내게 될 것이다. 중국은 북한 나선 항의 접안시설을 이미 장기 임대했는데, 지금 진행 중인 창지투(長春-吉林-圖們) 개발계획이 완성되면 한반도 동북쪽 끝자락에 중국의 태평양 연안 산업기지가 형성되게 되며, 북한 서해안 쪽으로는 중국이 주도하는 황금평·위화도 북중 공동경제특구 건설과 도로 교량 철로 연결 사업이 거의 완성 단계에 이르렀다. 또 러시아 정부는 중국의 적극적인 한반도 전략에 자극받아 남북러를 연결하는 천연가스 파이프라인 건설 프로젝트 등 신동방정책에 관심을 기울이며 나진-하산 간 철도 개건 사업과 나진항 3호 부두현대화 사업에 박차를 가하는 중이다.*

* 윤영관, 『외교의 시대』 (서울: 미지북스, 2022). pp. 241~242

중국과 러시아가 각기 속셈은 다르고 또 상호 경쟁 견제 심리가 작용하는 사업이지만, 이는 어쨌건 한반도로서는 남북중과 남북러의 거대한 경제협력 벨트가 되어 환서해 경제권과 환동해 경제권이 한반도를 H자 형태로 부양시키게 된다. 또 러시아의 신동방정책과 연계된 시베리아 횡단 철도는 한반도를 멀리 유럽 끝까지 J자 형태로 이어줄 것이다.

　그러나 이와 같은 남북한 경제 통합 전략은 한반도 비핵화 절차에 대한 합의가 타결되어 대북 제재가 일부라도 해제되기 시작할 때라야 비로소 시동을 걸 수 있다.*

　* 임종식, 『지경학의 이론과 실제』 (서울: 바른북스, 2021). p. 150.

　안타깝게도 북한이 핵보유국을 고집함으로써 국제적인 경제제재를 당하고 있는 현실은 북한이라는 존재가 북한 자신에게는 기회 상실을, 한국에게는 대륙과의 유대강화를 방해하는 장애물로 작용하고 있다.

　지경학적 접근에 관한 연구들은 북미 핵 담판이 결렬되기 전과 결렬된 후로 그 논지가 완전히 달라졌다.

북미협상 결렬 이전

　이 시기 한반도 문제 연구자들은 국제화 개방화는 물론 범세계적으로 통합경제의 운용이 확산하고 있는 시대 흐름으로 미루어 보아 한반도에서도 통일이 언제 어떻게 이루어질지 모르지만, 국제 정치에서 지정학적 힘의 논리가 쇠퇴하고 지경학의 시대가 될 21세기는 한반도 통일의 세기가 될 것이라는 데 이견이 없었다.

　이런 연구 기조는 동반자적 남북경협 모델을 찾는 노력에 불을 붙였고 다소 성급하게도 남북을 아우르는 전 국토의 일체감 강화와 국토의 균형발전을 논의하는 실무적 연구까지 이어졌다.*

　* 류우익, "통일에 대비한 국토개발전략", 『97국토포럼』 (국토개발연구원, 1997), p.31~62.;
　　제성호, "통일 과정의 북한 토지문제", 『토지연구』5~6월호 (1996), p.76~103.

황의각, "북한산업구조와 국민소득", 『북한연구』 3권 4호 (1992), p.131~149.

최상철 이영성, "통일 후 북한지역에서의 토지 소유 및 이용에 관한 연구", 『환경논총』 (서울대환경대학원, 1998), p.52~87.

남북 협력 문제를 과제별로 다루는 종합적인 전략구상들이 여러 국책기관에서도 제시되었다.*

* 민족통일원, 『통일 후 북한 토지 소유 개편 방안 연구』(1995)

국토개발연구원, 『통일에 대비한 국토개발과 관리 기본구상 연구』(1997).

건설교통부, 『통일에 대비한 종합도로망 구축 방안 연구』(1998)

북한이 극심한 경제난을 겪는 중에 핵 위기까지 조성하자 한국은 물론 서방세계에 '북한 붕괴론'이 회자하던 당시 안보 상황을 반영하는 측면이 강했다. 그러던 중 새천년(new millenium, 2000년)이 시작되기 바로 전후해서 국토연구원이 『21세기 한반도 경영전략: 지경학적 접근』(홍철·김원배 편저, 1999)을 발간했고, 국토통일원은 『21세기 한반도 경영의 지경학적 전략』 정책토론회(2000. 1. 21.)를 열어 한반도 이슈에 대한 지경학적 접근을 체계적 종합적으로 다루었다.

유장희①, 안병준②, 사공 일③, 박삼옥④, 안충영⑤, 김원배⑥ 등 국내 학계 정계 전문가들이 발표한 논문들은 세계화 지역화 초국가화 개혁개방 자유화 전략제휴 국제기준 세계 경제로의 통합 등을 키워드로 삼고 있다.

① 유장희, "경제의 지역화와 한반도", 『21세기 한반도 경영전략: 지경학적 접근』(국토연구원, 1999), p. 27~68.

② 안병준, "동북아 지역 정치경제의 구조와 전망", 위의 책, p.71~100.

③ 사공 일, "세계화의 심화와 우리의 선택", 위의 책, p.17~25.

④ 박삼옥, "남북한 경제 지리적 통합의 기반 구축 전략", 위의 책, p.259~294.

⑤ 안충영, "동북아 지역통합을 위한 전략", 「21세기 한반도 경영의 지경학적 전략」토론회 정책자료집(국토동일원, 2000.1.21.), 33~73.

⑥ 김원배, "한반도의 지경학적 입지와 한국의 선택", 앞의 자료집, p.75~105.

전문가들은 한반도 국제 정치와 관련, 한반도는 동북아 지역의 경제협력을 활성화하여 중국과 일본의 경제적 중력을 한반도에 머물게 하는 것이 중요함을 강조하면서 한국으로서는 능동적인 외교를 통해 동북아의 지정학적 동맹관계를 긴장 완화의 방향으로 이완시키면서 지경학적인 제휴 관계로 전환해 나가는 노력을 기울일 것을 주문하였다.

두 국책연구소의 한반도 지경학 전략연구는 "결국 북한 체제가 개혁과 개방의 방향으로 변혁해야 동북아에 드리워진 신냉전이 해소되고 한반도도 통일을 바라볼 수 있을 것"이라고 공통으로 지적하였다.

21세기 한반도의 미래를 낙관하며 남북한과 미국 등 유관 국가들의 북핵 협상에 대한 지경학적 접근을 채근하는 논의와 연구의 절정은 2018년 6월 트럼프-김정은 간의 싱가포르 북미정상회담이 끝나고 2019년 2월 하노이 북미정상회담을 앞둔 시기였다. 통일연구원 개성공업지구지원재단 정동영 의원(당시) 등이 공동 주최한 「2019 한반도의 그림, 지경학 시대의 도래와 한반도 평화 체제」 정책토론회에서 김경일①, 조성렬②, 김종대③, 최재덕④, 임을출⑤은 지경학적 접근을 통한 한반도 평화 체제구축을 남북한과 미국 등 당사자들의 시대적 사명이자 역사적 필연처럼 강조하였다.

① 김경일, "한반도 평화 체제구축과 지경학 시대의 도래"(2018), 토론회 자료집, p.13~24.

② 조성렬, "한반도 비핵 평화 프로세스, 2018년 성과와 2019년 과제" (2018), 앞의 자료집, p.25~37.

③ 김종대, "동아시아 역사 경제 공동체 형성을 위한 제언"(2018), 앞의 자료집, p.39~43.

④ 최재덕, "한반도 평화 체제의 쟁점과 전망, 대륙으로 가는 길과 한반도 신경제 구상" (2018), 앞의 자료집, p.45~52.

⑤ 임을출, "남북 간 신뢰 구축과 지속 가능한 비핵 평화와 번영" (2018), 앞의 자료집, p.53~59.

그러나 북경대 김경일 교수는 북한이 변화하지 않고 개혁개방을 하지 않으면 북한은 더 이상 활로가 없으므로 개혁개방은 북한이 가야 할 마지막 필수코스라며, 북한의 개혁개방과 핵 포기는 동전의 양면이고 결국 핵 포기는 김정은의 개혁 의지와 정비례할 것이라고 지적했다.*

* 김경일(2018), 앞의 자료집, p.22.

또 핵 담판 타결을 통한 한반도 평화 체제구축의 성패 여부는 남북미뿐만 아니라 중국 일본 러시아 등 주변국들의 이해관계나 내부 사정도 충분히 고려해야 하며*, 무엇보다 한반도 내부의 상호신뢰 상호협력 상호의존이 최우선 과제가 되어야 할 것**이라고 단정했다.

* 조성렬(2018), 앞의 자료집. p.35.
* * 김경일(2018), 앞의 자료집, p.24.

결국 북미 핵 담판은 결렬되고 한반도 평화 프로세스는 실패하였다. 지경학 전략에 대한 기대와 낙관에도 불구하고 전문가들이 지적하고 우려한 한반도 상호신뢰 부족과 북한 체제의 개혁 의지 결여, 그리고 주변 4강의 외부 변수 때문이었다. 지경학적 접근법을 연구 주제로 택한 이 논문이 내부의 갈등 분열로 주변 4강의 각축 경합을 자초하는 한반도 국제 질서의 속성과 한계(제3부)를 꼭 언급하는 이유가 여기에 있다.

북미협상 결렬 이후

북핵 담판이 실패하고 난 후 남북분단의 문제를 더 이상 '영토통일'이 아니라 남북한 '경제 통합'을 수단으로 하는 지경학적 접근법으로 풀어야 한다는 연구와 주장이 나오고 있다.

그 중엔 지난 75년간 대결 협력 대화 합의 등 진보와 보수의 모든 정책이 실패한 것을 되새김하면서, 결국 시장통합 사회통합의 길밖에 다른 방도가 없다며 '통합 지경학'의 논리*를 개발하는 학자도 있다.

* 임종식(2021), 『지경학의 이론과 실제』 (서울: 바른북스)

통합 지경학을 "국가 간 경제 통합을 수단으로 평화 체제를 구축하고 이를 토대로 상호 번영을 추구하는 지경학 전략"이라고 정의하는 이 접근법은 첫째, 남북 관계를 '나라와 나라 사이의 관계가 아닌 통일을 지향하는 과정에서 잠정적으로 형성되는 특수 관계'라며 민족 정서를 중시한 헌법 규정에서 '민족성'을 빼고 남북한이 상호 독립된 주권 국가성을 엄격히 지키면서 국제적 규범과 절차에 따라 완전히 새로운 관계를 구축해 나갈 필요가 있다고 강조한다.

둘째, 남북한이 상대방을 보통 국가로 인정하는 바탕 위에서 대북 대남 정책에서 경제 통합을 우선순위에 두고, 이 목표를 향해 단계적으로 꾸준히 나아가는 것이 중요하며 셋째, 통일 지정학과 마찬가지로 통합 지경학으로도 북한의 개혁개방을 유도하기는 어려울 것이므로 오로지 남북 평화만 지향하는 공존공영의 정치경제 논리에 충실 하자는 논지이다. 환언(換言)하면, 감정도 기대도 뒤로하고 오로지 시장거래의 원칙, 경제 논리에 충실히 따르자는 이야기다.

연구의 차별성

이 연구는 이상의 선행연구들이 주장하는 것처럼 지경학적 접근으로 문제를 풀어가야 한다는 명제는 절대적으로 맞는다고 하더라도 북한 체제의 특이성으로 인해 아무리 '느슨하고 낮은 단계의 통합'일지라도 북한 맞춤형 사전 준비가 필요함을 발견하였다.

그동안 진행되어 온 남북경협의 실효성과 독일통일의 선례를 비교 분석하건대 앞으로 남북 협력의 방향은 첫째, 북한 주민들의 삶을 개선한다는 목표를 가지고 추진되어야 할 것으로 판단된다. 이제까지 대북정책은 주로 북한 정부를 상대로 해왔는데 전부 실패하였다. 북핵 문제만 해도 경제제재를 곁들인 북핵 협상은 북한이 앓고 있는 병의 겉으로 드러난 증세만 치료하는 대증 요법이자 국부 치료에만 매달리는 격이었다.[*]

[*] 윤영관(2022), 앞의 책, p.304.

인권 개선과 외부의 개방 정보 투사를 위한 꾸준한 실질 대책도 여기에 포괄되어야 마땅하다. 북한 주민이 인간다운 삶을 살며, 사고와 행동의 패턴이 바뀌는 것만이 진정한 문제해결의 첩경이 될 것이다.

둘째, 다시 대화의 계기가 생기면 이제부터는 국내 정치적 의도가 담긴 전시성 정상회담보다 철저히 실무 차원의 대화로 시작하는 것이 좋을 것 같다. 한꺼번에 큰 성과를 기대하고 열린 정상회담은 별 성과가 없었고 뒤끝이 좋지 않았음을 경험했다.[*]

[*] 윤영관(2022), 위의 책, p.311.

중국의 간여로 김정은의 '비핵화 의지'가 속절없이 꺾이고 만 핵 담판 실패의 경험에서 보듯, 백두혈통 일인 독재체제가 모든 문제의 근원임은 거론하기 불편한 진실이다.

셋째, 가장 중요한 것은 남북경협의 길이 열리면 현금 지급 방식은 철저히 피하고 인프라나 기업 투자 등 시장 원리에 부합하는 방향으로 이루어져야 한다는 점이다. 시장 원리가 제대로 지켜지지 않으면 북한 경제도 살아나기 힘들고 그렇게 되면 우리가 투자하는 재원도 허비될 가능성이 크기 때문이다.*

* 윤영관(2022), 앞의 책, p.312.

2018년 문재인 전 대통령의 방북 때 우리가 목도(目睹)한 한 장면을 기억할 필요가 있다. 평양정상회담에 수행한 기업인들이 평양냉면으로 식사하는 자리에서 북한의 부장급(장관) 간부가 "목구멍으로 냉면이 넘어가느냐?"고 일갈한 장면. 세계최강 미국 대통령도 투자유치를 위해서라면 한 명씩 호명하며 "땡큐"를 연발할 정도로 세계적 굴지의 기업인들 아닌가.

2020년 6월 개성 남북공동연락사무소 건물 폭파도 마찬가지다. 남북경협의 상징인 개성공단을 관리하기 위해 세운 건물을 폭파해 버린 북한 정권은 음식이 마음에 안 든다고 밥상을 차 엎어버린 행위와 같다.

1980년대 말 데땅트 분위기에 편승해서 대북 접촉이 이루어질 때부터 한국의 민관, 기업은 물론 심지어 학술단체까지 북한 측 상대방에게 여비 숙식비까지 돈을 주지 않고 접촉 교류가 이루어진 것은 없다. 이러는 바람에 북한에는 '주체사상' '선군사상' '백두혈통독재체제'가 무슨 로열티를 받는 특허 전매권처럼 인식되어 있다.

저들이 경제 마인드를 갖게 하는 것이 남북 교류의 핵심이 되어야 한다. 이대로는 통합을 넘어 통일이 되어도 남북 동포가 함께 살기 힘들 것이기 때문이다. 북한 사람은 우리와는 완전히 다른 '별난 세상'의 특이한 사람들이다.*

* 김충근, 『베이징에서 바라본 한반도』(서울: 나남출판, 1999), pp. 186~192.

제2장 복합 지경학 시대와 국제 질서 작동 논리의 변화

이론과 현황검토

지정학(地政學)과 지경학(地經學)

지경학(地經學, geoeconomics)의 역사는 의외로 길다. 지경학의 역사를 제2차 세계대전 이후로 잡는가 하면 1990년대 탈냉전 이후로 보기도 한다. 이 같은 시대구분은 지경학의 무대이자 바탕이라고 할 수 있는 국제 정치 환경의 질적 변화와 무관하지 않다. 지경학의 핵심 주제인 경제와 안보가 연계되는 방식과도 밀접한 관계가 있다.*

* 이승주 신욱희 이승욱 이왕휘 이동률 이기태, 『지경학의 기원과 21세기 전환』(서울: 사회평론아카데미, 2021), pp. 5~6.

종래의 지정학(地政學, geopolitics)은 접근성, 자원의 분포, 인종 등 물리적 차원의 토착적 요인이 국가 간의 관계에 지대한 영향을 미친다고 전제하며, 주요국들이 자원과 시장을 확보하기 위해 치열하게 경쟁하는 것을 국제관계의 본질로 파악하였다. 이러한 시각은 하드파워에 기반을 두어 국가 간 관계를 설명하는 현실주의 계열의 설명과 일맥상통하는 측면이 있다. 지리적 여건은 사람이나 국가를 막론하고 모든 일에 영향을 미친다. 지리적 여건이 온전히 운명을 결정하지는 않을지 모르지만, 결정적인 요인이라는 점은 틀림없다.* 그래서 지나온 과거를 포함, 지정학은 한 국가에 어떤 일이 벌어지는지 설명해 준다.**

* 피터 자이한 지음 홍지수 옮김, 『각자도생의 세계와 지정학』(서울: 김앤김북스, 2021), pp. 18~19.

** 조지 프리드먼 지음 K전략연구소 옮김, 『21세기 지정학과 미국의 패권 전략』(서울: 김앤김북스, 2018), p.14.

국제관계에서 지정학은 강자의 입장을 옹호하는 논리를 제공해 왔다. 2차 세계대전 당시 나치와 군국 일본이 이웃 국가들을 점령하면서 세계 침공의 합리화 도구로 지정학을 사용했다. 반면에 힘없는 나라에는 불운을 가져오는 경우가 많았다. 폴란드가 나폴레옹 이래 전쟁 때마다 독일 또는 프랑스와 러시아 사이에서 고난을 감수해야 했고, 지금 러시아의 침공을 받아 영토가 찢어지는 아픔을 당하고 있는 우크라이나가 지정학의 저주를 받는 경우다. 지정학을 운명으로 보는 이유이기도 하다.

이런 지정학은 하나의 학문으로 체계화된 19세기 훨씬 이전부터 여러 국가의 상호작용과 그로 인해 파생되는 국제관계를 지배해 온 것으로 보이는데, 탈냉전 후 세계화와 함께 거의 시들해지는 듯했다. 지정학의 논리가 1, 2차 대전을 낳고 냉전의 이념적 바탕이었기 때문이다.

그런 지정학이 대략 2008년 금융위기 이후 미중(美中) 갈등이 심화하고 이른바 신냉전 시대로 접어들면서 다시 국제관계를 분석 설명하는 유효한 도구의 하나로 종종 동원되고 있다.

이에 비해 지경학은 "국가이익을 증진 및 수호하고 자국에 유리한 지정학적 결과를 산출하기 위해 경제적 수단을 활용하는 것"과 "한 국가의 경제행위가 다른 국가의 지정학적 목적에 미치는 영향"을 포괄적으로 지칭한다. 지정학과 지경학은 각각 독자적인 동학 속에 분리되어 전개되기도 하지만, 서로 긴밀한 연계를 맺으며 전개되는 경향을 나타낸다.*

* 이승주, "동아시아 지역 경제질서의 다차원화: 지정학과 지경학의 상호작용", 『한국과 국제 정치』 제33권 제1호 (2017년(봄) 통권 96호), pp. 170~171.

지경학을 '국가가 지정학적 목적을 위해 경제를 수단으로 사용하는 것'으로 정의하고, 지경학과 거의 동일한 개념으로 표현하는 용어로서 '경제의 전략화(economic statecraft)'와 '경제 안보'를 제시하기도 한다. 어떤 용어든 국가가 지정학적 목표를 추구하기 위해 경제적 수단을 행사함으로써 타국의 정책에 영향을 미치려는 전략을 의미한다. 말하자면 각국이 경제를 제재의 도구로 사용하고, 경제를 이용해서 세력균형을 모색하며, 경제력을 억지력 구축에 편입시키고, 국제경제와 지정학과 전략이 혼연일체가 되는 국제 정치를 펼치고 있는 셈이다.*

* 이기태, "일본의 지역 전략─국제협조 지향의 '열린 지경학' ─", 『일본학보』 제129집, (2021. 11.), p.289.

21세기 복합 지경학

그러나 이 같은 개념은 이미 '고전적 지경학'이 되어 버렸다. 21세기 들어 세계 경제의 네트워크화가 심화하고 미중 전략경쟁이 고조됨에 따라 지경학이 지정학의 수단으로 활용되는 제한적 역할을 하던 과거와는 달리, 지경학이 지정학적 경쟁 자체에 영향을 미치는 요인으로 부상하였다. 그 결과 지경학과 지정학의 혼합이 이루어지는 21세기 복합 지경학이 등장, 지경학 경쟁의 지정학적 전환(geopolitical turn)이 이루어졌다.

전통 지경학에서는 안보 목표를 위해 경제적 수단을 동원하는 한 방향의 연계가 일반적이었던 데 반해 복합 지경학에서는 미국과 중국이 지금 전략 경쟁에서 보여주는 바와 같이 경제와 안보가 양방향으로 연계되고 있는 것이 특징이다.

미국이 중국의 부상을 '경제적 침공(economic aggression)'으로 규정하고(White House Office of Trade and Manufacturing Policy 2018), 분산적 접근이 아닌 전(全) 정부적인 대응을 위한 국가전략을 수립해야 할 필요성에 주목한 것은 복합 지경학의 새로운 단면을 드러낸다. 여기에 더해 4차 산업혁명으로 상징되는 21세기 기술 혁신은 '모든 것이 모든 것에 연결'되도록 함으로써 국가, 기업, 개인들이 디지털 네트워크를 통해 다차원적으로 연결되는 현상을 일상화했다.

이같이 세계 경제의 네트워크화는 경제적 통치술의 변화를 초래한 중대한 요인이다. 세계 경제가 네트워크화됨에 따라 전통적·경제적 통치술의 경제적·정치적 비용이 기하급수적으로 증가하고 있기 때문이다. 그 결과 세계 주요국들이 경제적 총량의 비대칭성에 기반한 전통적 방식뿐 아니라, 네트워크 내의 위치를 활용하는 새로운 경제적 통치술을 병행·추구하는 것이 복합 지경학의 시대적 특징이다.

네트워크 제재, 스마트 제재, 표적 제재 등 새로운 방식이 광범위하게 활용되는 것은 이러한 배경이다. 네트워크를 활용한 제재의 가능성 증가가 미중 전략경쟁과 결합하면서 공급 사슬의 재편이 복합 지경학의 핵심 이슈로 부상하고 있다. 공급 사슬은 코로나19의 세계적 확산으로 구조적 취약성이 노출되었는데, 미국과 중국은 공급 사슬의 재편 과정에서 경제와 안보를 긴밀하게 연계하는 복합 지경학 경쟁을 전개하고 있다.

미국은 공급 사슬 재편을 경제적 관점에서만 접근하기보다는 중국과의 전략경쟁을 고려하여 추진하고 있다. 바이든 행정부가 공급 사슬 재편의 구체적 대안으로 리쇼어링(reshoring)①, 니어쇼어링(nearshoring)②, 우방쇼어링(friend shoring)③ 등을 추구하는 것은 전략경쟁의 수단으로서 공급 사슬의 지경학적 가치를 반영한 것이다.④

① '제조업의 본국 회귀'를 의미한다. 인건비 등 각종 비용 절감을 이유로 해외에 나간 자국 기업이 다시 국내에 돌아오는 현상을 말한다.

② 해외로 나간 자국 기업이 다시 국내로 돌아오는 것이 어려울 경우 이웃 국가로 이동하는 현상을 말한다.

③ 우방국 중심으로 공급망을 재편해 중국 의존도를 낮추고 생산공급의 안정을 꾀하려는 미국의 공급망 전략.

④ 이승주, "세계 경제의 네트워크화와 미중 전략경쟁: 복합 지경학의 부상". 『정치정보연구』 제24권 3호(한국정치정보학회, 2021), pp. 51~54.

지경학과 세계질서의 변화

지경학이 국제 정치 무대에서 외교 안보 정책으로 실용화한 것은 2차 대전 후 미국의 마셜 플랜이 대표적이라고 볼 수 있다. 마셜 플랜(Marshall Plan)은 제2차 세계대전 이후 전쟁으로 폐허가 된 유럽 국가들의 재건과 경제적 번영을 위해 미국이 계획한 재건과 원조 기획(1947~1951년)으로, 정식명칭은 유럽 부흥 계획(European Recovery Program, ERP)이다. 온갖 선의에 찬 해설에도 불구하고 이 정책이 전후 공산권 세력이 유럽 내에서 확장하는 것을 방지하는 것을 주요 목적으로 한 것은 엄연한 사실이다. 미국의 이 정책투사를 수용한 서유럽과 북유럽 국가들은 모든 산업 분야에서 크게 부흥했다.

마셜 플랜은 유럽 내 각국의 관세 거래 장벽을 철폐하고 경제 수준을 맞추기 위해 설치한 기구 등을 통해 오늘날 유럽연합으로 이어지는 유럽 공동체 창설의 첫 번째 계기가 되었다.

결과적으로 마셜 플랜을 통해 미국은 소련의 대서양 진출을 저지할 수 있었으며, 나아가 북대서양조약기구를 통해 소련이나 바르샤바조약기구에 비해 압도적인 전력을 냉전기 동안 계속 유지할 수 있었다.

이런 연유로 마셜 플랜에 대한 전통적 해석은 빈곤과 전체주의로부터 유럽을 구원한 것으로 되어있으며, 마셜 플랜의 경제사적 의의를 강조하는 학자들도 이 계획이 서독의 경제 기적을 이루고 마침내 통일하도록 한 긍정적 결과를 높이 평가한다. 이 전략 구사가 서독 경제를 빨리 재건하여 냉전의 선봉으로 삼으려 한 미국 외교정책의 도구로 사용되어 크게 성공하였음을 인정하는 것이다.*

* 양동휴, "마셜 플랜의 경제적 성과와 의의: 서독의 재건과 유럽통합의 추진", 『경제사학』 37권 0호(경제사학회, 2004), pp. 195~225.

마셜 플랜이 계기가 되어 유럽이 EEC EU 통독으로 진화하는 과정에서 독일의 뛰어난 역할과 기여가 관심을 끈다. 흔히 오늘날 유럽은 독일이 사실상 지배하는 것과 같다고 비유하는데, 이는 패전 후 독일이 국토와 체제의 안보는 물론 통일정책 등 대내외 모든 국책을 오로지 경제 논리에 충실하게 운용한 결과였다.

독일은 어찌 보면 유럽에서 가장 뛰어나면서도 흉포하고 처참했던 지정학적 통치 전통을 가진 나라였는데, 패전 후 미국의 마셜 플랜에 순응하면서부터 국가의 통치행위나 국민의 의식 생활에서 그러한 과거를 깡그리 지우는 것으로 새 출발을 했다. 1945년 이후 독일은 과거와의 연속성을 유지하지 않고 오로지 재건과 부흥에만 매진했다. 과거를 되돌아볼 때 뒤따르는 수치심과 죄책감은 진솔한 반성과 솔직한 사죄로 대신했다.

당시 독일에서 생긴 신조어 Vergangenheitsbewaltigung(과거대처 또는 과거 극복)은 비단 나치 시대만이 아니라 이전 독일 역사 전체에 대한 배제를 뜻하였다. 1945년 이전에 일어난 일은 가치나 존중의 대상이 되지 못했다. 군사는 말할 것도 없이 정치, 경제, 사회적 사건 등 어떤 것도 기념하지 않고, 어떤 공적도 찬양하지 않으며, 어떤 인물도 떠받들지 않고 그저 앞으로 나아갔다. 바로 이런 점이 일본, 러시아. 중국, 스페인 등 20세기 자신들의 역사를 되돌아보기 꺼리는 국가들과 극명하게 대조되는 현대 독일 민주주의의 훌륭한 특성이다.*

* 폴 레버 지음 이영래 옮김, 『독일은 어떻게 유럽을 지배하는가』 (서울: 메디치미디어, 2019), pp. 173~177.

지경학을 '국가가 지정학적 목적을 위해 경제를 수단으로 사용하는 것'이라고 정의할 때 지경학의 전략적 운용이 불러일으킨 역사적인 대사건은 소련 붕괴, 즉 탈냉전일 것이다.

당시 미국은 레이건 독트린과 같은 강력한 대소정책의 시행으로 소련 제국의 유지비용을 증대시킴으로써 결국 소련제국의 붕괴를 재촉하였다.

미국은 소련에 대해 군비경쟁을 심화시키고 기술이전의 제한을 강화함으로써 소련을 기술 경제는 물론 군사적으로도 쥐어짜는(squeezing) 정책을 시행하였다.

특히 1983년 레이건의 백악관 TV 연설로 촉발된 이른바 스타워즈(SDI; Strategic Defense Initiative, 전략방위구상)는 핵무기 경쟁은 물론 달 탐사 우주 경쟁에서 기술 경제적으로 이미 피폐해진 소련을 더 이상 대미 군비경쟁을 지탱할 수 없는 치명적인 지경으로 몰았다는 것이다. 또 핵 강국이라는 국제적 위상에서 파생되는 경제적 이득도 소멸하였다.

1970년대 말~1980년대 미국을 휩쓴 반핵(反核) 평화운동을 계기로 미국은 미소 양국이 이미 과도하게 보유한 핵무기의 파괴력은 정치·경제적으로 아무런 의미도 가질 수 없는 숫자놀음에 불과하다는 사실을 자각, 소련과 1987년 중거리핵전력협정(INF, Intermediate-range Nuclear Forces)을 맺게 되는데, 이 협정체결은 동서 간 핵무장에 기반한 경제구조의 실효(失效) 내지 해체(解體)를 의미했다.*

* 이삼성, "냉전체제의 본질과 2차 냉전의 발전과 붕괴", https://namu.wiki/w/SDI (검색일: 2021. 10. 16.)

소련 붕괴와 탈냉전은 경제 논리에 충실한 서구 자유 진영에 대한 동구 공산 진영의 항복으로 읽혔다. 1989년 5월 소련이 해체되던 최후의 순간, 당시 미국 대통령 조지 부시(父)는 "하나님의 가호로 민주주의와 자유의 서방이 전제주의와 통제의 공산권에 승리했다."라고 선언하였다.

그런 부시도 1992년 대통령 선거에서 "바보야, 문제는 경제야!"라는 선거 구호로 국내 경제 실정을 공격하고 나선 빌 클린턴에게 패해 정권 재창출에 실패한 것은 아이러니가 아닐 수 없다.

국제 정치에서 지정학적 접근은 국가안보를 '죽고 사는 문제'로 인식하는 데 반해 지경학적 접근은 안보를 보다 실용적인, '먹고 사는 문제'로 인식하는 측면이 없지 않다. 이런 관점에서 볼 때 고르바초프는 먹고 사는 데 도움이 안 된다고 고전적 사회주의 노선을 버리고 자진해서 소련 해체의 길을 어렵사리 열었는데 지금 푸틴은 구(舊)소련 제국의 위세와 영역을 회복하겠다며 우크라이나를 침공했다.

러시아도 우크라이나도 먹고 사는 데 열심인 와중에 괜히 우크라이나의 친서방 행보에 대해 '죽고 사는 문제'를 야기(惹起)할 것이라고 예단한 러시아가 지정학적으로 접근한 것이다.

국력이 상대적으로 막강한 러시아의 우크라이나 침공은 속전속결의 일방적 승리로 끝날 것이라는 애당초의 예상과는 달리 승패는 물론 종전의 시점을 한 치 앞도 내다볼 수 없는 혼전 상황을 이어가고 있다.

그러나 소련제국의 위용 재건이라는 푸틴의 야욕은 끝내 이루어지지 못할 것이 확실시되고 있다. 푸틴과 러시아가 중국 북한 등 1인 독재 공산 블록을 제외한 전(全) 세계 거의 모든 국가로부터 지경학적 역풍(逆風)을 맞고 있기 때문이다.

분단 고착은 물론 신냉전의 질곡에 깊이 발 담근 북한 김정은은 물론 남북한 모두가 한반도 평화 또는 통일에 대한 패러다임 전환의 모티브와 방향을 21세기 복합 지경학에서 찾아야 할 것 같다.

지경학과 한반도

　한반도에서도 지경학의 운용이 시도된 적이 있다. 가깝게는 김정은이 2013년부터 시행한다고 선언한 핵-경제 병진 노선이 이 범주에 해당할 수 있고, 북미정상회담을 앞두고 2018년 초에 채택한 경제발전 총력 노선이 의도한 바는 '경제의 전략화'이자 '경제 안보'였다는 점에서 일단 외형은 지경학적 접근이었다.

　그러나 이 지경학적 국정의 운용은 그것이 실용화하기 위해 필수적인 대북 국제경제제재를 풀지 못했기 때문에 실패한 것으로 보인다. 북한 형편에서 유엔 제재를 해제시키지 못하는 것은 지경학 실행의 기초 환경을 갖추지 못할 뿐만 아니라 실용 수단도 없기 때문이다.

　이에 반해 박정희 시기 한국의 경제개발과 산업화 정책 실행은 지경학적 국정운영의 성공한 사례로 평가된다. 남북의 첨예한 대치 국면에서 당시 박정희는 '멸공 통일'을 국정 목표의 최우선 항목으로 유지하면서도 경제발전이라는 우회로를 국방 안보의 보조 수단으로 삼았었다.

　이 과정에서 당시 한국 정부는 월남전에 국군의 파병을 자청하고, 거기서 받는 전투수당의 일정 비율을 경제건설에 전용했는데, 이는 지경학의 변용이라 할 것이다. 박정희 정부의 경제개발 노선이 남북한 사이에 엄청난 국력 격차를 이루고, 여기서 체제 위기를 느낀 북한이 핵 개발에 나서게 됐다는 주장은 '내재적 접근법'이라는 친북 시각으로 매사를 비틀어 온 송두율 학파의 억지 논리일 뿐이다.

　북핵 이슈와 관련, 대북 KEDO 사업은 북미 제네바 합의에서 유래한 국제적인 지경학 정책투사였는데 결과적으로 실패하였다. 대북 송금 등 진보 정권이 시행한 햇볕정책은 물론 개성공단 금강산관광 등 그동안 시행된 남북경협도 모두 중단되어 파국 상태에 빠져있다.

지경학의 기본조건

경제 안보 또는 경제의 전략화로 요약되는 지경학(地經學) 정책 운용은 선심 쓰기나 그냥 한 방향으로 적용되는 것이 아니라 성공을 위한 일정한 조건이 있다.

2차 대전 후 성공한 지경학 투사의 대표 사례로 평가되는 마셜 플랜은 이 계획에 참여하는 국가들에 세계적 자유 경제 체제를 수용하여 국내 시장을 국제적으로 개방할 것을 요구하고 있었다. 또한 효과적인 원조 제공과 재건 작업을 위해 정치적 개혁에 착수할 것과 외부 국제기구의 지속적 감독을 받을 것, 그리고 타 참여국들과 계속 협력할 것이 요구되었다.

애당초 소련과 동유럽의 사회주의권 위성국들도 이 계획에 참가할 것을 제안받았다고 한다. 이때 미국은 소련과 그 동맹국들에도 자유 국가들과 똑같은 원조 계획을 제시하였는데 종주국 소련으로서는 받아들일 수 없는 내용이었다. 소련은 공산주의 독재체제를 유지하고 싶었고, 장기적으로 유럽 국가들을 소련의 영향권으로 끌어들이고자 하는 의지가 강했으며, 또한 두 번의 세계 대전에 책임이 있는 독일의 힘을 약화시키기를 원했기 때문에 제안을 거절했다.*

---

* https://namu.wiki/w/%EB%A7%88%EC%85%9C%20%ED%94%8C%EB%9E%9C (검색일: 2023. 2. 18.) 마셜 플랜

분단의 극복 같은 민족 내부 정치는 물론 국가 간의 국제 정치에서 지경

학적 접근이 성공하기 위해서는 그것이 순(順)기능을 할 수 있는 조건과 환경이 중요하다.

첫째, 원조를 포함한 모든 지경학적 정책투사는 공짜나 선심 공세가 아니고 대가를 치르는 경제행위이다. 단적으로 지정학이 영토의 확장을 목표로 한다면 지경학은 시장의 확장을 향하는 것이다. 지경학이 경제거래의 원리에서 나온 것이므로, 제로섬 게임(zero-sum game)인 지정학과는 달리 기본적으로 서로 주고받는 윈-윈(win-win, 共瀛)의 관계를 지향해야 한다는 것이다. 마셜 플랜이 시행될 당시 전 세계에서 가장 크고 중요한 시장은 유럽이었는데, 미국은 이 계획을 통해 미소 간 시장경쟁에서 서유럽은 물론 중부유럽과 나중엔 동유럽의 시장까지 석권하게 됐다.

둘째, 인류의 보편가치를 지향하되 정책의 일관성과 지속성이 중요하다. 안보도 정치도 결국 사필귀정이며, '정의가 이긴다.'라는 신념이 필요하다는 얘기다. 서독 정부는 1989년 베를린장벽 붕괴까지 27년간 동독의 정치범 33만 755명과 그 가족 25만 명을 석방하여 데려오는 데 총 34억 6,400만 마르크를 지불했다. 동서독 정치범 석방거래는 1962년 서독의 한 기독교단체가 동독에 수감 중이던 성직자 150명을 옥수수 석탄 등 현물을 주고 데려온 것이 계기가 되었는데, 서독은 이 사업을 정부 차원에서 적극 추진하면서도 표면상 주체로 개신교연합회를 내세우는 등 철저한 비밀리에 27년간 꾸준히 지속함으로써 결과적으로 동독의 공산독재 체제가 내부적으로 서서히 허물어지는 효과를 거둔 것이다.*

* 김영희, 『베를린장벽의 서사』(파주: 창비, 2016), pp. 357~358.

셋째, 경제지원 경협 사업 등 지경학적 정책투사는 시스템과 프로젝트 위주여야지 특정 정권이나 개인 독재자에게 영합하는 식이어서는 성공하기 어렵다. 동서독 분단 시절 유럽의 역학 관계상 독일통일의 열쇠는 소련이 쥐고 있는 것이나 다름없었다. 이런 소련이 페레스트로이카와 글라스노스트를 추진하느라 경제개혁에 필요한 엄청난 자금난을 겪고 있을 때 서독 정부는 대소 경제지원에 발 벗고 나섬으로써 독일통일은 소련에 경제적 이익을 가져다줄 것이라는 확신을 심었다.

경제지원도 소련군 4년간 주둔비 35억 마르크, 소련군 철수 운송비 30억 마르크, 철수한 소련군의 거주 대책비 115억 마르크, 동독 내 소련 부동산 반환 175억 마르크 등 항목별로 소련이 제시한 비용을 꼼꼼히 흥정하고 조정해 서독이 약속한 지원액은 총 875억 마르크(미화 500억 달러)였다. 심지어 소련이 동독에 지불하는 무역대금을 이미 휴지 조각이나 다름없이 가치가 추락한 소련 루불화로 결제하도록 하고 서독 마르크로 교환해 주는 등 소련의 경제난 해결을 위해 진정성을 보여 소련으로 하여금 독일이 통일 후에도 NATO에 남아있는 것을 수용하는 안보 횡재를 얻었다. 독일통일은 이처럼 항목별로 하나하나 대금을 지불하고 사온 것이나 다름없었다.*

* 이인석, 『독일은 어떻게 통일되고, 한국은 왜 분단이 지속되는가』 (서울: 도서출판 길, 2019), pp. 300~318.

특히 현금원조 등 경제지원이 독재자나 나쁜 정권의 통치 자금으로 전용되는 것을 막기 위해 지원 대상에게 직접 전달하는 대신 금융기관 등 제3자에게 먼저 기탁하고 자금의 사용목표가 이루어진 경우에만 지급하는 에스크로(escrow) 제도가 권장되고 있다.*

* 브루스 부에노 데 메스키타·알라스테어 스미스 지음 이미숙 옮김, 『독재자의 핸드북』 (서울: 웅진씽크빅, 2012), pp. 295~296.

KEDO의 실패는 사업 진행에 상응하는 북한 비핵화 조치의 이행 과정을 확인 담보할 장치가 없었던 것이 원인이었고, 그 연장선상에서 2018~9년 북미정상회담을 통한 핵 담판도 결렬됐다. 대북 송금으로 상징되는 햇볕정책도 따지고 보면 경제적 지원으로 북을 변화시켜 보려는 것이었고, 개성공단 금강산관광도 다 경제적 투사 행위다. 그런데 아무런 효과가 없었던 까닭은 위에서 짚어본 성공 조건이 미비했던 탓이다.

지경학은 결코 단기 승부가 아니다. 바로 드러나는 공적이나 정치적 효과를 기대할 수 없다. 마셜 플랜도 미국 국내에서는 결국 미국 시민의 세금을 유럽에 퍼준 것이라는 수정주의자들의 비판을 받았다. 소련 붕괴와 탈냉전의 역사를 이룬 레이건과 부시의 공화당 정권은 당장 국내적 민생경제에 효과가 없는 것이 빌미가 되어 선거에서 패배했다.

그러나 두 사업은 21세기 현재 패권국으로서의 미국을 확립하는 데 매우 큰 영향을 끼친 사건이었다. 지경학은 인기나 시류에 영합하는 정객이 아니라 먼 장래를 내다보는 정치가가 할 수 있는 대업이다. 지경학의 결실은 그만큼 더디지만 보다 크고 안정적이다.

복합 지경학 시대의 특징

21세기 복합 지경학 시대를 대표하는 특징은 뭐니 뭐니 해도 미중(美中) 전략경쟁이다. 이 두 강대국이 벌이는 전략경쟁은 따지고 보면 복합 지경학이라는 개념과는 닭과 달걀의 관계 같은 측면이 없지 않지만, 21세기 국제정치를 외형과 실질에서 이보다 더 강력하게 지배하는 구조는 없을 정도다.

우선 미국과 중국은 정치군사력과 경제력 등 모든 면에서 가장 크고 센 강대국가이다. 미소 양극체제일 때 소련이 전 세계에서 점하는 국력과 군사력의 비율은 지금의 중국과 비교가 되지 못했다. 사상 초유의 거의 대등한 두 거대국가 간의 대결인 것이다. 미중 두 거국이 전방위적으로 경합하는 틈새에서 인도가 무서운 기세로 부상하고 있다.*

* 류정 변희원, "'제2의 중국 잡아라' 인도 투자 러시"
https://www.chosun.com/economy/auto/2023/02/21/WWWDNVNBKRB7F-CLQQT726H4LLY/ (검색일: 2023. 2. 22.)

IT기술과 두뇌 풀로 경제력을 끌어올리면서 인도가 아시아 아프리카 중동지역을 아우르는 새로운 정치 외교의 중심 국가로 떠오르자 다른 중남미 유럽 등에서도 국가 간에 새로운 제휴와 협력이 모색되고 있다.

국가 간 갈등의 경계가 모호해지는 등 불명확성과 복잡성 연계성이 국제질서에 농후해지는 이유다.

미국은 광범위한 첨단 서비스업 분야의 세계 제왕이며 중국은 제조업 분야의 세계 최강국으로 양국의 시장 규모를 실질 구매력 기준으로 보면 2018년 현재 각각 20조 달러 수준으로, 미중 두 나라는 바로 이 비슷한 초

거대 시장이라는 힘을 바탕으로 G2 시대 글로벌 이익 공동체로서 21세기 세계질서를 주도하고 있다.

미중 사이엔 연중 열려있는 각 분야 대화채널만 20~90개에 이를 정도로 교류 접촉이 긴밀해 지구상의 모든 문제가 미중(美中) G2로 다 해결되는 것은 아니지만, 그렇다고 미국과 중국 두 나라가 빠지면 해결될 일도 없게 된 것이 지구촌의 현실이다.

두 나라 사이엔 갈등 해소와 이해조정의 노력과 장치가 상설화되어 있다. 두 나라는 대화를 통한 이득이 충돌을 통한 손실보다 낫다는 역사적 지혜, 다시 말해 비싼 값 치르고 배운 역사의 교훈을 공유하고 있으므로 한국이 양국의 티격태격에 너무 민감하거나 현혹될 필요는 없다.*

* 한광수, 『G2 시대 한국의 생존 전략: 미중 패권전쟁은 없다』(서울: 한겨레출판, 2019).

미중이 주도하는 다극 체제와 관련, 미국 국가정보위원회(NIC)가 2008년에 발간한 보고서는 브릭스(BRICs)의 부상과 미국의 상대적 쇠퇴 추세가 이어질 경우, 30년 이내에 다극 질서가 확실히 자리매김할 것으로 예측했다.* 미국과 중국의 작용이 가장 영향력이 세지만, 일본 유럽 러시아 인도 브라질 남아공이 군웅 할거하는 구도를 말한다.

* National Intelligence Council, 『Global Trends 2025: A Transformed World』(Washington DC: US Government Printing Office, 2008), p. iv-ⅴ.

반면 미중 관계의 향배에 따라서는, 특히 미국과 중국 두 나라의 관계가 협력보다 갈등으로 치닫고 여기에 다른 주요 국가들이 합종연횡하는 경우, 국제 체제는 두 개의 진영으로 분화할 수도 있다. 마치 1890년대 이후 패권국 영국과 상승국 독일의 관계가 갈등의 방향으로 나아가면서 국제 질서가 두 나라를 중심으로 양극화되고 두 진영 간의 긴장이 고조되었던 것과 유사한 결과(1차 세계대전)가 나타날 수 있다는 것이다. 이 경우가 당사국인 미국과 중국은 물론 글로벌 차원에서나 한국의 관점에서도 가장 바람직하지 않은 시나리오이다.*

* 윤영관(2022), 앞의 책, p.176.

이에 대해 헨리 키신저 전 미국 국무장관은 2010년 "오늘날의 중국을 기존 국제 체제에 통합해 내는 일은 1백 년 전 영국이 독일을 통합해 내는 일보다 훨씬 어려울 수 있다."라고 주장했다. 그에 따르면, 19세기 당시 영국과 독일의 문제는 민족 국가 수준의 상대적으로 작은 국가 간의 일이었던 데 반해 지금의 미국과 중국은 거대 세력 간의 일이기 때문에 문제가 한층 더 어려울 수 있다는 것이다.

특히 지금의 중국은 발전과 동시에 거대한 사회경제적 변화와 내부 혼란을 겪고 있어 문제가 더 복잡한 데다 세계 최강의 양대 세력인 미국과 중국 모두 자신과 대등한 권력을 지닌 국가와 협력을 해본 경험이 없다는 것도 문제여서, 영국과 독일이 우호 관계에서 대결 관계로 변해 결국 파국에 이른 것과 같은 불행한 관계로 흘러갈 수도 있다는 것이다.*

* Henry Kissinger, "Keynote Address: Power Shifts and Security", The 8th IISS Global Strategic Review: Global Security Governance and the Emerging Distribution of Power, Geneva (Sep. 10, 2010). 윤영관(2022), 앞의 책, pp. 179~180. 재인용.

협력과 갈등의 혼재

지경학(地經學)과 지정학(地政學)의 혼합이 이루어지는 21세기 복합 지경학 시대 전 세계 국제 정치를 관통하는 특징은 각국 각 분야에 걸친 협력과 갈등의 혼재 상황일 것이다. 그중에서도 21세기 들어 세계 경제의 중심이 옮겨온 동아시아 지역이 가장 역동적이다.

이 지역에서는 중국몽(中國夢)의 실현과 중국 중심의 거대 경제권 통합을 목표로 하는 중국의 일대일로 정책, 중국을 저지하려는 미국의 인도-태평양전략, 일본의 미·일동맹 강화와 팽창주의, 강한 러시아 재건을 위한 러시아의 신동방정책 등 한반도 주변 4강이 지정학과 지경학의 상호작용을 통해 자국의 영향력 강화를 위해 각축하고 있기 때문이다.

다만 한국은 남북분단으로 인한 대륙과의 물리적 단절, 남북 관계 경색과 북핵 위협 등으로 지경학적 가치를 강화할 수 없고, 지정학적 위기만 고조되는 구조적 모순을 안고 있다.

* 최재덕, "한반도 평화체제 구축 과정에서의 남북한 주도권 강화 방안-지경학적 접근을 중심으로-",『국가전략』 제24권 4호(2018년), p.41.

그렇더라도 제4차 산업혁명기라고 불릴 정도로 문명 전환이 이루어지는 시대를 맞아 한반도가 지향해야 할 길은 지경학적 접근밖에 없다. 역사적으로 지정학이 정치적 충돌 분리와 불균형을 상기시키는 '공포'였던 데 반해 지경학은 지리의 해체적 독해를 통해 경제적 평평함(flatness)의 팽창 확대를 가능케 하는 '희망'에 대비되고 있다.*

* 신욱희, "지경학의 시대: 주체/구조와 안보/경제의 수평적 상호작용",『한국과 국제 정치』 제37권 제3호(2021), p.39.

미중 세력 대결은 패권 경쟁의 결과로 전쟁을 통해 글로벌 또는 지역 아키텍처(architecture)가 재편되었던 과거의 세력전이(勢力轉移)와 달리,

21세기 미국과 중국은 갈등 속에서도 직접적인 대결은 가능한 회피하는 가운데 제도를 통해 경쟁하는 특징을 보인다. 미국과 중국을 포함한 동아시아 주요국들이 갈등과 협력의 이중 동학이라는 외견상 모순된 대외전략을 추구하는 것은 이 때문이다. 동아시아 국가 간 갈등과 협력의 이중 동학이 '지정학(geopolitics)'과 '지경학(geoeconomics)'의 복합적 상호작용이라는 관점에서 이해되는 이유이기도 하다.*

* 이승주(2017), 앞의 논문, p.170.

안보와 경제의 수평적 상호작용

지금의 미중 패권 경쟁은 군사적 대항조치를 사용하지 않고 결착을 본다는 상호 간 무언의 대전제가 있다. 그 대신에 '경제'라는 수단으로 결착을 본다는 '경제를 사용한 전쟁'이 되었고, 여기서 '경제 안보'라는 개념이 탄생하였다. 다시 말해 '안보'라는 개념은 과거 미소 냉전과 같이 군사적 요소를 상상하기 쉽지만, 핵 억지력에 의한 군사 충돌 위험이 감소한 결과 이른바 '경제가 무기'로 떠오르면서 '경제를 사용한 전쟁'이 되었다.

이러한 가운데 경제 안보 개념이 갈수록 첨예화되는 미국과 중국의 대립 구도를 해석하는 데 빠질 수 없게 되었다.*

* 이기태(2021), 앞의 논문, p.295.

경제 안보 개념에서는 전통적인 외교와 군사 세계에서는 보이지 않는 특징과 어려움이 존재한다. 첫째, 위협의 탈군사화, 일상화이다. 국제경제의 상호의존 심화와 첨단기술의 비약적 발전은 국민의 일상적인 경제, 사회생활까지 영향을 미칠 수 있다.

둘째, 경제적 위협에 대응하는 '수단'과 '방법'이 발달하지 않았다. 예를 들어 갈등하는 두 국가 사이에 경제 안보 문제가 불거질 경우, 당장 정부 내 어느 부서가 담당해야 할지 매뉴얼도 없는 경우가 허다하다.

셋째, 중국 의존에 의한 취약성이라는 현실이다. 국제사회에서 중국은 경제 안보에 관한 관심의 증가를 불러일으키고 있다. 미국을 포함한 많은 국가가 경제 안보 문제로 고민하는 것은 중국이 거대한 시장과 함께 가격경쟁력 및 첨단기술에서도 앞서 나가면서 디커플링을 말하기도 전에 대중 의존이 심화하고 있는 현실 때문이다.

부상하는 중국이 가져오는 세계정치의 변화를 종래와 같은 지정학적 시각이 아닌 안보-경제 연계의 새로운 시각, 즉 지경학이라는 분석 틀로 살펴보아야 한다. 냉전기는 안보 영역, 그리고 탈냉전기는 경제 영역의 우위가 존재했던 시기라면, 신(新)냉전기는 안보와 경제가 수평적으로 상호작용하는 형태의 구조적 결합을 보여주는 시기라고 할 수 있다. 또한 갈등과 협력의 가능성이 공존하면서 개별 국가의 선택이 중요하다는 점에서 구조적 전환기에 있어 주체의 역할이 두드러지는 시점이기도 하다.*

* 신욱희(2021), 앞의 논문, p.52.

기술혁명과 사이버 전쟁

현대는 각 국가가 끝없는 신기술 개발로 국가경쟁력을 유지·발전시켜 나간다. 미국과 중국은 4차원 산업기술과 사이버 영역에서의 경쟁도 격화하고 있다. 인공지능, 5G 통신, 사이버 보안 등 첨단기술과 정보 전략을 통해 상호 간의 우위를 쟁취하려고 하는데 이러한 경쟁은 민간 기업들과 기술 산업에도 마찬가지다.

이런 기술혁명의 시대에는 안보의 중심축이 기존의 정치 군사 분야에서 경제 기술 분야로 이동함에 따라 모든 나라들이 기술우위와 공급망 확보를 우선시하는 경제 문제에 집중한다. 기술 경쟁의 영역은 재래개념의 첨단기술을 넘어 5G, 인공지능, 기후환경, 에너지 개발, 생체 의료 등 무소불위에 가깝다. 이러다 보니 국제 정치에서 군사적 충돌의 화전(火戰)은 줄었으나 기술 정보전과 우주공간에서 벌어지는 사이버 전쟁은 활발하다.

미중 경쟁도 경제 기술적인 부분에 집중되고 있는데, 바이든 행정부의 인도-태평양 전략은 반도체, 대용량 배터리, 핵심 광물, 의약품, 정보통신 등 핵심 품목과 산업에서 미국 주도의 안정적인 공급망을 구축하는 것에 우선순위를 부여하고 있다. 이에 따라 최근의 한미 간 협력은 한국의 역량 및 양국의 전략적 이익에 부합하는 반도체, 대용량 배터리, 백신 공급 등 실질적 부문을 중심으로 활발하게 진행되고 있다.*

* 민정훈 정한범(2022), "바이든 행정부 출범과 한미관계와 북미 관계의 탈동조화: 미중 전략경쟁과 경제 안보를 중심으로",『세계지역연구논총』제40집 1호(서울: 한국세계지역학회, 2022), p.23.

미중 경쟁도 순수 안보 경쟁이라기보다 기술과 경제의 전략경쟁이라는 특성*을 가지고 있다.

* 김주희, "열린 체제와 경제-안보 상호작용의 지경학: 독일의 러시아 에너지 의존 분석",『유럽연구』제40권 4호(2022 겨울), p. 311.

복합 지경학 시대 국제 질서 작동 논리

국가주의

21세기 국제 정치는 국가로 시작해서 초(超)국가(동맹, 협력체, 국제기구 등)로 끝난다고 볼 수 있다. 과거처럼 이념이나 체제가 국제 질서를 관계 짓지 않는다. 민족이나 영웅도 경제적 실익에 앞설 수 없다.*

* 김원배(2000), 앞의 자료집, p. 93.

복합 지경학 시대 경제의 세계화와 지역 블록화, 그리고 평화와 발전이라는 중심 가치를 실현하는 행위의 주체이자 단위가 국가라는 이야기다.*

* 김경일(2018), 앞의 자료집, p. 19.

여기서 말하는 국가주의(Statism)는 국가를 가장 우월적인 조직체로 인정하고 국가 권력이 경제나 사회 정책을 통제해야 한다고 주장하는 신조*라는 개념을 넘어, 국가가 국가 발전과 국민복지, 지방화와 세계화, 세계평화와 국제규범을 위해 정책들을 입안 기획하고 각계각층의 활동을 지원하는, 말하자면 국가 중심성을 의미한다. 국가가 국익 중시 실용주의 노선에 입각, 국내외 모든 정책을 대가성(경제거래, 상거래), 호혜성(win-win, 共瀛), 가치성(공의와 명분)의 원칙을 충실히 실행한다.

* https://ko.wikipedia.org/wiki/%EA%B5%AD%EA%B0%80%EC%A3%B-

C%EC%9D%98 위키백과(검색일: 2023. 8. 10.)

그러므로 복합 지경학 시대에 성공하고 있는 국가들은 과거 지정학 시절 흔히 빠지기 쉬운 민족국가라는 지나치게 자기중심적이고 닫힌 사고에 사로잡히지 않고 '열린 국가'로서 지역화와 세계화에 능동적으로 참여해 왔다. 국익을 우선시하지만, 편협한 국익 중심이 아닌 주변국과의 상호공존의 길도 모색하였다.*

* 김원배(2000), 앞의 자료집, p. 102.

또 이런 국가들은 국내 지자체 차원 지방과 지역의 차별화 특화 시책에도 열심이었는데 이런 지방화(localization) 추세는 세계화 추세와 충돌하지 않고 오히려 병행 가속함으로써 각 국가와 지방, 세계적 표준(global standard)에 맞는 법과 제도, 그리고 관행의 도입과 정착에 이바지해 왔다. 냉전 후 나타난 범세계적 경제 우선주의 국가경영 체제의 확산은 경제적 이해관계에 따른 끼리끼리 모이는 지역주의(regionalism)를 확산시켜 기업은 물론 국가 간 지역 간 전략적 제휴를 성행시킨 것이다.* 이처럼 국경을 초월한 도시 간에 협업 분업 등 경쟁과 유기적 협력을 하는 체제인 지역주의**는 열린 국가의 국가주의와 전혀 모순되지 않는다.

* 사공 일, "세계화의 심화와 우리의 선택", 『21세기 한반도 경영전략: 지경학적 접근』(국토 연구원, 1999), pp. 20~21.
** 김종대, "동아시아 역사·경제 공동체 형성을 위한 제언", 앞의 자료집, p.42.

북미 핵 협상 실패 후 한국에서도 남북 관계를 '나라와 나라 사이의 관계가 아닌 통일을 지향하는 과정에서 잠정적으로 형성되는 특수 관계'라

112

며 민족 정서를 중시한 헌법 규정에서 '민족성'을 빼고 남북한이 상호 독립된 주권 국가의 성격을 엄격히 지키면서 국제적 규범과 절차에 따라 완전히 새로운 관계를 구축해 나갈 필요를 강조하는 통합 지경학*의 논리가 개발되고 있다.

* 임종식, 『지경학의 이론과 실제』 (서울: 바른북스, 2021)

이에 앞서 북미정상회담 직전 한반도 이슈에 대한 남북미 3국, 특히 북한의 지경학적 접근을 강력히 추천하는 논리로 등장한 '한반도 연성 복합통일론'도 논지는 같다. 한반도의 통일과 동북아 접경지역(러시아의 극동+중국의 동북 3성+한반도의 두만강 유역)의 통합을 연계시킨 이 연성 복합통일론은 탈민족화된 복수의 정체성을 가진 시민들이 공동 주권 관할 하의 영토 경계를 넘나들며 자유롭게 교류할 수 있는 '근대 주권개념을 초월한 공동체'를 지향하고 있다.*

* 전재성, "비판지정학과 한반도 연성복합통일론," 서울대학교-연세대학교 통일대비국가전략 연구팀(편), 『통일의 신지정학』 (서울: 박영사, 2017), pp. 359~60.

세계 모든 나라들이 경제 우선의 국가경영에 몰두하는 판에 남북한도 모두 열린 국가가 되어 기업 지방 국가가 모두 경영 시야를 세계화로 돌려 경쟁하고 협력·제휴해야 한다.

네트워킹과 다자주의

교통통신과 정보기술이 획기적으로 발달한 현대는 인간의 삶 자체가 서로 촘촘히 연결되어 돌아간다. 지상 현실은 물론 우주의 사이버 공간에서도 인간 생활은 상시로 서로 교류·접촉하며 이어진다. 인간의 삶이 이렇다 보니 국가의 정책 운용과 거버넌스도 개별 국가 단독으로 이루어질 수 없다. 그러므로 국가가 전 세계 국가들은 물론 조직과 단체까지 접촉면을 선제적으로 늘려간다. 네트워킹과 다자주의가 현대국가들이 벌이는 국제 동학의 필수기본기가 된 것이다.

러시아의 우크라이나 침공에서 아무리 큰 나라나 작은 나라도 전쟁의 공격과 방어도 이런저런 연대와 협력으로 실행하고, 지난 3년간 지속된 코로나 팬데믹에서 전(全) 세계는 아픔도 치유도 같이하는 것임을 경험했다. 현대 국제 질서는 아무리 잘 나가는 국가라 하더라도 독불장군 행세를 허용치 않는다. 현재 지구상에는 다양한 형태의 지역경제 블록이 160여 개에 이른다. 대개가 1990년 이후에 창설된 것이다. 이를 통해 범세계적인 표준화와 정책조정이 이루어진다. 무역과 자본교류에서 상호의존성이 심화하고 금융의 범세계적 동시화 현상이 나타나는 등 유기적인 경제의 상호협력 체제가 구축되어 왔다.*

* 안충영, "동북아 지역통합을 위한 전략", 앞의 자료집, pp. 40~42.

경제뿐만 아니라 정치 안보 측면에서도 국제분쟁 갈등에 무력 방식 대신 외교적 해법이 강구되고, 환경오염이나 기후변화는 물론 테러와 팬데믹 등 글로벌 도전에 대해서는 국가 간의 협력을 통한 다자적 해법. 즉 다자주의 공동대처가 주류를 이루었다.

패전국 독일이 전후 유럽 질서를 재편하고 주도하는 모범역량을 보인 것은 결국 국제무대에서 다자주의를 선호하고, 따라서 협력 파트너들을 배려하며 국가 일방주의를 강력하게 거부한 데 따른 결과다.*

* 김주희(2022), 앞의 간행물, pp. 293~296.

그만큼 21세기는 연결의 시대이다. 각국은 에너지, 물류, 철도를 통해 새로운 도전, 국가를 넘어 대륙 간 연결을 시도해 왔다. 20세기의 1차, 2차 세계대전, 냉전과 탈냉전을 거치면서 세계는 EU, NATO, NAFTA, ASEAN 등 정치적 경제적 군사적 공동체를 구성했다.

인류가 점차 대규모 무력 충돌을 지양하고 평화공존과 번영을 목표로 지역경제의 블록화, 세계화, 자유무역을 추구해 왔다. 이제 전 세계는 한 걸음 더 나아가 대륙의 경계를 허물고 있다.*

* 최재덕(2018), 앞의 자료집, pp. 48~49.

고립과 단독행동으로는 어느 나라도 생존할 수 없는 구조의 21세기 복합 지경학 시대에는, 특히 한반도 남북(南北)에는 '외교의 시대'*가 되어야 할 것이다.

* 윤영관(2022), 앞의 책 제목 『외교의 시대, 한반도의 길을 묻다』

개혁개방 자유화

탈냉전 후 안보 딜레마와 경제적 결핍을 헤쳐 나간 국가들의 성공 비결을 한마디로 말하면 개혁개방이고, 한 단어를 덧붙인다면 자유화일 것이다. 인터넷의 발달과 탈냉전으로 지경학과 지정학의 혼합이 이루어진 복합 지경학의 시대 성공한 국가들은 모두 개혁개방에 나섰다.

사회를 무겁고 느리게 짓누른 권위주의 정치체제부터 과감히 벗어 던지고 자유화(민주화)를 서둘렀다.

중국과 베트남이 대표적이며, 과거 공산권에 속했던 동구(東歐) 국가들이 다 그렇게 변화한 체제 전환국*들이다.

* 안충영(2000), 앞의 자료집, p. 38.

중국은 1993년 '사회주의 시장경제'를 헌법에 명기하면서 명실상부하게 개혁에 나서고부터 지난 30년간 세계에서 가장 높은 초고속 성장을 통해 G2 부강국으로 굴기한 국가이다. 이런 중국이 시진핑 주석 3기(2022년) 이후 정치의 1인 지배와 경제의 중앙통제를 다시 강화하고부터 사회경제가 급격히 하락하고 있는 것을 보면 개혁개방과 자유화는 확실히 현 세기 국제 정치경제를 지배하는 중심 논리이다.

이에 비해 베트남은 도이모이 정책 시행 후 국익과 경제개발에 도움이 된다면 15년간(1960~1975년) 전쟁을 치른 미국은 물론 파병 적대국 한국과도 밀접하게 협력하며 고도성장을 계속, 공산당 일당독재도 개혁개방의 바른길만 가면 성공할 수 있다는 신화를 쓰고 있다.

이처럼 개혁개방은 경제정책이나 사회제도뿐만 아니라 정치체제와 리더십의 개혁까지 포함하는 개념이다. 이념이나 체제보다는 경제적 실익의 추구가 국가 운영의 최우선 방침이라는 얘기다.

한국은 한미 동맹의 바탕 위에서 일·중·러 등 주변국들과 협력관계를 심화시켜 왔으나 북한과의 긴장 관계가 여전히 제약요인으로 작용하고 있다. 따라서 한국은 한반도가 가진 지정, 지경학적 입지의 중요성을 내생적 요인과 결부시켜 부각해 나가면서 동북아의 지경학적 구조를 잘 활용하는 지혜가 필요하다. 러시아와 몽골도 체제개혁에 성공하는 방향으로 나아가고 있는바 북한이 개혁을 통해 지역 협력에 동참한다면 한반도는 역동 중인 동아시아의 주축을 형성할 소지가 충분하다.*

* 김원배(2000), 앞의 자료집, pp. 93~94.

북한은 남한의 잠재적 정치 사회 불확실성과 불안정의 원천이다. 따라서 북한의 개혁개방 자유화는 북한 자체가 안고 있는 심각한 경제위기를 타개하기 위해서뿐만 아니라 한반도와 동북아의 안보 불확실성을 제거하기 위해서도 절실하다.*

* 유장희, "경제의 지역화와 한반도", 『21세기 한반도 경영전략: 지경학적 접근』 (국토연구원, 1999), p. 53.

유연성

현대는 경제와 안보가 동전의 양면처럼 밀접하게 연계되어 돌아가는 시대, 이른바 복합 지경학의 시대이다. 이런 시절 국제 정치는 대화로, 국제경제는 흥정으로 이루어진다. 국제 질서가 협상과 거래의 원리에 따라 작동된다는 이야기다. 협상과 거래는 당사국이 모두 득이 되고 이롭다고 생각해야 타결되므로 협상과 거래의 국제관계에서 일방적인 승리나 패배는 존재하기 어렵다.

그러므로 협상 게임(Bargaining Game)을 일상으로 하는 현대의 정상 국가들은 협상과 거래가 깨어졌을 때의 비용(Threat Value)을 잘 판단해서 국익 확보를 위해 상황별로 유연하게 대응하고 있다. 대화와 협상에서 이득과 승리를 공유하는 상황(Win-Win situation, 共贏)에도 만족할 줄 아는 융통성을 발휘하는 나라들이다. 그렇지 아니하고 오로지 승패이해(勝敗利害)가 확실한 제로섬 게임(Zero-Sum Game)에만 집착하는 것은 미친 국가가 하는 벼랑 끝 전략(Brinkmanship)의 영역에 속한다.

협력과 갈등이 혼재한 국제 질서 속에서 안보와 발전을 유지하고 나아가는 '열린 국가'들은 당장 협상과 타결에 실패하더라도 인내심 융통성 유연성을 잃지 않고 상호신뢰를 쌓아가는 과정으로 인식한다.

제3장 한반도 평화 프로세스의 발단과 연혁

역대 남북정상회담과 평화 교섭 검토

남북정상회담은 2000년 6월 15일 평양에서 김대중 대통령-김정일 위원장이 만난 이후 노무현 대통령-김정일 위원장(2007. 10. 4. 평양), 문재인 대통령-김정은 위원장(2018. 4. 26. 판문점과 2018. 9. 19. 평양) 등 역대 진보정권에서만 총 4차례 열렸다.

그중 문재인 대통령은 2018년 5월 26일과 2019년 6월 30일 판문점에서 김정은 위원장과 두 차례나 더 만나는 등 북한식으로 말해서 '북남 수뇌 상봉'은 문재인 재임 기간에만 모두 4차례였다.

그럼에도 남북 간 정상회담의 합의 내용은 김대중 때부터 매번 남북한의 '네 탓' 속에 흔들려서 지금 정상회담의 합의문들이 폐기된 것인지 아니면 아직도 유효한 것인지 모호하기 이를 데 없는 상태다. 차라리 쌍방 합의로 잠정 효력 정지 상태라면 더 나을 것이다.

남북 간의 정상회담은 분단된 민족이 교류 협력-상생공영-평화통일을 향해 나아가는 데 있어 가장 높고 소중한 협상의 자산임이 분명하다. 이렇게 고귀한 협상 자산이 너무 가볍게 처리되는 것은 남북 모두에 이로울 까닭이 없다. 더구나 남북, 북미 간 정상회담들이 열리는 과정에 북한은 실질적으로 핵보유국이 된 데 반해, 한국은 절대무기의 위협이라는 막다른 골목에 다다른 것은 심각한 문제가 아닐 수 없다.

역대 진보정권이 비교적 수월하게 성사해 온 남북 정상회담들은 화려한 외형과는 딴판으로 뒤끝이 좋지 못하지만, 역대 보수정권들은 왜 남북정상회담 자체를 성사조차 이루지 못했는가?

여기서 이 문제를 개관해 보는 일은 매우 흥미롭다.

진보 보수 양 진영(陣營)의 대북 인식과 한반도 이슈에 대한 접근방식의 차이를 파악하는 데 도움이 된다.

보수진영의 대북 접근법

남북 간에 사상 최초로 정상회담이 추진된 것은 1994년 당시 한국의 김영삼 대통령과 북한의 김일성 주석 사이였다. 아이로니컬하게도 당시는 보수우파가 집권하고 있던 문민정부 시절이다. 1994년 7월 25일~27일 평양에서 열기로 했던 남북정상회담은 7월 8일 북한 김일성 주석이 갑자기 사망하는 바람에 회담 일을 코앞에 두고 무산됐다.

이 회담은 김일성의 초청으로 북한을 방문(6월 15일~18일)한 지미 카터 전 미국 대통령이 입북 및 귀국길에 서울~평양을 왕복하면서 남북 양측의 의견을 중개해 회담 개최에 합의하게 됐다.

이에 앞선 1994년 2월 김영삼은 대통령 취임 1주년 기자회견을 통해 핵 문제를 비롯한 통일방안과 경제협력을 논의할 남북정상회담을 제의했으나 김일성이 "핵 문제를 거론하면서 북남관계를 해결하려는 것은 잘못된 사고방식"이라며 일축했다.

그러나 3월 말 중국을 방문한 김영삼 대통령은 장쩌민 중국 국가주석을 통해 좀 더 구체적이고 진지하게 남북정상회담을 북측에 제의한 바 있어 김일성이 중국이 아닌 미국(카터)을 통해 이에 응답한 것으로 보는 시각도 있다. 월남 호치민처럼 북한 김일성이 중국에 대해 가진 뿌리 깊은 불신과 경계심을 잘 보여주는 대목이자 당시 미국 측에 의해 북폭이 언급되는 등 일촉즉발의 (1차) 북핵 위기 상황에서 미중 양 대국을 적재적소 효율적으로 활용하는 김일성의 노회한 외교 책략을 엿보게 한 사건이었다.

김영삼 대통령은 3월 28일 오전 북경 인민대회당에서 장쩌민 국가주석과 한중 정상회담을 갖고 북한 핵 문제를 비롯한 동북아 정세와 양국 간 경제협력 문제 등을 집중적으로 논의했다. 김 대통령은 북한 핵 문제해결을 위해 중국이 북한을 설득해 달라고 요청했다.*

* https://www.pa.go.kr/online_contents/diplomacy/diplomacy02_06_1994_04_01.jsp 행안부 대통령 기록관, (검색일: 2022. 8. 1.)

확대 정상회담에 이어 핵심 관계자와 통역만을 배석시킨 김영삼-장쩌민 단독회담에서 김영삼은 이렇게 요청했다.

"미국과 북한의 핵 갈등 때문에 남북 어디서건 우리 동포들이 무고하게 피 흘리는 일을 나는 기필코 막을 것이다. 그런데 북한은 한쪽에서 인민들이 배곯아 죽어 가는데 핵을 만든다는 게 말이 되나? 김일성 주석에게 우선 아사(餓死) 상황은 막고 보자고 전해 달라. 한국에서는 땀 흘려 살을 뺀다고 요란한데 북한에서는 굶어 사람이 죽고 있다니 동족으로서 그 참상에 가슴이 미어진다. 우리는 여분의 비축 식량이 있다. 무상제공에 문제가 있다면 국제 곡물 시장에서 양곡을 사서라도 보내겠다. 북한과 김주석이 체면 문제로 한국의 직접 지원을 꺼린다면 중국과 장주석을 통한 간접방법도 좋다. 그리고 우리 한국은 북한을 흡수통일할 생각이 전혀 없고 북한이 지금 붕괴한다면 나의 대통령 자리도 임기도 없어진다. 남북 모두 통일은 어차피 후세에 맡길 수밖에 없다. 김주석은 인민을 배불리 먹이고 잘 살게 하는 일이 최우선이다. 김주석 생전에 핵을 포기하고 세상 모든 나라들과 활발하게 교류하면서 경제발전을 이룩하기를 바란다. 김주석의 결심만 선다면 북한이 미국 일본과 수교하는 데 우리가 앞장서 돕겠다. 두 나라에 대해 북한의 진의를 대한민국이 보증하고 내 자신은 북한의 미일 수교를 돕기 위해 두 나라 정상을 직접 찾아가겠다. 김주석이 장주석의 말은 믿지 않겠나. 나의 뜻을 김주석에게 전하고 빠른시일 내에 나를 만나도록 주선해 달라."

예상치 못한 김영삼의 돌발제의에 장쩌민은 무릎을 치며 영어로 "You really are little giant"라며 "오늘 비로소 한반도에서 희망을 본다."라고 화답했다.*

* 단독정상회담에 배석했던 당시 황병태 주중대사가 회담 직후 현장에서 필자에게 브리핑해 준 내용이다. 김영삼은 퇴임 후 2003년 필자에게 "당시 김일성 한사람만이 북핵 문제를 결단할 수 있었다. 그가 입 닫고 간 북핵을 북한에서 해결할 사람은 아무도 없다."라며 김일성과의 정상회담 불발을 아쉬워했다.

여기서 김영삼의 대북 회담 제의의 배경을 다소 장황하게 서술하는 것은 그 후 진보정권에서 추진한 정상회담과 사뭇 다른 접근방식을 비교하기 위해서다. 비록 무산된 회담이었지만, 김영삼은 애초부터 한반도 남북은 물론 국제적으로 당시 최대현안이었던 북한 핵 문제 담판을 단일의제로 들고 나섰다. 당시 북한이 극심한 기아에 허덕이고 있던 현실을 감안, 인도적 식량 지원을 곁들여 제시한 것도 북한으로서는 한시가 급하게 해결해야 할 현실 문제였다.

김영삼-김일성 회담은 결국 무산됐지만, 이 회담이 열렸다면 한국 최초의 직선 문민 대통령과 북한의 정권 시조로서 두 사람이 각기 남북에서 갖는 정통성과 권위가 김일성의 결자해지(結者解之) 국면전환의 계기를 뒷받침할 수 있었을 것이라고 아쉬워하는 관측도 있다.*

* 정영록, 『핏팅 코리아』 (서울: 하다, 2021), p.90. ; 주재우, 『한국인을 위한 미중 관계사』 (경기 파주: 경인문화사, 2017).

김영삼 이후 이명박 전 대통령은 재임 시절 개성공단 3통 문제해결, 산림 및 농수산협력, 자원개발 협력 등 구체적 실용적 의제를 제시했으나 북측이 호응하지 않았다. 이명박은 '국내 정치를 위한 형식적인 정상회담'을 공개적으로 반대했고, 또 박근혜 전 대통령은 남북정상회담이 '이벤트성으로 활용되는 것'을 지레 경계하는 바람에 보수정권들은 북측과 교감 형성에 계속 실패했다. 이처럼 보수정권의 대북 인식은 북한의 군사적 팽창과 도발에 단호히 대처해야 하지만, 전쟁이 아닌 방법으로 그것을 이뤄야 하는 딜레마에 빠져있는 형국이었다.

또 보수진영은 세습수령제의 1인 일당독재 특성상 북한 스스로 체제를 개혁하는 것은 기대할 수 없다고 비관하면서 시대착오적인 북한 체제가 언제일지는 모르지만 결국은 붕괴할 것으로 보는 편이었다. 보수정권이 '형식적이거나 이벤트성 정상회담'을 기피(忌避)하는 데는 나름대로 합리적인 면이 없지 않다. 회담에 임하는 북한의 진실성 문제는 차치하고라도 남북 간에는 양쪽 정상이 만나 다루어야 할 핵심 문제에 대해서 이미 문서화된 공식 합의가 있는 상태다. 평화통일, 화해 협력, 무력 충돌 방지에 관한 남북 당국의 합의는 1972년 7.4 남북공동성명(부록1 참조)에 기록되었고, 1991년 남북 기본 합의서('남북 사이의 화해와 불가침 및 교류·협력에 관한 합의서', 부록2 참조)에서 재확인되어 있다.

또 북한 비핵화 등 한반도 핵 문제에 대해서는 1992년 한반도 비핵화 공동선언(부록3 참조)이 더할 수 없으리만치 완벽하게 규정하고 있다. 다만 이들 합의문서가 지켜지고 있지 않은 것이 문제일 뿐이므로 후속 남북회담은 그 문제해결에 집중하면 된다고 본다.

그렇더라도 이들 보수정권이 금강산관광을 중단하거나 개성공단 가동을 중단시킨 조치는 남북 관계의 미래 발전이라는 시각에서 볼 때 감정적 단견적 졸속 패착이 아닐 수 없다. 이명박 정부는 2008년 7월 11일 남한 관광객 박왕자 씨가 북한 초병의 총격을 받고 사망한 사건이 발생하자 책임 규명과 사과 및 재발방지책을 요구하며 대뜸 금강산관광 자체를 중단시켰다. 금강산 관광은 1998년 햇볕정책의 일환으로 시작돼 중단될 때까지 10

년 동안 남한 사람들이 분단의 장벽을 넘나들며 북녘 산천을 유람하던 남북 민간 차원의 교감과 소통의 실험장이었다.

또 박근혜 정부는 2016년 2월 10일 북한의 제4차 핵실험(1월 6일)과 광명성호 미사일 발사(2월 7일) 등 잇단 도발을 문제 삼아 2005년부터 한국 기업들이 입주해 남북 협업 형태로 생산 활동을 하고 있던 개성공단의 조업을 중단시켰다. 물론 북한의 핵미사일 도발은 UN의 제재가 뒤따를 것이 예상되는 상황이었지만, 개성공단 사업은 국제제재가 지목하는 대북 경제 지원이나 무역 거래와는 다른, 분단국 내부 협업이라는 특수성을 감안하면 한국 측의 의지 여하에 따라 성격상 국제제재도 고려할 여지가 있지 않았을까 생각된다.*

* 북한의 4차 핵실험(1월 6일)과 미사일 발사(2월 7일) 후 UN 안보리 대북제재결의안 2270호가 채택된 것은 3월 2일인데, 박근혜 정부는 2월 10일 개성공단 가동을 중단시켰다.

금강산 관광과 개성공단은 여태껏 재개의 기약도 없이 사실상 폐쇄된 것과 같은 상태다. 북한의 도발 행위에 관대하게 대하는 것이 능사는 아니다. 원칙적으로 상호주의로 대응하는 것이 옳다. 그러나 제재를 가하고 응징을 가하더라도 그 표적을 사려 깊고 지혜롭게 택할 필요가 있다. 금강산 관광과 개성공단은 남북분단 이후 수십 년 동안 남북이 서로 오가지 못하던 한 맺힌 관광길을 뚫거나 남북이 서로 손 맞춰 경제활동을 하는, 참으로 소중한 남북 공조의 현장이었다.

특히 개성공단의 경우 3만 명 이상의 북한 근로자가 일하면서 자본주의 원리와 시장경제 시스템을 배우게 되는 것도 후일 북한 변화의 중요한 단초(端初)가 될 것이었다. 요컨대 남북 간에 풀고 열고 이은 것을 다시 막고 닫고 끊지는 말아야 한다는 것이다. 그것은 비록 작은 한 걸음일지 모르지만 결국은 통일을 지향하는 여정이기 때문이다.

보수정권의 대북정책에 대해 진보 진영은 "봉쇄와 압박에 의한 대북 강경정책을 구사한 이명박 정부 시기의 한반도 평화는 더욱 불안정해졌을 뿐이다. 북한의 도발은 더 늘었고 심지어 천안함 사태와 연평도 포격이라는 사상 초유의 군사적 도발마저 겪어야만 했다."라며 "평화를 지키지도 못했고 긴장 고조 시 평화를 유지하지도 못했고 평화를 만들어 가지도 못했다."라고 비판하였다.*

* 김근식, "사과 없는 MB의 평화 무능," 「경향신문」, 2010. 5. 25.

진보 진영의 대북 접근법

남북한 간에 사상 최초로 정상회담이 개최된 것은 2000년 6월 13일~15일 평양에서 한국의 김대중 대통령과 북한의 김정일 국방위원장이 만났을 때였다. 김대중은 1998년 2월 취임사 이래 기회가 있을 때마다 〈남북정상회담〉과 특사 교환을 촉구하였다.

특히 김대중 대통령은 2000년 3월 9일에 '베를린 선언'을 통해 민간 차원에서 진행되어 온 남북 협력을 당국 차원의 교류 협력으로 확대하여 남북관계의 획기적인 발전을 도모하겠다고 국제사회에 천명하였다.

베를린 선언이 나온 직후 북한은 비공개적으로 다양한 경로를 통해 남한 측에 특사 접촉을 제의하고 이 접촉에서 〈남북정상회담〉의 개최 문제를 논의할 수 있다고 입장을 전해 왔다. 이에 김대중 대통령은 박지원 문화관광부 장관을 특사로 임명·파견하였으며, 북한에서는 송호경 조선아시아태평양평화위원회 부위원장이 특사로 나와 비공개 접촉이 이루어졌다.

2000년 3월 17일 중국 상하이에서 1차 특사 접촉이 이루어졌으며, 3월 23일 중국 베이징(北京)에서의 2차 접촉에 이어 4월 8일 3차 접촉에서 〈남북정상회담 개최 합의서〉가 채택되고 4월 10일 서울과 평양에서 그 합의

서가 동시에 발표되었다. 〈남북정상회담 개최 합의서〉의 발표 이후 그 합의서에 따른〈남북정상회담〉의 절차 문제를 위한 남·북한 간의 준비접촉이 판문점에서 2000년 4월 22일부터 5월 18일까지 5차에 걸쳐 개최되었다.*

* 행정안전부 국가기록원

  https://www.archives.go.kr/next/search/listSubjectDescription.do?id=003347&site Page=1-2-1(검색일: 2022. 8. 7.)

양측 특사의 비공개 접촉을 시작으로 공식 비공식의 준비접촉은 물론 비밀 조율까지 거쳐 성사된 제1차 남북정상회담은 6.15 남북공동선언이라는 화려하고 풍성한 합의를 낳았으나 그 후 연평해전 등 북한의 무력도발과 핵미사일 실험으로 당시의 합의 정신이 크게 훼손된 상태다. 1차 정상회담을 통해 진보정권의 효시인 김대중이 구사하고자 한 대북정책은 그가 야당 시절부터 주장해 온 이른바 햇볕정책이었다.

이후 2기 진보정권 노무현과 3기 문재인도 이 정책을 계승했다. 일명 햇볕정책, 즉 대북화해협력정책은 평화, 화해, 협력이라는 3가지 개념으로서 첫째, 과거의 긴장과 대결, 그리고 항상적인 갈등 대신 한반도에 평화를 정착시키려는 정책이었다. 북한의 정치·군사적 긴장을 해결하기 위해 채택한 방식은 이른바 '포괄적 접근(comprehensive approach)'이었다.

둘째, 대북 화해 협력 정책은 남과 북이 상호 상승적으로 강화해 왔던 불신과 대결 대신에 화해를 정착시키려는 것이었다.

남북 관계에 현실로 존재하는 '적성(敵性)'과 미래를 지향하는 '동포성'을 동시에 만족시켜야 한다는 특수성을 감안(勘案)하여 엄격한 타산에 입각한 거래 식 상호주의가 아니라 적성을 완화하면서 동포성을 확대하기 위한 포괄적 상호주의를 채용하였다.

셋째, 대북 화해 협력 정책은 50여 년간의 소모적 경쟁 대신에 남북한 상호 공영의 협력을 강화하려는 정책이었다. 남북한 협력을 위해 '정경분리' 원칙을 견지하였고 정치·군사적 갈등과 별개로 남북경협을 스스로 기업적 방식과 경제원리에 의해 작동되는 자율적 영역으로 간주하였다.*

* 행정안전부 국가기록원
  https://www.archives.go.kr/next/search/listSubjectDescription. do?id=003343&sitePage=1-2-1 (검색일: 2022. 8. 5.)

진보 진영의 대북정책은 '평화를 유지하면서 화해와 협력을 추구함으로써 북한이 스스로 변화의 길로 나올 수 있는 적합한 환경을 조성'하려는 것이었다.*

* 통일부, 『국민의 정부 5년 평화와 협력의 실현』, 2003, p. 2.

다시 말해 진보 진영은 보수진영과는 달리 북한 스스로 체제개혁을 낙관하는 편이었다. 이러다 보니 제1차 남북정상회담 후 대북 송금 사건이 드러나 정치적 파장이 크게 일었다. 그 후에도 진보정권의 회담 대가(代價)설은 끊이지 않아 국제적으로 남북정상회담의 정신을 훼손하고 회담 합의사항에 대한 신뢰를 약화시키는 원인이 되었다. 어쨌거나 햇볕정책으로 시작된 대북 포용노선은 2기 진보정권 노무현 정부의 평화 번영 정책으로 보강되고, 3기 문재인 정부의 한반도 평화 프로세스에 진화 집대성되기에 이르렀으나 그 끝은 지금 우리가 목격하고 있는 바와 같이 실망스럽다.

하노이 노딜 이후 핵미사일 도발을 강화해 온 북한이 급기야 2022년 8월 10일 북한 내 코로나 확산마저도 남쪽 탓으로 돌리면서 한국을 노골적으로 위협했다. 김정은 국무위원장의 여동생 김여정(대남 대외부문 총괄 국무위원)은 "남조선 괴뢰들이야말로 우리의 불변의 주적"이라고 지칭하며 "적들이 위험한 짓거리를 계속 행하는 경우 우리는 남조선 당국 것들도 박멸해 버리는 것으로 대답할 것"이라고 하였다.*

* 「조선중앙통신」, 2022년 8월 11일.

역대 진보정권의 대북 포용 기조는 평화 협력에만 치중하면서 지나친 친북 행각으로 인류 보편적 가치라는 대의를 거스르는 오점을 남겼다. 문재인은 2기 노무현 정부의 대통령 비서실장 시절 UN의 대북 인권 결의안에 대한 한국 정부의 입장을 결정하는 과정에서 북한의 의사를 사전에 물어보기로 한 청와대 참모 회의를 주도했다는 의혹*을 받은 바 있고, 그의 집권 시절엔 한 번도 UN의 북한인권결의안 공동제안국에 참여하지 않았다.

* 송민순, 「빙하는 움직인다」, (경기도 파주: 창비, 2016), p.451.

특히 3기 문재인 정부 들어 북한의 참혹한 인권상황에 대해 침묵하고 대북 전단 살포를 금지하는 것은 물론 심지어 탈북귀순자를 강제 북송하는 등의 조치는 북한 지배자와의 관계를 위해 인간 생명의 존엄과 자유 인권 같은 보편가치를 외면한 국격 실추 행위가 아닐 수 없다.

문재인 대통령의 임기 말인 2022년 3월 24일 국제인권단체인 휴먼라이츠워치는 미국의소리(VOA) 방송에 보낸 공식성명에서 "문재인 대통령의 대북정책은 비도덕적이며 절대적 수치(羞恥)"라며 "인권을 진지하게 다뤄왔다는 그의 주장을 조롱한다."라고 비판했다.*

* 미국의 소리 방송, https://www.voakorea.com/a/6514887.html

진보정권의 대북 포용노선에 대해 보수진영에서는 햇볕정책을 실패한 정책으로 규정하고 김대중 정부와 노무현 정부를 이른바 '잃어버린 10년'으로 간주했다. 퍼주기와 끌려다니기로 일관하면서 정작 북한은 변화하지 않았고 군사적 도발을 막지도 못했으며 사실상의 핵보유국이 되는 것을 방치했다고 보았다.* 대통령 당선 직전인 지난 1월 20일 윤석열도 "문재인 정부의 '한반도 평화 프로세스'는 완전히 실패했다."라며 "말로 외치는 평화가 아닌, 힘을 통한 평화를 구축해 나가겠다."라고 하였다.**

* 김근식, "대북포용정책과 기능주의: 이상과 현실", 『북한연구학회보』 15권 1호, (북한연구학회, 2011. 08.), p.40.

** 『조선비즈』, 2022년 1월 20일.

양 진영 대북 접근법의 차이: 남남갈등의 표징

진보 보수 양 진영의 이 같은 대북정책 노선의 차이는 간극(間隙)이 상당히 벌어져 접점을 찾기 어려운 실정이다. 이 같은 간극은 보수 진보 양 진영이 결국은 북한 체제와 3대에 걸친 백두혈통 최고통치자를 어떻게 보고 판단하느냐는 문제에서 출발한 것이다. 극단적으로 비유하자면 성선설과 성악설만큼 그 차이는 큰 것으로 보인다.

그런데 정치권의 대북 인식 차이는 우리 학계에 내재적 접근법이 도입된 이래 이 친북적 인지 방식이 기존의 반공통일 보수 논리와 부딪히는 과정에서 더욱 조장된 것이 아닌가 생각된다.

보수 논리는 '멸공 타도'의 주장에서 크게 달라지지 않은 데 반해 본래 북한 바로알기운동의 일환*이라던 내재적 접근법 등 진보 논리는 친북 편향에서 종북 성향으로 심화한 면이 없지 않다. 서동만은 1990년대 북한 연구를 평가하면서 "남한의 북한 연구는 남한의 북한 인식에 머무르지 않고 북한의 자기 인식을 시야에 넣는 것이 되어야" 할 뿐만 아니라 "남한의 북한 연구는 북한이란 현실에 의해 검증"받아야 한다는 데에 이르렀다.**

* 고유환, "분단 70년 북한 연구 경향에 관한 고찰," 『통일정책연구』 제24권 1호(2015), p.30.

** 서동만, "북한 연구에 대한 반성과 과제: 90년대 연구 성과와 문제점," 『북조선 연구 서동만 저작집』 (파주: 창비, 2010), p. 121.

북한을 연구하는 사람들 가운데 이삼성과 이용준이 보여주는 대북 인식은 극명하게 대조되어 아예 정반대라고 할 정도다. 북핵 이슈와 한반도 안보 문제를 다룬 이삼성은 2018년 3월에 탈고한 저술*에서 핵 문제에 관한 북한의 논리와 주장을 거의 그대로 수용하며 미국과 한국 보수정권의 대응 및 해법을 조목조목 반박하는 논리를 전개하였다. 진보정권 중에서도 문재인 정부의 대북정책은 찬양 일변도다.

* 이삼성, 『한반도의 전쟁과 평화』 (파주: 한길사, 2018)

반면 6자회담 차석대표와 북핵 담당 대사 등을 지내다 퇴직한 이용준은 같은 해 2018년 12월에 탈고한 저술*에서 핵 위기 때마다 북한이 보인 억지 기만성을 파헤치며 한미 동맹의 중요성을 강조하고 중국의 배후 행태와 저의에 대한 경계심을 촉구하였다. 아울러 문재인 정부의 이른바 한반도 평화 프로세스 정책을 전혀 실현성이 없는 환상 수준이라며 그 위험을 경고하였다.

* 이용준, 『대한민국의 위험한 선택』 (서울: 기파랑, 2019)

내용의 극명한 차이 때문에 두 사람의 책을 예로 들었을 뿐 북한을 다룬 논문 저술은 읽는 이의 눈을 의심할 정도로 정반대 논지가 많다. 그리고 탈냉전 이후의 국내 북한학계엔 이삼성식 논지가 유행이고 대세다. 대학 강의실에서 '반미(反美) 없이 평화 없고 종북(從北) 없이 통일 없다.', "북한 핵문제는 지난 70년간 미국이 북한을 괴롭힌 결과이므로 북한 주장대로 풀어야 한다.", "멀쩡한 북한을 정상 국가가 아니라고 보는 미국과 국내 보수세력이 비정상이다."라고 역설하는 강의가 허다하다.

북한 연구 학계의 이런 시각 차이가 정치권의 좌우 노선경쟁과 상호작용하는 한 남남갈등의 해결은 요원할 것이다. 이와 관련, 트럼프 행정부의 첫 백악관 국가안보보좌관을 지낸 허버트 맥매스터 스탠퍼드대 후버연구소 선임연구원의 언급은 우리를 상당히 당황스럽게 한다. 맥매스터는 2021년 3월 2일 상원 군사위원회에 제출한 서면 자료를 통해 북한이 국제적 위협으로 등장하는 김일성 일가 3대 세습 과정에서 두 가지 잘못된 가정이 작용했다면서 "햇볕정책으로 불리는 북한 개방이 북한 정권의 본질을 바꿀 것이라는 허망한 희망"과 "김씨 일가 정권이 지속 불가능하며 핵무기와 장거리 미사일을 개발하고 배치하기 전에 무너질 것이라는 믿음"을 지적하였다.

진보 진영의 대북 협력 포용노선은 물론 보수진영의 대북 제재 압박 정책, 즉 북한에 대한 막연한 '희망'이나 근거 없는 '믿음'이 모두 실패의 씨앗이었다는 것이다.*

* 『중앙일보』, 2021년 3월 4일.

이상에서 한반도 이슈에 대한 진보적 접근도 보수적 접근도, 환언(換言)하여 좌우 접근이 모두 실패한 경위와 배경을 살펴보았다.

'2018년 한반도 평화 전환'의 의미

역대 남북정상회담과 남북 평화 교섭이 모두 만족스럽지 못하게 귀결되어 비록 실패한 것들이라고 할지라도, 2018년 한반도에 불어온 평화 무드는 특별하게 느껴졌다. 그 발단과 전개가 드라마틱하여 한반도 남북은 물론 전 세계가 "드디어!" 또는 "이번만은!" 하는 감탄과 기대의 이목으로 지켜보기에 충분하였다. 러시아의 우크라이나 침공과 같은 국제적 분란이 발생하기 전 미중 전략경쟁이 본격화하는 초입이라 한반도 평화 구축의 마지막 기회같이 인식되기도 한 것이 사실이다.

한반도 평화 프로세스 정책은 문재인 대통령이 2017년 7월 6일(현지 시간) 독일 베를린 쾨르버재단 연설을 통해 발표한 '베를린 평화 구상'에 기초하여 구축된 대북 및 한반도 평화 정책 기조이다. 이 정책은 남북 간 적대적 긴장과 전쟁 위협을 없애고 한반도에 완전한 비핵화와 항구적인 평화를 정착시키는 것을 목표로 삼았다. 한반도 평화 프로세스는 이명박의 비핵 개방 3000, 박근혜의 한반도 신뢰 프로세스와는 다르게 남북 관계와 함께 북미 관계의 진전에도 방점을 둔 점이 특징이었다.*

* https://namu.wiki/w/%ED%95%9C%EB%B0%98%EB%8F%84%20 『나무위키』
(검색일: 2022. 9. 23.)

문재인 정부의 한반도 평화 프로세스는 김대중, 노무현 정부 등 역대 민주당 계열 진보정권의 햇볕정책 등 대북 유화 노선의 맥을 이어 진화한 것이다. 그 배경엔 80년대 당시 재독 한인 학자 송두율에 의해 도입된 북한 연구의 내재적 접근법이 기초 토양을 조성한 면이 농후하다. 그러니까 내재적 접근이라는 친북 기조* 이후 지속되어 온 한국의 대북 진보 정책(유화 노선)이 돗자리를 깔아준 것이라고 볼 수 있다.

* https://terms.naver.com/entry.naver?docId=66911&cid=43667&category-Id=43667 (검색일: 2022년 7월 6일) "검찰은 송두율 교수가 '내재적 접근법'이란 명목하에 남한 젊은이들을 상대로 북한의 주체사상을 전파하고 북한 체제를 선전하는 등 이적행위를 했다고 주장함에 따라, 2004년 3월 1차 재판에서 유죄로 판결되었다. 그러나 2004년 7월 2차 재판에서 재판부는 '내재적 접근법'이 친북 편향성이 인정되나 국가 존립과 자유민주 질서에 해악을 끼칠 명백한 위협이 없다며 이에 대해 무죄를 선고했다. 이후 송두율 교수는 독일로 돌아갔고, 2008년 대법원은 독일 국적취득 이전의 방북을 뺀 국가보안법 위반에 대해 모두 무죄를 선고해 고등법원으로 파기 환송했고 이는 그해 8월 확정됐다."

지정학적 전략; 최고조의 위기 상황 조성

2011년 12월 김정일이 사망하고 같은 해 12월 30일 김정은이 최고사령관에 취임함으로써 북한에 김정은 시대가 열리자, 김정은은 이전과는 사뭇 다른 대미 벼랑 끝 전략을 시도했다. 김일성-김정일 시대 은밀하게 추진해 오던 핵무기 실험과 미사일 개발을 공개적으로 추진하기 시작한 것이다. 김정은 체제 출범 후 김일성 탄생 100주년인 2012년 12월 12일 인공위성이라며 은하 3호 로켓을 발사하여 궤도진입에 성공*하는 등 북한의 인공위성 발사는 실질적으로 ICBM 발사와 같은 것으로, 북한은 이후 잇단 미사일 발사를 통해 대미 위기를 고조시키는 한편 주민들에게도 국방력을 과시하는 대내외적 정치적 목적을 달성하고자 하였다.**

* 「조선중앙통신」, 2012년 12월 12일.
** 김성배, "김정은 시대의 북한과 대북정책 아키텍쳐(Architecture): 공진화 전략과 복합

적 관여 정책의 모색", 『국가안보와 전략』 12권 2호(국가안보전략연구원, 2012), p. 224.

시진핑 체제 출범 후 당 총서기의 친서를 휴대한 중국대표단의 방북(2012년 11월 30일) 직후 단행된 북한의 이 미사일 도발 후 중국은 김정은이 중국의 도발 자제 요청도 듣지 않는 등 중국과의 관계를 중시하지 않고 '마이웨이(My way)'를 고집하겠다는 신호로 간주하고, UN 안보리 결의안 2087호(2013년 1월 22일) 만장일치 채택에 참여하였다.*

* 이상숙, "김정은 시기 북중 관계와 북한의 대중 정책(2012-2021)", 『정책연구 시리즈 2021-18』 (국립외교원 외교안보연구소, 2022), p.17.

중국을 비롯하여 러시아까지 국제사회가 한목소리로 북한의 핵미사일 도발을 비난하며 제재에 동참한 것은 이것이 처음이었다. 그럼에도 북한은 3차(2013년 2월), 4차(2016년 1월), 5차(2016년 9월) 핵실험을 강행하고 마침내 2017년 9월 3일 이전의 핵실험과는 비교할 수 없을 정도로 엄청난 폭발력을 가진 6차 핵실험에 성공하였다. 북한은 6차 핵실험 직후 수소탄 시험에 성공했다고 발표, 실질적으로 핵보유국이 된 거나 다름없다.

2017년 1월 출범한 미국의 트럼프 행정부는 북한이 핵무기의 소형화와 미국 본토 공격도 가능한 탄도미사일 개발에 성공한 것으로 확인되자 북한 핵시설에 대한 군사적 조치를 거론하기 시작했다. 북한이 2017년 7월 ICBM급 화성14호를 태평양상으로 발사하자 트럼프는 8월 8일 북한에 대해 핵실험을 멈추지 않으면 "화염과 분노(Fire and Fury)"에 직면할 것이라고 경고하고 김정은을 "로켓맨이 자살행위를 하고 있다."라고 비난했다.

북한의 6차 핵실험 직후 트럼프는 2017년 9월 19일 UN 총회 연설을 통해 북한을 "완전 파괴"하겠다고 경고하고 9월 21일 북한과 무역 및 금융 거래를 하는 모든 개인·기업들에 대한 제재를 포함하는 세컨더리 보이콧

(Secondary Boycott) 행정명령에 서명하였다. 이틀 후 이에 맞서 김정은은 성명을 통해 미국을 "불로 다스릴 것"이라고 위협했고, 그로부터 사흘 후인 9월 24일 북한 외무상 리용호는 유엔총회에서 트럼프 대통령을 "정신이상자"라고 호칭하며 미국을 선제공격할 수도 있다고 공개 위협했다.

미국은 대북 제재를 강화하는 조치들을 잇달아 내놓으며 대북 압박을 계속했으나 마침내 2017년 11월 29일 북한은 미국을 사정권으로 하는 사거리 1만 3천km급 ICBM급 장거리 미사일 화성15호를 발사하고 정부성명을 통해 "국가 핵 무력 완성"을 공식적으로 선언하였다.[*]

[*] 임성재, "북한의 대미 벼랑 끝 협상전략 연구", 동국대학교 일반대학원 박사학위 논문 (2022), p.123.

김정은 체제 출범 후 북한이 줄곧 달려온 핵무기 고도화 과정을 통해 북한은 헌법에 명기된 대로 미국과의 '상호확증파괴'라는 목표를 달성하였다. 2017년 북한의 거듭된 미사일 시험발사와 소형화된 핵탄두는 한반도의 지정학적 리스크를 극대화하였다.[*]

[*] 최재덕(2018), 앞의 자료집, p.49.

2017년 말까지 북한이 미국을 겨냥해 조성한 대립 대결상태는 북한 정권 수립 후 김일성-김정일-김정은 백두혈통 3대 통치 기간을 통틀어 일촉즉발의 최고정점에 달해있었다. 북한이 고비마다 전가의 보도처럼 사용해 오긴 하지만, 김정은 시기 대미 벼랑 끝 전략이 이렇게 강경일변도로 치달아 온 것은 처음이었다. 미국도 이에 맞서 핵 공갈에는 핵 공갈로 응수하면서 북미 양측 모두 지정학적 대결 논리에 몰두하였다. 당시 한반도 위기 상황은 '제2차 한국전쟁 발발 위험이 최고조에 다다른 때'[*]로 여겨졌다.

* 박정현 저 손용수 역, 『Becoming KIM JONG UN』 (경기 파주: 다산북스, 2021), p.25.

핵과 경제의 교환: 지경학적 접근으로 돌변

2018년에 들어서면서부터 북한의 전략 기조가 갑자기 평화 모드로 전환되었다. 김정은은 2018년 1월 1일 신년사를 통해 2월 평창에서 개최되는 동계올림픽 참가 의사를 표명하며, 미국과 남한을 향해 평화공세를 퍼부었다. 이어 김여정 김영남 김영철을 대표로 대규모 북한선수단이 평창올림픽에 참가하면서 어제까지 한반도를 꽁꽁 얼어붙게 했던 대결 갈등은 사라지고 평화의 훈풍이 세계로 퍼져나갔다. 이같이 갑작스러운 변화는 북한이 2017년 말 종래 핵-경제 병진이라는 국책노선에서 이미 완성된 핵을 떼어내고, 오로지 경제발전에만 매진하는 것을 골자로 하는 사회주의 경제건설 총력 집중 노선을 채택한 직후 일어난 일이다.

김정은은 2018년 3월 5일 평양을 방문한 서훈 정의용 등 남한 특사단에게 4월 판문점에서 남북정상회담 개최는 물론 미국과의 대화 협상 의사를 표명하고 북미정상회담도 개최될 수 있도록 남한 측이 주선해 달라고 요청하였다. 이어 백악관을 방문한 서훈 정의용 두 한국특사로부터 김정은의 회담 제의를 전달받은 트럼프 미국 대통령은 즉각 회담 개최를 수락하고 그 사실을 두 한국특사가 백악관 기자단에게 직접 설명하도록 하였다.

김정은은 2018년 4월 20일 노동당 중앙위 전원회의에서 핵실험과 ICBM 시험발사를 중단키로 하는 모라토리움(moratorium)을 스스로 선언, 2018년형 한반도 평화 전환은 일단 완성되었다.

김정은의 대화 협상 이니셔티브에 따라 핵미사일 대결이라는 전쟁수단을 내려놓고, 대신 경제무역을 논의하기로 한 남북미 3국 간의 정상회담 교섭 과정은 한반도 국제 질서의 지정학적 대결 구도가 지경학적 대화 협상 구도로 완벽하게 전환되는 것처럼 보였다.

평화 전환의 의미

김정은 이니셔티브의 2018년 한반도 평화 모드는 내외로부터 충격과 감동과 희망을 자아냈다. 김정은의 남북-북미정상회담 제의 등 평화공세는 곧바로 핵 포기 결단*을 앞세운 핵무기와 경제발전을 맞바꾸자는 협상제의**로 받아들여졌다.

* 조성렬(2018), 앞의 자료집, p.28.; 최재덕(2018), 앞의 자료집, p.51.
* * 김경일(2018), 앞의 자료집, p.20.

무엇보다 한반도를 장구한 지정학적 비운의 역사로부터 지경학적 화해 발전의 시대로 이끌 기회의 창(Window of Opportunity)이 열리는 신호로 해석되면서 북한이 개혁개방의 길을 선택해서 마지막 활로를 찾기 위해 남북 및 북미 간 신뢰 쌓기에 매진하라는 주문이 쏟아졌다.

첫째, 김정은의 평화 이니셔티브는 한반도의 전통적 지정학적 의의가 약화하고 지경학적 의의가 부상한다는 것을 의미하므로 한반도에 드디어 본격적인 지경학 시대가 열릴 것이라는 기대를 불러일으켰다.

지경학에서의 지리적 요소는 힘의 논리로 대결을 부르는 장(場)이 아닌, 경제적 수단으로 국가이익을 실현하고 국제관계를 이루는 협력의 바탕이 되는데, 북한이 경제발전 총력 집중 노선으로 전환한 것은 사실상 지정학적 접근에서 지경학적 접근으로 국책노선의 대전환을 의미하는 것으로 해석되었다. 이런 가운데 나온 김정은의 핵 협상 제의는 지정학적 대결의 산물인 핵미사일과 지경학적 경제발전을 맞바꾸자는 발상일 수도 있다.

한반도 평화 전환은 한국이 내놓은 문재인의 "한반도 신(新)경제지도" 정책과 북한이 내세운 "새로운 경제발전 총력 노선"이 접목을 이룰 수 있는 지경학 시대의 도래를 예시하는 것으로 볼 수 있다.

전후 사정을 감안하건대 북한이 더 이상 개혁개방을 하지 않고 변화하지 않으면 아무리 거창한 경제발전 계획도 도루묵이 될 수밖에 없다. 한반도 지경학 시대에 희망을 부여하는 것은 바로 북한이 변화하고 있다고 여겨지기 때문이다. 이제 변화하지 않고 개혁개방을 하지 않으면 북한은 활로가 없다. 그것은 선택이 아니라 필수다.*

* 김경일(2018), 앞의 자료집, pp. 16~24.

둘째, 북한이 세계를 향해 핵을 포기하고 경제개혁개방을 선언한 것으로 해석되었다. 문재인 정부는 남북 관계의 큰 틀에서 김대중, 노무현 전 정권을 계승하고 있으며, 집권 1년 차에 남북정상회담을 성사하고 북한과 미국의 정상회담 중재자로 나서면서 비핵화 프로세스에 중추적인 역할을 담당하는 것처럼 보였다.

북핵 문제는 지난 30년 동안 동아시아의 가장 위험하고 민감한 문제였고, 북한의 비핵화와 한반도 평화 체제구축은 동아시아의 평화와 21세기 세계 경제발전의 동력인 동아시아의 발전 지속성을 담보하기 때문이다.

이런 때 북한의 변화는 이미 북한 내에 시장경제 체제가 미력하나마 작동하고 있으며 '김정은식 경제발전'은 당의 엄격한 규제 아래의 개혁개방으로 북한 주민의 삶과 질을 변화시킴으로써 주민 스스로가 경제 동력을 생산하는 선순환 구조에 돌입했다고 볼 수 있다.

2017년 말 이후 북한 지도자로서 전례 없는 김정은의 외교적·경제적 행보들은 북한의 비핵화와 정상 국가화, 경제발전의 열망을 잘 보여준다고 할 것이다. 중국과 베트남 경제발전의 예처럼 사회주의 국가에서 지도자의 신념과 결단은 매우 중요하다.

한반도 평화의 핵심은 경제협력이 될 수밖에 없다. 남북한의 경제협력은 한반도의 지정학적 상황을 지경학적 상황으로 전환하고 남북한이 한반도 평화 체제구축의 주도권을 강화할 수 있는 유일한 길이다. 남북은 미·중·일·러를 한반도 경제의 이익 공유 주체로 참여시킴으로써 21세기 동아시아 경제공동체의 중심이 될 수 있을 것이다.

　김정은은 비핵화 로드맵을 구체적으로 제시함으로써 미국을 비롯한 국제사회의 신뢰를 얻는 것이 급선무로 여겨졌다.*

＊ 최재덕(2018), 앞의 자료집, pp. 47~52.

　셋째, 2018년은 분단과 갈등의 한반도에서 평화공존의 대전환이 시작되는 해로 인식되었다. 대전환을 주도할 남북미의 세 주역인 북한 3대 세습 수령 김정은의 신세대 계몽 군주 같은 이미지와 미국의 비정치인 출신 대통령 트럼프의 돌출적인 리더십, 인권변호사 출신 문재인의 유화적인 이미지가 어우러지면 대전환의 시너지는 더욱 확대될 것처럼 보였다.

　국가나 사회의 역사에서 기회의 창(Window of Opportunity)이 열리면 이를 잘 활용하여 시대적 과제를 성취해 내야 하는 것이 지도자들의 임무인데 당시 남북미 세 지도자는 이런 소명을 잘 감당할 것으로 기대되었다. 2018년 현재의 단계에서 한반도상의 모든 사람에게 주어진 과제는 한반도 비핵화를 실현하고 항구적이고 공고한 평화 체제를 구축해 더 이상 이 땅에서 전쟁의 비극이 일어나지 않게 하는 일이었다.

　바로 이러한 때 한반도 대전환의 계기를 마련한 것은 뭐니 뭐니 해도 김정은의 핵무기 포기 결단과 이러한 기회를 놓치지 않고 '신의 옷자락'을 부여잡은 문재인의 리더십이며, 여기에 트럼프의 전략적 판단 정치적 계산도 빼놓을 수 없다는 것이 국제적인 평가였다. 이처럼 세 지도자가 마부 역할을 하고 한반도 비핵화가 말이 되어 한반도 평화 프로세스라는 거대한 마차가 움직이기 시작한 것으로 인식되었다.

　넷째, 북한의 대전환은 심지어 곰이 동굴 속에서 백 일 동안 쑥과 마늘을 먹고 인간이 되었다는 단군신화에 비유되기도 했다. 역대 진보정권의 대표적인 햇볕론자였던 정동영 전 통일부 장관(2018년 당시 국회의원)은 "북한은 지난 25년 동안 동굴 속에 스스로 고립된 채 쑥과 마늘을 씹으며 절치부심 핵과 미사일 개발에 매달렸다.

그러던 북한이 마침내 동굴에서 나오기로 결심한 것"이라며 비핵화 담판을 통한 북한의 체제개혁과 한반도의 평화 대전환을 확신하였다.*

* 정동영, "동굴에서 광장으로 나오려는 북한", 『전북일보』, 2018년 4월 4일.

제4장 남북미 정상회담(북핵 협상)의 전개와 평가

2018~9년 남북 및 북미정상회담은 한마디로 요약하면 남북미 세 당사자 간의 '핵 담판'이었다. 외형상 3자 담판이었으나 일본과 중국 러시아가 미국과 북한을 통해 시종 회담장으로 투사한 작용과 반작용은 물론, EU와 UN까지 관심과 훈수를 쏟은 것을 고려하면 글로벌 북핵 협상이었다고 할 것이다. 이 담판은 한반도의 운명을 바꾸는 것은 물론 동북아와 세계평화의 새 지평을 여는 계기가 될 수 있었다. 그러나 담판은 실패했고 한반도는 신냉전 체제의 최전방이 되었다.

북핵 협상의 전개

남북정상회담(문재인-김정은)

문재인 대통령과 김정은 위원장 사이에 진행된 3차례의 남북정상회담은 남북 갈등 해소로 출발해 외형상 만사(萬事) 순조로웠다. 그러나 북미 간의 핵 담판이 난항을 겪으면서 남북 정상 간의 합의사항은 모두 물거품이 되고 말았다. 김정은이 북미정상회담으로 가는 중간 다리로 제안한 것이었기 때문이다. 여기서 우리는 한반도 이슈의 해결은 대내적 요인과 국제적 요인의 결합 없이 불가능하다는 한계를 다시 경험하였다. 그러나 문재인-김정은 사이에 이루어진 남북 합의사항이 어려운 가운데서도 지금까지 굳건히 지켜지고 있다면 한반도 상황과 동북아 정세는 얼마나 달라지고 있을까를 생각하면 남북이 모두 성찰할 부분이 많다.

1) 2018년 4월 남북정상회담(판문점, 평화의 집)

이명박, 박근혜 정부 당시에는 남북정상회담이 이뤄지지 못하다가 2018년 문재인 정부는 집권 1년도 되지 않아 남북정상회담의 성사에 도달했다. 남북은 2018년 3월 29일 판문점 북측지역 통일각에서 '2018 남북정상회담 준비를 위한 고위급회담'을 열고, 남북정상회담을 4월 27일에 열기로 하는 내용을 포함해 3개 항의 합의가 담긴 공동보도문을 채택했다.

이에 따라 문재인 대통령과 김정은 북한 국무위원장은 4월 27일 판문점 남측 지역 평화의 집에서 남북정상회담을 가졌다.

남북 두 정상은 회담을 마친 뒤 '한반도의 평화와 번영, 통일을 위한 판문점 선언'(부록4 참조)을 공동 발표했다. 양 정상은 이 선언을 통해 핵 없는 한반도 실현, 연내 종전 선언, 남북공동연락사무소 개성 설치, 이산가족 상봉 등을 천명하였다. 특히 북한 최고지도자로는 처음으로 군사분계선을 넘어온 김정은 위원장의 남측 방문 답방 차원에서 문재인 대통령이 2018년 가을 평양을 방문해 정상회담을 열기로 했다.

2) 2018년 5월 남북정상회담(판문점, 통일각)

문재인 대통령과 김정은 북한 국무위원장이 2018년 5월 26일 오후 3시부터 5시까지 두 시간 동안 판문점 북측지역 통일각에서 두 번째 남북정상회담을 가졌다. 이는 4월 27일 판문점 평화의 집에서 첫 회담을 한 지 한 달 만에 이뤄진 것이었다.

특히 이번 회담은 6.12 싱가포르 북미정상회담 개최 여부를 놓고 북미 간 갈등이 지속되는 혼돈 정국이 이어지는 가운데 전격 성사되면서 그 의미에 전 세계의 이목이 집중했다.

남북 정상은 회담에서 6.12 북미정상회담 성공을 위한 긴밀한 협력과

4.27 판문점 선언의 조속한 이행 의지를 거듭 확인했다.

한편, 이날(5.26) 남북정상회담은 청와대 내부에서도 소수의 참모만 사전에 인지한 채 극비리에 진행됐으며, 청와대는 남북정상회담 개최 사실을 정상회담 종료 2시간 50분 뒤인 오후 7시 50분에 공개했다.

3) 2018년 9월 남북정상회담(북한, 평양)

문재인 대통령과 김정은 북한 국무위원장이 2018년 9월 18~20일 북한의 평양에서 진행한 세 번째 남북정상회담. 앞서 문 대통령과 김 위원장 간 두 번의 회담(4월과 5월)은 판문점(1차 평화의 집, 2차 통일각)에서 진행됐으나, 세 번째 회담은 평양에서 이뤄졌다.

이로써 한국 대통령의 평양 방문도 2000년 김대중, 2007년 노무현 전 대통령에 이어 세 번째(문재인 대통령)로 성사됐다.

평양 남북정상회담은 2박 3일간 진행됐으며, 두 번의 회담을 가진 남북 정상은 회담 둘째 날인 9월 19일 오전 11시 22분경 '9월 평양공동선언 합의문'에 서명했다. 두 정상은 서명 이후 가진 공동 기자회견을 통해 한반도의 전쟁 위험 제거, 비핵화 등 군사적 긴장 완화 조치는 물론 남북 간 철도·도로 구축 등 남북 경제협력과 관련된 내용이 포함된 '9월 평양공동선언'(부록5 참조)을 발표했다.

청와대는 이날 서울 동대문디자인플라자(DDP)에 마련된 서울프레스센터에서 남북정상회담을 결산하는 언론 브리핑을 통해 문 대통령과 김 위원장이 평양공동선언을 통해 '실질적 종전'을 선언했다고 평가했다.

그러나 남북의 문재인-김정은 두 정상이 이 역사적인 '평양공동선언'을 발표한 지 이틀 뒤인 9월 21일 김정은은 트럼프 미국 대통령에게, 앞으로 핵 담판 등 북미 간 정상 협상은 문재인을 빼고 두 사람이 직접 진행하자며 이를 위해 우선 폼페이오 국무장관을 빨리 보내달라는 친서*를 보낸 것이 확인되었다.

* 한미클럽, 『한미저널』 통권 10호(서울: 한미클럽, 2022.9.), p.105.

북미정상회담(김정은-트럼프)

북미정상회담은 양국의 실무적 준비 단계에서부터 순조롭지 않았다. 중재자인 한국이 빠지고 북미 양국이 직접 만나면 회담의 본질인 북핵 문제와 관련, 실질적으로 진척되는 것이 없었다. 남북 정상이 합의한 갈등 해소가 북미 갈등 해소로 확대 발전하면서 곧 국제적 갈등을 극복하는 방향으로 나아가야 할 회담이 결국 변죽만 울리고 마는 꼴이었다.

1) 2018년 6월 북미정상회담(싱가포르)*

* https://ko.wikipedia.org/wiki/2018%EB%85%84_%EB%B6%81%EB%AF%B8
%EC%A0%95%EC%83%81%ED%9A%8C%EB%8B%B4 위키백과, "2018년 북미
정상회담" (검색일: 2023. 9. 3.)

2018년 북미정상회담(2018 North Korea-United States Summit)은 2018년 조선민주주의인민공화국의 김정은 국무위원장이 대한민국의 정의용 국가안보실장과 서훈 국정원장(특사 자격)을 통해 미합중국의 대통령 도널드 트럼프에게 전달한 회담 제의를 트럼프 대통령이 수락함으로써 2018년 6월 12일 싱가포르에서 열렸다.

역사상 최초로 현직 북미 정상 사이에 열린 정상회담이었다. 회담에서 북미 양 정상은 다음과 같은 공동성명을 발표했다.

미합중국 도널드 J. 트럼프 대통령과 북한 김정은 국무위원장 간의 싱가포르 북미정상회담 공동성명(Joint Statement)

미합중국 대통령 도널드 J. 트럼프와 북한 국무위원장 김정은은 2018년 6월 12일 싱가포르에서 처음으로 역사적인 회담을 개최하였다.

트럼프 대통령과 김정은 국무위원장은 새로운 북미 관계 수립과 한반도에서의 지속적이고 강건 한 평화 체제 건설에 관한 의제에 대하여 포괄적이고 면밀하며 진실성 있는 의견교환을 이뤄냈다. 트럼프 대통령은 북한에 체제 안전보장을 약속하였고, 김정은 국무위원장은 단호하고 확고하게 한반도에서의 완전한 비핵화를 약속하였다.

새로운 북미 관계의 수립이 한반도에서의 평화와 번영에 기여함을 확신하고 양국 간 상호신뢰 구축이 한반도 비핵화를 촉진 시킬 수 있음을 인지하면서 트럼프 대통령과 김정은 국무위원장은 다음과 같이 선언한다.

- 미합중국과 북한은 양국 국민의 평화와 번영을 향한 염원에 부합하면서 새로운 북미 관계를 수립하기로 약속하였다.
- 미합중국과 북한은 지속적이고 안정적인 평화 체제를 한반도 내에서 구축하기 위한 노력에 협력하기로 하였다.
- 2018년 4월 27일 발표된 판문점 선언의 의의를 재확인하며, 북한은 한반도에서의 완전한 비핵화를 위해 노력하기로 약속하였다.
- 미합중국과 북한은 전쟁포로(POA; Prisoner of War)와 전시 행방불명자(MIA; Missing in Action)에 대한 유해 발굴과 신원 기

(旣)확인자(이미 확인한 사람)에 대한 즉각적인 유해 송환을 추진하기로 합의하였다.

역사상 최초로 개최된 북미정상회담이 지난 수십 년 동안 양국 간 긴장과 적대로 점철된 시간을 극복하고 다가올 새로운 미래를 준비하는 데 있어서 커다란 의미를 지닌 신기원의 사건임을 인지하면서, 트럼프 대통령과 김정은 국무위원장은 이번 합의문에 규정된 사항들을 완전히 그리고 신속하게 이행할 것을 약속하였다.

미국과 북한은 마이크 폼페오 미국 국무장관과 이에 상응하는 북한 유관 고위당국자의 협의를 통해 가능한 최대로 빠른 시일에 북미정상회담의 결과물을 이행하기 위한 추가 협상을 진행하기로 약속하였다.

미합중국 대통령 도널드 J. 트럼프와 북한 국무위원장 김정은은 새로운 북미 관계의 발전과 한반도와 세계의 평화, 번영 그리고 안정의 촉진을 위해 협력할 것을 다짐하였다.*」

* https://ko.wikisource.org/wiki/2018_%EB%B6%81%EB%AF%B8%EC%A0%95%EC%83%81%ED%9A%8C%EB%8B%B4_%ED%95%A9%EC%9D%98%EB%AC%B8 위키문헌, "2018 북미정상회담 합의문", (검색일: 2023. 9. 4.)

회담 개최 전 5월 24일 트럼프 대통령은 북미정상회담 개최가 시기적으로 부적절하다면서 전격 취소한다고 하였다가 5월 26일에는 다시 예정된 날짜에 회담을 열 수도 있다고 발언하는 소동이 있었다.

회담을 보름 남짓 앞둔 시점에서 트럼프는 북한 측이 보인 극도의 분노와 적대심 때문에 회담이 부적절하다고 언급하며 회담 취소를 밝혔는데, 북측은 정상회담 전 싱가포르에서 예정된 실무회담에도 나타나지 않았고, 미국 측에서 북측에 연락해도 응답이 없어, 미국 측은 이를 심각한 신뢰 부족으로 판단한 것으로 알려졌다.

이에 앞서 5월 19일 트럼프는 문재인 대통령에게 전화를 걸어, 북한의 비핵화와 관련해 "왜 당신이 내게 했던 개인적인 장담과 북한 측 얘기가 다른가?" 하고 물으며 불편한 심기를 드러냈다고 한다.

그 직후인 22일 트럼프는 한미 정상회담차 미국에 온 문재인을 만난 자리에서도 굳은 표정으로 일관하며 예정된 단독회담 시간을 일방적으로 축소했다. 회담 후 기자회견에서도 트럼프는 총 28차례 질문을 받으며 기자회견을 진행했으나, 문재인에게는 단 2차례 답변 기회가 주어졌다.

그나마 문재인의 마지막 답변은 트럼프가 "내가 예전에 들었던 얘기일 거라고 확신하기 때문에 통역을 들을 필요가 없다."라며 통역을 일방적으로 끊고 회담을 마무리하여 외교 결례 논란까지 일었다.

이 한미 정상회담 직후인 24일 트럼프는 6월로 예정됐던 2018년 북미정상회담의 취소를 한국 측에 통보도 없이 발표한 것으로 알려지기도 했으나 청와대는 "미국 정부가 언론 발표와 동시에 조윤제 주미대사에게 회담 취소 사실을 알렸고, 조 대사가 청와대에 보고했다."라고 밝혔다.

이 밖에도 '북한의 비핵화'라는 용어 사용을 놓고 갈등하는 등 2018년 북미정상회담의 실질적인 절차로 이어지는 과정에서 남북 간에도 여러 가지 갈등이 빚어져 이전부터 있었던 북한의 '코리아 패싱' 논란이 재차 불거지는 일도 있었다. 풍계리 핵실험장 폐쇄 당시 참여할 해외 언론 명단(한미일중영 5개국)에서 한국 언론이 빠졌다가 폐쇄 직전 북한에서 최종적으로 다시 승인, 풍계리 핵실험장 폭파(2018. 5. 24.)에 참여하였다. 또 북한은 한국 측이 북한의 입장을 의식해 사전에 축소해서 실시한 한미 연합훈련 '맥스 선더(Max Thunder)'를 강한 어조로 규탄하고, 탈북한 태영호가 북측에 대한 비판적인 언급을 이어간 것을 '천하의 인간쓰레기'라고 비난을 가하면서, 예정된 남북 고위급회담이 한때 취소되기도 했다.

2) 2019년 2월 북미정상회담(베트남, 하노이)*

* https://ko.wikipedia.org/wiki/2019%EB%85%84_2%EC%9B%94_%EB%B6%8
1%EB%AF%B8%EC%A0%95%EC%83%81%ED%9A%8C%EB%8B%B4 위키백
과, "2019년 2월 북미정상회담", (검색일: 2023. 9. 4.)

2019년 2월 미북상회담(2019 United States-North Korea Summit)은 2019년 조선민주주의인민공화국의 김정은 국무위원장이 미합중국 대통령 도널드 트럼프에게 2018년 9월에 전달한 공식적인 2차 북미정상회담 요청 친서를 트럼프가 수락하여 성사된 북미 간 제2차 정상회담이다.

2019년 2월 27~28일 베트남 하노이 메트로 폴 호텔에서 열린 이틀간의 정상회담에서 김정은 위원장과 트럼프 대통령은 회담 첫날인 27일 오후 6시 30분(동부 표준시 오전 6시 30분)에 악수로 정상회담을 시작, 30분간 일대일 회담을 진행했으며 통역사만 참여했다.

이어진 양 정상의 저녁 식사 자리에는 미국 측에서 마이크 폼페이오 국무장관과 멀베이니 비서실장 존 볼턴 안보 보좌관, 북한 측에서 김영철 중앙정무국 부위원장과 리용호 외무상 등이 참석했다.

트럼프 대통령은 김 위원장과의 첫 발언에서 북한에 대해 '당신 나라의 엄청난 미래'를 보장한다고 발언했다. 김 위원장은 제2차 정상회담이 성사된 것을 트럼프 대통령의 '용감한 정치적 결정'으로 묘사했다. 김 위원장은 싱가포르에서 6월에 열린 1차 정상회담 이후 지금까지 "생각, 노력, 인내심이 많이 필요했었다."라고 덧붙였다.

28일 둘째 날 정상 간 일대일 회담에서 김정은은 취재 기자들로부터 평

양에 미국 연락 사무소를 개설할 것인지 질문받았다. 김 위원장은 처음에 취재 기자들의 질문에 답하기를 망설이고, 트럼프에게 회담장에서 언론을 밖으로 보내 달라고 요청했다. 그러나, 트럼프는 김정은에게 기자들의 질문에 대답하도록 촉구했다. 그는 통역관을 통해 평양에 미국 연락 사무소를 개설하는 것은 환영받을 만하다고 대답했다. 트럼프는 응답을 긍정적인 것으로 인정했다. 또 다른 기자는 김정은이 핵 프로그램을 중단할 용의가 있는지 물었다. 그는 "핵 프로그램을 중단할 용의가 없었다면. 나는 지금 여기에 있지 않을 것이다."라고 대답했다.

이후 양국 정상과 지도자들은 비공개 회담에 들어갔다. 그러나 트럼프와 김정은의 계획된 점심 식사는 취소되었다. 백악관 홍보 담당자 사라 샌더스는 트럼프와 김정은 사이의 점심 및 기자회견 일정은 취소되었다고 발표했다. 2019년 2월 28일 목요일 백악관은 정상회담이 짧게 끝났으며 합의에 이르지 못했음을 공식 발표했다.

트럼프 대통령은 회담 후 기자들에게 북한이 경제제재 조치를 중단하기를 원했기 때문에 정상회담이 중단됐다고 밝혔다. 트럼프 대통령은 기본적으로 북한은 제재의 완전 해제를 바랐으나 그렇게 할 수는 없었다며 "우리 미국은 그런 북한과 합의를 할 수가 없었다."라고 말하였다.

몇 시간 뒤, 북한 당국자들은 북한이 드물게 소집하는 기자회견을 소집했다. 리용호 북한 외무상은 트럼프가 발표한 내용과 다른 북한 측 입장을 설명했다. 리용호는 북한은 일부 제재 해제만을 미국에 제안했다며 "11건의 유엔 제재조치 가운데 2016년과 2017년에 부과된 5건의 제재조치가 미국 측에 의해 해제되기를 요청하였다."라고 발표하였다.

리용호는 또한 북한이 모든 핵실험과 장거리 미사일 시험을 끝내는 것에 대해서는 미국 측에 추가적인 보상이 필요함을 강조하였다. 다시 말해 리용호는 북한이 영변 핵시설을 파괴하는 것 외에 미국의 추가 보상 조치 없이는 상호 합의가 이루어질 수 없음을 확인했다. 마지막으로 북한 외무상은 미국이 좋은 협상 기회를 놓친 것이라고 주장하였다.

트럼프 대통령은 2019년 9월 10일 안보 보좌관 존 볼턴을 북한에 대한 핵 협상 대응에 관련된 불합리한 주장과 이란에 대해 군사 공격을 주장하는 것 등을 이유로 해고하였다.

남북미 정상회담(문재인-김정은-트럼프, 판문점)*

* https://ko.wikipedia.org/wiki/2019%EB%85%84_%EB%82%A8%EB%B6%81
%EB%AF%B8%EC%A0%95%EC%83%81%ED%9A%8C%EB%8B%B4　위키백
과, "2019년 남북미정상회담", (검색일: 2023. 9. 4.)

지금껏 개최된 남북 및 북미정상회담이 모두 의전과 격실을 조율한 공식 회담이었던 데 비해 문재인-김정은-트럼프 세 정상이 함께 만난 판문점 남 북미 정상회담은 번외의 번개모임 형식으로 열렸다.

북한이 요청하고 미국이 받아들임으로써 문재인을 배제하고 북미 두 정 상만 따로 만난 자리에서 오늘날까지 '북핵 용인안'으로 해석되는 북핵 타 협안이 거론됐음은 경악할 일이다.*

* 『동아일보』, 2023년 12월 15일. "트럼프 '북핵 용인' 부인했지만, 재집권 땐 제재 완화 담
판 가능성."
https://www.donga.com/news/Politics/article/all/20231214/122635034/1
(검색일: 2023. 12. 15.)

2019년 남북미 정상회담(2019 Koreas-United States DMZ Summit) 은 미국, 북한 간의 정상회담이다. 2019년 6월 30일 도널드 트럼프는 오 후 3시 45분에 군사분계선을 넘어 현직 미국 대통령으로서 최초로 북한 땅

을 밟은 대통령이 됐고 김정은과 트럼프는 남측 지역에 있는 자유의 집에서 정상회담을 가졌다.

지금껏 한반도 비무장지대를 방문하고 방탄유리 뒤에서 쌍안경으로 북한의 영토를 본 미국의 대통령은 많았으나, 그동안 북한 지도자를 직접 만나거나 북한의 영토를 방문한 대통령은 없었다.

지난 2월 베트남의 하노이에서 개최된 2차 북미정상회담에서 구체적인 협상 결과를 도출하지 못한 이후 북한의 비핵화를 위한 실무협상 재개가 이루어지지 못하는 상황이었다.

트럼프와 김정은은 2019년 6월 초부터 공식적인 서신을 주고받으면서, 의견을 교환하고 추가적인 정상회담의 계기를 마련했다.

2019년 6월 24일, 청와대는 트럼프 대통령이 6월 29일~30일 한국을 공식 방문하며 한반도 비무장지대의 방문도 검토하고 있다고 밝혔다.

6월 29일 트럼프는 G20 Summit에 참석한 다음, 일본 오사카를 떠나 한국으로 향하기 전 "북한의 김정은 위원장이 이것을 본다면, 나는 북한과 남한 사이의 국경 DMZ에서 그를 만나 악수하고, 인사를 할 수 있을 것이다."라고 트윗하였는데 북한이 이에 즉각 호응하고, 여기에 문재인이 따라나섬으로써 남북미 번개 정상회담이 성사됐다.

6월 30일 트럼프와 문재인은 양복 차림으로 한반도 비무장지대를 찾아 먼저 오울렛 초소를 방문하고, 그 뒤 캠프 보니파스를 들른 뒤 판문점으로 이동했다.

트럼프는 판문점의 군사분계선에서 김정은과 손을 맞잡았고, 김정은은 "이런 데서 각하를 만나게 될 줄 생각지 못했습니다."라고 말했다. 김정은은 트럼프에게 군사분계선을 넘어올 것을 제안했고, 트럼프가 이를 받아들여 잠시 군사분계선을 넘으며 북한을 방문한 최초의 미국 대통령이 됐다.

회담이 시작되기 전 트럼프는 김정은을 백악관에 초청했고, 김정은은 트럼프를 평양직할시로 초청했다. 이후 문재인이 합류해 트럼프, 김정은과 잠시 대화를 나누었으며, 김정은과 트럼프는 판문점 남측의 자유의 집에서 53분간 양자 회담을 벌였다.

회담이 끝난 뒤 미국과 북한은 모두 비핵화 협상을 재개한다고 밝혔고, 미국의 국무장관 마이크 폼페이오는 협상 상대는 북한 외무성이 될 것이며 7월 중순부터 실무협상을 본격적으로 시작할 것이라고 말했으나 이후 상황은 여의치 못하였다.

회담 직후 《뉴욕 타임스》 등 미국의 신문 방송들이 '미국이 북한의 핵무기 동결에 만족할 수도 있다.'라는 기사를 싣자, 미국 국무부 대북 특별대표 스티븐 비건은 공식적으로 "미국의 목표는 여전히 최종적이고 완전히 검증된 북한의 비핵화(FFVD)"라고 진화했다.

9월 10일 트럼프는 미국의 외교정책에서 강경파에 속하는 존 볼턴 안보 보좌관을 해임하였다. 이유는 북한과의 협상에 대해 리비아 모델을 제시하는 것은 부적절하기 때문이라고 트럼프 대통령이 발표하였다. 그러나 존 볼턴 자신은 해임된 것이 아니라 스스로 사임한 것이라고 주장하였다.

10월 5일 스웨덴 스톡홀름에서 북미 간 실무회담이 이루어졌다. 미국은 새로운 제안을 북한에 제시하였지만, 북미 간의 실무적인 합의에는 도달할 수 없었다. 미국은 북한에 관광 단지 조성을 제안한 것으로 알려졌다.

협상전략 평가

협상 대상의 실종: '선대 유훈'과 '비핵화' 개념의 혼선

남북미 정상 협상은 북한 김정은이 직접 핵 폐기 의사를 표명한 것이 계기가 되었다. 그것도 비핵화가 '선대(先代)의 유훈(遺訓)'일 뿐만 아니라 김정은 시기 들어 오로지 인민을 잘살게 하기 위한 경제건설의 절박성 때문에 더 이상 지체할 수 없는 결단인 것처럼 포장하였다.

그러나 친서나 특사의 전언을 통해 이처럼 미국 측에 전달된 비핵화 의지는 정작 북미 당사자의 예비 접촉에서부터 시종 확인되지 않았다. 전 세계가 김정은의 평화공세를 핵과 경제발전을 맞바꾸려는 결단으로 보고, 한반도 이슈가 지경학적 접근으로 전환하는 계기라고 환호했으나 그 실상은 시작도 하기 전부터 상당히 달랐던 셈이다.

핵 협상도 기실 흥정과 거래로 진행될 수밖에 없는 성질이라고 볼 때 거래와 흥정의 대상이 없는 상태로 협상은 공전한 셈이다.

2018년 남북 및 미북 정상회담은 "비핵화는 선대의 유훈"이라는 김정은의 말 한마디를 매개로 추진됐다. 당시 문재인 대통령의 특사 신분으로 평양을 다녀온 서훈 국정원장과 정의용 청와대 안보실장은 청와대 기자들에게 유훈 발언을 소개하며 "주목할 만하다." "한반도 비핵화 의지를 분명히 했다."라고 말하였다.

특사단은 곧바로 백악관을 방문해 이 말을 전달했고 트럼프 대통령은 즉석에서 북미정상회담을 수락하는 대신 김정은의 비핵화 의지 표명 등 정상회담 수락 배경을 한국의 두 특사가 언론에 직접 브리핑하도록 했다.

그 당시 국내 북핵 전문가들은 "'김일성의 비핵화 유훈'이란 과거 주한미군의 전술핵 철수를 의미한다."라며 "북한의 기만적 주장을 비판 없이 수용했다."라고 지적했다.

북한이 이 '유훈'을 말하기 시작한 것은 본격적으로 핵무기 개발에 나선 김정일 집권 때부터였다. 북한은 1994년 북·미 제네바 합의를 시작으로 수시로 '김일성 유훈' 또는 '선대의 유훈'을 언급했다.

2005년 6월 노무현 대통령 특사로 방북했던 정동영 통일부 장관도 당시 6자회담 경색 국면을 전환하려고 김정일이 교묘히 기획해서 던진 "한반도 비핵화는 김일성 주석의 유훈이며, 비핵화는 여전히 유효하다."라는 언질을 붙잡고 미국 중국을 오가며 분주했다. 북한은 그 1년 뒤인 2006년 1차 핵실험을 강행했다.*

* 북한이 '비핵화 선대유훈'을 대남 대미 대화협상에서 활용한 사례는 많다. 다음 사이트를 참고할 것.
https://www.chosun.com/site/data/html_dir/2018/03/08/2018030800330.html (검색일: 2022. 1. 23).

북미정상회담은 준비 단계에서부터 온통 혼선의 연속이었다. 하노이 노딜로 회담이 결렬된 결정적 원인은 북미 쌍방이 동의할 수 있는 비핵화의 정의(定意) 도출에 끝내 실패했기 때문이다. 미국이 정의용 서훈 등 두 한국 특사를 통해 전달받은 김정은의 언질은 "비핵화를 엄숙히 약속한다."와 "정상회담이 성사되면 큰 성과를 낼 수 있을 것"이었다고 한다.

1차 회담을 앞둔 2018년 3월 31일~4월 1일 당시 국무장관 내정자 신분으로 폼페이오가 평양을 비공개로 방문, 김정은에게 비핵화의 개념과 의지를 직접 확인하자 김정은은 자신도 자녀를 둔 아버지라는 사실을 거론하면서 아이들이 평생 핵무기를 업고 살아가기를 원하지 않는다는 식으로 에둘렀다. 폼페이오는 5월 9일 두 번째 방북에서도 비핵화 협의에 진전이 없자 북측의 체류 일정 연장요구도 뿌리치고 서둘러 귀환했다.

이때도 미국은 트럼프의 2020년 1차 임기 내 북핵의 완전한 폐기가 이루어져야 한다는 일괄타결안을 주장하며 북측에 핵무기 시설 목록 제출을 요구했으나 북한은 모두 거부했다.*

* 김아영, "북한의 대미 정상회담 협상전략 유형 연구," 북한대학원대학교 석사학위논문, (2021), pp. 41~49.

이런 우여곡절 끝에 열린 싱가포르 1차 정상회담에서 미북 양측은 남북정상회담에서 사용한 '조선 반도의 완전한 비핵화'라는 모호한 개념으로 미봉하고 넘어갔으나 비핵화의 개념 논란은 2차 회담 때도 준비 과정에서부터 계속 이어졌다. 결국 2019년 2월 28일 하노이 2차 북미정상회담 마지막 날 트럼프 대통령이 김정은에게 비핵화의 정의를 직접 질문했으나 김정은은 답변을 내놓지 않았다.*

* 김아영(2021), 앞의 논문, pp. 94~123.

참모들과는 달리 김정은에게 우호적이었던 트럼프는 이날 확대회담에서 김정은을 상대로 6가지 일문일답*을 진행하면서 협상 타결의 실마리 찾기를 시도했다. 전날 만찬 회동에 이어 이날 아침 단독회담에서도 김정은이 "영변 핵시설을 폐쇄하는 대신 제재를 풀어 달라."라는 제안만 되풀이하다 잠시 휴식 후 오전 11시부터 확대회담이 시작되었다.

* 존 볼턴(2020), op. cit., pp. 473~477.

확대회담에는 양 정상과 미국 측에서 폼페이오 멀베이니 존 볼턴이, 북한 측에서는 김영철 리용호가 배석했다. ① 트럼프는 휴식 시간에 따로 생각한 내용이 있느냐고 물었으나 김정은은 자신의 제안은 전임자들과 비교할 수 없는 수준인데도 트럼프가 만족하지 않아 실망스럽다고만 대답했다. ② 트럼프가 김정은을 앞에 두고 존 볼턴에게 '비핵화'의 정의가 뭐냐고 물었고 볼턴은 설명과 함께 비핵화 관련 서류를 대통령에게 주자 이 서류에 나오는 '밝은 미래'*에 대해 물어서, 볼턴이 '밝은 미래' 관련 서류도 주었다. 대통령은 두 서류를 모두 김정은에게 건넸고 이어 "하노이 저녁 일정을 취소하고 북한까지 전용기로 태워 주겠다."라고 제안했으나 김정은은 웃으며 사양했다.

*** 필자 주; 비핵화에 동의할 경우, 미국이 북한에 제공할 제재 완화 등 경제적 지원구상.**

③ 트럼프는 김정은이 북한에서 절대적인 지배력을 행사하고 있다고 말하면서 김정은이 추가로 제안할 내용이 없느냐고 물었고 이에 대해 김정은은 모든 일을 좌지우지하는 지도자도 명분이 없이는 움직이지 못한다고 말했다. 김정은은 영변을 양보하는 것이 북한에 얼마나 중대한 일이며 미국언론도 이 점을 얼마나 중요하게 다루는지를 다시 강조했다. ④ 트럼프는 김정은에게 북한 측의 제안에 더 추가할 내용, 예컨대 제재의 전면 해제보다는 일부 완화를 요청할 생각이 없느냐고 타진했으나 김정은은 제재 완화에 대해서 어떠한 언급도 하지 않고 자신이 얻은 것은 아무것도 없다고만 말했다. 이 부분에 대해 볼턴은 만약 김정은이 이 제안에 대해 예스라고 했다면, 그 자리에서 거래가 성립되는 미국에 '끔찍한 결과'가 될 뻔했다고 기록했다. ⑤ 트럼프는 '김정은의 보따리를 채우려는 듯' 미국을 목표로 하는 장거리 미사일을 없애는 것이 어떠냐고 제안했으나 김정은은 단계별 조치를 밟아가다 보면 결국에는 전체적인 윤곽이 드러날 것이라 대답했다. ⑥ 미사일 언급 후 김정은이 북한은 안전을 보장받을 수 있는 법적 장치도 없다고

불평하자 트럼프는 그러면 북한은 어떤 종류의 보장을 원하느냐고 물었다.

김정은이 북미 사이에 외교관계도 없이 적대관계가 이어지는데 미국의 전함이 북한 수역에 진입하면 어떻게 하느냐고 되물었고 트럼프는 그럴 때는 자신에게 연락을 달라고 했다. 트럼프는 김정은의 비핵화 결심을 끌어낼 수 없다고 보고 이미 차려진 오찬 상도 거절한 채 귀국했다.

1, 2차 북미정상회담의 진행 과정을 들여다보면 한국은 북미 양국 사이에서 무엇을 중재하고 어디로 운전했는지 알 수가 없다. 북한이 말하는 비핵화는 현재 '조선 반도의 완전한 비핵화'까지 와있다. 이것도 실제 담판에 들어가면 핵을 가진 미국의 군대가 한반도를 완전히 떠나야 하는 것을 의미한다. 가령 주한미군이 철수한다고 치면 그때부터 북한은 미국과 핵 군축 협상을 하자고 할 것이다.

결국 핵보유국 지위를 고수하겠다는 것이다. 북한이 핵 보유를 선언하면서 관계 법규에 핵 보유의 최종목적은 '전 세계의 비핵화'라고 명기한 것은 북한의 핵 강국 지위를 영원히 고수하기 위한 배수진이다.

북한 최고인민회의 제14기 제7차 회의는 2022년 9월 8월 '핵 무력 정책법'을 제정하여 핵 선제공격의 이유로 북한지도부에 대한 공격과 유사시 전쟁의 주도권 장악 필요 등 5가지 상황을 열거하면서 한미 양국을 위협하였다.*

---

* 전봉근, "북한 '핵보유국법'과 '핵무력정책법'의 비교평가와 한국의 대응책 모색", 「IFANS 주요 국제문제분석 2022-28」 (서울: 국립외교원 외교안보연구소, 2022), pp. 1~11. 이에 앞서 북한은 2013년 4월 1일 최고인민회의 제12기 7차 회의에서 〈자위적 핵보유국의 지위를 더욱 공고히 할 데 대하여〉를 결의하여 소위 '핵보유법령'을 일괄 제정했다. 그리고 다음 날인 4월 2일 원자력총국 대변인이 "세계의 비핵화가 실현될 때까지 핵무력을 질량적으로 확대 강화해 나갈 것"이라고 발표했다.

2018년 남북(4월 27일) 북미(6월 12일)정상회담을 앞둔 4월 13일 청와대에서 열린 여야 영수 회담에서 문재인 대통령은 북핵 문제와 관련해서 구체적인 복안은 언급하지 않고 "남북회담에 반대하지 말아 달라."라는 취지로 대북 대화의 당위 논리를 설명하는 데 45분 가까운 시간을 썼다고 한다. 그래서 홍준표 당시 야당 대표가 "우리는 남북정상회담, 북미정상회담을 반대하는 것이 아니라 지금 이 시점에 해당하는 것은 1938년 9월의 뮌헨회담*이 될 가능성이 있기 때문에 오히려 회담 후에 남북문제가 더 어려워질 수 있는 상황이 온다.

그래서 북한 수령 3대에 걸쳐 8번이나 북핵 거짓말을 한 정권이 북한인데 이번 9번째에 진실을 말하리라고 믿는다는 것이 너무 순진한 발상 아니냐?"고 말했더니 문 대통령은 '그럼 어떻게 하면 좋겠나? 평화를 위해서 이렇게라도 해야지 어쩔 수 없다.'라는 요지의 대답뿐이었다고 회고했다.**

* 2차 대전 전 독일·영국·프랑스·이탈리아 등 유럽 국가들이 참석한 국제회담. 참가국들이 나치 히틀러에게 속아 결국 히틀러의 전쟁 발판을 넓혀준 계기가 됐다.
** 당시 남북 및 북미정상회담을 앞두고 야당의 협조를 당부하기 위해 열린 청와대 영수 회담과 관련해서는 다음 사이트를 참고할 것. 『펜앤드마이크』, 2018년4월13일, http://www.pennmike.com/news/articleList.html (검색일: 2022. 1. 23).

협상 기반의 부재: 북미 간 상호불신과 경계

북미정상회담은 열리기도 전에 삐거덕거렸다. 역사적인 북미 양 정상의 대좌를 눈앞에 두고 회담이 취소되었다가 번복되는 소동도 겪었다. 북미 양국 사이의 뿌리 깊은 불신이 문제였다.

교류와 소통이 일상화한 21세기 복합지경학 시대임에도 유독 북한과 미국 사이엔 소통 협력의 경험이 빈약한 탓이었다. 무신불립(無信不立)은 사람이나 국가를 막론하고 인간사 모든 관계의 금언인데, 미북 사이엔 관계성립의 기초라고 할 상호신뢰를 찾을 수 없었다.

우선 회담을 제의한 북한은 대미불신으로 옴짝달싹 못 하는 모습이었다. 피해의식에 따른 대미 경계심으로 평화공세와 협상제의의 출발점인 '비핵화 의지'는 실무접촉이 진행되면서 오히려 뒷걸음질 치는 형국이었다.

싱가포르 1차 북미정상회담을 보름 남짓 앞둔 2018년 5월 24일 트럼프 대통령은 북미정상회담 전격 취소를 발표해 세상을 깜짝 놀라게 했다. 트럼프는 북한 측이 보인 극도의 분노와 적대심을 회담 취소의 원인으로 밝혔는데, 확인 결과 북측은 워싱턴에서 존 볼턴 안보 보좌관이 TV 인터뷰 중(4월) 언급한 '리비아 모델'을 문제 삼아 싱가포르에서 예정된 실무회담에 나타나지 않음은 물론 미국 측 연락에 응답도 하지 않았다.*

* Mike Pompeo, 『Never Give An Inch』(New York: Harper Collins Publishers, 2023), p.102.

북한은 어렵사리 마련된 대미 정상회담의 자리에도 앉기 전에 '미국이 우리를 리비아의 카다피처럼 축출하려고 한다.'라고 의심해 버린 것이다.

이에 앞서 5월 19일 트럼프는 폼페이오의 거듭된 방북 확인에도 북한 측이 '비핵화' 개념을 조금도 구체화하지 않은 데 분개, 문재인 대통령에게 전화를 걸어 "왜 당신이 내게 했던 (북한 비핵화 관련) 장담과 북한 측 얘기가 다른지" 따지는 일도 있었다. 결국 문재인 대통령이 5월 22일 워싱턴으로 달려가 트럼프를 만나고 돌아와서는 5월 26일 판문점에서 김정은을 급히 만나는 과정을 거쳐 회담 취소가 번복되는 국제 정상 외교 사상 초유라고 할 정도로 보기 드문 일이 벌어졌다.

북한의 이런 대미불신은 지난 30년의 핵 협상 여정을 통해 미국이 합의사항을 실행하지 않아 비핵화가 이루어지지 않았고, 그것은 모두 지난 70

년간 미국의 변함없는 '반공화국 책동' 또는 '조선 말살 정책' 때문이라는 고정 관념화된 왜곡과 불신에 뿌리를 두고 있다.

반면에 미국은 합의가 이행되는 기간에도 북한의 핵무기 개발은 한시도 중단된 적 없이 항시 진행형이었다는 증거를 확보하고 있고, 지난 70년간의 북미 대립은 북한의 침략이나 선제도발이 원인일 뿐 미국이 북한을 먼저 적대 공격한 적은 한 번도 없다고 한다. 양측 주장이 완전 대치하고 있으므로 문제가 아닐 수 없다.

북한은 한국 정부 중 그나마 서로 '케미'가 통한다는 문재인 정부도 속여 이용하고 나중엔 배신하였음이 드러났다. 북한이 한국을 통해 북미정상회담 중재를 부탁할 때(2018년 3월 5일)보다 훨씬 전인 2017년 말경부터 미국과 북한은 비밀 접촉을 하고, CIA 국장(마이크 폼페이오)이 이끄는 고위 대표단의 평양행을 교섭 중이었음이 확인되었다.

폼페이오는 연말 트럼프 대통령으로부터 "북한에 한 번 갔다 오는 방법을 강구하라."는 지시를 받고 기존의 북미 비선 창구(정보라인) 간 교섭을 통해 북측으로부터·폼페이오 포함 극소수 인원·완전 비밀 유지·논의 희망 사항 사전 제시 등의 3가지 전제조건을 받고 두 가지 전제는 그대로 따르기로 하고 방북 논의 사항은 "당신들이 좋아할 것들"로만 답한 상태였다.*

* Mike Pompeo(2023), 앞의 책, pp. 38~39.

트럼프의 방북 지시가 내려진 2017년 연말은 미국 대학생 오토 웜비어가 북한억류 중 코마 상태로 송환되자마자 바로 사망한 후(6월 19일) 미국 내 대북 인권 여론이 최악인 상태인 데다 김동철 목사 등 한국계 미국 시민 3명의 북한 장기억류로 그들의 신변안위에 대한 불안감이 고조되어 있었고, 김정은이 트럼프와 한동안 핵 자랑 말 폭탄을 주고받다 핵 무력 완성을 선언하고 다소 소강상태에 접어든 시기였다.

이런 전후 사정을 감안(勘案)할 때 미국이 CIA 국장의 방북을 통해 해결코자 한 제1의 목적은 미국 시민 3명의 신원 인수 귀국이고, 부수적으로 북핵 협상의 여지를 탐색하고자 한 것으로 추측된다. 트럼프는 공화당 후보 경선 당시 북핵을 대화 협상을 통해 저지할 수 있을 가능성은 아주 희박하지만(10~20%), 그래도 자신이 대통령이 되면 "김정은과 햄버거를 먹으며 대화는 해 보겠다."라고 공약한 바 있고,* 당시 방북 교섭을 현직 국무장관 틸러슨에게도 비밀에 부치고 직접 폼페이오 국장에게 지시했다.

* https://www.ichannela.com/news/main/news_detailPage.do?publishId=78708955-2 「채널A 뉴스」, 트럼프 "김정은과 햄버거 먹으며 회담" (검색일: 2023. 9. 10.)

이처럼 북미 간 직접 비밀교섭이 상당히 무르익어 가는 상황에서 북한이 왜 시치미를 뚝 떼고 한국 문재인 대통령을 매개로 내세워 북미정상회담을 미국 대통령 트럼프에게 제의했는지 그 의도를 정확히 알 수는 없다. 악의적으로 해석하자면 핵은 이미 가지고 있겠다, 김정은이 핵 최강 미국 대통령과 맞짱을 뜨는 사진 한 장의 상징조작이 필요했다고 볼 수도 있다.

하여튼 북한은 2018년 제3차 평양 남북정상회담(9.18~20)이 끝난 하루 뒤(21일) 김정은이 트럼프에게 보낸 친서를 통해 앞으로 북미 정상 간 협상에서 문재인을 배제하자고 제의한 후 계속 문재인을 외면하고 홀대하는 배신행위를 하였다.

협상 당사자인 미국도 대북 불신이 견고하기는 마찬가지였다. 북한이 대부분 아전인수식 생떼로 한국과 미국을 향해 불신감을 표출하는 데 반해 미국은 비교적 경험칙에 근거한 논리적 불신감을 축적하고 있었다.

폼페이오는 최근 그의 회고록에서 2018년 3월 30일 첫 비공개 방북 때 미국이 북한의 정상회담 제의를 수락하고 자신이 이렇게 실무교섭에 나서는 것은 과거 잘못된 핵 협상 선례를 바로잡는 데 목적이 있고, 과거처럼 헛된 보상을 되풀이하는 실수는 다시 없다고 굳게 다짐하였다. 그는 평양 순안비행장에 착륙하면서 북한의 영문 국호 DPRK 중 마지막 글자 K(Korea 조선)를 제외한 P(People's 인민), D(Democratic 민주주의), R(Republic 공화국)을 조목조목 거론하며 다 거짓말이라고 기록했다.*

* Mike Pompeo(2023), 앞의 책, p. 1.

그리고 북한을 기아선상에서 허덕이는 지상 최악의 독재 은둔국가로, 김정은을 '피에 굶주린 나쁜 놈'으로 표현하였다.

심지어 북한 비핵화와 관련, 이미 CVID는 어렵고(unlikely), FFID도 힘들 것으로(not likely) 보고 있었다.

폼페이오의 기록을 통해 표출된 이러한 대북 인식은 미국 내 정파를 초월한 보편적 대북 표현, '불량국가' '깡패 국가' '왕따 국가' '잔인한 독재자'와 같은 맥락이다.

다만 존 볼턴 같은 강경보수파(네오콘)는 북한과는 백날 협상해도 소용없으니 눈에는 눈 식으로 강경하게 대응하는 수밖에 없다고, 협상 자체를 깨는 데 열중한 데 반해, 폼페이오는 협상을 통한 북한 비핵화가 어렵겠지만, 대화 협상을 통해 북한에 주는 '작은 정당성'이 핵 공격이나 불장난의 가능성을 조금이라도 줄일 수 있다면 그만한 가치가 있는 일이라고 보는 시각의 차가 있을 뿐이다.

북미 양국이 서로를 향해 이렇게 불신의 벽을 쌓고 긴장 경계하다 보니 가장 난처한 쪽은 북미정상회담의 멍석을 깐 한국이었다. 문재인은 북한으로부터 속고 차이고 욕 듣고, 미국으로부터는 원망 듣고 거추장스러운 존재로 취급당하느라 자신의 좌표와 존재감을 찾을 길이 없었다.

남북미 사이의 이러한 불신 관계를 보면 남북 또는 북미 간 외교담판에서 지경학적 협상전략을 대입시키는 작업 자체가 무의미하다는 생각을 떨칠 수 없다. 대신 대화 협상을 통한 북한 비핵화는 '불가능한 임무(mission impossible)'이고, 북한에는 오로지 정상 국가화만이 최우선이어야 한다는 말*이 상기된다.

* http://nk.chosun.com/news/articleView.html?idxno=179181 윌리엄 페리, "北 핵 포기는 미션 임파서블", (검색일: 2023. 9. 14.)

외부의 도전 요인: 중국 일본 러시아 변수

다시 돌이켜보아도 2018년 북한 김정은 국무위원장이 '비핵화 의지'를 내세우며 남북 및 미북 정상회담에 나선 것은 북핵 문제에 대한 지경학적 접근법의 훌륭한 출발이었다. 비핵화를 매개로 제재 해제를 요구한 것은 당시 가장 첨예한 정치 안보 문제를 남북 및 북미 정상 간 경제 담판(grand bargain)으로 해결하자는 것이었기 때문이다.

이 담판이 실패한 원인에 대한 저간의 분석은 북미 사이에 비핵화의 정의(定意)를 공유할 수 없는 데다 대북 경제제재 문제를 놓고도 '제재 완화'와 '전면 해제' 사이에서 갈등한 것에 머물러 있다. 그런데 남북 및 북미정상회담이 열리던 2018~9년 당시 미국 국무장관이던 마이크 폼페이오와 당시 청와대 국정상황실장이던 윤건영 의원(민주당)의 최근 진술은 핵 담판 실패의 원인을 좀 더 심층적으로 들여다볼 수 있게 한다.

폼페이오는 2018년 미 중앙정보국(CIA) 국장 신분으로(국무장관 상원 임명 비준 전) 평양을 방문해 김정은을 만났을 때 "김정은은 중국공산당으로부터 자신을 보호하기 위해 한국 내 미국인들이 필요하며, 중국공산당은 한반도를 티베트나 신장처럼 다루기 위해 미군의 철수를 필요로 한다고 말했다."라고 회고했다. 김정은이 그만큼 중국의 위협을 심각하게 인식하고 있었다는 뜻이다.

폼페이오는 "김정은은 (중국으로부터의) 보호를 필요로 했다. 이것이 그에게 얼마나 중요한지 나는 과소평가했다."라고 회고했다. 이 부분에서 폼페이오는 "한반도에서 미국의 미사일이나 지상 전력이 증강되는 것을 북한인들은 전혀 싫어하지 않는다."라는 점을 자신 이후라도 미국의 정책입안자들에게 환기(喚起)시키는 별도 메모를 회고록에 남겼다.*

* Mike Pompeo(2023), 앞의 책, p. 42.

또 "중국공산당은 김 위원장이 협상을 타결할 재량을 거의 주지 않았다."라며 "북한 문제는 항상 중국공산당과의 대리전으로 생각해야 한다."라고 주장했다. 2019년 2월 하노이 미·북 정상회담 당시의 상황과 관련, 폼페이오는 북한이 영변 핵시설을 완전하고 검증 가능하게 해체하면 미국은 그 대가로 '몇 개의 소규모 한국 투자 프로젝트'를 허용해 주려고 했지만, 정상회담에서 김정은은 영변 단지 해체 대가로 "완전한 제재 해제"를 요구했다고 밝혔다. 이러던 김정은이 막상 북-미 대화가 가동되자 누구보다 중국과의 단절을 두려워하며 회담이 이뤄질 때마다 중국으로 달려가 시진핑의 훈수를 받았다. 폼페이오는 "중국은 북한에 대해 완전에 가까운 통제권을 가졌다."라고 덧붙였다.*

* Mike Pompeo(2023), 앞의 책, pp. 193~199.

이와 관련, 폼페이오의 회고록은 김정은이 미국과 접촉하고 나면 매번 시진핑이 김정은과 직접(in person) 통화하며 간여한 것으로 기술하고 있다. 이는 미국이 북중 정상 간 전화 통화도 감청(監聽)하고 있었음을 암시하는데 트럼프는 북미정상회담을 전후하여 중국의 대북 영향력 행사를 의

심하며 이 부분을 매우 못마땅하게 생각하는 듯이 보도되었다. 결과적으로 북-미 대화는 좌초했지만, 북-중 관계는 복원됐고 김정은은 그 어느 때보다 중국에 매달리고 있다.

폼페이오의 진술 내용 중에는 당시 미국이 북한에 제시할 경제적 대응 카드로 '몇 개의 한국 투자 프로젝트'가 등장한다. 당시 한미 정상의 대북 지경학적 정책투사 구상과 관련, 윤건영 의원은 문재인-김정은의 1차 판문점 회담 때 문 전 대통령이 김정은에게 전달한 USB가 있음을 인정하면서 '남과 북이 경제협력을 잘해서 한반도에 새로운 성장 동력을 만들자는 것이 핵심적인 내용이다. 트럼프 대통령이 싱가포르 회담에서 김정은 위원장에게 전달한 것과 비슷한 개념'이라고 말했다.*

* https://news.kbs.co.kr/news/view.do?ncd=5108465 「KBS」 2021년 2월 1일 뉴스 9, "'김정은 전달' USB에 뭐가 들었나?" (검색일: 2023. 2. 25.)

이 부분은 회담 직후 당시 김의겸 청와대 대변인이 "USB를 대통령이 직접 전달했다."라며 "대선 공약이던 '한반도 신 경제구상'을 업데이트한 내용"이라고 공개한 바 있다.

폼페이오의 진술에서 파악되는 김정은의 중국에 대한 경계심과 불신은 김일성 김정일 등 김 위원장의 선대 수령들의 대중(對中) 인식과 결을 같이 하는 것이다.

다만 김정은이 '자신의 보호'를 위해 주한미군의 필요성을 언급하며 중국이 백두혈통의 안위에 위협을 주는 실체임을 풍긴 것은 특기할 일이다. 또 한미 양국 세 사람(윤건영 김의겸 폼페이오)의 진술을 통해 김정은이 비핵화를 들고 제재 해제와 흥정하려 한 것에 못지않게 한국과 미국 대통령도 북한의 미래를 밝게 해줄 '경제구상'을 공유한 뒤 이를 북한에 제시했음을 알게 됐는데 우리는 이 부분을 각별하게 평가할 필요가 있다. 남북미 문재인 김정은 트럼프 3자가 모두 지경학적 접근법으로 지정학적 위기를 해결하려 했음에도 성공하지 못한 것은 너무나 애석한 일이기 때문이다.

이상을 분석, 종합하건대 다음 세 가지를 추론할 수 있다.

첫째, 중국은 중화사상에 젖어 아직도 북한에 대해 종주권과 같은 영향력을 행사하고 있다. 남북분단이라는 한반도의 현상(status quo)이 변경되는 것에 주변 4강이 별로 호의적이지 않음은 이미 주지의 사실이다.

미-북 정상회담을 전후한 전 기간에 걸쳐 일본은 비핵화 협상에 임하는 북한의 진의를 의심해 미국이 북한의 거짓에 속지 말도록 공개적으로 로비를 벌이고 다녔다.

러시아는 북한이 스스로 자기 체제가 안전하다고 느끼기 전에는 핵미사일 프로그램 개발을 멈추지 않을 것이라며 짐짓 북한 편을 들면서 기본적으로 중국의 쌍중단(雙中斷) 쌍궤병행(雙軌竝行) 노선과 보조를 같이해 왔다. 러시아의 이런 태도는 '북대서양조약기구(NATO)와 미일, 한미 동맹이 미국의 뜻을 받아 러시아를 동서에서 협공하는 도구가 됐다.'라는 강한 불만을 반영한 것이다.

그러나 중국은 쌍중단(雙中斷)과 쌍궤병행(雙軌竝行)이라는 이중적 기조에 머무는 줄로만 알았는데 이렇게 노골적으로 미북 협상의 판을 깨며 대국 행세를 했다. 그동안 중국은 중조(中朝) 관계가 북핵 문제 때문에 부정적인 영향을 받지 않도록 피해 가는 투 트랙(two track) 전략*을 구사했는데 오로지 '중국 우선, 미국 견제'를 위해서는 북한이 핵무장을 하건 말건 북핵의 존재도 신경 안 쓴다는 흉심을 드러낸 것이다.

* 윤영관, 『외교의 시대』 (서울: 미지북스, 2022), pp. 285~286.

둘째, 북한에게 제재 해제와 같은 경제 문제해결이 아무리 절박해도 세습 수령제 정권 유지가 더 중요한 가치임을 보여주었다. 북한은 핵 무력 완성과 동시에 경제건설 총력 집중 노선을 선언하고 남북 및 북미 정상 핵 담판에 나섰다. 오랜 폐쇄적 통제경제의 실패 누적에다 국제적인 대북 경제제재까지 중첩되어 인민 생활의 피폐 등 경제적 곤란은 거의 한계상황에 도달했다. 그래서 2018년 6월 12일 싱가포르 북미정상회담에서 트럼프와 김정은은 평화와 번영을 바라는 양국의 새로운 관계 설립과 한반도 비핵화를 향해 노력할 것 등의 합의 내용을 담은 미북 공동성명을 발표했다.

그리고 9월 19일 평양에서 남북정상회담이 열렸고 문재인은 평양시민 15만 명 앞에서 행한 연설을 통해 한반도의 평화와 비핵화를 위해 김정은과 함께 긴밀히 상의해 갈 것이라고 약속했다.

이때까지 김정은-문재인 관계는 겉으로 보기에 순조로웠다. 그런데 이 연설 이틀 뒤 9월 21일 김정은이 트럼프에게 보낸 친서에서 돌연 문재인의 관심과 간여를 배제하자고 주장했고,* 이후 김정은의 한국 답방 언질도 지켜지지 않고 '바보 머저리' '삶은 소 대가리' 같은 대남비난으로 이어졌다. 6.12 싱가포르 공동성명에 포함된 미북 관계 설립과 비핵화 노력이 더 이상 진척될 수 없는 여러 내외 사정 중에서 '중국의 완전한 대북 통제권'도 그즈음 발동된 것으로 짐작된다.

* 『한미저널』 통권 10호(서울: 한미클럽, 2022. 9.), p. 108.

폼페이오는 회고록에서 김정은이 중국으로부터의 보호를 필요로 했고 그것이 그에게 얼마나 중요한지 그 당시엔 과소평가했음을 솔직히 기록하였다. 그렇다면 북한의 '바보 머저리' 같은 대남 비방도 한국 문재인 측이 중국으로부터의 김정은 보호 필요성을 눈치채지 못하는 점과 관련된 것이 아닐까 생각된다.

셋째, 역사적인 결과를 도출했어야 할 미북 정상회담은 실패했지만, 그 대신 김정은 철권정권은 건재한 지 3년, 이제 북한의 통치 권력 중앙무대에 김정은의 10세 어린 딸 김주애가 등장했다. 김정은이 집권 후 자신의 최대 후견인이자 고모부인 장성택을 처형하고 이복형 김정남을 독살한 것은 만약의 경우 중국이 북한에 자신 대신 친중 정권을 세울 대체 인물을 사전에 제거하기 위한 조치였다. 냉전 종식과 함께 전 세계 공산국가가 다 개혁해도 오롯이 북한만은 불변인 한반도 딜레마의 원인은 결국 북한의 일인 숭배 신정체제에 있음을 다시 각인시킨다.

김일성 이래 백두혈통 영구 통치의 선악시비(善惡是非)에 대한 인식 차이는 오늘날 한국 사회 남남갈등의 가장 깊은 골(谷)을 형성하고 있다. 또 북한이 핵 개발에 나선 연유와 비핵화의 의지에 관한 판단(判斷)의 상이(相異)도 국론분열의 출발점이다. 여기서 문재인 전 대통령에게 2018~9년 남북 및 북미 정상 담판의 전 과정에 대한 대국민 진상 고백을 간절히 촉구한다. 이미 지나간 정부를 비판하거나 성토하려는 것이 아니다. 문 전 대통령의 진실 고백은 남남갈등을 해소하고 국론통일을 위한 소중한 자료가 될 것이다.

이와 관련, 고 아베 신조 일본 총리가 남긴 회고록 원고가 최근 발간되었는데,* 여기엔 서훈 전 국정원장이 '북한이 핵과 미사일을 포기할 것이다, 6.25 전쟁을 끝내고 평화협정을 맺을 수 있다, 김정은은 훌륭하다.'라고 말한 것이 기록되어 있다.

* https://www.donga.com/news/Inter/article/all/20230208/117782419/1
『동아일보』, 2023년 2월 8일. (검색일: 2023. 2. 8.)

또 아베가 "(서 전 원장은)북한이 일본과 국교를 정상화할 것이라고 했지만 어디까지 김정은 뜻이고 어디부터가 한국의 희망인지 몰랐다. 그만큼 (서 전 원장은) 흥분해 있었다."라고 회고한 부분도 들어있다.

아베의 회고는 서 전 원장이 2018년 3월 문 대통령의 특사로 당시 북미 정상회담 추진 상황을 설명하려 일본총리실에 들러 말한 내용을 담고 있는

데 회담이 열리기도 전에 회담의 성공을 장담하고 흥분했던 서 전 원장은 문 전 대통령과 함께 그 후 회담이 실패하는 과정을 남달리 면밀하게 주시할 수 있는 위치에 있었다.

김일성은 중국과 소련 사이에서 등거리 외교로 실리를 챙기면서도 소련을 활용한 레버리지로 중국을 견제했다. 백두산 15봉 중 6봉과 압록강 두만강 상의 삼각주를 지키느라 중국과 무력 충돌도 마다하지 않았다.*

* https://www.hankookilbo.com/News/Read/199310040093989791 북한과 중국은 국경 문제로 전후 여섯 차례나 국지적 무력 충돌을 겪었고, 1963~4년 북한 김일성과 중국 주은래 사이의 정치적 타결을 통해, 천지를 둘러싼 15개의 봉우리(石峯) 중 9개는 중국 측에, 최고봉인 장군봉(병사봉)을 포함한 6개 봉우리는 북한 측에 귀속시킴. 총면적이 21.42㎢(중국 측 관측)에 달하는 천지 수면은 5분의 3이 북한에 귀속된 것으로 알려져 있다. (검색일: 2023. 3. 7.)

김정일은 중국이 아버지 김일성의 연기(延期) 간청에도 불구하고 끝내 한중수교를 서둘러 결행하자 근 10년간이나 중국 발길을 끊고 핵 개발에 몰두했다. 김정은은 시진핑의 주석취임을 앞두고 핵실험 자제를 요청하기 위해 평양에 온 시진핑 총서기의 특사도 만나주지 않으면서 핵 무력을 완성했다. 그러던 김정은이 북미정상회담에 나서면서 계기가 생길 때마다 우선 중국을 먼저 찾아가서 상의했다.

그 사이 중국 매스컴의 김정은에 대한 호칭은 '김 뚱보(金胖子)'에서 '80후 걸출한 세계 지도자(80后杰出的国际领导)'로 바뀌었다. 중국의 중화주의 이이제이(以夷制夷) 전략에 순응한 대가로 북한의 존재감이나 김정은 자신의 중량감은 크게 위축된 대신 호칭 상의 격상은 이루어진 것이다. 중국의 북한에 대한 전략은 한국과 그 동맹국인 미국의 영향력이 북상하는 것을 막는 전략적 완충 지대로 북한을 유지하는 것이다. 이를 위해 중국은 정치, 안보, 그리고 경제 측면에서 이번에도 역시 북한을 완전히 자국의 영향권 안에 위치시키는 전략을 펼쳤다.*

* 윤영관(2022), 앞의 책, p. 241.

한반도 질서의 특징과 속성에 대한 경시(輕視)

역사적으로 볼 때 한반도 문제는 대내적(對內的) 요인과 국제적(國際的) 요인의 결합으로 펼쳐져 왔다. 그러므로 문제의 해결도 두 요인의 결합 없이는 상상하기 어렵다.

여기서는 제3장에서 다소 길게 고찰해 본 한반도 질서의 특징을 다시 상기하면서 2018 한반도 평화 프로세스 좌절의 한반도 내부적 요인을 간략히 되돌아보려 한다.

한반도 질서의 '대내적 요인과 국제적 요인의 결합'이라는 속성을 고려하지 않고 분단 문제-북한 문제, 곧 북핵 문제를 해결하기란 사실상 불가능함을 보여주는 대표적인 사례임을 알 수 있다.

비핵화를 통한 한반도 평화 체제구축은 북미 사이의 합의와 실천도 중요하지만, 그에 앞서 남북 간 합의와 이행이 더 중요하고 본질임을 남북한 문재인과 김정은이 제일 먼저 깊이 인식했어야 했다.

김정은의 제의로 2018년 남북미 정상회담이 논의될 당시 초기 일정 합의까지는 일사천리로 진행되었다.

특히 남북 간의 정상회담은 그 합의사항까지 초(超)급행으로 추진되어 '무엇에 쫓기듯' 전개하였다는 표현이 나올 법도 했다.

먼저, 일이 본격적으로 벌어지기 전 문재인과 김정은 남북의 두 리더십 간 대화 소통이 부족했다. 남북한 사이에는 정부 차원의 최초 합의인 1972년의 「7·4 남북공동성명」으로부터 많은 약속이 파기된 이력이 있다.

남북정상회담만 해도 김대중과 노무현 정부 시절의 정상 간 회담의 뒤끝이 다 좋지 못했던 선례가 있는데도 문재인 정부는 김정은의 속전속결 전술에 맞장구치며 너무 가볍게 서둘렀다.

김정은이 평창올림픽 참가 의사를 표시한 이상 이는 조건 없이 수용해서 성대히 환영해 준 것은 올림픽 정신에도 부합하는 일이다. 그다음 제1차 판문점 남북정상회담이 논의될 당시 한국은 정부·여당 간은 물론 여야(與野) 간의 정책협의를 하며 남북정상회담에서 다룰 의제와 대북 기조를 조율하는 과정을 거쳐야 했다.

남북정상회담은 반갑고 좋은 일인 건 맞지만, 더 이상 흥분하고 신비로울 필요는 없다. 정부 주도는 물론 국회 차원의 이런 대북정책 조율 과정을 거치면 북한이 주장하는 '선대 유훈'에 대한 국내의 부정적 시각*이나 야당 대표의 북한 의중에 대한 요주의 당부** 등이 여과 없이 북한 측에 전달되어 북한이 지키지 않을 것도 허투루 합의하는 등의 신중치 못한 접근을 사전에 차단하는 효과를 기대할 수 있다.

* 김충근, "한반도 신냉전 체제의 강화: 미북 정상회담 결렬의 경위와 후과 분석", 『신아시아』 (서울: 신아시아연구소, 2023 봄), pp. 34~35.
* *김충근(2023), 앞의 논문, p.37.

이는 남북 관계의 건전한 발전에 도움이 될 뿐 아니라 열린 사회 남한의 민주적 의사결정 구조를 북한에 주지시키는 계기가 된다. 남한 내부의 이런 과정은 얼핏 분단된 남북의 최고지도자 간 '고도의 통치행위'를 앞두고 계륵같이 여겨질지 모르지만 (밥을) '뜸 들이고', (밥솥의) '김을 빼고', (반찬의) '간을 맞추는' 것 같은 비유의 정치적 지혜*가 될 수도 있다.

* 문명국가들은 내부의 이해 갈등과 이견을 조율하는 여러 장치들을 가지고 있다. 공산국가인

중국도 우리의 정기국회 격인 전인대(全人大)가 열리기 전 전국인민정치협상회의(政協)를 먼저 열어 주요 정책 결정에 앞서 사전 조율을 한다. 이 과정을 '온양(醞釀)'으로 표현한다.

다음으로, 북미정상회담의 성급한 중재는 아무리 좋게 봐도 졸속(拙速)의 씨가 되었다. 김정은이 한국에 북미정상회담의 중재를 요청했을 때는 문재인 대통령의 임기 초이고, 트럼프의 미국 대통령 재선 시기까지도 3년 가까운 시간이 남은 비교적 여유 있고 느긋한 시점이었다.

더구나 미북 간에는 한국만 까맣게 모르고 있었을 뿐 고위급 평양 방문 회담이 비밀리에 조율 중이었다.

이런 때 문재인은 김정은과 함께 북한이 준비하고 있는 비핵화 협상 보따리를 놓고 성공 여부를 자문해 줄 수 있는 여유가 필요했다. 북한이 내놓을 수 있는 협상 타결의 마지노선이 어느 수준, 예를 들어 '포괄적 비핵화 일괄 합의-단계적 이행 동시 보상'이면 대미 중재는 물론 미국의 동의도 보장하는 남북한의 사전 합의를 하는 것이다.

이 과정에 북미협상이 뜻대로 되지 않을 경우를 대비한 '플랜B'도 마련하고, 거기에 한국 자체 핵무장이나 미국 전술핵 재배치 같은 배수진이 포함되면 북한과 미국은 물론 중국 일본 러시아 심지어 남한 자신에게도 위력적인 압력 수단이 되었을 것이다.

우선 평창올림픽부터 남북이 하나의 기치(한반도기) 아래 치르고, 그다음 판문점 남북정상회담에서 합의한 것을 남북이 공동으로 실천하면서 평양회담도 하는 과정을 통해 북미 회담 중재에 나설 수 있는 사전조건을 성숙시켰다면 9월 21일 돌연 문재인 배제를 요청하는 김정은의 친서는 있을 수 없었다.

그러려면 남북정상회담이 몇 번이고 더 필요했을 것이다. 남북정상회담이 자주 열려 남북 정상의 회동이 월례화하면 더 좋은 일이다.

남북 최고지도자가 악수하고 있는 한 전쟁은 없을 것이고, 그런 관계가 지속되어 장기화하면 그게 바로 평화다.

　남북은 먼저 최고지도자부터 북한과 미국 간의 평화가 논의되기에 앞서 남북 평화가 최우선임을 인식해야 한다. 남북 평화는 결국 남북경협이 실존적 핵심이며 남북경협이 점차 확대·활성화하면 그게 바로 북한의 시장경제 진입이며 개혁개방 체제 전환의 시작이 되는 구조다.

　남북은 비록 실패하였지만, KEDO 사업을 통해 비핵화를 전제한 국제적 대북 경제지원도 결국은 한국의 재정에서 나온 자금이 주축(대략 70% 이상)이 될 수밖에 없는 사정도 알고 있다. 또 지경학적 접근은 결코 단기 승부나 임기응변이 아니고 장기 승부 근원 처방이다.

　북경대 김경일 교수는 조선족 출신 중국공산당원이면서도 남북 관계나 북한 실정을 편견 없이 객관적인 잣대와 시각으로 평론해 온 학자였다.

　그는 한반도 평화 체제란 수도거성(水到渠成, '물이 흐르면 도랑은 생기듯 남북 간에 평화가 지속되면 한반도 평화 체제는 자연히 이루어진다.')의 이치임을 부르짖고, 분단의 해소 등 한반도 문제해결은 누구보다 남북이 주축이 되어야 하므로 상호신뢰를 바탕으로 남북이 합의하고 이행하는 것이 가장 중요하다고 일평생 강조하였으나 그 좋은 결말을 보지 못하고 지난해 병마에 쓰러졌다.

　한반도 평화 체제구축을 위해 필자는 수도거성(水到渠成)의 이치에 남북의 혼전 동거 같은 사실혼 관계 정립을 비유적으로 더하고 싶다. 남북이 결혼하는데, 여러 가지 외부 장애가 있다면 결혼식은 뒤로 미루어 두고 우선 동거하며 같이 살고 보자는 것이다. 남북이 서로 좋아하며 같이 사는 것을 누가 뜯어말리겠는가.

　요컨대, 북미 핵 담판이 결렬된 후 남북이 모두 지금처럼 적대시로 돌아서지 말고, 판문점과 평양회담에서 합의한 내용을 한국과 미국의 정권교체도 관계없이 묵묵히 실천해 왔다면 지금쯤 북핵 이슈나 한반도 국제정세는 어떻게 달라졌을 것인지 성찰해 볼 필요가 있다.

남북 정상이 판문점과 평양에서 합의한 내용들은 지경학적 접근의 더할 수 없이 좋은 항목들을 담고 있다.

북한은 2020년 6월 8일 김여정과 김영철이 주재한 대남사업 부서들의 사업 총화 회의에서 대남사업을 철저히 대적(對敵) 사업으로 전환키로 한다고 발표한 후 6월 16일 오후 2시 49분 개성의 남북연락사무소 건물을 폭파하였다.

이 건물은 2018년 4월 27일 제1차 판문점 남북정상회담에서의 합의에 따라 건축되어 남북대표부 역할을 하던 곳이었다. 그리고 2023년 9월 15일 현재 김정은은 러시아를 방문하여 푸틴과 회담하며 무기 교류 등 양국 간 군사협력을 강화하는 등 북-중-러 공산독재 3각 축이 견고해지고 있고, 이에 앞서 윤석열-바이든-기시다 간의 캠프 데이비드 회담에서는 한미일 삼각관계가 전략 동맹 수준으로 승격·강화되었다.

북핵 문제 등 남북분단과 북미 대립의 근본 문제는 악화의 길로 접어들었다고 볼 때 문재인의 아무 준비도 대안도 없는 남북미 핵 담판 중재가 진보적(또는 좌파적) '허둥지둥'의 결과였다면, 윤석열의 강경일변도 정책드라이브 역시 대책 없기는 마찬가지인 '허겁지겁'일 가능성이 커 보인다.

미국도 중국도 한국 맘대로 움직여 주지 않는다. 결국 자국 이익과 내부 사정변경에 따라 제 길로 갈 텐데 한국의 갈 길은 어디에 물어야 할 것인가. 윤석열 대통령이 한미일 결속부터 우선 다지는 것도 좋지만, 문재인 전 대통령을 만나 대북·대(對)김정은 사업과 관련된 정책 리뷰를 진행, 새롭고 실효적인 대북 전략 전술을 짜는 게 더 중요할 수 있다. 학계가 나서 문재인-서훈을 상대로 한 국민공청회라도 주선해 주면 좋겠다.

'북한 비핵화'와 '북한 핵 4강' 사이의 간극

2019년 6월 30일 판문점에서 남북미 3국 정상이 마지막으로 만나던 날

복수의 미국 매체들은 백악관이 '북핵 동결-미북 관계 개선'을 완전한 북한 비핵화(CVID)로 가는 중간단계로 삼는 타협안을 심도 있게 고려 중이라고 보도하여* 세계의 이목을 끌었다.

* 『The New York Times』, 2019년 6월 30일.

북미 정상 간 핵 타협설(說)에 가까운 이 보도는 그 뒤 북미 대립이 심화하면서 흐지부지되고 말았으나 당시 미국 국무장관 마이크 폼페이오의 자서전 출판에 이어 최근 다시 대선 레이스에 나선 트럼프 전 미국 대통령의 북한 관련 언설(言說)을 통해 그 실체가 전혀 근거 없는 것은 아니라는 사실이 드러났다.

만일 북핵 동결 타협이 실제화되면 이는 북한의 핵보유국 지위가 기정사실화(旣定事實化)하는 것으로, 유엔 안보리 상임이사국으로 구성된 P5 국제 핵 확산금지 체제의 근간이 흔들리는 것은 물론 1951년 2차대전 강화조약에 따라 발족한 국제 질서의 샌프란시스코 체제가 와해 위기를 맞는 것과 다름없다.

북한은 2018~9년 중국의 적극적인 배후지원과 감수 아래 미국과 핵 담판을 벌인 데 이어 2023년 9월 현재 러시아와 핵 탄도미사일 및 핵잠수함 기술협력을 추진 중이다.

이는 북-미, 북-중, 북-러의 핵 논의를 두루 거치는 형식을 통해 북한이 P5를 넘어 미국 러시아 중국과 함께 핵 4강(强) 체제의 일원이 된다는 것을 의미할 수 있어 한국의 안보에 심각한 위기가 아닐 수 없다.

2019년 6월 30일 판문점에서 트럼프-김정은 번개 회담이 열리던 날, 필자는 미국 출장 중 현지에서 미국 매스컴의 관련 보도를 실시간으로 보았다. 트럼프가 김정은과 헤어진 후 기자들의 질문을 받고 "김정은과 좋은 관계를 확인했다."라며 "미국과 북한은 곧 실무협상을 재개할 것"이라고 대답하고 평택 미군기지로 떠나자, 판문점 실황방송의 화면은 바로 백악관 생방송으로 바뀌면서 「W.H. OFFICIALS MEDITATE FREEZING N.K. NUKES(백악관은 북핵 동결을 숙고하고 있다)」는 제목의 현장 보도를 진행하였다.

CNN 보도의 자막 제목 '북핵 동결(FREEZING N.K. NUKES)'에 깜짝 놀라 채널을 NBC로 돌리자 거기서도 같은 자막을 띄워놓고 백악관 특파원이 나와 생방송을 하고 있었다. 그다음 방송보다 늦게 나온 신문들은 '김정은의 내년(2020) 5월 백악관 방문 가능성'과 '내년 상반기 중 워싱턴에 북한대표부 개설' 등의 내용도 실었다.*

* 기자 출신인 필자는 언론의 보도 관행상 당시 미국언론의 보도는 판문점에서 열린 트럼프–김정은 회담 종료시간에 맞춰 엠바고(Embargo, 보도 시간 통제)가 붙은 백악관의 사전 브리핑자료에 근거한 것임을 직감했다. 그런데도 제목이 이상했다. 북핵 동결과 북미 관계 개선에 '합의'한 것도 '타협'한 것도 아니고 '숙고' 중이라니 뭔가 어색했다. 이번에 밝혀진 바에 따르면 회담 종료 후 협상 타결 대신 트럼프의 입으로 실무회담 재개가 발표되자 당황한 언론사들이 자료에서 제목만 '합의'를 '백악관이 숙고'하는(meditate) 것으로 급히 바꾸고 내용은 그대로 방송한 것이다. 한국 판문점–미국 백악관– 미국 뉴욕 또는 애틀랜타 등 언론사 데스크라는 먼 거리의 공간을 사이에 두고 초 단위의 생방송 뉴스를 내보내면서 언론사들이 제목과 내용이 일치하지 않는 일종의 보도사고를 낸 것으로 보인다.

이와 관련, 당시 트럼프–김정은 단독회담에 배석했던 폼페이오는 자서전에서 "회담장에 들어서자 두 정상은 각자의 카드를 테이블 위에 꺼내놓았다. 슬프게도, 돌파구는 열리지 않았다. 김정은은 하노이 회담 그날처럼 요지부동(immovable)이었다."라고 기록했다.*

* Mike Pompeo(2023), 앞의 책, p. 385.

공식 발표된 두 정상의 단독회담 시간이 53분인데 회담의 핵심 주제에 대한 설명은 이렇게 짧았다. 미국이 애써 마련해 간 타협안이 53분간의 긴 '밀당'에도 불구하고 김정은에 의해 끝내 거부된 것을 의미한다.

문제가 된 뉴스의 출처는 당시 미국의 북핵 협상 수석대표인 스티븐 비건이며, 그 내용 또한 '트럼프 대통령의 의중을 반영한 것'으로 확인되었다.*

* 존 볼턴(2020), 앞의 책, p. 510.

그리고 미국이 판문점으로 들고 간 협상안은 백악관 내에서조차 안보 보좌관 존 볼턴도 모르게 극소수에 의해 극비리에 마련되었고, 김정은에게 제시되는 현장에 볼턴이 접근하는 것을 막기 위해 미국에서 일본 오사카(G20 회의)를 거쳐 한국 서울까지 대통령을 줄곧 수행하던 그를 회담 당일 몽골 출장으로 빼돌렸다.

또 DMZ에서 열리는 북미정상회담이므로 한국 대통령으로서 자신도 함께 가겠다며 따라나선 문재인을 김정은의 사전 요구라며 끝내 회담장 옆방으로 배제해 버린 것은 물론이다.* 김정은에게 비토(veto)당한 미국의 협상안은 미국으로선 그만큼 고심해서 만든 '회심작'이었던 것이다.

* Mike Pompeo(2023), 앞의 책, pp. 102~103., 384~386.

한국의 안보와 직결된 문제를 놓고 북한과 미국이 밀당을 벌일 때 한국은 과연 어디 있었는가. 트럼프와 김정은이 무엇을 놓고 '밀당'을 벌이는지 그 밀당 자리를 주선해 준 문재인은 알기라도 했는가. 국가 운명과 관련된 중차대하고 심각한 문제가 아닐 수 없다.

그 후 공화당에서 민주당으로 미국의 정권이 교체되고 나서 워싱턴 정가에 "북한이 트럼프 행정부가 다시 들어서기를 기다리며 바이든 행정부와 협상을 거부하고 있다."라는 말이 나돌았고 유사한 뉴스가 일본의 언론에도 보도됐다.*

* 이정철, "친서를 통해 본 트럼프 대통령의 대북 전략", 『한미저널』 제10호 (한미클럽, 2022), pp. 32~33.

그리고 2023년 9월 현재 트럼프가 다시 대선 레이스에 나서서 활동하면서 김정은과 북핵 화두를 꺼내기 시작했다. 2024년 미국 대선 결과 만일 트럼프가 재집권해서 김정은과 못다 한 브로맨스(bromance)와 북핵 밀당을 재개하면 한국은 또 어디 있고, 이번엔 윤석열이 어떻게 처신할까?

국가안보에 관해서라면 항상 어떤 상황에서도 만반의 사전 대비 태세가 필요하다.

다시 이 논문의 분석 틀인 복합 지경학 전략에 '북핵 동결-북미 관계 개선'이라는 불발 타협안(案)을 대입해 보면 미국 트럼프, 북한 김정은, 한국 문재인 3국 지도자 중 누가 핵 담판 교착의 문제 인물인지 윤곽이 나온다. 문제가 핵 포기 의사를 앞세워 남북미 정상 간 핵 협상을 제의한 북한 김정은에게 있는 것으로 보여 매우 당황스럽다.

평창올림픽 참가 및 남북-북미정상회담을 제의하면서 평화공세를 벌일 당시 김정은은 핵 폐기 의사를 스스로 제시하였고, 폼페이오의 첫 비공개 방북 때 그를 면담하면서 '완전히 핵무기를 폐기할 것(completely getting rid of his nuclear weapons)'이라는 언질을 직접 미국 측에 전달했다. 또 미국은 김정은이 꿈꾸고 있는 원산(元山) 해상 관광 단지 개발에 대한 지원은 물론 (비핵화 완료 시) 즉각 제재 해제와 동시 한국 일본의 대규모 대북 투자실시를 보장했다.*

* Mike Pompeo(2023), 앞의 책, pp. 41~42.~

그 뒤 판문점 남북정상회담에서 문재인은 남북 경제협력 구상을 담은 USB를 김정은에게 직접 전달하였고, 싱가포르 북미정상회담에서는 미국 측이 북한의 '밝은 미래'를 담은 자료를 북한 측에 전달하였다.

하노이 회담에서는 북한이 영변 핵시설 해체 의사만 내놓자, 미국은 그 정도라면 '한국의 몇 가지 소규모 프로젝트'를 인정할 수 있다는 사실을 내비치기도 했다. 그리고 이러한 경제적 보상 카드는 판문점에서 북미 양 정상이 최후의 밀당을 53분간이나 벌일 때 미국이 김정은에게 비핵화 조치와 비교해서 가능한 보상 카드로 하나하나 다 제시하며 함께 논의·검토했을 것은 자명하다. 미국은 문재인은 물론 존 볼턴까지 배제하면서 북한 측의 정서와 분위기를 맞추어 딜(deal)을 성공시키려 했다.

복합 지경학 전략의 시각에서 볼 때 이 정도면 북한과 미국 양쪽 다 미흡하나마 기왕 '중간단계'이니만큼 다음 단계를 기대할 수준은 되지 않았을까. 더군다나 6.30 DMZ 번개 회담에서 트럼프는 김정은을 백악관으로 초청하고, 이에 대한 인사로 김정은은 트럼프를 평양으로 초청하였는데, 비록 문서화는 되지 않았더라도 양 정상의 교차초청 의사는 북미 양국의 관계 개선을 담보하는 언약 수준은 되었다.

북한이 지난 70년간 미국을 향해 대(對)조선 적대 정책을 중지하라고 줄기차게 요구해 온 것을 뒤집어 보면 미국과의 관계 정상화를 간절히 바랐던 것이 사실이다. 또 북한은 이전에 대미 살라미 전술이나 벼랑 끝 전략으로 이미 합의와 파기를 반복한 전력이 없지 않다.

그러나 김정은은 요지부동이었고, 회담을 파하면서 예고한 실무협상도 단 한 차례 하는 둥 마는 둥 하다가 끝나고 말았다. 북한의 핵 협상 목표는 물론 김정은의 의중은 과연 무엇인지 그 진실규명이 필요하다.

한반도 평화 프로세스의 실패 원인

북한 문제는 다차원적이고 복합적이다. 전 세계가 북핵 문제에 신경을 집중하고 있지만, 북한의 핵은 정치, 경제, 인권, 국제 안보 등 북한 내 모든 국가 현안을 비롯하여 대외관계와도 얽히고설켜 어느 것 하나를 떼어내서 해결할 수 없다. 북한은 전 세계에서 유례를 찾을 수 없이 독특하게도 백두혈통 순혈주의에 입각한 일인 숭배 신정체제이기 때문에 더욱 그러하다.

그래서 지경학적 접근으로 문제를 풀어가야 한다는 명제는 절대적으로 맞는다고 하더라도 북한 체제의 특이성으로 인해 치밀하고 사려 깊은 사전 준비가 필요한 것 같다.

북미 정상 간 핵 담판이 무위로 끝난 경위를 분석하면서 이 논문 3장에서 논의한 한반도 질서의 국제적 특징(첫째, 둘째)과 북한 체제의 속성(셋째)이 결국 한반도 평화 프로세스의 실패 원인으로 작용했음을 발견하였다.

이 한반도 질서의 국제적 특징과 북한 체제의 속성은 북한이 지경학, 특히 복합 지경학 시대 보편적인 국제 동학의 작동 논리에 전혀 보조를 맞출 수 없는 제약조건으로 작용하고 있음을 엿볼 수 있다.

그리고 이 논문의 이와 같은 시각은 폼페이오가 북한 비핵화는 어려울 것으로 예상하면서도 김정은이 북한의 완전한 비핵화를 수용할 수 있을 것으로 보는 전제조건으로 상정한 3개 항과 우연하게도 일맥상통하고 있다.

폼페이오는 CIA 국장 말기부터 국무장관 임명 후 미북 정상회담 사전 조율에 나서는 기간(2017년 겨울과 2018년 봄) 역대 미국 정부가 확보해 온 장기간의 방대한 대북 파일을 모두 분류 섭렵하는 작업을 통해, 우선 북한이 핵을 포기하는 대변신을 하고도 김정은과 백두혈통 정권의 안전이 유지·보장되고, 동시에 북한 군부 수뇌와 지배 엘리트들의 도둑정치(kleptocracy)가 담보되면서, 중국도 북미 관계 정상화를 받아들이는 것을 결정적인 3대 전제조건으로 분석하고 있다.*

  * Mike Pompeo(2023), 앞의 책, pp. 41~42.

　첫째, 북한이 김정은 백두혈통 직계 1인을 신(神)처럼 떠받드는 신정체제라는 사실은 북한이 어떤 상황에서도 개혁개방 자유화나 국익 위주 국가주의 행태로 나설 수 없는 원초적 한계를 말해준다. 김정은이 핵 폐기와 경제발전을 맞바꿀 듯 언급하고 평화공세를 취했지만, 김정은이라는 인물의 뇌리엔 애당초 부(富)는 없고 오로지 백두혈통 천부 왕권을 영구히 지키는 것만이 관심의 대상이었다는 것이다.

　북한 같은 당-국가(party-state)를 기본으로 하는 신정체제에서는 수령-당-국가 삼위일체 이론이 통치 이념이라지만, 이것도 백두혈통 유일 권력의 이익과 안전이 국가의 이익이나 인민의 삶을 훨씬 초월하는 절대 우위의 최고 가치이다. 이런 김정은 북한에 대해 경제 논리에 입각한 유연성이 핵심인 복합 지경학 전략을 기대하기는 어려운 일이었다.

　바이든 정부 출범과 함께 미국 국무부 동아·태 부차관보로 발탁된 한국계 박정현은 "북한은 국가 정체성이 핵보유국이라는 생각에 사로잡혀 있다. 이것을 미국인들이 제공하는 부와 맞바꾸자는 트럼프의 제안은 김정은에게 북한의 건국 원칙에 대한 모욕과 배신감처럼 느껴졌을 것이 분명하다."라고 말했다.*

  * 박정현 저 손용수 역, 『Becoming KIM JONG UN』 (경기 파주: 다산북스, 2021), p. 331.

　둘째, 김정은은 싱가포르 1차 북미정상회담 때와 트럼프에게 보낸 친서에서 비핵화를 선 듯 합의할 수 없는 속사정을 북한 내부의 '충성스럽고 완고한 장군들'에 빗대 두 차례 아주 짧막하게 언급한 바 있다. 미국도 북한이 핵을 포기하고 핵 없는 국가로 변신하려면 그 후에도 북한 체제가 계속 유지되고 더욱 번영하면서 군부의 권익도 보장된다는 군부 지도자들의 확신이 필요할 것으로 인식했다.

이렇듯 북한 비핵화와 지경학적 전략 전환의 또 다른 걸림돌은 북한이 상명하복 병영식 명령체계와 유격 전투대형으로 운영되는 군사 국가라는 속성에 기인하고 있다. 이런 나라에서 개성과 창의가 존중되는 자유화나 개혁이 통하리라 기대하기는 어려웠다.

셋째, 김정은 시기 핵 무력을 완성한 북한이 스탈린 마오쩌둥 시대의 소련과 중국 같은 철권독재의 공산 왕국을 지향하고 있는 것이 점차 분명해지고 있다. 북미 핵 협상 결렬과 함께 김정은이 중국 러시아와 각 분야의 공조협력을 강화하는 등 중-러에 바짝 접근하는 대신 한국 미국에는 더 적대적으로 돌아선 것은 북한이 남북-북미정상회담 전부터 핵 보유 후 북한의 미래와 관련, 미국 주도의 시장경제에 편입되는 대신 명실공히 G2로 굴기한 중국 중심의 계획경제와 함께 가기로 결심하고 사전 명분 찾기의 구실로 핵 협상을 이용한 것이 아닌가 하는 의구심이 든다.

말하자면 개혁개방 자유화가 필수인 시장경제를 추구하다가 자칫 백두혈통 신정체제가 내부로부터 위험해지는 것보다 차라리 과거 소련 위주의 코메콘(COMECON) 같은 것을 탄생시키는 불쏘시개를 자처하는 것을 말하는데, 최근 북한이 서두르는 대(對)중-대(對)러 국제 행보를 보면 이를 연상시킨다. 글로벌 네트워킹과 다자주의 외교를 포기하고 좌편향 집중주의로 전향한 것이 확연하다. 북-중-러 협력체제는 겉으로 보기엔 잘 굴러가는 것 같지만, 안으로 자세히 들여다보면 중국과 러시아의 셈법은 서로 많이 달라 모든 일이 김정은이 뜻하는 바대로 될지는 의문이다.

소결

이 장에서 살펴본바 남북미 핵 협상은 한반도 국제 정치의 지경학적 대전환일 것이라고 본 애당초의 관점이 전혀 잘못된 판단임이 드러났다.

김정은은 지경학적 전략 전환을 한 번도 자기 입으로 말한 적이 없다. 그는 스스로 핵 개발 중지를 선언하면서 핵무기와 경제발전을 바꿀 수 있는 딜(deal)에 나서는 듯이 외교적 제스처를 취했을 뿐인데, 그것을 세상은 북한의 지경학적 전략 전환으로 읽고 또 기대했던 셈이다.

대신 그는 지정학적 피해국에서 지정학적 수혜국으로 한반도 운명을 바꾸겠다는 의지를 피력한 바 있다.*

* 정동영, "김정은의 큰 꿈", 「전북일보」 2018년 4월 29일.

그렇다면 핵보유국이라는 절대 목표를 향해 나아가는 과정에, 이번에도 역시 잠시 시간벌기를 했다고 볼 수 있다. 여전히 벼랑 끝 전략을 수행하고 있었다고 하겠다. 평화공세로 포장된 김정은의 남북-북미 정상 간 핵 협상 제의는 무늬만 지경학적 접근이었다.

2011년 북한의 실권을 장악한 후 김정은이 보인 저간의 정치 행보는 북한 관찰자(연구자)들이 김정은을 '핵폭탄을 장난감으로 가지고 노는 뚱보 애숭이'와 '핵미사일이라는 절대무기로 무장한 수백만 군대를 마음대로 부릴 수 있는 잔인한 독재자' 또는 '자기 조국의 현대화와 부강을 추구하는 세계 최연소 국가원수' 사이에서 어떻게 보아야 할지 헷갈리는 인지 부조화(cognitive dissonance)*에 빠지도록 했다.

* https://terms.naver.com/entry.naver?docId=273781&cid=41990&category-Id=41990「실험심리학용어사전」, (검색일; 2023년 9월 22일), 신념 간에 또는 신념과 실제로 보는 것 사이에 불일치나 비일관성이 있을 때 생기는 심리 현상. 개인이 믿는 것과 실제로 보는 것 간의 불일치가 불편하므로 사람들은 자신의 태도와 일치하지 않는 과제에 참여하면 태도가 행동과 일치하는 방향으로 변한다는 것이다.

그래 놓고 갑자기 평화공세로 돌아선 김정은의 포용 전술은 북한의 핵미사일 기술 고도화에 대한 세계의 관심을 다른 곳으로 돌리고 국제사회의 제재 이행 욕구를 약화(弱化)시키기 위한 '교묘한 속임수'였다.*

* 박정현(2021), 앞의 책, pp. 21~28.

이 속임수가 통할 수 있었던 것은 김정은을 선대와 달리 조국을 산업화하고 인민을 잘살게 하고자 하는 열망을 가진 개혁적인 신세대일 것이라는 막연한 추측과 기대 속에 그를 '훌륭한 지도자'로 치켜세워 준 문재인*이나 트럼프같이 현저성 편향(vividness bias)**에 빠진 사람들 덕분이었다는 것이다.

* 존 볼턴, 앞의 회고록, p. 481. 존 볼턴은 이와 관련 문재인 대통령에 대해 '조현병 환자 같은 생각'이라고 표현했다.
** https://terms.naver.com/entry.naver?docId=274947&cid=50294&category-Id=50294「실험심리학용어사전」, (검색일: 2023년 9월 22일), 주어진 상황에서 현저한 단서를 사건의 원인으로 여기는 경향. 사물이나 사람을 볼 때 전체를 보지 않고 눈길을 끄는 부분을 먼저 본 다음 이때 받은 인상으로 사물 전체 또는 사람의 속마음까지 판단하는 현상.

제1부 _ 복합 지경학 시대 한반도 국제 정치 183

실제 협상이 진행된 2018년 이후 2년의 기간을 정리해 보면 한국의 비핵화 협상에 대한 열망은 기대 이상의 정도였다. 남북 사이만 놓고 보면 그 진실성 여부는 차치하고 북한도 마찬가지였다. 남과 북은 9.19 군사 합의를 비롯하여 철도연결, 해상공동어로 등 전방위적인 남북 경협에 합의했다. 육해공의 모든 공간에서 군사적 긴장과 충돌을 예방하기 위해 상호 적대행위를 전면 중지하기로 합의한 것은 물론이다.

　이렇게 보면 한국과 북한은 복합 지경학적 협상전략에 충실했다고 볼 수 있다. 한국 정부는 내부적으로 '퍼주기'를 넘어 '종북 행각'이라는 비판을 받을 정도였다. 그러나 미국만 상대하면 북한의 태도는 전혀 달랐다. 한국도 미국에 권유 이상 더 협상 타결로 유도할 논리와 레버리지를 찾지 못하였다. 한국은 문재인-김정은 회담에서 전달한 USB 등을 통해 북미 간에 핵 협상만 타결되면 대북 지원에 적극 뛰어들 대기상태였다고 할 수 있다. 미국 역시 트럼프가 싱가포르 회담에서 김정은에게 전달한 '북한의 밝은 미래에 관한 자료'나 폼페이오 방북 시의 구두 설명(대북 투자 프로젝트) 등을 통해 경제적 지원 구상을 제시한 상태였다.

　한국과 미국은 북한의 핵과 경제지원을 맞바꿀 거래를 준비하고 있었다고 볼 수 있다. 그러나 북한은 북미정상회담을 제의할 때의 핵과 경제의 거래 정신과는 달리, 협상 내내 흥정의 여지조차 주지 않았다. 한반도의 역사적·지정학적 속성에 기인하는 피해의 트라우마에서 헤쳐나올 엄두도 못 내는 것 같았다. 미국도 선제적으로 관계를 개선 시킬 정도까지는 북한의 체제 속성에 대한 경계심과 불신이 풀리지 않은 상태였다.

　북한은 김일성 생존 시인 1980년대 말~90년대 초 통일교와 현대그룹 정주영 회장을 상대로 차례로 경제개발 프로젝트를 상담한 적이 있다.

　덩샤오핑의 권유로 개혁개방을 열심히 학습하던 중 한소·한중수교라는 시대조류에 충격을 받고 오히려 폐쇄 은둔과 핵 개발 방향으로 역진(逆進)한 과오(過誤)도 있었다.

김정일은 김일성 사후 나진 선봉 개방과 함께 국가적인 경제개혁의 길을 탐색하다가 전 세계 특히 중국의 극성스러운 투기 브로커들의 농간에 기겁하고 물러선 경험도 있다. 두 선대 수령의 개혁 의지 철회는 모두가 백두혈통 일인 지배체제의 안위를 염려했기 때문이다.

이번 김정은의 핵과 경제 교환 프로젝트도 선대의 걱정과 불안감을 따라 단념한 것일 가능성이 크다. 흔히 인피(人皮)를 벗기는 고통을 수반하는 것으로 비유되는 개혁은 창조보다 더 어렵다고 한다.

김정은이 북한을 개혁하는 계몽 지도자가 되기 위해서는 아직 경륜이 설익었고 용기와 결단이 부족했다고 할 것이다.

앞에서도 언급한 바와 같이 북핵 문제의 해결은 결국 분단 체제 냉전체제 정전 체제가 삼위일체로 연동된 한반도 역학 구도를 깨트리는 과정과 직결되어 있다. 한반도 이슈 해결은 고도로 숙련된 종합예술의 기능을 요구한다고 비유되는 이유이다.

2018년 남북미 세 정상이 먼저 남북의 갈등 해소로 시작해 국제적 모순 갈등을 풀어가기로 한 지경학적 접근시도는 옳았다.

남북 간의 이러한 접근이 성공하기 위해서는 북미협상의 순항이 전제조건이었는데 문제는 여기에 있었다. 북한과 미국은 상호신뢰 부재 등 협상 기반조차 부족했다. 한미 양국은 이번 북핵 협상을 통해 무엇보다 북한 체제의 변화 없이는 백약도 무효일 것이라는 좌절을 다시금 경험했다. 이제부터 지경학적 접근의 끈을 놓지 말고 북한의 체제변화를 유도하는 방향으로 문제해결에 나서야 할 것이다.

제5장 결론

한반도 평화 프로세스 좌절 사례의 시사점

이 논문은 2018~9년 남북미 3국 정상 간에 전개된 핵 협상을 21세기 국제 동학의 화두인 복합 지경학 전략에 대입해서 분석해 본 것이다. 남북미핵 협상은 남한의 역대 진보 정부에서 개발·추진해 온 한반도 평화 프로세스의 클라이맥스 또는 대단원에 해당하는 단계인데, 이 중요한 국면이 핵 포기를 전제한 김정은의 평화공세로 열렸다. 핵무기와 경제발전을 교환하려는 북한 김정은의 이니셔티브는 시의적절하고 감동적이었으나 분석 결과 그 속내와 실상은 매우 실망스러웠다.

첫째, 북한이 사상 유례가 없는 일인 숭배 신정체제이자 군사 국가라는 사실은 자신을 고정 목표 단일 방향에 옭아매는 족쇄로 작용하고 있음이 확인되었다. 더구나 김정은 시기 북한은 이미 변질되어 사라진 스탈린식 공산독재와 유사한 공산 왕국을 지향하고 있음은 이 족쇄를 아예 숙명으로 바꾸는 위력을 더하고 있다. 이런 북한에 복합 지경학적 협상전략의 구사를 기대하는 것은 몸에 맞지 않아 걸칠 수도 없는 옷을 입기를 바라는 일과 비슷했다고 할 것이다.

둘째, 21세기 현대국가 들은 민족주의 대신 국가주의, 중앙정부보다 지방 자치정부로 체중은 줄이고 운신은 가볍게 해서 움직인다. 변화에 대한 적응력이 국가 운영의 관건인 셈이다. 복합 지경학 시대 국제 질서가 다자주의 네트워킹과 개혁개방 자유화로 합리성과 유연성을 갖추고 재빠르게 행동하는 국가들에 의해 형성되고 있다. 그런데 북한은 이런 국제 정치의 작동 논리에 전혀 경험이 없을 뿐만 아니라 보조를 맞추고자 하는 의지도 없어 보였다.

오히려 '움직이면(변화하면) 죽는다.'라는 생각에 사로잡혀 있는 것 같았다.

셋째, 결국 문제는 김정은 자신이었다. 김정은이 남북한의 많은 사람이 기대하고 상상하던 개혁적 사고를 갖춘 신세대 지도자일 것이라는 생각은 사실이 아니었다.

김정은은 핵 협상 과정에 '충성스럽고 완고한 군부 수뇌들'에 대한 설득 명분이 필요한 것처럼 말해왔다. 그러나 그는 집권 당시 북한의 실세 친척 장성택과 혈육 김정남까지 잔인하게 제거하고 자기 권력을 강화한 사람이다. 핵 협상이 진행되는 기간에도 군 출신으로 핵심 참모인 김영철을 협상 팀에 넣었다 뺐다 반복했고, 군의 총참모장 계급을 강등시키거나 숙청하기도 하였다. 북한 권력은 오로지 김정은 한 사람이 핵심이고 주체라는 점을 웅변으로 말해준다.

또 김정은은 중국이 자신과 북한의 최대 위협이고 압력이며 운신의 장애 요인임을 협상 상대인 미국 측에도 토로하였다. 그러나 북한의 이런 중국 인식은 뿌리가 깊은 것이며 김일성 김정일 시절부터 일관되게 내려오던 일종의 통치 요강(要綱)으로, 북한은 물론 중국도 이미 익숙해져 있다.

더구나 김정은은 집권 초기 핵 개발에 몰두하고 있을 때인 2012년 11월 시진핑 중국공산당 총서기가 첫 임기의 국가주석 취임(2013. 3. 5.)을 앞두고, 북한에 탄도미사일 발사 자제를 당부하는 친서와 함께 특사단을 파견했을 당시 특사를 직접 만나주지도 않고 돌려보낸 며칠 뒤 로켓 발사 시험을 성공시킨 장본인이다.

중국이 북한에 위협인 것은 맞지만, 그 위협이 무서워서 뜻하는 바를 꺾지 않는 것 또한 김정은 가계(家系)의 전통이었으므로 이 모든 과정은 사전 기획된 각본에 따라 기존의 협상 경로를 이탈하기 위한 변명에 불과한 것으로 판단된다.

이 논문을 작성하면서 다음 몇 가지를 앞으로 더욱 심화해야 할 연구 과제로 정리했다. 이는 북한 3대 세습통치의 감춰진 속뜻에 관한 내용으로 한반도의 미래와도 직결되는 문제라고 생각된다.

김정은은 2018년 신년사를 통해 대남 대미 관계를 모두 평화 모드로 전환하면서 오로지 경제발전을 위해 핵미사일도 다 버릴 수 있다는 외교적 제스처를 취했다. 그 전에 다시는 인민의 허리띠를 졸라매지 않게 하겠다고 다짐하며 핵-경제 병진 정책을 사회주의 경제건설 총력 집중 노선으로 바꾸었다. 그런데도 협상장에 들어가면 미국이 받아들일 수 없는 조건의 대북 제재 해제만 고수했다.

2차 하노이 회담에서 어떡하든 딜을 성사해 보려는 트럼프가 북한이 내놓을 수 있는 핵 카드가 영변 시설 해체라면 거기에 맞게 제재 수준을 완화하는 방안을 몇 차례나 김정은에게 물었으나 꼼짝달싹도 하지 않았다. 그래 놓고 미국 팀이 회담장을 떠나자, 기자회견을 자청해 북한이 요구한 것은 민수에 직결된 제재 완화였다고 강변했다.

기자회견 자리에서 북한 측이 직접 거명한 해제 요구 항목 5개 항은 모두 북한 수출산업에 관련된 것들로 사실상 대북 국제제재의 전부나 다름없다. 미국 측은 이것들이 해제됐다면 북한이 핵미사일 프로그램 개발 자금 등 수십억 달러를 마련하는 결과가 되었을 것으로 보았다. 그리고 김정은은 연말 당 중앙 전원회의 총화 회의에서 경제실적이 미미한 데 대해 인민들 앞에 울먹이며 자책하는 모습을 보였다. 수령 무오류성의 신화가 지배하는 북한에선 상상도 할 수 없는 희귀한 장면이었다.

김정은이 경제발전이나 대북 제재 등 북한 인민의 생계나 부(富)와 관련된 항목에 이르면 표리부동한 이중의 태도를 보이는 데는 그만한 이유가 있을 것이다. 인민의 궁핍 고통은 다 '미국 탓'이라는 빌미가 필요할 뿐 대미 협상에서 진짜 원하는 목표가 인민의 생활 향상이나 국가의 경제발전이 아니라는 의미로 해석된다.

다음으로, 북한은 이번 협상에서 북미 관계 개선이 꼭 바라는 바가 아니었음을 뒷받침하는 정황도 있다. 2019년 6월 30일 DMZ 정상회담에서 김정은은 '북핵 동결-워싱턴과 평양에 북미연락사무소 교차 설치'를 완전한 북한 비핵화(FFID)와 북미 국교 정상화로 가는 중간단계의 '딜(Deal)'로 하자는 미국의 제안을 끝내 거부했다.

지나간 북미 대립의 역사를 보면, 북한은 한국과 미국을 상대로 한 온갖 행태의 도발과 핵 개발까지 모두 한미의 대(對)조선 적대 정책 때문이라며 한반도의 평화를 보장할 북미 관계의 정립을 줄기차게 주장해 왔는데 막상 북미 관계가 트이고 자기들 말대로 '실질적인 평화'를 실행할 수 있는 호기(好機)를 마다한 것이다.

북한은 6.15 선언, 제네바 합의 등 이보다 더한(문서로 공식화한) 남북 합의 및 북미 합의를 이행하는 과정에도 핵 프로그램 진행 등 몰래 할 짓은 다 해온 이력도 있다.

이렇게 볼 때, 김정은이 추구하는 지상 최고의 가치는 자신과 백두혈통 일인 숭배 체제의 영속화이며, 이를 보장하는 가장 핵심적인 요소가 바로 핵무장(核武裝)이라 확신하고 있다. 김정은은 또 북한의 핵미사일 프로그램을 국가의 위상과 강성대국화의 상징으로 보고, 자신의 개인적 유산과 백두 가계의 운명을 이미 핵무기에 걸었음을 보여주고 있다.

핵 협상 결렬 이후 북한이 보이는 행태에서 김정은은 미국과의 제도적 평화보다는 적당한 갈등, 한국과의 경제 통합보다는 자력갱생에 방점을 찍고 오로지 핵미사일 기술 고도화에만 몰두하고 있음을 엿볼 수 있다.

이는 남북미 핵 협상 과정을 통해 북한은 자신의 핵미사일 프로그램에 관한 어떤 양보도 하지 않고 세계최강 미국의 대통령과 세 차례나 맞짱 떠서 핵 동결-관계 개선이라는 사실상 핵 군축 씨름을 해냈다는 자신감에 기인하는 것으로 보인다.

또 김정은은 이번 핵 협상 과정을 통해 북한과 전쟁을 벌이는 것은 미국

정부가 과거 현재는 물론 미래에도 전혀 고려하는 옵션이 아닐 것 같다는 믿음을 얻은 듯하다. 여기에 중국과 러시아는 한동안 북한과 소원했던 관계에도 불구하고 북한 정권을 포기하지 않을 것이라는 신뢰를 확보했고, 미국과 중국은 한국과 일본이 혹시라도 북한에 군사 공격을 하지 못하도록 노력할 것이며, 미국은 한국과 일본의 핵무기 개발을 제지할 것이라고 믿을 만한 부수 효과도 거두었다.

이와 같은 상황에서, 북한 김정은은 미국과는 이 정도 선에서 관계 발전을 계류시켜 놓고 적당한 적대관계를 유지하는 편이 미국에 대한 원망과 공포를 내부 결속과 정권 안보를 다지는 도구로 생각하고, 대신 바로 옆에서 번영 속에 자유민주주의를 만끽하고 있는 남한의 정보 유입을 자신에 대한 실존적 위협으로 여기는 것 같은 정황도 포착된다.

북한은 벌써 남한을 적대관계로 돌렸으며 남한의 주요한 시설과 지점을 타깃으로 한 단거리 미사일 발사실험을 강화하고 있다.

김정은이 대남 공격용 작전지도 앞에서 군 간부들을 지도하고 서울 하늘, 심지어 새 대통령실이 들어선 용산 상공에까지 정찰 드론을 침투시키는 행위를 절대로 가벼이 보아서는 안 된다.

김정은은 김일성 군사종합대학에서 현대전 개념의 군사작전을 전공한 군사전문가이다. 그는 "GPS를 이용한 작전지도 정확도 개선 모의실험"이라는 논문을 써 선군정치를 창시한 김정일로부터 극찬을 받은 인물이다.

위에서 살펴본 바와 같이 김정은이 위장된 복합 지경학 전략 카드 한 장으로 실로 대단한 수확을 올린 것은 김정은을 '주적'에서 '한반도 평화통일의 동반자'로 추켜세운 문재인의 노력 덕분이었음은 변명할 수 없는 사실이다. 김정은의 핵 협상 제의를 정권의 인기몰이 수단으로 덥석 받아 물었던 문재인-서훈 원팀(one team)의 책임*이 크다.

* 김충근, "한반도 신냉전 체제의 강화: 미북 정상회담 결렬의 경위와 후과 분석"『신아시아』(서울: 신아시아연구소, 2023 봄), pp. 37~41.

만약 문재인이 김정은으로부터 중재를 요청받고 사전에 김정은과 대미 협상카드를 함께 논의해 북한의 협상 원안에 남한의 핵 개발 또는 전술핵 재배치를 북미 쌍방을 겨냥한 양면성 배수진으로 장착한 남북 공동의 플랜 B를 시도했다면 한국의 안보 네다바이 피해를 사전에 막는 것은 물론 북미 협상의 경로가 완전히 달라졌을 것이다.

한국은 북미 양측에 이렇게 간여할 수 있는 명분과 권리가 있다. 과거의 경험에서 보듯 북한 비핵화 조치에 따른 국제적 대북 경제 보상은 앞으로도 대부분을 한국이 부담할 것이고, 북핵 앞에 노출된 한국의 자체 핵무장은 미국의 반대로 실현되지 못하고 있기 때문이다.

러시아와 중국은 물론 일본에도 기왕 김정은의 부탁을 받아 문재인이 핵 담판을 주선하는 마당이니 문-김 양 정상이 긴밀한 협의를 거쳐 공동으로 사전 설득·정지 작업을 벌였다면 더욱 좋았을 것이다. 특히 문재인은 이들 나라의 눈치를 보거나 굽신거리지만 말고 당당히 할 말을 해 미리 쐐기를 박는 용기와 결단을 보였어야 했다.

러시아의 전신인 소련과 중국은 지금과 같은 한반도 비운의 도화선인 6.25 남침 적화 전쟁의 기획 및 수행에 책임이 있는 공동전범국이며 북핵이 오늘의 수준에 이르게 한 배후 조력자들이다. 일본은 식민지 침탈지배를 통해 오늘날의 한반도 비운을 있게 한 원인 제공자이다.

한국이 이런 지경에 처하고도 여전히 남아있는 불안은 지금 윤석열 정부가 취한 북핵 대응 조치들, 이를테면 한미 핵 협의 그룹 구성 운영 및 한미일 공조 강화 등이 현실적으로 가능하고 적절한 것이긴 하지만, 이미 고도화가 상당히 진척된 북한 핵미사일의 실존적 위협을 감당할 수 있는 근본적인 대책은 될 수 없다는 데 있다.

이 방안대로면 북핵에 대응한 한국의 안보는 전적으로 미국에 의존한다는 것인데, 미국은 역사적으로 볼 때 대외전략을 국익과 내외환경의 변화에 따라 포용주의와 먼로주의(고립주의) 사이를 왔다 갔다 하는 펜들럼(pendulum) 현상을 보였다.

2018~9년 남북미 핵 협상이 결렬되어 한반도 평화 프로세스가 실패하는 과정을 통해 남한사회는 내재적 접근법으로 북한을 탐구하고 햇볕정책으로 북한을 거들면서 지난 30년 동안 북한 리더십에 걸었던 기대와 희망이 모두 무너져 내리는 허망한 경험을 하게 됐다.

그렇더라도 전쟁 아닌 대화와 협상밖에 선택지가 없다. 그동안 북한과 씨름하며 남한이 받은 상처인 남남갈등부터 수습해서 심기일전하는 것이 급선무다. 그런 다음 이제부터 남한은 백두혈통 세습지배자가 아니라 북한 주민만 보고 상대하며, 모든 일을 그들의 자각과 결정에 맡기고 지원하는 방식으로 대북 전략을 바꿔야 한다.

이 경우에도 지경학(地經學) 전략은 필수다. 남북이 서로 상처받지 않고 피해 없이 오래 가기 위해서뿐만 아니라 남한 스스로 자신을 보호하는 자구책으로도 지경학적 접근은 필요하다.

제2부

한반도 비운의 역사,
地政學的 반추

지정학적 반추의 개요

1905년 한일합방은 19세기 내내 대륙 세력과 해양 세력 사이에 벌어진 각축(角逐)의 한반도적 수렴이었다.

한반도를 사이에 놓고 대륙 쪽의 중국 러시아와 해양 쪽의 일본 영국 미국이 제각각 나름의 전략적 방향성을 갖고 움직였고, 피해의 현장인 한국은 허약 무능 미개 낙후로 속수무책의 처지에 놓여있었다.

그 시절 관련 당사국들의 민족성(또는 국민성)과 국가 성격이 여지없이 반영된 귀결이라고 볼 수 있다. 그리고 각국의 특성과 역량 및 국가 성격은 지정학적 환경과 논리로 응축된 역사에서 기원한다. 그때까지 세상은 지정학적 운명에 충실하며 살았다.

그리고 조선이 일제의 식민지로 추락하고부터 한반도는 수많은 우여곡절, 다시 말해 역사의 전개 과정을 거쳐 2차대전의 종전과 함께 해방을 맞는데, 불행하게도 그것은 남북분단이었다. 합방 후 해방까지 그리고 2차 대전의 기간에도 국제 정치에서 한반도의 역할은 미미해서 독립적인 종전(終戰) 인자(因子)의 법주에서 외면당한 것이다. 강대국들의 종전기획에 따라 1945년 8월 15일 미국과 소련이 한반도 북위 38도 선상에서 조우(遭遇)한 사건은 한반도로서는 영토의 남북 분할이지만, 세계사적 시각에서 보면 미소 양극 대결이자 이념전쟁 동서냉전의 시작이었다.

국제 정치의 이 의미심장한 수렴이 그로부터 100여 년 전 프랑스의 정치철학자이자 역사학자 토크빌에 의해 예견되었다니 놀라울 따름이다.

한국의 수학자이자 역사학자 김용운은 38도 선상의 미소(美蘇) 대치는 우랄에서 발원해서 시베리아를 거쳐 태평양으로 동진(東進)하는 러시아의 동방정교 문명과 북미대륙 동부 해안에 내린 이민자들에 의해 록키를 넘어 태평양을 향해 서진(西進)하는 미국의 기독교 문명이 운명적으로 충돌한 것이라며, 이는 미소 양국의 국가 성격과 지정학적 분석을 통해 충분히 예견됐다는 것이다.*

* 김용운, 『역사의 역습』 (서울: 맥스미디어, 2018), p. 319.

남북분단은 곧 6.25 전쟁으로 이어졌고, 앞서 말한 대로 적대 갈등-상호 인정-교류 협력의 오랜 과정을 거쳐 2022년 현재 다시 대치 갈등의 소원한 관계에 빠졌다.

이러는 동안 한반도는 미국과 중국 누구도 포기할 수 없는 지역*이 되어 버렸고 일본 러시아 등 주요 국가들도 각기 국익에 따라 한국과 미국, 또는 북한과 중국 측에 연대 결속하는 추세로 돌아섰다.

* 김용운(2018), 앞의 책, pp. 310~312.

이렇듯 역사란 국제관계상 전개와 수렴의 연속이다. 국제 정치에서 매 순간은 미세한 수렴이고 동시에 작은 전개의 시작일 것이다.

제1장 북핵 협상 실패 후의 한반도

미북 정상회담의 결렬과 그 회담의 중재도 포함된 문재인 대통령의 한반도 평화 프로세스가 막을 내림으로써 한반도 남북의 지난 75년에 걸친 대결과 대화도 이제 그 성과 없음에 대한 성찰을 통해 새로운 전환을 모색해야 할 때를 맞았다.

남북한, 특히 북한에 남긴 함의

북한의 핵 무력 완성은 남북협상(북미 대립 그리고 북미교섭 포함)이 진행된 지난 75년 동안 북한이 만난을 무릅쓰고 용의주도하게 추진해 온 국가 대업(大業)이었다. 핵미사일을 손에 쥐고 나면 미국과 담판을 벌여 공화국 영구체제를 보장받고 마침내 인민 행복 시대를 연다는 큰 꿈이 김일성 창안-김정일 추진-김정은 실행으로 진행되었는데 허망하게 좌절됐다.

이 실패는 공산권 붕괴나 고난의 행군기 북한에 닥쳤던 것과는 차원이 다른 위기일 수 있다. 핵무장이라는 국가목표가 그동안 북한 인민이 억압과 굶주림을 인내케 한 마지막 통치 기제였기 때문이다. 고전적 사회주의*에 대한 일반이론과 북핵 담판 결렬 이후 북한당국이 대응하는 여러 조치들을 살펴보면 북한의 우울한 미래가 눈에 보인다.

> * 고전적 사회주의 체제란 20세기 공산주의 국가들의 정치·경제체제, 예를 들면 소련의 스탈린 체제 또는 1950년대 후반부터 북한의 정치·경제체제를 말한다.

동구 공산권의 해체와 중국의 개혁 드라이브 이후 지구상에 고전적 사회주의 국가라고 볼 수 있는 나라는 북한 쿠바 베트남이 남았다. 중국식 발전모델을 열심히 따르는 베트남도 과거 개념의 공산국가라고 부르기엔 사회의 변혁 속도상 이미 많이 부적절하고, 쿠바도 2021년 4월 16일 고(故) 피델 카스트로의 동생 라울이 혁명 후세대 현(現) 대통령에게 권력 이양을 선언, 지난 60여 년 동안 지탱해 온 좌파 혁명 체제의 해체 길로 들어섰다.

이렇게 보면 고전적 사회주의 또는 냉전기 공산주의 국가로는 북한 하나만 남는 셈이다. 북한은 한때 김정은이 총력 경제건설 노선을 선언하고 유화 자세를 보이다가 2019년 하노이 북미협상 결렬 후 최근 체제의 경직성 위협성이 더욱 강화되는 추세다.

사회주의 정치경제학의 세계적 권위자 야노쉬 코르나이 교수의 역작 『사회주의 체제의 정치경제학』은 북한이 그 체제와 통치 기제를 계속 고수하는 한 지금까지 진행해 왔거나 앞으로도 계속 추진해야 할 남북대화 북미 협상은 물론 핵 문제의 해결도 성공 가망이 거의 없다는 비교적 단순한 결론을 느끼게 한다.

이 책은 고전적 사회주의라고 하는 정치·경제체제가 실패(失敗) 원인, 더 정확하게 이야기하자면 '절대 성공할 수 없는 본질적인 원인'을 이론적으로 분석하고 있다. 그리고 고전적 사회주의 체제가 유일(唯一)지도 체제와 같은 개인숭배와 만나면 그 국가사회는 더욱 요지부동의 막다른 길로 빠져 자생력과 합리성을 잃고 만다고 암시하고 있다.

고전적 사회주의 체제 몰락의 원인은 다음과 같다. 주제어별로 주체사상, 김일성-김정일-김정은주의, 로동당, 세습 1인 지배 체계를 대입하면 놀라운 일치성이 발견된다.

고전적 사회주의 체제 몰락의 원인*

* 야노쉬 코르나이, 차문석·박순성 역, 『사회주의 체제의 정치경제학 1』 (경기 파주: 나남,

2019)의 전체 이론과 분석 틀을 원용하였다.

1) 당-국가(party-state) 시스템과 공산당 일당독재

고전적 사회주의 체제에서 정치는 삶의 모든 차원에 영향을 미친다. 정치로부터 자유로운 행정업무는 존재하지 않는다. 공산당은 스스로 모든 일을 책임지고 있다고 생각하며, 국가조직과 관료 기관 근무자들에게 어떠한 자율도 허락하지 않는다. 사실상, '당-국가'의 존재와 정치적 행정적 기능의 혼합은 체제의 중요한 특징이다.

사회주의 국가들에서는 공산당만이 모든 권력구조를 독점하며 다른 어떤 정당도 용납하지 않는다. 공산당이 표면적으로 내거는 민주집중제의 원리에 따르면 조직과 정책 결정은 아래로부터 이루어져야 하지만, 실제로 공산당 조직은 완전히 위로부터 작동한다.

관료 기구나 국유부문의 고위 직책들은 당 기구들의 구성원들이 겸하고 있어, 마치 당이 국가에 침투한 것만 아니라 국가가 당에 침투한 것이나 다름없이 서로 유기적으로 중첩되어 있다. 이를 두고 고전적 체제에서 "당과 국가는 하나가 아니며 그렇다고 둘도 아니다."라고 말할 정도다.

반면 자본주의 체제는 다당제를 기본으로 하며 일당독재는 그 자체로 죄악시된다. 정당과 관료 기관(행정기관)은 소통과 결정의 경로가 다르며 모든 정치 경제 권력은 협치의 정신에 입각, 상호 견제와 균형(check & balance)의 민주 원리 위에서 작동한다.

2) 공식 이데올로기의 압도와 체제 우월성에 대한 도취

고전적 체제는 초기엔 마르크스 사상, 후기엔 스탈린주의의 영향 아래 있었다. 이와 같은 사회주의 공식 이데올로기의 지지자들은 사회주의가 인류를 구원할 것이라는 메시아적 신념을 가진다. 사회주의는 효율성을 손상하는 자본주의의 속성들을 제거하는 등 사적 재산, 경쟁, 그리고 시장에 의해 야기되는 낭비를 방지한다고 믿는다. 사회주의 혁명을 통해 착취로부터 해방된 노동자들의 열광과 책임감은 사회발전의 최고 단계인 공산주의가 도래할 때까지 계속 증가할 것으로 확신한다.

공식 이데올로기는 사회주의 체제의 창출과 유지가 그 자체로서 가치 있는 것, 즉 하나의 기본재라고 주장한다. 고전적 체제에서 권력(당, 국가)은 몸이고 이데올로기는 영혼으로 일심동체형이 되고 만다. 당은 혁명을 지도하고 혁명의 적들을 패배시킴으로써 인민들을 인솔할 수 있는 자기 능력을 증명한 조직으로 추앙된다.

이렇다 보니 고전적 체제는 가부장주의적 성격을 지녀 그 체제하의 관료기구는 부모의 역할을 하는 듯이 행동하며 최고위 권력자에 대한 개인숭배는 그를 '인민의 아버지'로 칭송할 지경에 이른다. 이런 체제는 "시키는 대로 하는 한 시민들은 세상에서 걱정이 없을 것이다. 당과 국가가 모든 일을 돌보아 준다."라는 자기도취에 빠져 전횡과 폭정을 휘두른다.

인민들 앞에는 당의 정치노선은 반드시 따라야 하고, 결정은 지지해야만 하며, 상급자의 명령(命令)에 대해 주저 없이 복종하는 삶만이 보장되는 것이다. 각자의 개성과 가치에 따라 창의와 변화를 마음껏 발휘할 수 있는 자본주의 체제와는 완전히 다르다.

3) 사유재산과 이윤추구 본성

자본주의는 사적소유(private ownership)와 관련 있고, 사회주의는 공적 소유(public ownership)가 기본이다. 사회주의 체제하에서 재산의 비(非)개인화는 극단화된다. 모든 생산도 결국은 전 인민(the people as a whole)에 의한 소유라는 틀 속에 포함된다. 공적 소유에 따라 누구도 이윤

을 챙길 수 없으며 아무도 손실에 대해 자신의 주머니를 열어 지불할 필요
가 없으므로 재산은 비(非)개인화할 뿐 아니라 사라진다.

4) 인간 행위의 합리성에 대한 불신

국가재산은 모두에게 속하기도 하고, 어느 누구에게도 속하지 않는다.
이렇다 보니 '공산주의'는 이상(理想)의 기치로 허공에 나부낄 뿐 "당은
정책이 있고 인민은 대책이 있다."라는 말*처럼 전체로서의 사회는 겉돌게
되고 만다.

> * 중국이 '죽의 장막'이라 불리던 철저한 공산당 일당독재 시절, 중국의 일반 민중들이 당과
> 정부의 온갖 규제와 지시의 틈새를 헤집고 살아가는 행태를 자조적으로 표현한 말, 지금도
> 과분하다고 느끼는 중앙의 규제에 대해 야유적으로 사용되고 있다.

이에 비해 사유재산을 보장하고 이윤추구의 인간 본성이 존중되는 자본
주의 체제하에서는 모든 사회구성원이 이윤극대화를 위해 합리적으로 행
동함으로써 능률과 생산이 최적화된다.

5) 계획 만능 혁명일도

자본주의는 사적소유가 자생적인 경제 과정을 통해 발전된 체제다. 인간
적·자연적·자생적이라고 볼 수 있다.
반면 사회주의는 자본주의적 재산 관계의 완전한 제거와 집단적 공적 재
산 관계의 창출을 위해 당-국가(party-state)가 혁명적 행동을 통해 이룩한
체제다. 인위적이고 계획 만능 혁명 지향이다.
고전적 체제하에서 관료 기구는 사적 재산을 몰수하기 위해서, 생산수단

을 국유화하기 위해서, 그리고 소농민과 소생산자들을 협동적 집단적 재산 형태로 통합하기 위해서 강제력을 사용했다. 사회주의는 확실히 계획(planning)을 체제의 위대한 특성으로 내세운다.

마르크스는 사회적 노동의 중앙 집중적 배치가 매우 단순한 업무가 될 것으로 생각하고 인민들의 사회적 관계, 그리고 그에 따른 인민과 생산물의 관계가 더 이상 시장의 물신주의에 가려지지 않을 것이므로 배분 업무는 아주 쉽고 투명할 것으로 생각했다. 한 국가사회의 국민경제적 규모를 계획하는 데 수반되는 어려움과 또 이에 필요한 방대한 양의 정보를 수집하고 처리하는 데 문제가 있을 것을 내다보지 못한 원초적 오류를 범한 것이다.

시장 경쟁의 '자연선택'이 낡고 비효율적인 것은 도태시키는 동시에 끊임없는 혁신을 통해 경제발전이 이루어지는 선순환 과정은 기대할 수 없다. 이른바 사회주의 명령경제(command economy)의 이런 취약성은 슘페터가 말하는 '창조적 파괴'의 혁명적 효과마저 설 자리가 없도록 만들어 이미 여러 나라에서 결과적으로 사회주의 경제체제의 몰락을 자초했다.

6) 명령-복종, 소통 부재의 관료적 조정

위에서 설명한 네 가지 항목과 모두 연관된 것이기도 하지만, 고전적 체제가 끝내 몰락하는 일선 현장에 관료적 조정 기제라는 권력의 경직·경화 현상이 있었음을 지적하지 않을 수 없다.

공산국가에서 관료적 조정은 가장 광범위하고도 강제적으로 적용되는 기제로, 자신을 지속적으로 강화·재생산하는 속성을 지닌다.

공산 체제의 병폐는 분할되지 않은 전체주의적 권력구조, 사회적 생산의 국가 소유, 그리고 다른 모든 행정 기제에 대한 관료적 조정의 지배 압도가 서로 밀접하게 연관된 현상이다.

전통적 체제에서 상급자는 하급자에게 명령을 내릴 수 있지만, 그 반대는 불가능하다. 각 기관기구의 구성원들이나 시민들은 제안과 비판을 제기하며 자기 목소리를 낼 수 있다지만 그것은 오로지 형식적이다. 제안 비판 또는 항의는 결코 체제의 기본 원칙들, 당의 주요 정치 노선 또는 경제계획으로 표현되는 전반적인 경제정책을 문제 삼을 수는 없다.

사회주의 체제는 아래로부터 위로 흐르는 피드백의 주요한 요소 자체를 거부하는 것이다. 자유자재한 소통과 교류를 통해 창의와 혁신이 끊임없이 이루어지는 자본주의와 달리 소통은 막히고 오로지 명령-복종의 관계만 허용되는 체제가 자연도태의 길로 접어들 수밖에 없는 것은 어쩌면 당연한 이치였다고 할 수 있다.

공산국가 북한과 중국의 경로 비교

비슷한 시기에 출범한 동아시아의 두 공산국가 북한(1948년)과 중국(1949년)이 지금까지 걸어온 경로를 되돌아보자.

코르나이의 책이 사회주의 종합 비판서인 이유는 책의 행간에서 중국의 굴기와 북한의 빈궁·고립이라는 완전히 상반된 두 나라의 현 도착점에 많은 인과관계를 발견할 수 있게 하기 때문이다. 그리고 코르나이는 특히 북한 수령체제의 미래에 대해 많은 것을 시사하고 있다.

북한은 코르나이가 분석 비판한 고전적 사회주의 체제의 병폐와 몰락 원인을 고스란히 다 가지고 있는 국가다. 오히려 더 심화 경직된 체제라고 할 수 있다. 여기다 북한은 1956년 8월 종파 사건 이후 지난 65년을 오로지 김일성 유일 지배체제로 일관해 왔고 지금은 3대 세습 김정은-여정 남매 밑에서 전제 왕국처럼 운영되고 있다.

북한은 자체 혁명을 통하지 않고 본래 소련군 점령지역에 스탈린의 지령에 따라 소비에트를 이식해 온 공산 체제였다.*

* 박명림(1997), "북한 혁명의 성격: 반정복과 반혁명-북한 토지개혁의 과정 내용 의미의 분석", 『아세아연구』 40(1), pp. 161~209..

반면 중국은 오랜 내전을 통해 자체로 공산혁명에 성공한 나라이다. 혁명 영웅 모택동 시절 개인숭배 일인 독재 현상이 있긴 했지만, 근본적으로 중국은 공산당 정치국원들의 무한 토론 후 만장일치를 원칙으로 국가 대사를 결정하는 집단지도체제이다. 그리고 지금은 사실상 산업화(industrialization)와 서구화(westernization), 심지어 미국 따라하기(Americanization)의 혼합(混合)이라고 할 수 있는 '중국 특색의 사회주의 시장경제' 노선을 활보하며 오히려 유일 최강 미국과 패권 경쟁을 벌이고 있다.

정치학의 많은 연구 실적은 반대의 목소리도 인정하는 정치적 분파가 존재하지 않거나 최소한 집단지도체제가 아닌 국가에서는 체제변혁이 불가능하다고 말한다. 따라서 현재 북한의 수령제는 북한 변화의 최대 제약요인이다. 북한 체제의 특성상 변화와 개혁을 도출(導出)하려면 무엇보다도 수령제를 기반으로 하는 권력구조가 바뀌어야 한다.*
심지어 개인숭배 일인 독재 체제치고 지도자의 축출 사망 이외의 방법으로 체제 전환이 이루어진 예가 없음도 보여준다.**

* 김갑식. "김정은 정권의 수령제와 당·정·군 관계", (2014)
* *브루스 부에노 데 메스키타 외, 이미숙 옮김, 『독재자의 핸드북』

요컨대 북한의 정상 국가화가 무엇보다 우선되어야지 다른 방법은 경험칙상 모두 무위로 끝나고 말 것이라 생각된다. 따라서 '북한의 정상 국가화'라는 길이 아무리 멀고 힘들지라도 처음부터 다시 집중할 수밖에 없다. 4차 산업혁명기의 다가오는 생산기술 패권 각축 시대는 고정관념의 벽을 넘는 무한 발상이 빛을 발하는 세상이 될 것이다. 남북이 같이하면 더욱 좋겠지만, 한국만이라도 지혜롭게 잘만하면 한반도 운명 개척의 전혀 새로운 경로가 열릴 것으로 기대한다.

북한의 사회경제 현황

1) 김정은은 미북 핵 담판 결렬 후 미국의 자세 변화마저 기대할 수 없는 상황에서 국가 진로를 새롭게 다잡기 위해 개최한 2021년 1월 8차 당 대회에서 "국가 경제발전 5개년 전략 수행 기간(2016~2020)이 지난해 끝났지만, 목표는 거의 모든 부문에서 엄청나게 미달 됐다."라며 "우리의 노력과 전진을 방해하고 저해하는 갖가지 도전은 외부에도 내부에도 의연히 존재한다."라고 말했다.*

* 『노동신문』, 2021년 1월 8일, 1면.

북한이 만난을 무릅쓰고 추진한 핵 무력 완성이 이루어지고 몽매에도 소원하던 북미 정상 담판(2018~9년)이 이 기간에 3번이나 성사됐으나 북한이 지난 70년 동안 바라온 결과는 얻지 못했음을 뜻한다. 김정은은 2022년엔 신년사를 건너뛰었고 6월 8~10일 열린 당 중앙위 8기 5차 전원회의를 통해 한미 양국을 향한 강대 강 정면승부 노선을 재천명했을 뿐이었다.

2) 북한에서 장마당으로 대표되는 시장화가 한때 나라 전체의 경제 회복에 이바지하였을 뿐 아니라 주민들의 생계유지 기반이 된 적이 있었다. 탈북민들을 상대로 한 설문조사*에 따르면 북한의 인민대중 가계 중 2020년 한 해 동안 공식 월급이 전혀 없었다는 응답은 66%로 역대 최고치를 기록했다. 가장 높은 소득을 거둔 업종은 소매 장사(19.3%)와 되거리장사

(10.1%), 외화벌이(10.1%) 순으로 나타났다.

* 서울대 통일평화연구원, 「북한 사회 변동 2020」, 제3장 / 시장화, 소득 분화, 경제 인식, 2021.

북한경제가 발전하기 위한 1순위 조건으로 자본주의를 도입해야 한다는 의견이 32.1%로 가장 높았으며, 경제 관리 방법을 개선해야 한다는 의견과, 외국과의 경협을 확대해야 한다는 의견이 각각 26.6%, 25.7%로 뒤를 이었다. 세계은행과 유엔 자료에 따르면, 2007년 이래 북한은 세계 최빈국의 국민소득 평균을 밑돌고 있으며 북한 인구의 56%는 제대로 전기 공급을 받지 못하고 40%가 식량부족을 겪고 있다.

3) 김 총비서는 8차 당 대회 결론에서 "무엇보다도 국가 경제 발전의 새로운 5개년 계획을 반드시 수행하기 위한 결사적인 투쟁을 벌여야 한다."라며 "제일 걸리고 있는 경제문제부터 시급히 풀어야 한다."라고 강조했다. 김정은은 "요란한 구호를 내드는 것보다 이민위천·일심단결·자력갱생 3가지 이념을 다시 깊이 새기는 것으로 구호를 대신하자."라며 "참된 인민의 충복답게 위민헌신의 길에 결사 분투할 것"이라고 했다.*

* 「노동신문」, 2021년 1월 13일. 1~2면.

4) 2021년 6월 중 노동당 중앙위 제8기 제3차 전원회의 개최를 앞두고 북한이 경제 과업 수행을 위해 강한 규율을 세울 것을 간부들에게 특별 주문했다. 당 기관지 노동신문은 2021년 6월 7일 "당이 제시한 새로운 5개년 계획은 당의 지령이며 국가의 법"이라며 "인민 경제계획은 누구도 어길 권리가 없으며 오직 집행할 의무밖에 없다."라고 밝혔다. 신문은 "사회주의

경제는 계획경제"라며 "사회주의 사회에서는 인민 경제의 모든 부문, 모든 단위가 서로 치차(톱니바퀴)와 같이 맞물려 있다. 한 단위라도 계획 규율을 어기면 연관 단위들이 영향을 받게 되며 나아가서는 전반적 경제발전에 커다란 지장을 주게 된다."라고 강조했다.

그러면서 규율을 강하게 세우는 방안으로 간부들의 엄정한 생산 총화(분석·결산)를 제시했다.

신문은 또 "인민 경제계획의 철저한 수행은 대중의 혁명적이며 자각적인 투쟁과 함께 맵짠 총화가 안받침돼야 한다."라면서 "생산 총화를 바로하는 것은 계획 규율을 강화하고 인민 경제계획을 정확히 수행하기 위한 중요 방도"라고 피력했다. 이어 총화를 제대로 하지 않거나 계획수행 현황을 나열하며 일반적인 강조만 하는 방식 등을 경계하라고 촉구했다.

5) 국제제재 자연재해 코로나 봉쇄라는 전대미문의 3중고에 봉착한 북한이 2021년 4월 초 당세포 비서대회를 기점으로 돌연 인간 개조 사업을 들고나왔다. "수백만 당원들이 한 사람씩 맡아 교양 개조하여 모든 인민을 사회와 집단을 위해 몸 바쳐 일하는 성실한 노동자로 만들자."라는 운동이다. 6차 당세포 비서대회(2021. 4. 6~8)에서는 또 '반사회주의, 비사회주의' 투쟁을 강조했다. 세포 비서대회는 집중적으로 추진할 과업으로 •청년교양 사업에 특별히 주력 •인간개조사업 적극 전개 및 집단 내 공산주의적 기풍 확립 •반사회주의, 비사회주의적 현상과의 강한 투쟁 전개를 명시했다. 이세 가지 과업 목표는 전체주의 북한이 체제수호의 절박함을 느낄 때 들고나오는 상투적인 대책이다.

북한경제의 지속되는 문제점*

* 야노쉬 코르나이, 차문석·박순성 역, 『사회주의 체제의 정치경제학 2』 (경기 파주: 나남,

2019)의 분석 틀을 원용하였다.

1) 심각한 부족 경제와 관료적 배급 체계의 와해

위에서 보듯 북한 주민들이 이제는 국가에서 지급하는 배급과 월급에 의지하지 않고 장마당에서 각자도생하고 있다고 한다. 양곡 배급소 앞에 줄서 있는 주민 모습은 벌써 없어졌다. 전체주의 당-국가체제인 북한에서 장마당은 제도(법) 밖의 비공식 무대로서, 주민들이 자의적으로 모인 장터이면서 온갖 회색 및 암시장 같은 불법시장의 성격도 내포된 병행시장이다. 조사에서는 또 국제제재가 장기화하면서 이제는 장마당에서 매매할 가전 공산품 등 모든 물자의 심각한 품귀현상마저 나타나고 있다. 기자재 생필품 식량 등 북한 사회 모든 분야에 전반적이고(general) 빈번하고(frequent) 강력하며(intensive) 만성적인(chronic) '부족 경제'가 고착되고 있다.

2) 대책 없는 강행성장 정책추진과 동원 경제

김정은은 8차 당 대회에서 지난 5년의 경제계획이 처절한 실패였음을 눈물로 실토하고도 같은 대회에서 또다시 새로운 5개년 경제계획 추진을 발표하면서 전당 전군 전민의 일심단결 결사분투를 부르짖었다. 지난 70년간 3대에 걸쳐 핵무장에만 집중하느라 피폐한 인민 생활과 낙후된 경제를 어떡하든 하루바삐 해결해야겠다는 심정의 개발 조급증이 발동한 것이다.

북한은 또 새 5개년 계획이 당의 지령이며 국가의 법이므로 그 누구도 오로지 집행할 의무밖에 없다고 강제했다.

고전적 사회주의는 일종의 동원 경제로 경제건설은 후진성과 내외부의 적들에 대한 전투이며, 어느 누구, 그 무엇도 그런 전투로부터 후퇴해서는 안 되며 인적 물적 자원을 총동원하기 위해 평시에도 전쟁 의식을 주입한다. 고전적 체제의 후발자 사이에서 자주 나타났던 특수한 성장유형인 강행 성장의 무리한 추진과 동원 경제 집행은 다음 세대에 가서 매우 값비싼 대가를 치르게 하는 것으로 알려져 있다.

3) 일당독재와 적나라한 억압으로 지탱되는 명령경제

위 다섯 가지 항목을 종합해 볼 때 북한은 고전적 체제의 전형처럼 ·노동당의 독점적 정치권력 ·당과 국가의 상호침투 ·반대 세력에 대한 억압으로 유지되는 사회임을 알 수 있다. 고전적 체제가 여러 가지 체제의 특수적 결합으로 위기를 맞을 때 그나마 체제 유지의 접합제 역할을 하는 것은 권력 엘리트들의 신념과 숙청 처형 등 적나라한 억압, 두 가지뿐이다. 경제건설 규율 강화에 이어 북한은 반사회주의와의 투쟁과 집단주의 인간 개조 사업을 들고나와 앞으로 체제 이질적 행위에 대한 무서운 억압을 예고했다.

4) 총체적 실패 누적과 체제변화 일보 직전

고전적 사회주의 체제가 시장 사회주의 또는 계획-병행-시장(plan-cum-market)경제, 즉 개혁의 경로를 탈 수 있는 체제변화의 유인은 ·경제적 곤란의 누적 ·대중의 불만 ·관료 등 권력 엘리트들의 자신감과 신뢰 상실, 그리고 ·외부 세계의 개혁 사례를 든다.

김일성 이래 수령 3대 70년 동안 북미 관계 정상화와 경제건설이라는 두 가지 국가적 염원이 동시에 이루어지리라는 꿈을 품고 학수고대해 온 북미 정상회담이 성사되는 그런 좋은 기회에도 결국 꿈은 이루지 못했다. 이것은 북한 체제의 총체적 실패라고 할 만하다.

그리고 체제변화의 4가지 유인을 보더라도 변화의 분위기는 충분히 무르익었다. 단 한 가지 숙청 처형 등 적나라한 억압의 공포 때문에 얼어붙은 권력 엘리트들의 태도가 문제다.

그러나 고전적 체제는 잘 짜여진 천 같아서 실 한 가닥만 끊어지면 전체가 다 풀어지는 속성을 지녔음을 역사는 말해주고 있다.*

* 야노쉬 코르나이, 차문석·박순성 역, 『사회주의 체제의 정치경제학 2』(경기 파주: 나남, 2019), p. 31.

야노쉬 코르나이는 1990년 집필 당시 북한을 지금은 다 허물어지고 없는 고전적 사회주의, 즉 냉전 시기 공산권의 '요새'라 칭하면서 체제변혁의 장애요인을 전제 왕조 철권독재나 다름없는 북한 체제 자체의 독특성에서 찾았다. 그는 북한 같은 "폐쇄적 체제의 사람들은 자신들의 힘든 생활방식이 불가피하며 어떤 사회에서든 존재하는 일상의 일부라고 생각한다. 자기들 처지가 먼 과거로부터 계속 개선되어 오는 과정이라고 여긴다."라면서 "고전적 체제(공산국가)는 불만이 억압되어 있을 동안만 생존할 수 있다."라고 진단했다.

암담한 현실

이 장(章)에서는 지난 75년간 진행된 남북협상, 다시 말해 한반도의 좌우 합작이 결과적으로 모두 좌절 실패한 경위를 개괄해 보았다. 사상 처음 열린 미북 정상회담의 결렬로 허망하게 대미를 장식한 남북 간의 길고 긴 대화 협상 후 지금 한반도에는 다음과 같은 세 가지 모습이 남아있다.

첫째, 대미 담판의 실패를 딛고 '자력갱생'과 '정면승부'를 호언한 북한이 그간 내외적 어려움을 용케도 잘 극복하고 있다고 생각했는데 알고 보니 여러 나라의 금융기관과 가상화폐거래소에 대한 사이버 해킹으로 연명하고 있음이 드러나고 있다.

북한은 국가가 육성 운영하는 7천 명 규모의 세계 최강의 해커부대를 동원, 국제 금융시장 전산망이나 가상화폐시장에 대한 사이버 공격을 통해 대량살상무기(WMD) 프로그램의 자금을 조달하고 있다는 것이다.*

> * https://eiec.kdi.re.kr/publish/columnView.do?cidx=12208 「KDI경제정보센터」, (검색일: 2022년 9월 5일).

이 해커부대는 그동안 사이버 범죄행위로 23억 달러(2조 7천억 원)나 탈취하여 김정은의 정권 유지 수단이 되고 있다고 하며,① 한국의 여러 은행에서도 사이버 공격으로 빼돌린 자금이 엄청나다는 정보에 따라 윤석열 정부의 검찰이 수사에 나섰다. 그리고 북한은 최근 우크라이나를 침공한 러시아에 수백만 발의 미사일과 포탄을 수출했고 러시아가 점령해 독립시킨 돈바스 등 남부 두 지역의 전쟁 복구 사업에 인력수출을 서두르고 있다.② 돈

벌이가 되는 일이면 국제적으로 불량국가(rogue state)③, 악의 축(axis of evil)④에 이어 왕따국가(pariah state)⑤ 노릇도 마다하지 않는다.

① 『중앙일보』, 2021년 12월 22일.

② 『The New York Times』, 2022년 9월 5일.

③ 1991년 냉전 이후 새로운 적을 규정한다는 명목으로 미국이 만들어 낸 용어로, 자유민주주의의 이념을 위협하고, 세계평화와 공존을 위협하는 이란 이라크 북한과 제3세계 국가들을 지칭한 말.

④ 미국의 대통령 조지 W. 부시가 2002년 1월 29일 연례 일반교서에서 "테러를 지원하는 정권(regimes that sponsor terror)"을 가리키며 쓴 용어로 이라크, 이란, 조선민주주의인민공화국을 지칭했다.

⑤ 2019년 2월 25일 마이크 폼페이오 당시 미국 국무장관이 '노딜'로 끝난 하노이 2차 북미정상회담을 사흘 앞두고 CNN과의 인터뷰에서 "우리는 김정은 위원장에게 핵무기 포기 대신 선택할 수 있는 대안은, 무역이나 성장도 할 수 없고 자국민을 돌볼 수도 없는 '왕따국가'로 남는 것임을 매우 분명히 전했다."라고 한 말. 그보다 5년 전인 2014년 4월 방한한 버락 오바마 당시 미 대통령도 용산 미군기지 연설에서 "38선은 이제 열린 사회와 닫힌 사회, 자라나는 민주주의 체제와 국민을 굶기는 '왕따 국가(a pariah state)' 사이의 대조가 존재하는 곳"이라고 언급한 바 있는데 이번에 NYT에서 다시 이 용어를 사용.

한편 한국 내의 진보 보수 두 진영 간 대북 정책 노선의 간극(間隙)에서 비롯된 남남갈등은 'GNP 3만 불 경제 규모 10위권' 유리 천정을 도저히 못 깨는 정체 상황에 나라를 가두었다. 한민족의 우수성과 능력은 한국이 산업화와 민주화를 한꺼번에 이루는 비약 발전을 견인해 왔는데 남북의 기약 없는 분단 대치 상황은 총체적 민족역량을 저해하기에 이른 것이다.

둘째, 문재인-윤석열 간 정권 교체기인 2022년 봄, 지난 40년간 남북 대화 협상과 대북 정책 일선에서 일해온 두 인사의 언급이 충격적이다. 박지원 진보정권 마지막 국정원장은 퇴임을 앞두고 언론 인터뷰에서 "김정은(북한)은 비핵화하지 않을 것"이라고 실토하였다.*

* 「조선일보」, 2022년 5월 7일.

앞서 언급한 서훈 전 안보실장과 함께 2000년 김대중-김정일로 시작된 남북정상회담의 성사 실무 주역이자 문재인 퇴임을 준비할 때도 대북 정책 총괄 두 톱이었던 두 사람 중 박지원의 언급은 북한 핵의 오랜 진실 공방에 대한 진보 진영의 양심고백이라고 여겨진다.

또 1977년 통일부 관료로 시작 김대중 노무현 정부에서 두 차례 통일부 장관을 역임한 정세현 전 평통 수석 부의장(문재인 정부)은 2022년 5월 30일 YTN 라디오에 출연, 윤석열 대통령의 대북 도발 억지 발언에 대해 "북은 중국말도 안 듣는 나라다. 이러다간 윤석열 임기 중에 전쟁이 일어날 수도 있다."라고 말하였다.

주지하다시피 진보 1기 김대중 정부는 북한은 핵무기를 개발할 의지도 능력도 없다고 믿었다. 그러다 북한이 핵폭탄뿐만 아니라 ICBM에 근접하는 미사일까지 개발한 것이 다 알려진 진보 3기 문재인 시기 당정청(黨政靑)은 물론 학계의 친여 인사들은 북한의 핵미사일 프로그램이 북한 체제 안보를 위한 대미 협상용일 뿐 결코 한국을 염두에 둔 것이 아니라고 강변해 왔다. 이런 진보 논리의 중심에서 '우리민족끼리'를 외치며 대북 햇볕정책을 고집해 온 두 인사가 이제 와서 북한이 핵무기를 결코 포기하지 않을 것이고 여차하면 대남 전쟁 도발을 할 수도 있다고 태연히 말하고 있으니 무책임하고 어이없는 일이 아닐 수 없다.

진보 진영이 북한의 전쟁 도발과 핵미사일의 대남 위험성에 대해 시종 내부적으로 거짓말을 해 온 것이 아니라면 북한의 위협에 가위눌려 사실을 왜곡하면서 아예 굴종해 온 것이라고 할 것이다.

북미 담판 결렬 후 한국과 미국을 향해 '정권 박멸'과 '정면승부'를 운위하며 전의(戰意)를 드러내고 있는 북한에 대해 한국은 계속 눈치 보고 달래고 비위를 맞추자는 주장과 다름없다. 필자는 대북 화해 협력 노선에 천착해 온 진보 진영의 이런 비정상적 상황인식을 대북 스톡홀름 신드롬 (Stockholm syndrome)*이라 분석한다.

* https://terms.naver.com/entry.naver?docId=2118643&cid=41991&category-Id=41991 『심리학용어사전』, 자신보다 더 큰 힘을 가진 사람이 자신의 목숨을 위협하는 상황에서 가해자에게 심리적으로 공감하거나 연민과 같은 긍정적인 감정을 느끼는 현상. 즉 인질이 인질범에 동조하거나 지지하는 심리적 병리 증상. (검색일: 2022. 9. 9.)

정작 문제는 현재로선 북한의 핵미사일 이슈를 해결할 수 있는 출구가 현실적으로 없다는 점에 있다. 한미 양국은 그동안 북핵 문제를 해결하기 위해 군사적 방법이나 붕괴·흡수의 방법을 추구하지 않기로 한 이상 북한의 태도 변화를 바랄 수밖에 없는데 북한은 핵을 절대로 포기하지 않겠다고 하고 있다. 그러면 북한의 핵 보유를 인정하거나 최소한 현 수준에서 동결하는 선에서 타협안을 찾아야 하는데, 이럴 경우 일본 한국 대만에서 예상되는 핵 도미노를 어떻게 할 것인가가 문제다.

일본 대만의 핵 도미노는 당장 중국이 사활적 문제로 인식할 것이 자명하다. 북한은 묵시적 핵보유국인 인도 파키스탄의 경우와는 근본적으로 다르다. 북한의 대미 핵 정책 성공은 IS 탈레반 같은 종교적 강경 세력 등 이른바 '불량국가들'에게 롤 모델이 될 수 있으므로 이는 미국 등 서방(기독교) 세계의 사활적 문제가 되고 만다.

북한의 핵 보유를 묵인하건 동결하건 모두 NPT 체제의 와해를 뜻하며 이는 곧 국제 질서와 역학 구도의 대 혼동으로 이어질 것이다.

셋째, 남북 및 북미정상회담 기간 미국은 중국을 의식하는 한편 트럼프의 온 신경은 자신의 중간선거 유불리 등 미국 국내 여론 동향에 따라 대북정책 노선의 냉·온탕을 오가는 모습을 보였다. 중국은 오로지 미국 견제에 관심 집중, 동아시아 지역 내 자국의 패권적 지위 유지에 대한 유불리만 계산하며 북한 김정은 다루기에 열중하였다. 일본과 러시아는 각기 미국과 중국의 등 뒤에 밀착, 자국 이해득실만 따졌다.

이런 가운데 문재인과 김정은은 유관 4강 어느 국가에도 감흥을 주지 못하는 서로 엇박자 춤을 추느라 한반도 국제 정치는 미국과 중국의 정서에 따라 출렁이는 바람개비 신세가 되었다. 그 결과 한반도는 글로벌 미중 패권 경쟁과 역내 북중러 북방 3국 대 한미일 남방 3국 각축 체제의 최전방이 되어 21세기 신냉전의 중심지가 되었다.

제2장 지정학적 반추: 미중일러의 한반도 국제 동학

국가의 지리적 조건은 변함이 없다.

지리 조건을 통해 국제관계를 분석하는 지정학은 그래서 결정론적 관점을 띠고 있다. 지정학을 운명으로 보는 이유이기도 하다. 이런 지정학은 하나의 학문으로 체계화된 19세기 훨씬 이전부터 각국의 상호작용과 그로 인해 파생되는 국제관계를 지배해 온 것으로 보이는데, 탈냉전 후 세계화와 함께 거의 시들해지는 듯했다. 지정학의 논리가 1, 2차 대전을 낳고 냉전의 이념적 바탕이었기 때문이다.

그런 지정학이 대략 2008년 금융위기 이후 미중 갈등이 심화하고 이른바 신(新)냉전 시대로 접어들면서 다시 국제관계를 분석 설명하는 유효한 도구로 부상하였다.

한반도에는 130년 전 청일전쟁이 일어난 후 오늘에 이르기까지 진정한 의미의 평화 체제가 정착된 적이 한 번도 없다. 청일전쟁(1894~5년)과 러일전쟁(1904~5년) 때 외세의 전쟁터가 된 이후 일제 식민지(1910~45년) 미소 점령(1945~9년) 한국전쟁(1950~3년)에 시달렸고 지금도 남북 갈등 대치가 계속되는 휴전상태에 있는 것이다.

한반도의 운명은 삼팔선(분단선)에 농축되어 있고, 한반도 평화의 최대 걸림돌은 북핵 위에 솟아있다. 한반도 국제 정치의 과거와 오늘을 분단선과 북핵을 통해 볼 수 있다.

한반도 지정학

북한의 핵미사일이 지정학 소환

미국과 중국의 G2 패권 경쟁으로 대변되는 신냉전은 동유럽 중동, 그리고 중앙아시아 등 전 세계 요로마다 이미 지정학적 역학경쟁의 형태로 드러나고 있었다. 한반도가 속해있는 아시아 태평양에서는 2000년대 중국의 도련선 A2/AD 전략* 대 미국의 아시아 회귀(Pivot to Asia)전략**을 시발로 중국의 일대일로 대 미국의 인도-태평양전략으로 확대되었다.

* https://namu.wiki/w/A2%C2%B7AD A2/AD (Anti-Access /Area Denial, 反접근 지역거부). 2000년경부터 미국이 중국의 서태평양 영역지배 전략을 부르는 명칭. 중국은 A2AD를 통해 자신보다 우월한 미국의 해군력이 동아시아의 주요 해역에 들어오는 것을 저지하여 미국과의 경계선을 최소 괌 외곽. 가능하면 하와이로 정하고자 한다는 것이다. (검색일: 2022. 9. 26.)

** 버락 오바마 대통령 시절 미국이 중국의 군사적 굴기를 제어하기 위해 사용한 전략. 일본·대만·필리핀·말레이시아를 잇는 제1도련선, 혹은 최악의 경우라도 괌과 사이판을 연결하는 제2도련선 안에 중국을 묶어 두려는 것이었다. 중국도 제1, 제2도련선의 방어와 돌파를 목표로 했다.

이때까지만 해도 주로 대만해협과 남중국해에 세계의 이목이 집중했다. 북한의 핵무기 개발은 1990년대부터 세계의 골칫거리였다. 그러나 북한이 2017년 수소폭탄 실험이라고 호언(豪言)한 6차 핵실험을 끝내고 양탄일성 핵 무력 완성을 선언하자 문제가 달라졌다. 특히 북한이 대륙을 뛰어넘어 미국 본토를 공격할 수 있는 ICBM(대륙간탄도미사일) 개발에 거의 성공한 것이 확인되자 자국 안보 우선주의에 충실한 세계최강 미국이 초강경으로 돌아섰다. 도날드 트럼프 대통령이 '화염과 분노(fire and fury)'를 토하고 최빈국 불량국가의 말썽꾸러기쯤으로 여겼던 북한 김정은 위원장과 말 폭탄 맞대결도 마다하지 않은 것도 이 때문이었다.

역사적으로 볼 때 강대국이란 약육강식의 지정학 게임이 낳은 개념이고, 핵무기나 ICBM은 강대국의 전유물이었다. 미국 중국 러시아 영국 프랑스 등 P5(Permanent 5, 안보리 상임이사국)만 핵 5강 클럽에 속했다. 거리라는 지리적 한계를 뛰어넘는 무기 체계인 ICBM은 지정학의 총아인 강대국들끼리 은밀히 가지고 있어야 할 '금단의 절대무기'로 믿고 있었는데 이걸 북한이 들고나온 것이다.

그래서 세기의 핵미사일 담판이라고 해야 할 2018~9년 미북 정상회담에 전 세계의 관심이 쏠렸다. 한반도 주변 4강 중 회담 당사국인 미국은 말할 것도 없고, 중국 일본 러시아도 비록 회담의 장외에 있었으나 제각각 자국의 이해관계를 챙기느라 장내의 남북미 못지않게 바삐 움직였다.

남북한과 미국 중국 일본 러시아 등 주변 4강이 한반도를 놓고 세기의 지정학 게임을 벌인 것이다. 한반도를 요위한 4강의 관계 동학은 구한말 국권 상실기나 2차 대전 후 분단기, 한국전쟁 발발과 정전 협상 시기와 유사한 구도로 진행됐으나 내면에 흐르는 각국의 주의·주장은 더 강고하게 보였다. 앞 장(章)에서 살펴본 바와 같이, 미북 정상회담(핵미사일 담판)의 결렬은 김정은의 무모함과 문재인의 어설픔이 합쳐서 한반도 이슈 해결이라는 설익은 과실 수확을 노렸다가 주변 4강이 일으킨 지정학의 돌풍에 낙과(落果) 피해만 입은 형국에 비견될 수 있겠다.

여기서 김정은이 (또는 문재인과 함께) 나름대로 지정학의 원리에 맞춰 대미 담판에 나섰다가 전혀 예상 밖의 상황을 맞은 것이 아닌가 하는 생각을 하게 된다. 왜냐하면 북한이 남북 및 북미정상회담에 나선 2018년은 김정은의 시각에서 보면 공화국 시조 김일성의 필생 소망이었던 한·미·일 동맹에서 일본을 떼어내는 것과 미국 본토 타격의 무력 확보라는 두 가지 꿈이 거의 현실화한 시기였기 때문이다. 주한미군 철수와 한반도 적화통일을 위한 필수 선행조건으로 김일성이 제시한 두 구상도 그 시절 지정학 원리에 입각한 통일 전술이었다.

소위 '갓끈 전술'*로 알려진 전자는 문재인 정부 들어 한일 갈등이 최고조에 달한 데다 중국에 한미일 동맹체제 불참을 포함한 '3불 약속'을 해 줌으로써 사실상 이루어진 상태나 다름없었다.

* https://www.chosun.com/site/data/html_dir/2019/01/04/2019010401742. html 김일성이 1972년 김일성정치대학 졸업식 연설을 통해 "사람의 머리에 쓰는 갓은 두 개의 끈 중에서 하나만 잘라도 바람에 날아간다."라고 강조한 이른바 '갓끈 전술'. 김일성은 "남조선 정권은 미국과 일본이라는 두 개의 끈에 의해 유지되고 있다."라면서 "남조선 정권은 미국이라는 끈과 일본이라는 끈 중에서 어느 하나만 잘라버리면 무너지고 말 것"이라고 했다. 한국으로 망명한 북한의 주체사상 창시자 황장엽 전 노동당 비서도 "북한 정권은 김일성의 갓끈 전술에 따라 한·미동맹과 한·일 우호 관계를 약화시키려는 통일전선 전술을 구사하고 있다."라고 진술했다. (2022. 1. 20. 검색)

또 김일성은 1968년 11월 과학원 함흥분원 개발팀과의 담화 중 "남조선에서 미국 놈들을 몰아내야 하는데, 그놈들은 절대로 그냥 물러나지 않는다. 이를 위해서는 미국 본토를 타격할 수 있는 수단을 가지는 것이다."라는 비밀교시를 내린 것으로 알려져 있다.

그런 북한이 2017년 9월 3일 수소탄 시험에 성공했다고 발표한 데 이어 '대륙간탄도로켓 화성-15형 시험발사 성공'을 축하하는 제8차 군수공업대회가 9월 11일 평양에서 열렸다고 보도했다.*

* 『조선중앙통신』, 2017년 9월 12일.

이때 북한은 이미 보유한 핵미사일 무력을 종합적으로 표현하여, 미사일 '북극성'이 수중과 지상 임의의 공간에서 전략적 타격 임무를 수행할 수 있는 핵 공격 수단이 되고, '화성-12'는 대형 중량 핵탄두를 장착해 태평양 전 지역을 타격권에 두는 로켓이라고 자평했다.

이어 '화성-14'는 수소탄을 미국의 심장부에 날려 보낼 핵 운반 수단, '화성-15'는 미국 본토 전역을 타격할 수 있는 초대형 중량급 핵탄두 장착이 가능한 완결판 대륙간탄도미사일(ICBM)이라고 자랑했다는 것이다.*

* 한용섭, 『북한 핵의 운명』 (경기 파주: 박영사, 2018), pp. 44~45.

실제 북한은 그해 11월 말 '화성-15호'를 시험 발사하였다. 이때 발사된 화성-15형은 최고고도 4,500km, 비행거리 960km로서 정상 각도로 환산하면 13,000km를 비행할 수 있으므로, 미국의 워싱턴을 비롯한 동부 지역 어디라도 타격할 수 있는 사정거리로 환산될 수 있어 화성-15형은 그 자체만으로도 미국에 최대 위협 요소라 아니할 수 없다.*

* 한용섭(2018), 앞의 책, pp. 61~62.

미사일에 장착된 핵탄두가 고열에 타지 않고 대기권에 재진입하는 것만 확인된다면 북한은 미국 러시아 중국에 이어 대륙간탄도탄 미사일 능력을 세계 네 번째로 갖게 되는 것이다. 그만하면 김일성의 미국 본토 타격 핵 무력의 꿈이 달성된 것이 아니겠는가. 김정은이 남북 및 북미정상회담 제,의에 앞서 2017년 말 양탄일성 국가 핵 무력 완성을 선포할 때만 해도 불후의 영웅 김일성 할아버지의 통일 유지(遺志)를 충실히 따랐으니, 공화국의 앞날에 꽃길만 펼쳐질 것으로 자신했을 법하다.

그러나 국제관계에서 지정학은 강자 편에 갑질 논리를 제공해 왔다. 2차 세계대전 당시 나치와 군국 일본이 이웃 국가들을 점령하면서 세계 침공의 합리화 도구로 지정학을 사용했다. 반면에 힘없는 나라엔 불운을 가져오는 경우가 많았다. 폴란드가 나폴레옹 이래 전쟁 때마다 독일 또는 프랑스와 러시아 사이에서 고난을 겪었고, 지금 러시아의 침공을 받아 영토가 찢어지는 아픔을 당하고 있는 우크라이나가 지정학의 저주를 받는 경우다.

이렇게 볼 때 김정은의 북한은 핵미사일 보유국을 자칭하지만, 아직 강국(强國)반열로 인정받지 못하고 있음을 알 수 있다.

경제력이나 자유 인권 등 보편가치를 외면한 채 핵미사일만 가지고는 진정한 의미의 강성대국이 되기는 불가하다는 이치도 깨닫게 된다. 그런 의미에서 김일성도 지정학의 냉엄한 속성을 간과한 것 같다.

백두혈통이 대를 이어 지배하는 북한은 핵미사일 개발을 통해 지정학을 소환해 왔으나 그 지정학으로부터 한반도는 지금 역습당하고 있는 형국이라 할 것이다.

한반도의 지정학적 가치

지리적 여건은 사람이나 국가를 막론하고 모든 일에 영향을 미친다. 지리적 여건이 온전히 운명을 결정하지는 않을지 모르지만, 결정적인 요인이라는 사실은 틀림없다.* 그래서 지나온 과거를 포함, 지정학은 한 국가에 어떤 일이 벌어지는지 설명해 준다**고 한다.

* 피터 자이한 지음 홍지수 옮김, 『각자도생의 세계와 지정학』 (서울: 김앤김북스, 2021), pp. 18~19.

** 조지 프리드먼 지음 K전략연구소 옮김, 『21세기 지정학과 미국의 패권 전략』 (서울: 김

앤김북스, 2018), p. 14.

　현대 국제정치학의 시조로 불리는 한스 모겐소(Hans J. Morgenthau)는 국력의 요소로서의 지리적 조건을 이렇게 말한다.

　지정학의 개념과 함께 지정학적 가치가 한 국가에 미치는 영향을 이해하기 위해 내용을 간추려 옮긴다.

　'국력의 구성요소 중에서 가장 불변적인 것은 역시 지리적 요소이다. 예를 들어 미국의 대륙이 동쪽으로 3,000마일, 서쪽으로 6,000마일 이상 대양에 의해 다른 대륙으로부터 떨어져 있는 사실은 이 세계에서 미국의 지위를 결정하는 영원한 요소이다. 교통 통신 그리고 전쟁의 기술적 수단 등의 발달에 따라 그 중요성이 달라지긴 했으나, 지리성(地理性)이 결코 제거되지는 않는다. 미국의 지리적 위치는 어디까지나 영원한 중요성을 지니는 기본적인 요소로 남아 있는바, 오늘날 그것이 정치적 결정에 대해서 지니는 중요성이 역사상의 다른 시대와 다르다 하더라도 모든 나라의 외교정책은 이를 반드시 고려해야 할 것이다.

　이와 비슷하게 영국이 유럽대륙으로부터 영국 해협이라는 작은 바다에 의해 유럽대륙과 떨어져 있는 사실, 이탈리아반도가 알프스산맥의 고산 지괴에 의해 유럽의 나머지 부분과 격리(隔離)되어 있는 것 등은 이러한 지리적 상황이 영국이나 이탈리아 자신의 정책과 다른 나라들의 대(對)영국 또는 대(對)이탈리아 정책에 있어 정치 및 군사적으로 중요한 요소로 작용해 왔다. 전쟁의 모든 조건을 고려할 때 이러한 지리적 상황은 이탈리아가 중부 유럽을 침공하기 극히 어렵게 만들고 있으며 북방으로부터 이탈리아를 공격하는 것은 훨씬 쉽게 하고 있다.

　결과적으로 이탈리아가 외국을 침략한 경우보다 이탈리아가 외국으로부터 침략을 당한 사례가 훨씬 많았다. 포에니 전쟁의 한니발로부터 제2차 대전의 클라크 장군에 이르기까지 이러한 영원한 지리적 요소가 정치 및 군사 전략을 실질적으로 결정해 왔던 셈이다.

스페인의 국제적 지위와 관련하여 피레네산맥은 이와는 좀 다른, 그러나 여전히 항구적인 기능을 수행해 왔다. 흔히들 유럽은 피레네산맥에서 끝난 다고 얘기하고 있다. 스페인이 외부 세계로 접근하는 것을 막고 있는 피레 네산맥은 사실 스페인을 유럽의 나머지 모든 나라들을 변모시킨 지적·사회적·경제적·정치적 발전의 도도한 흐름으로부터 격리(隔離)시켜 놓은 장벽 의 역할을 하였다. 스페인은 대개 유럽대륙의 커다란 정치 군사적 사태 전개로부터 제외되었다. 스페인이 유럽대륙의 정치 변두리에 위치하여 온 사실은 적어도 부분적으로는 피레네산맥의 준령들이 쳐놓은 장벽에 의한 지리적 은둔의 결과이다.

소련의 지리적 상황을 보자. 소련의 영토는 지구 면적의 7분의 1을 차지하는 어마어마한 넓이를 가지고 있으며, 이는 미국 영토의 2배 반에 해당한다. 동서로는 베링 해협으로부터 발틱해 연안의 카리닌그라드까지 약 5,000마일에 걸쳐 뻗어 있으며, 남북으로 바렌츠해의 무르만스크로부터 북부 이란에 면해있는 아스카바드까지는 동서 길이의 약 절반에 해당한다. 소련의 영토가 이렇게 광대하다는 사실은 소련이 강력한 힘을 행사할 수 있는 변함없는 요소이며, 이 바람에 과거 소련을 군사력으로 정복하고자 했던 모든 노력은 좌절당할 수밖에 없었다. 이런 거대한 땅덩어리 때문에 외국의 침략자가 정복한 땅보다는 앞으로 정복해야 할 땅이 언제나 훨씬 더 컸으며 결국 정복자들을 기진맥진하도록 만들어 버렸던 셈이다.

한 나라가 자국 영토의 상당한 부분을 정복당했고, 또 이를 단기간에 회복할 가능성이 없다면 대부분 피정복국의 국민은 항거의 의지를 잃고 만다. 이것이 바로 군사적 정복의 정치적 목적이다.

나폴레옹과 히틀러의 예에서처럼 정복자가 제한된 목표를 추구하지 않고 한 국가로서의 소련의 존립 그 자체를 정복의 목표로 설정할 때 오히려 소련 측의 반항을 촉진하였다. 그것은 이미 정복당한 영토가 아직 소련인의 수중에 남아 있는 영토에 비해 훨씬 적었을 뿐 아니라, 정복자가 한 걸음 한 걸음 침략의 발걸음을 재촉할 때마다 상황은 그에게 매우 어려워지는 것이었기 때문이다.

다시 말해 적대 국가의 영토 깊숙이 진격하고 있는 자기의 군대에 대한 보급을 위해 점점 더 많은 수의 군대를 동원해야 할 뿐 아니라 통신망 또한 자꾸만 길어지기 때문이었다. 정복자가 소련영토를 집어삼키고 그것으로부터 힘을 얻는다기보다는, 소련영토가 오히려 그 정복자를 서서히 갉아먹어 마침내는 집어삼켜 버린다.

오늘날 핵전쟁의 가능성은 국력의 구성요소로서의 영토의 크기가 가지는 중요성을 높여주고 있다. 핵무기에 의한 위협을 믿을 만한 것으로 만들려면 핵무기의 기지(基地)는 물론 산업시설과 인구를 충분히 분산시킬 수 있는 넓은 영토가 꼭 필요하다. 핵무기의 파괴 범위는 매우 넓은 대신 국토면적이 좁은 관계로 영국이나 프랑스 같은 나라들이 타국에 대해 핵무기로 위협할 때는 심각한 핸디캡을 안게 된다. 따라서 미국, 소련, 중국과 같은 나라들이 핵무기의 시대에 있어 중요한 역할을 할 수 있는 것은 바로 대륙이라고 부를 수도 있을 만큼 큰 그들의 영토 때문일 것이다.

그러나 다른 지리적 요소는 소련의 국제적 지위에 대해 약점인 동시에 장점이 된다. 소련과 그 서부 인접 국가들 사이에는 높은 산도, 넓은 바다도 없으며 폴란드와 동독의 넓은 평지는 소련의 평원과 자연스레 이어져 있다. 소련에 대한 서부 국경으로부터의 침략을 막아줄 수 있는 자연적인 장애물이라고는 아무것도 없으며 이는 결국 소련과 접경하고 있는 인접 서부 유럽 국가들도 마찬가지이다.

따라서 14세기 이래 오늘날에 이르기까지 백러시아 지방과 러시아 본토의 서부 지방은 러시아와 서부 인근 국가들이 충돌하는 끊임없는 공격과 역습의 장이자 전쟁터가 되었다. 이탈리아나 스페인의 경우와 같은 자연적 국경이, 즉 미리 결정된 국경선이 없다는 것은 소련과 서방세계의 분쟁에 대한 변함없는 요인이었다.'*

* 한스 J, 모겐소 저 이호재 역, 「현대국제정치론」 (서울: 법문사, 1987), pp. 149~153.

한반도는 북쪽 대륙으로 중국 러시아와 남쪽 바다로는 일본열도로 둘러싸여 있는 지형이다. 지금은 멀리서 미국이 태평양을 건너 반도의 남반부 한국까지 진출해 있다.

대륙 쪽 국경의 백두산은 동면 가파른 일부 지대만 지장이 있을 뿐 두만강 압록강은 사람과 물자의 통행 교류에 전혀 문제가 없다. 이런 지리 조건의 반도국은 해양 세력이 대륙으로 진출하는 교두보 역할을 하게 되거나, 반대로 대륙 세력이 해양 진출을 위해 내려오는 길목으로 변한다. 한반도와 발칸반도가 그랬다. 역사상 소국으로 분할되다 못해 대륙 세력과 해양 세력의 틈바구니에 낀 전장(戰場) 신세를 면치 못했다.

한국이 인접한 중국 러시아 일본 그리고 2차 대전을 전후해 태평양 세력이 된 미국 등 열강의 각축장이 되어온 것과 같은 숙명의 땅은 폴란드와 크리미아반도가 있다.

특히 크리미아반도는 한반도와 지정학적으로 기묘하게 닮았다. 흑해에 돌출해 있어 러시아에는 그리스 문명을 받아들이는 젖줄이 되었고, 군사적으로는 흑해를 경유(經由)해 지중해 쪽으로 서방 진출을 위한 교두보 역할을 했다. 이런 러시아의 남하정책을 가로막기 위해 영국과 프랑스 그리고 오스만 튀르크가 연합해서 싸운 것이 크리미아 전쟁(1853~1856)이다. 이 전쟁에서 패한 러시아가 방향을 틀어 시베리아 철도를 부설하며 부동항을 찾아 동아시아로 진출한 것이 러일전쟁으로 이어졌고, 결국 일본의 한반도 병탄과 만주 점령으로 귀결되었다.

크리미아반도는 고대 한반도가 문명의 통로로서 일본에 공헌하였으나 근세 이후에는 같은 지정학적 조건으로 번번이 전쟁터가 된 것 같이 한반도와 유사한 운명을 겪어 왔다. 한반도에 38선을 그은 미국 영국 소련 3국 수뇌회담*이 크리미아반도의 해안 휴양지 얄타에서 열린 것도 우연찮은 인연이다.**

이런 한반도는 유사 이래 중국과 일본, 근세 이후론 러시아와 미국까지 가담하여 대륙 세력 대 해양 세력이 피차 한 치도 양보할 수 없는 쟁탈전의 표적이 되어왔다. 한반도의 지정학적 요충지로서의 중요성은 19세기 말 일본 육군의 아버지로 추앙받은 독일 출신의 메켈(K. W. J. Meckel) 장군의 일본 육군대학 강의에서 잘 부각(浮刻)됐다.

"한반도를 일본의 심장을 향하는 비수로 봐라. 중국과 러시아가 한반도를 점령하면 금방 일본 침략을 시도할 것이고, 반대로 일본이 한반도를 갖게 되면 그 자원을 이용할 수 있어 대륙 진출의 기지로 삼을 수 있다."

이런 구도는 현재 미국과 중국의 입장과도 같다. 내륙으로부터 침략당할 걱정이 없는 중국이 가장 신경 쓰는 지역은 한반도이다. 미국의 지원을 받는 한반도 세력과 국경을 맞대는 것은 중국에는 악몽이다.

한국전쟁 당시 중국이 내부의 불안한 정국에다 충분한 무기도 없이 무단 참전, 공산 침략군을 반격하며 북진하는 UN군을 인해전술로 막은 데는 이런 이유가 있었던 셈이다.

역으로 미국으로서는 한반도가 적화(赤化) 통일되는 것을 허용할 수 없는 일이다. 미국이 한반도에서 철수하려면 두 가지 부담을 먼저 고려해야 한다. 첫째, 전 세계 여러 동맹국으로부터 미국은 신뢰를 잃을 것이고, 둘째, '

한반도는 대륙 국가가 일본을 겨누는 비수'이므로 일본 포기는 곧 인도-태평양 전략상 중국 봉쇄(封鎖) 내지 방어선의 붕괴로 이어지고 만다. 이렇게 될 때 미국은 태평양국가이기는커녕 더 이상 패권국도 아니다. 따라서 미국은 도저히 한반도를 포기할 수 없다.*

　　* 김용운(2018), 앞의 책, pp. 310~312.

　한반도는 미중 패권 경쟁이 격화될수록, 글로벌 신냉전의 골이 깊어질수록 그 전략적 중요성이 더욱 고조될 수밖에 없는 운명이다.

　'21세기의 노스트라다무스'라 불리는 세계적 명성의 국제정세 분석가 조지 프리드먼은 한반도의 미래를 다음과 같이 예측하였다.

　"한국은 역사적으로 오랜 시간 동안 중국과 일본 사이에 갇혀 있었다. 남북이 갈라져 있는 한반도의 현실 역시 이런 상황을 타개하는 데 아무런 도움이 되지 않는다. 다음 10년 동안 한국과 미국의 동맹관계는 더욱 견고해질 것이다. 이 지역에서 양자가 추구하는 공통의 이익이 존재하기 때문이다. 특히 이 지역에서 점차 가중되고 있는 예측 불가능성은 양국의 관계를 더 확실하게 강화해 줄 것이다.

　한편으로 이런 불확실한 상황 속에서도 북한이 다음 10년 동안 충분히 살아남을 것이다. 북한의 존속은 한반도뿐 아니라 중국과 일본의 정세를 더욱 복잡하게 만들겠지만, 한국과 미국을 더 가깝게 만들어 줄 것이다."*

　　* 조지 프리드먼(2018), 앞의 책, p.10.

지정학 리스크

   글을 쓰고 있는 이 순간(2022년 9월 30일) 동해에서는 미국의 핵 추진 항 공모함 로날드 레이건호를 비롯한 항모전단이 참가한 한미연합훈련이 진 행 중이다. 독도 부근 공해상에서 실시된 30일 훈련엔 일본도 참가했다. 모 든 게 5년 만이다. 북한은 29일 오후 평남 순천에서 한미일 훈련이 열리고 있는 동해 방향으로 탄도미사일 2발을 발사하는 등 지난 5일 동안 3차례 에 걸쳐 모두 5발의 미사일을 쏘았다. 29일 하루 일정으로 방한한 카멜라 해리스 미국 부통령은 비무장지대(DMZ)를 둘러보면서 북한을 '잔혹한 독 재정권(brutal dictatorship)'이라고 칭하며 "미국과 한국은 만일의 어떠 한 사태에도 만반의 준비가 되어있다."라고 말하였다. 미국 백악관은 해리 스 부통령이 윤석열 대통령과 만난 뒤 두 사람이 "중국과 대만에 대해 논의 했다."라고 밝혔다. 윤 대통령은 최근 CNN 인터뷰에서 "중국이 대만을 공 격한다면 북한 역시 도발할 가능성이 높다."라고 말한 것으로 보도됐다.*

   * 『동아일보』, 2022년 9월 30일.

   이 같은 동해상의 군사 대치 상황은 낸시 펠로시 미국 하원의장의 대만방 문 후 중국이 대만을 육해공 입체적으로 대대적인 봉쇄 공격 훈련을 한 후 아직 대만해협과 남중국해에 미중 및 양안 대결의 긴장감이 가시지 않은 가 운데 벌어진 것이다. 중국도 동해의 한미연합훈련이 시작될 때부터 서해상 에서 대규모 해상 훈련에 돌입했다. 미국의 동해훈련을 서해에서 맞받아치 는 일종의 맞불 놓기 전쟁 연습(war game)이다.
   한반도에서 남중국해까지 동아시아에서 벌어지고 있는 긴장 상황을 유럽에서 벌어지고 있는 러시아의 우크라이나 침략전쟁 및 근년 들어 부쩍 결속이 강화되고 있는 중러관계와 연결해 보면 무서운 기시감을 느끼게 된다. 72년 전 한국전쟁 때의 국제정세와 구도, 행위 당사국 등 모든 사정이 흡사하다. 대만해협에서의 양안 충돌 와중에 북한의 남침 도발로 한국전쟁이 발발하는 것은 물론 유럽은 러시아(구소련), 아시아는 중국이 군사 행동을 맡는 역할 분담까지 비슷하다.

한국전쟁은 UN군 파견 후 중공군이 참전하면서 마침내 국제전이 되는데 이 모두는 지정학의 논리에 따른 것이었다.

한국전쟁은 김일성이 나름대로 당시 국제 역학관계를 분석해서 전쟁기획안을 만든 다음 소련 스탈린과 중국 마오쩌둥의 승인을 받고 일으킨 전쟁이다. 김일성의 남침계획은 스탈린과 마오와 상의하는 과정에 두 사람의 상황판단과는 많은 차이가 있을 정도로 지정학적 분석 예측이 잘못된 것이었다. 김일성은 지정학의 실패*가 야기(惹起)한 리스크로 인천상륙작전이라는 역습을 받아 궤멸 직전의 상태로 몰리는 바람에 전쟁 지휘권도 중공군에게 넘겨주어야 했다.** 그리고 정전 후 북한이 지금까지 걷고 있는 고난과 피폐의 길은 주지하는 바와 같다.

* 김일성은 1949년 6월 철수한 미군이 멀리 미국 본토에서 그렇게 빨리 돌아오리라고는 상상도 하지 못했다. 특히 소련이 유엔 안보리 상임이사국에서 '대만축출 중국진입'을 주장하며 회의를 보이콧하느라 UN의 한국 참전군 창설에는 거부권을 행사하지 못하게 되는 안보리 운영 시스템도 모르고 있었다.

** 김성보, 『북한의 역사 1』 (경기 고양: 역사비평사, 2011), pp. 139~148.

반면에 마오쩌둥은 갓 태어난 신중국의 국익과 국제정세 동향을 끝까지 비교 분석하다가 결정적인 순간에 참전을 결행해 만주 지역 영토 완정과 중국군 현대화 그리고 세계 공산권의 영도력 확보라는 엄청난 보상을 받았다.

마오는 한국전의 전선이 압록강 두만강까지 밀리면 중국 동북 지방 정국이 복잡해지고 또 대만해협에 진입한 미 7함대가 중국 본토를 공격할지 모르는 상황을 사전에 막기 위해서는 대륙 입구 한반도에서 적을 맞아 싸우는 게 중국의 피해를 줄일 수 있다는 판단을 명분으로 1950년 10월 13일 참전을 최종 결심하고 19일 중공군을 도강(압록강)시켰는데 급히 참전을 결정한 바로 그날 스탈린과 주은래로부터 받은 전문의 영향이 컸다.

주은래 발(發) 전문은 중국공산당중앙위에서 소련의 공군 지원 없이 참전하는 것을 반대함에 따라 모택동이 흑해 연안에서 담판 중이던 스탈린과 주은래 앞으로 '출병 보류' 전문을 보낸 직후 온 답신이었는데, 전문은 스탈린이 김일성에게 "모든 병력과 군사 장비를 가지고 (한반도에서) 나와 중국 동북 지구 통화에 망명정부를 세우라."라고 지시하는 내용을 담고 있었다. 마오는 참전하는 군 지휘관들에게 원산-평양선 이북의 산악지대에 근거지를 구축할 것과 가능한 미군과 부딪히지 말고 괴뢰군(한국군)을 상대로 교전할 것 등 두 가지도 별도 지시하였다.*

* 박명림, 『한국 1950 전쟁과 평화』 (서울: 나남출판, 2002), pp. 476~486.

마오는 지정학을 응용한 주도면밀한 전략 전술을 구사하였다. 김일성이 남침을 결행할 때 북한의 선발대는 중국 국공내전에 참전했던 조선인 부대 약 5만 명이 주력이었던 것에서 보듯 중국 동북 지구(만주)는 고구려 발해의 고토(故土)답게 조선족의 집단 주거지이다. 이런 곳에 김일성의 망명정부가 들어서게 되면 재만(在滿) 조선인들의 구심점이 될 소지가 있는데 필자는 마오가 이런 우려까지 미리 간파했으리라고 생각한다. 중공군의 근거지를 원산-평양선 이북으로 한정하고 미군이 아니라 한국군을 상대로 싸울 것 같은 지시도 지정학에 입각한 중국 전통 대(對)한반도 순치관계론(脣齒關係論)과 이이제이(以夷制夷) 전술을 그대로 실행한 것이다.

김일성의 실패와 마오쩌둥의 성공에서 지정학의 역사는 민족의 의지와 지도자의 창의력에 따라 뜻밖의 나비효과를 발생시키는 것을 보았다.

그런 의미에서 동해에서 벌어진 군사적 대치 갈등이 북한 또는 한반도 남북에 위협과 불안 요소로 다가온다면 이는 김정은이(또는 문재인과 함께) 2018~9년 북미 핵 담판이라는 지정학 운용에서 실패한 데 따른 첫 리스크의 출현이라고 보아야 할 것이다.

지정학 리스크는 홀로 오지 않고 또 오래 반복되는 속성을 지녔다. 김정은의 이번 지정학 실패는 할아버지 김일성에 이어 반복된 것이다.

유사한 국제적인 환경에 처할 때 계속 비슷한 반응만 되풀이한다면 그 나라나 민족의 역사는 처절한 운명이 되고 만다.*

* 김용운(2018), 앞의 책, p.305.

삼팔선에 응결된 국제적 모순 갈등

한민족은 소국으로 나뉘어 서로 다투다가 주변 외세에 휘말려 밀고 밀리는 전쟁을 되풀이했다. 지정학의 심술이라고 할까, 한반도 수난의 역사는 지금의 북위 38도 분단선(휴전선, DMZ)에 귀결되어 있다.

역사적으로 살수(청천강)나 평양-원산선 또는 한강-대동강 사이 등으로 등장하며 대략 북위 38~39도 사이를 통칭하는 38선은 남북한 영토 분할이나 해양 세력 대 대륙 세력의 대결 이상의 많은 의미를 지니고 있다.

한반도 지정학이 38선에 녹아있고 국민국가 시대 국제 정치가 38선에 압축되어 있다. 분단의 해소. 즉 한반도 이슈는 38선에 응결된 모순 갈등 대립을 풀어야 해결할 수 있다.

수학자 철학자로 문명비평을 해온 고(故) 김용운 박사(전 학술원 원장)는 한강과 대동강 사이를 '민족 에너지를 빨아들이는 숙명적 블랙홀'에 비유하면서 38선을 이렇게 기술했다.

'한반도와 대륙의 관계를 흔히 치순지간(齒脣之間), 즉 이와 입술의 관계라고 한다. 중국은 우리 국토의 허리에 해당하는 38~39도선 부근을 자기 입술로 생각해 왔다. 한반도는 이와 깊이 관련되어 분단의 역사를 되풀이해 왔다. 38선은 1945년 8.15해방으로 정해진 것이지만, 백강 전투 이후 외세가 생각해 온 분단선도 평양 원산 근처를 통과하는 한반도의 가장 좁은 부분인 39도 선이었다. 당(唐)도 신라의 영토를 그 이남으로 한정했다. 자연히 대동강 부근은 신라와 당과 발해의 경계선이 되었다.

임진왜란이 발생했을 때도 마찬가지였다. 다급해진 조선이 명(明)에게 원조를 청했지만, 그들은 즉각 출병하지 않고 주저했다. 사태를 관망하며 조선의 태도를 주시(注視)했다. 명은 유구(琉球, 현 오키나와)에 머물던 조공사(朝貢使)를 통해 이미 왜군이 조선을 침략할 것이라는 정보를 입수해 알고 있었다. 다만 조선이 왜와 합세해 대륙을 침략할 것인지 아닌지를 의심하며 저울질하고 있었을 뿐이다. 그러나 왜군이 평양을 넘어서자, 명은 위기의식을 느껴 즉각 군대를 파병했다. 그 후 명과 왜가 조선을 장외에 두고 분단을 협상할 때도 반도의 동서 거리가 가장 짧은 39도선 부근이 기준이었다.

조선왕조 말기에 러시아가 일본에 제안한 분단선도 마찬가지로 39도선이었다. 임진왜란에서는 왜군과 명이, 19세기 말에는 청일전쟁이 불붙었고, 그 뒤에는 일본과 러시아의 협상 대상이 된 지역이기도 했다.

제2차 세계대전 후에는 미국과 소련이 38선을 그음으로써 6.25의 비극이 벌어졌고, 1953년 휴전선으로 대체되었다.

그 후 70년 가까이 한국과 북한, 미국, 중국, 러시아, 일본은 이 지대를 중심으로 서로의 세력 확장을 노려왔다.'*

* 김용운, 앞의 책, pp. 316~318.

세력 각축

한민족에게 참으로 한(恨) 많은 '38선'의 개념은 한반도와 중국대륙 사이의 관계 동학에서 기원한다. 7세기 당시 한반도에서는 고구려 신라 백제 등 동방 삼국이 각축하면서 지리적으로 서로 인접한 고구려와 대륙의 당나라가 화목하지 못한 가운데 오히려 국경이 떨어져 있는 신라와 당나라가 친교(親交)하고, 반대로 백제는 지리상으로 가까운 당나라와 화목하지 못하고 더 멀리 떨어져 있던 열도의 왜(倭)와 친교(親交)하는 사이였다.

고구려와 백제의 침략을 막아내는 데에만 급급한 신라의 김춘추는 아들 두 명을 당에 인질로 남겨두면서 일곱 번이나 청병(請兵)하여 당(唐) 태종이 마침내 출병을 결심하게 된다. 서기 648년(진덕여왕 2년) 김춘추가 신라의 사신으로 당의 궁궐에 입조(入朝)했을 때, 당 태종은 다음과 같이 말하였다.

"짐이 지금 고구려를 치는 것은 다른 이유가 있는 것이 아니다. 너희 신라가 양국(고구려와 백제) 사이에 끼어 침략당할 때마다 편안치 못함을 가련히 여기기 때문이다. 산천과 토지는 내가 탐하는바 아니며, 보석 비단과 아들딸도 나는 다 갖추고 있다. 내가 양국을 평정하면 평양 이남과 백제의 토지는 모두 너희 신라에 주어 영원히 안일(安逸)케 하겠다."*

＊『三國史記』신라본기 文武王 11년(671년) 7월 26일조, "朕今伐高麗 非有他故 憐你新羅 攝乎兩國 每被侵略 靡有寧歲 山川土地 我非所貪 玉帛子女 是我所有 我平定兩國 平壤已南 百濟土地 並乞你新羅 永爲安逸"

여기서 '평양 이남과 백제의 토지'에 유의해야 한다. 삼국시대 한반도 지도를 놓고 보면 대략 38선을 경계로 그 남쪽은 신라(한국)에 주고, 그 북쪽은 당(중국)이 차지하겠다는 것이다. 한반도 북방의 고구려 고토를 송두리째 중국 땅으로 편입시킨 동북아 지도에 오늘날 남북분단 상황과 북중 예속 관계를 대입해 보면 소스라치게 놀라게 된다.

시진핑이 트럼프와 처음 대좌했을 때 "한반도는 옛날 중국의 일부였다."라며 미중 간 신형대국관계 설정을 요구하면서 한 말이 여기서 유래한다. 오늘날 한중 간 중대한 역사문제로 떠오른 동북공정의 시초는 수양제에 이은 당태종의 동정(東征)에서 기원한다. 중국의 과거 고구려 정벌과 오늘날 동북공정은 중국인의 핏속에 흐르는 중화주의적 팽창 DNA를 반영하는 것이다.*

＊ 신복룡, 『한국사에서의 전쟁과 평화』(서울: 선인, 2021), pp. 105~106.

전후 7차례에 걸쳐 연(延) 병력 50만 명을 동원한 당 태종의 동정은 안시성 전투에서 용맹한 고구려군의 저항에 부딪혀 끝내 실패한다.

그러나 당 태종은 살아서 고구려 정벌에 실패했으나 그의 아들 대(代)에 이르러 서기 663년 백제에 이어 668년에 고구려를 멸망시킴으로써 수양제 이후 중국인의 오랜 꿈을 이루었다.

여기서 또 한 가지 우리가 성찰해야 할 것은 백제와 고구려의 멸망이 중국의 영토팽창 욕에 따른 것이면서 동시에 우리 민족 내부의 요청에 따라 구성된 나당연합군에 의한 것이었던 점이다. 신라의 경우처럼 상무의 기상을 갖추지 못한 국가가 살아남을 수 있는 길이라고는 지모와 술수에 의한 사대(事大)밖에 없었음은 역사상 자연스러운 현상으로 볼 수도 있다. 남쪽으로는 왜의 노략(擄掠)이 심했고, 서북으로는 백제와 고구려의 공격에 시달려야 했던 신라는 그 사대의 대상으로 당나라를 선택한 것이다.*

* 신복룡(2021), 앞의 책, p. 114.

백제와 고구려를 멸망시키면서 당에 큰 빚을 진 무열왕 이후 신라의 중국에 대한 조공은 정기적이고도 본격적인 국가행사가 되었고 그 내용도 훨씬 심화하여 사대부의 딸이나 국색(國色)을 보내는 것은 물론 노비와 궁장(弓匠) 같은 기술자를 바치기에 이르렀다.

신라 성덕왕 대에 이르러 조공은 1년에도 여러 차례 시행되면서 국고를 고갈시키는 정도에 다다랐고 대중(對中) 사대 조공 관계는 그 후 1,250년간 이어졌다. 이에 앞서 서기 650년부터 신라 진덕왕은 중국의 연호를 쓰기 시작했으니 1895년 갑오경장 때까지 무려 1,245년 동안이나 중국의 예속국으로 살아온 셈이다.

나당연합군에 의한 고구려와 백제의 멸망은 자랑스러웠던 백제 고구려의 문화적 유산과 진취적 기상을 잃은 것은 물론 민족 강역의 엄청난 손실(損失)을 가져 왔다. 그러니까 고구려 신라 백제 등 본래 삼국의 전체 면적에서 중국에 빼앗긴 실지와 신라가 차지한 땅을 백분비로 계산하면 74.2%대 25.8%가 되는데 이는 신라가 당나라와 손잡고 삼국 전쟁을 치러 이룩한 '삼국통일'의 결과라고 할 수는 없는 것이다.

세칭 삼국통일을 통하여 한국사는 기마민족에서 농경민족으로, 대륙 민족에서 반도 민족으로, 강대국가에서 약소국가로, 그리고 자주 국가에서 사대 국가로 몰락했다. 신복룡 교수(2021)는 당 태종이 삼국 전쟁 20년 전부터 이미 대동강 이북의 만주 평원 전체를 탐내고 있다가 그 뜻을 자식들이 이루도록 한 점 등 역대 중국왕조의 대(對)한반도 세력 확장 정책의 일관된 맥락을 종합, "중국은 북한 붕괴 이후의 북한 영토에 대한 연고권을 주장하기 위한 준비 단계로 동북공정의 논리를 전개하고 있다."라고 지적하였다.*

* 신복룡(2021), 앞의 책, p. 106.

동방 삼국과 중국의 관계에 이어 일본과의 연계성을 살펴보자. 신라와 당나라는 서기 660년 백제를 남과 북에서 협공, 사비성(부여)을 함락시키고 백제 의자왕과 태자는 당으로 끌고 간다. 백제의 귀실복신(鬼室福信) 장군은 잔존 병력을 추슬러 주류성(周留城)으로 진을 옮겨 완강한 저항전을 벌이면서 왜왕에게 20년 전 왜로 건너간 의자왕의 동생 여풍장(余豊璋)의 귀국과 원병을 청한다. 왜왕은 661년 여풍장에게 5천 명의 병력을 주어 출병시키고, 663년엔 후일 텐지(天智) 천왕이 되는 나카(中) 태자도 2만 7천 명의 대군을 이끌고 여풍장과 귀실복신이 웅거 중인 백강(동진강)하구 주류성으로 향했다.

663년 8월27일 백강하구로 접근하던 왜의 수군은 미리 잠복해 있던 당군의 기습공격을 받아 전멸했다. 왜군은 정식 군사가 아니라 백제를 돕기 위해 각지에서 급히 모아온 임시 지원부대라 한반도 서해안의 격심한 간만의 차 때문에 속수무책(束手無策)이었다. 여풍장과 귀실복신이 이끄는 백제 부흥군도 신라 기마부대의 선제공격으로 왜의 수군과 합류하지도 못한 채 무너졌다. 왜로 건너간 백제 사학자가 중심이 되어 서기 720년에 편찬한 일본 최고(最古)의 역사서 니혼쇼키(日本書紀)는 나당연합군과 백제·일본연합군 사이에 벌어진 백강 전투를 세세히 기록하며 신라(한반도)와 당(중국)에 대한 원한과 백제에 대한 그리움을 함께 되새겼다.*

* 김용운(2018), 앞의 책, pp. 274~286.

백강 전투는 신라와 백제가 각축하면서 각기 당과 왜를 끌어들여 싸운 한반도 최초의 국제전으로 오늘날 한·중·일 관계의 초기조건이다. 일본은 백제의 한(恨)을 천황주의로 변질시키며, 반한·반중(反韓反中) 정서를 키웠다. 한반도인은 백강 전투의 결과로 발생한 지정학적 비극에 갇혀 이후 1250년간 중국에 사대하며 영토 회복의 꿈도 꾸지 못한 반면, 왜는 패전으로 큰 타격을 받았으나 전쟁에서 결집된 에너지를 이용해 열도 내의 호족 세력을 해체하고 새로운 일본이나 다름없는 야마토(大和)정권을 세운다.

야마토 정신이란 '백제인과 왜인은 한반도와 일본열도의 서로 다른 지역에서 살아왔지만, 원래의 뿌리는 같으므로 신생 일본을 발전시키기 위해 하나로 돌아가자.'라는 의미를 지녔다.*

* 김용운(2918), 앞의 책, p.292.

백제멸망 후 망명길에 오른 백제 유민의 일부는 한반도와 가까운 일본열도의 맨 서쪽 야마구치현(山口縣) 하기(萩)에 도착, 주변 일대를 통치하며 조슈(長州)의 번주(藩主)가 되었다. 지금도 조슈의 번주 사당에는 백제 왕자의 후손인 역대 번주들의 초상화가 걸려있다고 한다.

일본 보수세력의 정신적 지주이자 정한론(征韓論)의 원조 격인 요시다 쇼인(吉田松陰)은 바로 이 조슈번의 군사학 가문 출신이다.

요시다 쇼인은 "조선과 중국 땅을 뺏어야 한다."라며 제자들에게 "잠자리에서도 발을 신라 쪽으로 두어야 한다."라고 가르친 것으로 유명하다. 조선 식민지화의 선봉에 섰던 이토 히로부미, 명성황후 시해를 지휘한 미우라 고로, 조선 초대 총독 데라우치 마사타케 등이 모두 그의 문하생이며 얼마 전 암살당한 아베 전 총리도 정치적으로 중대 결단을 할 때마다 요시다 쇼인을 신주로 삼은 쇼인신사(松陰神社)를 참배했다.*

* 김용운(2018), 앞의 책, pp. 294~295.

백강 전투와 삼국 전쟁 때, 즉 삼국통일 기(혹은 '통일신라' 형성기)부터 외세가 본격적으로 개입하기 시작한 한반도는 그 후 차례로 일본과 중국, 일본과 러시아, 미국과 소련, 미국과 중국 등 해양 세력과 대륙 세력의 각축장이 되었다. 몽골의 점령, 임진왜란, 조선 식민지화, 38선 분단, 6.25 전쟁과 휴전 후 분단 고착화 등이 모두 한반도가 대륙과 해양 사이에 낀 반도라는 지정학의 결과이다.

이념대결

38선의 구체화는 제2차 세계 대전 말기 미국의 요청으로 소련이 연합국의 일원으로 일본에 대일 선전포고를 하고 1945년 8월 8일 소-몽 인민혁명연합군이 물밀듯이 내려오면서 시작되었다.

1945년 8월 26일 평양비행장에 도착한 소련군 사령관은 삼팔선을 공식적으로 봉쇄하면서 삼팔선 이북을 완전히 점령하였다. 이때 미군이나 연합군은 아직 한반도에 들어오지 않은 상황에서 소련이 먼저 삼팔선을 봉쇄하고 북한을 준비해 둔 계획대로 공산화하기 시작하였다.

이에 앞서 1945년 8월 15일 일본이 무조건 항복을 선언하자, 미국 국방성은 한반도를 38도선 기준으로 이남은 미군이, 이북은 소련군이 한반도에 주둔한 일본군의 항복과 무장해제 문제를 담당할 것을 내용으로 하는 미국 정부안을 가지고 소련과 협의함에 따라 설정되게 되었다.

해외에서 활동하던 항일 독립운동가 가운데 이승만은 10월 16일 환국했다. 해방공간에서 당시 남한 내 좌익의 힘이 센 데 반해 우익의 힘이 미약한 것을 우려한 미 주둔군 하지 사령관이 도쿄의 맥아더 장군에게 이승만의 귀국을 도와줄 것을 건의하고 미 국무성이 결정함에 따라 10월 4일 미 군용기 편으로 워싱턴을 출발, 12일 도쿄 경유 나흘 뒤 맥아더가 내준 미 군용기를 타고 김포공항에 도착했다. 워싱턴 출발 당시 미국 군용기를 탈 때 미 육군 전략정보처 문관 대령 신분이었다고 한다.

이보다 한 달 앞서 김일성은 소련극동군의 주선으로 9월 초 모스크바에서 스탈린의 '면접'을 받고 9월18일 소련 군함 푸카초프호를 타고 원산으로 귀국했다. 소련군 대위계급을 달고 있었다고 한다.

나흘 뒤인 9월 22일 평양에 입성할 때는 소련군이 부여한 평양시 군경무 사령부 부사령관 자격이었다.*

* https://shindonga.donga.com/Print?cid=2265440 「신동아」 735호, 2020년 12월 13일. pp. 234~249. (검색일: 2022년 11월 10일)

이후 남한은 이승만, 북한은 김일성을 축으로 하여 정치지도층이 형성된다. 중국에서 귀국한 김구나 국내에서 활동하던 민족지도자들은 이합집산을 거쳐 결국 이승만(남) 김일성(북)을 중심으로 정리되거나 그렇지 못할 경우, 제거 숙청되었다. 세계질서가 미국과 소련을 중심으로 한 양극체제 (Bipolar system)로 전환될 때 미국과 소련에 연을 가진 두 지도자가 한반도를 남북으로 양분하여 지도하게 된 것이다.

소련군이 점령한 북한에서는 소련식 공산주의 사회를 만드는 작업이 체계적으로 속도전처럼 진행됐다. 소련군이 평양에 첫발을 내디딘 것이 1945년 8월 26일인데, 무상몰수 무상분배를 원칙으로 한 토지개혁과 산업시설 국유화를 1946년 3월에 완성한 것이다. 세계 역사에 이렇게 빠른 혁명은 없었기에 김일성도 스스로 이를 '초기록(超記錄)의 새 역사'*라고 자랑을 했다.

* 김일성, "토지개혁 사업의 총결과 금후의 과업", 『김일성 장군 중요논문집』, p.23.

무상몰수 무상분배의 토지개혁과 산업국유화는 북한 전역에서 지주나 공장주 등 이른바 부르조아 계급을 몰아내고, 사회를 프롤레타리아 일색으로 바꾼, 말하자면 계급 청소를 통한 소비에트의 못자리 조성 작업 같았다. 소련의 기획과 조종 없이는 불가능한 일이었다. 박명림(1997)은 이를 '반정복(半征服)과 반혁명(半革命)'이라고 성격을 지었다.*

* 박명림, "북한혁명의 성격: 반정복과 반혁명", 아세아연구 40(1)호 (고려대 아세아문제연구소, 1997), pp. 161~209.

"(북한의 급진적 토지개혁은) 소련 군정과 공산 리더십의 존재를 고려치 않는다면 불가능한 것이었다. 누가 혁명의 조건을 창출하였는가? …그것은 말할 필요도 없이 소련 군정-북한 공산 리더십 동맹, 그중에서도 특히 전자였다. 또 북한혁명에서 농민은 지주와 계급투쟁을 벌인 바가 없었다.
누가 적대계급을 타도하였는가가 혁명의 중심 문제의 하나라고 할 때 이것을 타도한 주체는 농민이 아니라 소련군과 공산 리더십이었다. 지주(地主)의 힘의 원천이었던 식민국가의 친일 지배 세력을 타도한 것 역시 소련군과 공산 리더십이었다."*

* 박명림(1997), 앞의 논문, p.195.

삼팔선 북쪽에서 이렇게 사회 저변이 공산주의 체제로 전환되어 갈 때, 남쪽에서도 미군정의 주선으로 식민 잔재 청산 등 개혁 작업이 추진되었으나 그 속도는 비교적 느리고 혼란스러웠다.

남한에 1948년 8월 15일 이승만을 초대 대통령으로 하는 대한민국 정부가 수립되고, 북한엔 9월 9일 김일성을 수상으로 하는 조선민주주의 인민공화국 정부가 수립되었다. 미·소 군(軍)의 한반도 분할점령 이후 민주주의 대 전체주의, 자본주의 대 공산주의, 시장경제 대 통제경제의 대치 상황은 이렇게 전개되었다. 그사이 수많았던 남북협상 좌우합작이 성공하여 연방제 국가이건 연립정부이건 그때 남북을 어떡하든 '1국 체제'로만 묶어 남북이 2국 2체제 2정부로 갈라서는 것을 피할 길은 없었을까? 옛날에는 내부 세력이 외세를 불러들여 서로 싸우다가 나라가 망했는데, 이번엔 내부 세력이 외세에 얹혀서 놀아나다 나라가 쪼개졌다.

그러나 이런 민족적 자탄(自嘆)은 당시 한반도 상황과 민족 역량으로 볼 때 피할 수 없는 운명이었는지 모른다. 2차 세계대전 당시 연합군 동맹체제 내에서 이미 미국과 소련 간에 대독(對獨) 제2 전선 구축 문제를 놓고 갈등하면서 스탈린은 미국이 대전 후 소련을 약화시키려는 의도가 분명하다고 믿고 있었다. 이 때문에 소련은 전후 독일 처리와 한반도 문제를 다루면서 미국의 이익과 의도에 사사건건 도전하려고 하였으므로 국익과 이념이 다른 미소 두 강대국에 의한 남북분단과 이데올로기 대결은 불가피했다는 것이다. 심지어 소련이 북한의 남침 전쟁을 지원한 것도 미국의 전략적 영향권에 있는 일본이 전쟁 참화에서 복구되어 재부상하는 것에 대한 대응책, 즉 한반도를 적화(赤化) 통일시켜 냉전 초기에 아시아에서 승리를 거머쥐려는 의도였다는 것이다.*

* 리처드 하스, 김성훈 옮김, 『혼돈의 세계』(서울: 매경출판, 2017), pp. 52~55.

"현대한국에서 가장 격변이었던 한 해는 의심의 여지 없이 1950년이었다. 6.25에서 1.4 후퇴까지 기간은 남북, 좌우가 가장 격렬하고 잔인하게 대결했던 시기였다. 세계의 모든 열강은 이곳으로 모여들었고 이곳에서 쟁투(爭鬪)하였다. 전쟁과 평화는 물론 정치, 국가, 군사전략, 리더십, 국제관계, 이데올로기, 학살, 도망 등 이 6개월은 측량할 수 없는 중력으로 한국 현대사의 앞선 모든 사실을 빨아들여 압축시킨, 하나의 역사적 '블랙홀'에 해당한다."*

* 박명림, 『한국 1950 전쟁과 평화』 (서울: 나남출판, 2002), p.23.

한반도가 남북 2국가 체제로 분할되자 38선은 동아시아 냉전과 세계 냉전의 진앙(震央)이 되었다. 그리고 김일성(북한)-스탈린(소련)-마오쩌둥(중국)의 공모 합작으로 야기된 6.25 남침 전쟁은 동서냉전이 38선상에서 폭발한 냉전 시대 첫 세계적 열전이었다.

한국전쟁이 초래한 가장 현저한 영향은 민족 분단의 고착이었다. 김일성이 적화, 즉 공산화 통일을 목적으로 도발한 전쟁이 오히려 남북분단을 강화하고 지속시키는 요인이 된 것이다. 그 결과 38선은 세계적 수준에서 자본주의 진영 대 사회주의 진영의 분할(分割) 계선(界線)이 되어 지구적 가치와 이념 대결의 최전방 초소가 되었다. 민족 분단에 이은 한국전쟁이 남북한에 남긴 정신 구조는 매우 심각하였다.

"반공·반북주의와 반미·반남 이데올로기는 남북한 체제 정당성의 고갈할 줄 모르는 원천(源泉)이었다. 이 때문에 우리는 보편적 이성을 통해 세계와 사회를 바라볼 수 있는 눈을 상실하고 말았다. 무엇보다도 전쟁이 설정한 냉전과 분단의 의식구조는 세계와 사회의 절반만을 진리로 인식하는 외눈박이 인식 질서를 창출하였다. 보편적 가치 공준은 남과 북의 냉전·분단 질서를 통과하면서 심각히 왜곡되었다. 이는 두 분단국가 모두에서 그러하였다. 타자에 대한 수용 노력은 곧 현실 법규의 저촉을 받았다. 북한의 경우 비정상의 정도가 남한보다 훨씬 더 혹심했다."*

* 박명림(2002), 앞의 책, P.35.

"한국전쟁은 남한과 북한을 각각 '미국-일본-남한'과 '북한-중국-소련'으로 이루어진 위계적 동아시아 냉전체제의 전방초소로 변전시켰다. 즉 세계와 냉전의 조응은 한국과 분단을 만나도록 강제했다. 따라서 '세계 냉전'의 해체 없이 이 전쟁이 낳은 구조인 '한국분단'의 해체를 말하는 것은 불가능하였다."*

* 박명림(2002), 앞의 책, p.33.

표1: 해방공간의 주요일지

1945. 8. 15.	한국해방(일본 무조건 항복)
8. 26	극동 소련군 제25군 평양에 총사령부 설치
9월 초	김일성 모스크바 방문(스탈린 '면접')
9. 19.	김일성 원산항 도착(블라디보스토크 출발 소련 군함 편, 평양 주둔 소련군 경무사령부 부사령관 신분)
10. 16.	이승만 미 군용기 편으로 귀국(워싱턴DC-도쿄 국무성 제공, 도쿄-김포 맥아더 제공)
11. 23.	김구 환국(상하이에서 미군 제공 비행기 편) 경교장 입주.
1946. 3.	북한 무상몰수 무상배분 토지개혁 완료
6. 3.	이승만 정읍발언(북이 반대한다면 남쪽만의 단독정부 필요)
1948. 5. 10.	제헌 국회의원 선거(유엔감시 남한만의 선거)
8. 15.	대한민국 정부수립
9. 9.	조선민주주의인민공화국 정부수립
1949. 6. 26.	김구, 육군소위 안두희에 의해 암살.
1950. 6. 25	북한의 기습남침으로 한국전쟁 발발

문명충돌

미국과 소련(러시아)이 38선상에서 만난 것은 역사적으로 대사건이었다. 기독교(미국)와 그리스 정교(소련)의 조우라는 종교·문화적인 이질성도 컸지만, 무엇보다 가치와 이념의 대결이 두드러졌다.

그러나 미국과 소련은 어디까지나 서구사회이다.

이에 비해 미국과 중국이 한반도에서 충돌한 것은 그 후 한반도와 동북아 국제 정치의 전개 과정으로 볼 때 실로 역사적 단편 사건 이상의 운명적인 의미가 있다. 중국이 참전함으로써 북한 공산 체제를 궤멸 직전의 상황에서 구하고 결국 소련으로부터 공산권 헤게모니를 중국이 넘겨받아 오늘에 이르게 된 것을 두고 '세계사의 전환'*으로 보는 시각이 있다. 또 인종 문화 역사 등 모든 것이 달라도 너무 다른 미국과 중국이 삼팔선을 놓고 쟁탈전을 벌인 것을 '문명과 이념의 대격돌'**에 비유한다.

* 박명림(2002), 앞의 책, pp. 443~502.
* * 박명림(2002), 앞의 책, pp. 651~792.

서양과 동양, 대표적 해양 국가와 전통적 대륙 국가로서 미국과 중국이 맞붙은 전쟁은 새뮤얼 헌팅턴(1994)이 말하는 '문명의 충돌'*로 가름할 수 있을까.

* 헌팅톤, 이희재 옮김, 『문명의 충돌』 (서울: 김영사, 2017).

냉전 종식 후 세계질서는 서구 문명과 비서구 7대 문명 사이의 각축으로 전개될 것이라는 헌팅턴은 그 중 미국으로 대표되는 기독교 문명대 중국 문명(유교)의 충돌이 가장 질기고 심할 것으로 예측했다. 미국과 중국이 격돌한 한국전쟁은 냉전 종식이 아니라 냉전 초입의 일이었지만, 그 후 미국과 중국의 경쟁과 대결은 오늘날 G2 패권 경쟁에 이르도록 지금도 진행형이니 헌팅턴의 논리는 계속 적실성이 있다고 하겠다.

중국과 미국은 싸우는 방식, 즉 전쟁문화도 달랐다.

"1950년의 마지막 날인 12월 31일 중국군은 예정된 계획에 따라 200km에 걸친 전선에서 포격과 함께 3차 공격을 개시하였다. 병사들의 고함 소리와 북소리는 매서운 북풍한설이 몰아치는 반도 북반부의 겨울밤을 날카롭게 찢으며 퍼져나갔다. …. 서울을 사수하려던 유엔군의 작전은 끝내 무너지고 말았다. 그러나 중국군조차 사실은 미군이 이처럼 형편없이 패퇴할 줄은 몰랐다. …. 남한군이 북한군에 패배하였을 때보다 미군이 중국군에 패하여 서울을 내줄 때의 충격은 더 컸다. …. 6월 25일의 후퇴가 한국의 후퇴였다면 1월 4일의 후퇴는 큰 제국 미국의 후퇴였다. 모든 면에서 우월한 쪽은 미군이 아니었던가?"*

* 박명림(2002), 앞의 책, pp. 703~704.

당시 한국전쟁에 동원된 중국군은 전투기 한 대 탱크 한 대도 없었다. 미군은 제트 전투기로 포탄을 들이붓는데 중국군은 제공권이 없어 공격도 음력에 맞춰 달빛으로 조절했다. 변변치 못한 무기 대신 북과 꽹과리로 무장한 병사들이 함성과 함께 인해전술로 밀어붙이다니, 세상에 이렇게 자기 군대의 인명을 경시하는 전쟁이 있을 줄을 미군은 상상도 하지 못했다. 미국은 최신 장비와 화력으로 삽시에 적을 압도하여 '무조건 항복'을 받아냄으로써 아군의 인명 손실을 최대한 줄이는 속전속결이 원칙인 나라였다. 중공군은 항일전쟁과 국공(國共) 내전을 동시에 치르면서 온갖 변통에 능할 뿐만 아니라 국민당군에 쫓겨 험준한 대륙 산하(山河) 1만 2,500km를 걸어

다니면서도 혁명의 씨앗을 퍼트린 대장정(1934-5년)의 군대였다.

한국전쟁에서 미중 교전은 단판 승부 화력전 대 인해전술 유격전의 대결이었다. 무엇보다 미중 대결은 동경(東京)에서 유엔군을 총지휘한 맥아더와 북경(北京)에 앉아 공산군을 총지휘한 마오쩌둥으로 상징되는 이질성만큼 확연히 구별되는 두 세력의 각축이었다. 맥아더는 서양 전술과 군사학을 체계적으로 배우고 웨스트포인트를 수석 졸업한 뒤 세계 곳곳의 전쟁터에서 미국 전사에 길이 남을 혁혁한 공을 세운 전쟁영웅이었다.

무학 수준의 독학파 마오쩌둥은 중국 바깥으론 한 발짝도 나가본 적이 없고 일본군은 물론 국민당군을 상대로 한편 싸우며 한편 도망 다니느라 토굴 속에서 주전야독(晝戰夜讀)으로 마오쩌둥 전술(毛澤東戰術)이라는 독특한 전법을 개발했다. 한마디로 지극한 미국표준 대 천변만화(千變萬化) 중국요술의 충돌에 비유할 수 있겠다.

맥아더의 전쟁엔 승리만 있었다. 마오쩌둥의 싸움엔 패배가 없었다. 결국 한국전쟁에서 미중 두 적국은 길고 긴 교전과 협상 끝에 휴전으로 전쟁을 미봉(彌縫)했으니, 무승부를 기록한 것이다.

그러나 중국은 당 태종 이래 전통처럼 고집해 온 안보 논리, 대(對)한반도 치순지관론(齒脣之關論)에서 이(齒)를 보호할 입술(脣)을 지켜냈다. 바로 삼팔선을 공산 중국의 영향권에 유지한 것이다.

중국은 국토의 크기와 동서 간 거리로 볼 때 동쪽 끝에 있는 흑룡강성과 서쪽 신강성 사이에 3~4시간의 시차를 계산하는 것이 순리다. 그러나 예나 지금이나 중국은 전국을 북경 시각에 통일시키는 단일시간대 국가다. 넓디넓은 영토와 56개의 민족을 공산당 일당독재와 오성홍기의 한 깃발 아래 '정신 통일'시킨다고 자연현상에 따른 밤낮 시간조정도 거부하는 것이다. 자국 영토 내에 엄연히 존재하는 시차를 절대 인정하지 않는 유일한 대국이 중국임에 반해 미국은 본토는 물론 태평양과 대서양의 도서 자치령까지 전국을 세계 표준시에 맞춰 연동시키는 나라다.

이런 중국이 한국전쟁에서 미국을 상대해 무승부 휴전을 거둠으로써 자국 안보를 확보한 옹고집과 변통술은 날로 격화되고 있는 미중 패권 갈등의 미래에 시사하는 바가 클 것이다.

헌팅턴은 『문명의 충돌』 이전에 쓴 『제3의 물결(The Third Wave』에서 중화 문명의 토대인 유교와 청교도에 기초한 미국식 민주주의 사이의 상호 관련성에 대해 둘은 공존(共存)이 불가능하고, 충돌할 수밖에 없을 것이라며 유교문화는 개인의 자유보다 집단의 권위를 중시하므로 인해 개인의 권리보다 개인의 의무를 강조하는 점을 그 충돌의 원인으로 들었다.

이런 시각에서 보면, 한반도는 미국 문명과 중국 문명이 충돌하는 문명 충돌의 현장으로서, 남한과 북한 그리고 미국과 북한 사이의 현재와 같은 적대적 공생관계는 계속될 수밖에 없을 것이다. 북핵 폐기나 평화 체제 구축은 실패할 확률이 높다는 견해이다.*

* 채진원, "'문명 충돌'을 막는 한반도 문명 전환의 논리 탐색", 『현상과 인식』통권 제146호 (한국인문사회과학회: 2021), p.150.

반면, 독일의 정치학자 하랄트 뮐러(Harald Müller)는 헌팅턴의 저작인 『문명의 충돌』에 반론하고자 『문명의 공존』*을 저술하였다.

* 뮐러, 이영희 옮김, 『문명의 공존』 (서울: 푸른숲, 2000).

뮐러는 21세기의 새로운 문명, 즉 세계적 차원의 커뮤니케이션, 원거리 이동통신을 매개로 한 세계화의 추세 등에 주목할 필요가 있음을 강조하면서 세계화는 한 문명이 다른 문명과 단절된 채 대립 정책을 펼 수 없도록 경제의 상호 의존성을 심화시킴으로써 문명 충돌이 아니라 문명 간 대화와 공존을 가능하게 한다는 것이다. 이런 뮐러의 시각이라면, 한반도의 미래는 중국 문명과 미국 문명이 충돌하지 않는 문명공존의 현장으로서, 남한과 북한, 그리고 북한과 미국의 적대적 공생관계는 극복되어 평화적 공생관계로 전환될 수 있다. 이에 한반도의 비핵화와 평화공존은 성공할 가능성이 크다고 볼 것이다.*

* 채진원(2021), 앞의 논문, pp. 151~152.

지금 중국은 '중국몽'의 실현을 위해 '일대일로'의 길로 거침없이 매진하고 있다. 중국몽은 '두 개의 백년(两个一百年)' 정책*에서 내건 바와 같이 2021년까지 14억 인민이 고루 잘 사는 사회를 건설하고, 이어 2049년에는 중국을 선진 문명 강국으로 높이 올려놓겠다는 것이다.

* 중국공산당 창당(1921년) 1백 주년인 2021년에 모든 인민이 고루 잘 사는 小康社會, 중화인민공화국의 건국(1949년) 1백 주년인 2049년에 사회주의 현대화 문명 강국을 건설하겠다는 정책목표.

이와 같은 국가 목표를 향한 구체적인 글로벌 프로젝트로서 일대일로는 15세기 남중국해와 인도양을 거쳐 멀리 아프리카까지 해상로를 개척한 정화(鄭和)의 원정길은 물론 남북 두 비단길을 통해 아라비아와 유럽을 왕래하는 통상로를 해양과 육지에서 구현하겠다는 사업이다.

냉전이 끝난 후 두 가지 목표, 즉 모든 중국 문화권을 결집해 문명의 핵심국이 되는 것과 19세기에 상실한 자신의 패권 지위를 되찾는 일을 함축하고 있다. 중국의 역할과 위상변화는 가시화되고 있다.

첫째, 그것은 중국이 국제 문제에서 자신의 이익과 역할을 투사하는 방식에서 나타난다. 둘째, 해외 화교와 중국의 경제적 결속이 점점 강해지고 있다. 셋째, 중국과 홍콩, 대만, 싱가포르 등 중국적 색채가 강한 세 나라의 경제적, 정치적, 외교적 관계가 강화되고 있으며 화교가 중요한 정치적 영향력을 행사하는 동남아시아 각국이 중국에 점점 우호적인 태도를 취하고 있다. 중국을 위요(圍遶)한 이러한 흐름은 문화적, 경제적 현실이며 이제는 정치적 현실의 성격을 띠기 시작하였다.

그러나 미국과 중국의 갈등은 근본적으로 패권의 문제와 결부되어 있어 해결이 쉽지 않다. 중국은 미국이 주도하는 세계질서 또는 미국의 헤게모니를 양분하자고 요구한다. 미국은 중국이 주도하는 아시아 질서 또는 중국의 헤게모니를 아직은 수용할 생각이 없는 듯하다. 미국은 200년이 넘도록 유럽에서 막강한 패권국가가 못 나오도록 만드는 데 심혈을 기울였다. 중국에 문호를 개방한 이후 100년 가까이 미국은 아시아에서도 똑같은 노력을 기울였다. 그 목표를 이루기 위하여 미국은 두 번의 세계 대전을 치렀으며, 독일 제국주의, 나치 독일, 일본 제국주의, 공산주의와 싸웠는데, 중국은 그 틈새에서 신중국을 건국(建國)하기도 하고 오늘의 부(富)도 쌓았다.

미국의 이런 기여에 감사할 줄 모르는 중국이 새로운 패권국가로 부상하는 것은 미국의 중요한 정책목표와 상충(相衝)된다. 미국과 중국의 갈등 밑바닥에는 향후 동아시아의 세력 판도를 둘러싼 근본적 대립이 자리 잡고 있다. 한반도가 그 대립과 갈등의 진앙이나 다름없다.

삼팔선의 서사

삼팔선의 역사는 길고 깊다.

그런데 지금의 한 많은 분단선으로 고착되는 데도 숱한 사연이 있었다. 어처구니없는 실수, 오판, 착각, 오해, 망상으로 점철된 사연들이었다. 해방과 더불어 한반도로 닥쳐온 국내외 모든 모순이 삼팔선에서 끝내 폭발한 것이 한국전쟁이었다.

우선 남북분단의 원인이 된 미소 양국의 북위 38도선 분할점령은 미국 대통령 프랭클린 D. 루즈벨트가 원자탄 두 방이면 쉽게 끝날 대일전(對日戰)이 오래 끌까 봐 지레 걱정, 얄타회담에서 소련의 참전을 요청하는 실수에서 비롯됐다.

김일성은 남한을 기습공격하면 이미 철수한 미군은 다시 오지도 않을 것이며, 남한 내 1천 500~2천 명의 빨치산과 20만 명의 지하당원이 봉기함으로써 남한이 즉시 붕괴할 것이라는 박헌영의 말을 믿고 오판했다.

그는 서울을 점령하면 민족지도자들을 전원 규합해서 그들과 통일을 협상하는 데는 3일이면 족하다는 착각에 빠져 3년이나 걸린 민족상잔(民族相殘)의 비극을 일으켰다.

초강대국 미국을 견제함은 물론 중국과 일본의 재기 부흥까지 저지하는 일석삼조(一石三鳥)를 노린답시고 시종 한국전쟁을 부추기면서도 베일 뒤에 숨는 등 온갖 잔꾀를 다 부린 스탈린의 '북극 여우짓'도 있었다.

소련으로 볼 때 남한을 점령하면 소련의 동방 국경에서 완충지대를 넓혀 일본을 견제할 수 있는 발판을 확보할 수 있고, 유럽에 주둔하고 있는 미국의 군사력을 분산시킬 수 있는 이점을 가지고 있었다.

하지만 스탈린으로서는 미군이 참전하지 않을 것이며 참전하더라도 미군이 한반도에 도착하기 전에 전쟁을 일찍 끝낼 수 있다는 김일성의 망상을 믿는 실수를 저질렀다.

무엇보다 마오쩌둥의 인해전술이라는 야만적 전투방식의 참전은 한미 양군의 반격을 통한 한반도 통일을 눈앞에서 물거품으로 만들었다. 국공내전을 막 끝낸 당시 신생 중국은 국내의 모든 정치·경제적 사정이 남의 나라에서 벌어진 전쟁을 거들 형편이 도저히 아니었다.

그러나 마오는 본토와 대만 간 공중 포격전을 말리기 위해 진입한 미 7함대의 대만해협 배치를 미국의 중국 본토 공격 준비로 오해하고 무리하게 대미전선을 한반도로 옮긴다고 허술한 무장의 농민지원군까지 마구잡이로 몰아넣어 엄청난 생명을 죽였다.

남북분단과 한국전쟁을 논하면서 외부요인, 다시 말해 미국 중국 소련 일본의 상호작용과 관계 동학의 중요성을 빼놓을 수 없다. 그렇다고 내부요인, 이를테면 민족 내부의 갈등과 분열이 미친 악영향도 결코 경시할 수 없다. 외재적 원인이 아무리 클지라도 민족 내부가 단합된 힘으로 대응하면 결코 민족이 갈라지지는 않았을 것이다.

　　해방공간과 한국전쟁기 남북한의 지도자들은 그들의 종주국에 정권의 안보와 신상의 영달(榮達)을 모두 의탁(依託)하고 있었다. 김일성은 모스크바와 북경을 뻔질나게 오가며 스탈린 마오쩌둥과 남침을 논의했고, 이승만은 북진통일을 외치면서 미국의 협조만 요청했다. 좌우 두 지도자가 각기 자신의 집권 또는 상대방의 타도를 위해서라면 국토가 잘리고 내전이 일어나는 것도 불사하는 태도였다.

　　민족 내부의 모순 갈등은 남북 좌우 진영 사이에만 있는 것이 아니었다. 좌우를 막론하고 남북의 각 정치 계파에는 공통으로 내부 분열과 갈등이 극심했다. 당시의 정치지도층의 분파를 보면 우익 내부의 갈등인 이승만과 김구의 반목(反目), 중도파에서의 여운형과 김규식의 갈등, 그리고 좌익에서 박헌영과 김일성의 갈등(葛藤)은 서로 이념이 다른 좌우익의 갈등보다 더 치열한 면이 없지 않았다.

　　이렇다 보니 해방정국에서 민족지도자들의 암살이나 처단은 크게 보아 우익은 우익의 손에 죽고 좌익은 좌익의 손에 죽는 격이었다.*

* **신복룡(2021), 앞의 책. p.571.**

　　전쟁과 분단이 확산하고 고착되는 과정에 내부적 각축 파열이 먼저 존재했음을 보여주는 단적인 통계가 있다. 미소공동위원회는 1947년 미소 양국의 합의에 따라 위원회와 협의 대상이 될 단체들의 신청을 받은 적이 있다. 이때 남한에서 협의를 신청해 온 정당 사회단체는 모두 463개였으며,

그들이 주장하는 회원 수는 총 7천만 명으로, 그 가운데 약 80%는 38선 이남에 소속되어 있었다.

당시 남북한의 인구는 2천500만 명이었고, 1946년 말 현재 남한의 인구가 1천930만 명이었으니, 이는 모든 성인이 각자 7번 정당 사회단체에 가입했음을 의미하는 황당무계한 수치였다. 이 통계를 보고 미소 양국 대표는 한국 사회에서 타협에 의한 통일의 가능성을 체념하기 시작했다.*

* 신복룡 편, 『한국분단사자료집』 Ⅲ-3 (서울: 원주문화사, 1992), pp. 537~539.

우리 내부의 각 정파와 지도자들은 물론 일반 민중에겐 분단과 전쟁이 그때나 지금이나 '죽고 살기'의 사활적 문제였는데, 당시 한반도상의 전쟁과 분단을 주도했던 미국과 중국에는 오늘날 한반도 남북 상황이 '아니면 말고' 식 지정학적 선택 대상으로 인식되고 있는 것 같다.

미국 백악관과 국무부에서 오래 일했고 지금은 미국 최대의 싱크탱크 외교협회(Council on Foreign Relations) 회장인 리처드 하스는 2017년에 쓴 저술에서 다음과 같이 담담히 적고 있다.

"미국은 '전쟁 전 현상 유지(status quo ante bellum)'에 만족하지 않고, 한국을 해방시킨 다음 북쪽으로 진격해서 한반도 전역을 무력으로 통일하여 한국이 통치하도록 하려고 했을 때, 고생하면서 값진 교훈을 얻었다. 소련과 중국 모두 미국의 이런 시도를 받아들일 수 없었고, 중국은 수십만 명의 '의용군'을 파병하여 미국이 이끄는 유엔군을 밀어냈다. 그 결과 추가로 2만 2,000명의 미국인이 사망했고, 2년 후 기존의 국경선(38선)에서 전쟁이 끝났다."*

* 리처드 하스(2017), 앞의 책, p.64.

1994년 1차 북핵 위기 당시 중국의 외교 담당 국무위원 탕쟈시엔(唐家璇)은 "한국도 미국만을 일방적으로 믿고 의지하지 마라. 미국에 한국이 중요하지만, 세계 전략 차원에서 생각하면 미국이나 중국 같은 대국은 남북한 양쪽 중 어느 한쪽에 발을 딛고 있으면 족한 것이다. 한반도 같은 지정학적 요충지에 대해서 대국은 본래 그런 입장이다. 우리가 혈맹인 북한의 반대에도 불구하고 한국과 손잡은 것(한중수교)도 마찬가지 이치다. 한국이나 우리 중국이나 지금은 미국이 북한과 무슨 거래를 하는지 주시해야 할 때이다."라고 말했다.

삼팔선이 폭발하고 남북한 간에 전쟁이 났을 때 미국과 중국은 남과 북에 '내 편'과 '네 편'으로 나뉘어 함께 피 흘리며 싸웠다. 러시아와 일본도 양편에 서서 물심양면으로 거들었다. 그런데 미국 중국 러시아 일본, 한반도의 분단과 전쟁에 중대한 책임이 있는 소위 주변 4강들은 지금 거기서 사는 우리에 비해 사뭇 멀찍이 그리고 초연하게 남북한을 대하며 한반도를 논하고 있다. 그런데 우리는 여전히 남북분단 남남갈등 속에서 서로 아옹다옹하고 있는 현실이 야속하고 억울하다.

이 지점에서 필자는 대학 2학년 때 들은 '동서 정치사상사' 강의의 한 부분을 또 떠올리게 된다.

오래전에 작고하신 고(故) 김영두 교수(당시 고려대 정경대학장)는 "지금 불을 뿜고 있는 월남전도 머잖아 끝나고, 독일도 예멘도 통일될 것이다. 지구상의 모든 분단선이 다 해소될 것이지만, 남북통일은 아직 요원하다. 한반도는 세력과 이념의 대결장일 뿐만 아니라 세계 역사와 인류문명을 통틀어 쌓인 모순 갈등이 모두 삼팔선에서 마주쳤기 때문"이라며 "삼팔선이 풀리면 지구 위에 전쟁이 없는 영구 평화 시대가 오는데, 그것은 충북 음성과 평양 사이 한반도 중부지방에서 태어난 위대한 인물이 이룰 것"이라는 내용이었다. 그러면서 "나는 독일통일까지 보겠지만, 자네들은 분단선이 걷히고 남북이 평화 통일되는 날을 반드시 보게 된다."라고 강조하셨다. 그때가 키신저의 비밀 북경방문으로 '데탕트'라는 말이 나돌기 전 1971년이었으니 정치사상사를 연구하신 은사께서 이데올로기 시대가 저무는 기운을 예감했을 것으로 짐작된다. 그럼에도 분단선이 해체되어 남북 통일시대는 도대체 언제 열린단 말인가.

한반도 역사는 남북을 아우르는 왕조와 왕조 사이 대략 100년의 전국시대*를 겪었으니, 조선 망국(1910)을 따지면 2010년에 분열과 갈등의 애환이 끝나야 하는데 이미 그냥 지났고, 우리를 식민지로 짓누른 일제 패망(1945)으로부터 계산하면 2045년이 되는데, 어쨌거나 이미 태어났을 그 '위대한 인물'의 등극을 애타게 대망한다.

* 신복룡(2021), 앞의 책, p.569.

〈우리의 소원〉

우리의 소원은 통일, 꿈에도 소원은 통일
이 정성 다해서 통일, 통일을 이루자!
이 겨레 살리는 통일, 이 나라 살리는 통일
통일이여 어서 오라, 통일이여 오라.

안석주(父) 작사 안병원(子) 작곡의 이 노래는 남북이 미국과 소련의 군정체제일 때인 1947년에 남한에서 발표됐고, 1954년 '독립'이던 노랫말이 '통일'로 수정되었다. 본래 교육용 애국 동요로 출발한 이 노래는 3.15 마산의거, 4.19혁명, 부마항쟁, 광주항쟁의 현장을 거치며 남녀노소 온 국민이 기도와 눈물과 울분을 담아 부른 국민가요 민중가요였다.

6.15 평양에서 남북 정상이 합창하고 남북 이산가족이 만나기만 하면 서

로 부둥켜안고 부르던 이 노래가 이제는 삼팔선에서 다시 메아리치지 않고 있다. 지금은 우리 모두 "통일은 잊어야 이루어진다."라는 역설의 의미*를 차분히 되새길 시간인 것 같다.

* 독일은 빌리 브란트 총리(1969~1974)가 동방정책을 추진한 1970년 이후 헬무트 슈미트 (1974~1982) 헬무트 콜(1982~1998) 총리 시기 지성인들, 특히 정계에서 동서독 통일을 입으로 외치는 것을 자제했다. 대신 독일 지도자들은 화해 협력 평화를 행동으로 추진, 통독 대상인 동독은 물론 주변 강국들의 우려와 경계심을 피할 수 있었다.

한반도 주변 4강 美中日露의 국가 성격

　지금까지, 지정학이 풍미하던 시절 한반도 운명은 주변 열강들이 좌지우지해 왔음을 개괄하였다. 한반도 국제 정치의 중요성이 그만큼 크다는 사실은 한반도 내부의 자주 자강력의 중요성을 조금도 경감(輕減)하지 못함을 보았다. 역사의 고비마다 수많은 자괴와 통한을 느꼈기 때문이다. 지역과 국제정세는 이데올로기적 대결의 역사가 끝나고도 문명의 충돌 같은 매우 복잡하고 미묘한 형태로 진행되고 있는 가운데 주변 열강의 역할과 상호작용은 또 다른 차원에서 매우 중요하게 다가오고 있다.

　미국 중국 일본 러시아의 국가 성격과 대(對)한반도 정책 노선을 압축 정리한다. 4개국이 우리 한반도와 관계 맺음의 시간순에 따랐다.

중국

　중국의 역대 황제들은 중원에 본거지를 두고 화이 질서(华夷 秩序)의 확립을 사명으로 여겼다. 화이 질서란 중국 주변 사방의 인접 국가 민족을 모두 오랑캐로 인식하여 이른바 동이(東夷)와 서융(西戎), 남만(南蠻), 북적(北狄)을 책봉 체제로 다스린다는 것이다.

　진시황제 이래 중국의 황제들은 중화의 질서 확립을 위해 영토를 확장해야 한다는 강박관념에 사로잡혔다. 아무리 작은 땅이라도 황제의 권위와 관련되면 양보란 없었다. 그래서 중화의 질서 확립, 황제의 권위, 영토의 확장·보전은 삼위일체가 되어 중국의 국가원리를 이루었다.

　1949년 이래 신중국도 이 점에 있어서는 마찬가지다. 티베트 침공(1950년)이나 고구려 역사를 중국 역사에 편입시킨 동북공정(2012년), 그리고 국제재판소의 부정 판결에도 아랑곳하지 않고 지금도 남사`군도의 암초에 시멘트를 들이부어 군사기지를 건설하는 행위가 다 동아시아 패권(覇權) 야욕에서 나온 것으로 결국 중국몽(中國夢)과 같은 맥락이다.

현대 중국인들이 마오쩌둥에 이어 시진핑을 일컬어 '당(黨) 황제'라 부르는 이유이기도 하다.*

* 김용운(2018), 앞의 책, pp. 368~391.

이런 중국은 건국 당시 시대 주제를 혁명과 전쟁이라고 인식했으므로 마오쩌둥 시절 격랑의 외교 시대를 지났고 덩샤오핑 시기에 이르자 평화와 발전을 시대 소명이라 인식하면서 외교정책 노선을 평화공존 5원칙*에 정립했다. 덩샤오핑의 개혁개방과 도광양회(韜光養晦) 지도 지침은 장쩌민과 후진타오 시기에는 그대로 준수되어 대외관계가 평온한 가운데 경제발전에 박차를 가할 수 있었다. 장쩌민과 후진타오 시기 북핵 이슈와 관련한 중국의 긍정적 중재 역할도 표출되었다.**

* 1954년 당시 중국 외교부장 겸 총리 저우언라이가 제시한 평화공존, 호혜 협력, 주권 및 영토 존중, 내정 불간섭, 상호 불가침 등 5개항의 외교 노선 원칙. 마오쩌둥 시절 선언된 이 원칙은 아이러니하게도 중국이 경제건설에 매진하던 덩샤오핑 시기 가장 잘 지켜졌다가 국력이 G2로 굴기한 시진핑 시기 그 의미가 무색해지고 있다.

* *김계동 외, 『현대외교정책론』 (서울: 명인문화사, 2009), pp. 547~8.

그러다 2012년 시진핑이 당 총서기가 되고부터 중국이 옛 대청제국의 패권을 되찾고 마침내 미국과 자웅을 겨루는 새로운 양강 체제(新型大國關係)로 세계질서를 재편하겠다는 야욕을 드러냈다.*

* 김진윤 외, "아시아 안보에 나타난 강압 외교와 미국의 견제", 『국제정치연구』 제21권 2호 (동아시아국제정치학회, 2018), pp. 80~81.

그러나 중국이 인당 국민소득 1만 달러를 달성하고(2019년) 마침내 두 개의 백년(兩个百年) 목표 중 첫 번째 백년(2021)의 목표인 인민대중의 중 산층화(小康社會)가 이루어지고부터 그동안 내재해 온 모순들이 드러나고 있다. 중국 내부는 물론 대외적으로 표출되는 모순 갈등이 국제관계와 세 계질서에 미치는 영향이 자꾸 커지고 있다.

공산 중국 체제 자체가 안고 있는 문제 중 가장 근원적인 모순은 첫째, 배 금주의와 철저한 상인 정신으로 대표되는 중국인의 기질과 성향에 과연 공 산주의 정치제도가 맞느냐는 것이다. 지금의 신중국은 공산당이 지배하는 자본주의 국가라 근본적인 모순을 안고 있다.*

* 김운용(2018), 앞의 책, p.372.

개인의 물욕(物欲), 즉 이재(理財) 심리를 도덕적으로 수용한 자본주의를 부정하면서 출발한 것이 공산주의인데, 중국 공산당 체제는 개혁개방 이후 오히려 자본주의를 운영하고 있다. 공산당이 주도해 그동안 수많은 거대재 벌을 탄생시킨 경제구조이기에 권력형 부패는 계속되고 있다.

공산당이 자본주의 시장경제를 운영하며 지금처럼 패권주의적 군사 대 국화 노선을 취하는 것은 분명 모순이다.*

* 김용운(2018), 앞의 책, p.388.

둘째, 1, 2차 세계대전 후부터 소수민족의 해방과 독립은 시대적 대세를 이루었고, 구소련 붕괴가 소수민족 15개국의 독립으로 이어짐으로써 역사의 순리처럼 되었다. 그런데 유독 중국은 위구르, 티베트 등 소수민족과 지금도 끝없이 갈등하고 있다. 1차 대전이 끝나고 1920년 전 세계엔 50개 국가가 있었는데 2022년 현재 그 숫자는 약 220개 국가(UN 회원국 193, 한국외교부 인정 228)로 늘어났다. 신해혁명(1911. 10. 10.)으로 청(淸) 제국이 멸망한 후 중국에는 ① 청 제국의 민족 구성을 그대로 안고 한족 중심의 국가로 재편, ② 민족자결의 원칙에 따른 큰 민족별 분할 독립, ③ 다수의 민족으로 이루어진 국가 연방제를 구성하는 길 등 세 가지 선택지가 있었으나 결국 ①의 길을 택했다. 그러고 나서 지금처럼 동중국해 연안 동남아 6개 국가와 영해 분쟁을 빚고 있는 것과 같이 오히려 팽창 노선을 가고 있는 것은 국가권위를 국토의 크기와 동일시하는 중국적 국가원리 때문이었다.*

* 김용운(2018), 앞의 책, pp. 384~385.

중국대륙 내부에서 민족자치구를 이루고 있는 위구르 티베트 몽골 등은 고유의 문화와 언어를 고수하며 오랜 기간 독립을 바라고 있으며, 자신들에 대해 중국문화를 물려받은 중국인으로 생각하지 않음은 물론 한족에 대한 적개심을 강하게 드러내고 있다.

셋째, 시진핑 시기 정치와 경제를 다시 1인 독재와 국가 주도로 되돌리려는 정책들이 마찰음을 내고 있다. 마오쩌둥 이후 처음으로 시진핑 주석 3기 연임이 결정된 당 대회(2022년 10월 22일) 직후 표면상 정부 당국의 과도한 코로나 봉쇄 정책에 대한 항의의 성격을 띠고 전개된 전국적 시민 학생 시위에서 '공산당 타도' '시진핑 퇴진' 구호가 나온 것은 중국 체제의 특성상 매우 심상찮은 일이 아닐 수 없다.

1993년 '중국 특색의 사회주의 시장경제'를 법제화하고부터 중국은 개혁개방과 산업화 경제발전을 위해서라면 이전까지 중국이 말만 들어도 귀를 씻던 '미국방식'*도 마다하지 않아 놀라운 발전을 이룩할 수 있었다.

* 한중수교30년기념사업준비위원회 편, 『한중 30년, 새로운 미래를 향해』(서울: 동아시아 문화센터, 2022), p.216.

단기간 고도성장의 바탕엔 덩샤오핑이 설계한 정치의 철저한 집단지도 체제와 주룽지(朱鎔基)가 추진한 국유기업의 민영화(民進國退)가 큰 힘이 되었다. 덩샤오핑~후진타오 시기 14억 중국 사람들이 처음 맛본 돈벌이는 인민들의 핏속 장사 기질에 날개를 달아 주었다.

그러다 시진핑 시기 '정치의 일인 천하' '경제의 국가 주도'로 요약되는 정책 노선의 전환(國進民退)은 지난 30년간 중국의 질주를 가능하게 했던 청신호를 일제히 황색등으로 바꾸어 버렸다.

일인 독재 국가 주도로의 회귀가 아직 물밑에서 논의될 시기 때마침 인구 정체와 부동산 버블현상까지 겹치면서, 두 번째 백년인 2049년에 이르면 중국이 미국을 앞질러 G1 세계 최(最)부강국이 되리라던 애당초의 기대 대신 중국은 영원히 미국을 따라잡기 어려울 것이라는 예측이 나타나기 시작했다.* 셋째 마찰 갈등은 필경 첫째 및 둘째 모순과 어우러질 터인데 그렇게 되면 중국 국내는 물론 대외관계에서도 그 폭발력은 가늠하기 어려울지도 모른다.

* 피터 자이한 홍지수 옮김, 『각자도생의 세계와 지정학』(서울: 김앤김북스, 2021), pp. 129~132.

이제 한중관계, 중국의 대(對)한반도 정책 노선을 고찰해 보자. 중국은 한국과 일본 등 주변국들이 동경할 만큼 거대한 영토와 압도적인 인구를 가진 국가이지만, 유사 이래 직할지와 조공국을 늘려야 안심하는 속성을 지닌 나라이다. 시진핑 시기 중국이 바라는 중국몽은 과거 청(淸) 왕조가 이룬 중국 질서의 회복이며 지금 남중국해와 동중국해에서 벌이고 있는 횡포들은 그 회복 구상의 일환인데 아직 한국과 대만 그리고 오키나와가 예외로 남아 있다.*

* 김용운(2018), 앞의 책, p.388.

그런데 2017년 한국의 사드(THAAD) 설치에 대해 중국이 보인 태도는 중국의 불순한 복심(腹心)을 드러낸 것이나 다름없다. 당시 중국은 사드 설치를 위한 부지를 제공한 롯데그룹의 중국 내 모든 사업장을 초토화(焦土化)시킨 것을 비롯하여, 문화 경제 등 각 분야에서 온갖 시시콜콜한 규제도 서슴지 않았다.

"지금의 중국지도부나 주한 중국 대사들은 아직도 리훙장(李鴻章)이나 위안스카이(袁世凱)의 사고(思考)를 벗어나지 않고 있다. 그리스의 정치가 페리클레스(Pericles)의 주장에 따르면, '대국은 베푸는 것으로 동맹을 맺지, 받는 기쁨으로 동맹을 맺어서는 안 된다.' 그러나 중국이 베푸는 나라는 아니다. 중국이 우리를 '동맹'이나 '아픔을 나눌 형제'로 여길까? 그렇지 않다. 왜 그들의 레이더(radar)는 우리를 샅샅이 들여다보고 있는데, 우리는 사드(THAAD)를 배치하면 안 되는가?"*

* 신복룡, "중국은 우리에게 누구인가?", 『애틀랜타한인뉴스』, 2020년 11월 29일.

오늘의 중국은 과거와 분명 또 다르다. 동양문명, 특히 유교를 비롯해 고전에서 인본주의와 평화론 등의 철학을 언급하던 과거의 모습은 사라졌다. 세력을 확장하기 위해, 특히 미국을 견제하기 위해서라면 거의 물불을 가리지 않는 수준이다. 제국주의에 대한 반발로 시작된 19세기 중국의 꿈이 21세기 들어서 또 하나의 제국주의로 변질되고 있는 것 같다.

"현 중국지도부는 주한미군을 내보낼 요량으로 북한의 핵에 눈감았다. 북한의 대량살상무기 제작도 실질적으로 묵인해 왔다. 스스로 북한 핵에 위협당할 수 있음에도, 오랑캐로 오랑캐를 치겠다는 이이제이(以夷制夷) 전략을 쓴 것이다. 그러나 중국 역사는 역대 왕조의 주된 몰락 이유가 이이제이 정책의 실패에 기인했음을 지적하고 있다."*

* 김용운(2018), 앞의 책. p.390.

동북공정이라는 역사 문화침공에 이어 근년 들어 중국이 한국의 영공과 영해 주변에 대한 감시·순찰 활동을 강화하고 있음도 우리로서는 매우 불쾌하고 자존심을 상하는 일이다. 사드 배치 당시 '중국 외교부의 일개 부국장이 한국의 반대를 무시하고 서울에서 야당 정치인들을 만났고, 일부 한국 정치인들은 중국 왕이 외교부장의 훈수를 받으러 북경까지 간 사례'*등은 최근 국제적 물의를 빚은 호주의 정계·재계·학계 등 사회 각 분야에 대한 '중국의 조용한 침공'**을 상기시킨다.

* 김용운(2018), 앞의 책, p.390.

* * 클라이브 해밀턴, 김희주 역, 『중국의 조용한 침공』 (서울: 세종서적, 2021)

한국 사회에도 유사한 일들이 이미 산재해 있을 것이다. 같은 제목의 책 『Silent Invasion』을 쓴 호주 싱크탱크 「The Australia Institute」의 소장 클라이브 해밀턴(Clive Hamilton)은 2021년 4월 한국어판 서문에서 "베이징이 국제적으로 가장 중요하게 추진하는 전략목표는 대미 동맹 해제이며, 중국이 인도 태평양 지역에서 노리는 주요 국가가 호주와 일본, 한국이다."라면서 "베이징은 한국의 학계와 정계, 문화계, 언론계 지도층 전반에 걸쳐 베이징 옹호자와 유화론자들을 확보했다."라고 주장했다. 그는 또 "호주 정부는 베이징의 괴롭힘에 맞섰지만, 한국의 정치지도층은 지레 겁을 먹고 중국과 미국 사이에서 '전략적 모호성'이라는 나약한 태도를 유지한다."라며 "중국의 진정한 본질과 야망을 깨닫지 못하면 한국도 위험하다. 현재 한국 정부는 베이징과 소통하며 민주주의와 인권을 옹호하려는 의지를 찾기 힘들다."라고 기술했다.

한국에 대한 중국의 대국 갑질은 1992년 수교 당시 한국이 중국의 '두 개의 조선(Two Koreas)' 정책을 방치한 채 중국이 고집하는 '하나의 중국 (One China)' 원칙을 수용한 데서 비롯된 것이다. 한국은 당시 중화민국 (대만)을 축출하고 그 대사관 건물과 부지 등 모든 재산을 중국에 넘겨주었다. 또 88서울올림픽에 중국이 참가한 답례로 90북경아시안게임 개최에 한국이 지원을 다했고, 1992년 수교 협상이 타결되자 중국 외교부 직원들의 통근버스까지 선물했다. 한중수교가 중국의 한국전쟁 무단참전으로 야기된 오랜 적대관계를 청산하는 계기가 되기 위해서는 냉혹한 국제 정치의 현장에서 '평등 호혜'만 우길 수 없는 사정을 감안한다고 하더라도 그 당시 한국의 대응은 너무 허술하고 나약했다.

천안문 민주화 시위를 무력 진압한 후 서방의 경제 기술 제재를 받고 있던 중국은 당시 개혁개방 경제건설을 추진하기 위해 그 무엇보다 한국의 기술지원이 절실했다. 한중수교를 내심 초조히 바라는 쪽은 중국인데도 한국은 제풀에 수교를 서둔다고 '사대 조공'의 부끄러운 악습부터 복원한 것이다. 한중수교 후에도 당시 중국의 초중 2학년 역사 교과서에 한국은 '미국이 더러운 수작으로 만든 군정(軍政)의 괴뢰정권'으로 기술되어 있었다.

이 교과서는 1950년 중공군의 한국전 불법 참전(10. 19.)을 같은 해 초부터 시작된 티베트 침공과 함께 '신중국을 공고히 한 두 전투'라고 기술하고 있었는데 필자의 폭로기사가 보도된 후 수교 초기 껄끄러운 외교 문제가 되었으나 결국 한중 교육 당국이 공동으로 '역사왜곡수정' 소위를 만들어 상호 왜곡된 부분을 바로 잡았다.*

* 『동아일보』 1993년 6월 16일 31면; 6월 19일 2면; 6월 24일 2면; 7월 22일 2면; 김충근, 『다시 혁명을 기다리며, 베이징에서 바라본 한반도』 (서울: 나남출판, 1999), pp. 193~194.

그러나 중국은 해마다 중공군의 압록강 도강과 장진호 전투를 기념하면서 '미제(美帝)의 침략에 맞서 조선(북한)을 돕고, 나라(중국)를 보위하고 가정을 지킨(抗美援朝 衛國保家)' 전쟁이라고 거짓 선전을 계속하고 있다. 또 지리 교과서 내 표지에는 아시아 지도 중 중국 본토는 붉은색, 한반도와 대만 그리고 베트남 등 동남아 일부를 황색으로 표시한 다음 황색 지역을 '미수복 고토(未收復 故土)'라고 설명해 놓고 있었다.

동북공정을 통해 한반도 역사를 중국의 변방 역사로 편입시키는 행태와 함께 중국이 어떤 경우에도 한반도를 자기들의 속령(屬領)으로 인식하는 고정관념을 여실히 드러내는 사례들이다.

시진핑 등 현재는 물론 앞으로 한참 동안 중국을 이끌 당정지도부 인사들은 모두 이 교과서로 배운 세대이다.

수교 당시에도 말 한마디 못 붙인 것은 물론 중국이 사드 보복을 가해올 때도 삿대질 한번 하지 않고 되레 '3불 약속'이나 해 주는 식으로는 한국이 중국 곁에서 자주(自主)하고 살아갈 수 없을 것이다.

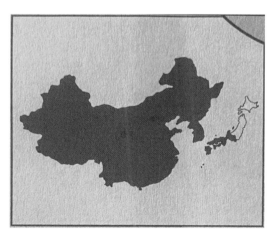

그림 1. 한반도와 일본의 절반까지 중국 영토로 표기한 이 지도는 2011년 중국 외교부 홈페이지에 올린 것 (大田典也 박사 제공)

출처: 김용운 저, 『역사의 역습』 (서울: 맥스미디어, 2018), p.406.에 준해서.

일본

일본은 천재지변이 많아서 수리 사업 등을 통한 일치단결의 정신(大和精神)이 필요했고 조직적으로 목적을 달성하는 것이 최고의 미덕(美德)이었다. 가치 따위는 큰 의미가 없었다. 그 결과 일본인의 원형에는 '단결, 조직 우선, 몰가치'가 중심에 자리 잡게 되었다. 일본의 원형은 '오직 모든 국민이 일치단결하여 당면한 사업을 이뤄내자.'라며 목적만을 향해 매진하는 것이 되었다.

일본의 고대사를 백제와 신라와의 전쟁사로 분석하는 사관(史觀)에 따르면, 일본 무사단은 평씨(平氏)와 원씨(源氏)로 나누어졌는데 평씨는 백제계의 후손으로 중앙에서 서쪽 지역을 관장했고, 원씨는 신라계의 후손으로 동경의 관동 이북을 관할했다. 백제멸망 후 백제계 후손이 서부지역 일대에서 권력을 잡자, 신라계는 동쪽으로 쫓겨가 에도에 터를 잡았다.

백제계 평씨는 천황을 중심으로 세력을 떨쳤으나 무사단 사이에 전쟁이 벌어지면서 천황가가 약화하자, 도요토미(豐臣秀吉)가 나서서 이를 평정해 천하통일을 이룬다. 그러나 평화가 지속되면 무사단들이 다시 반란을 일으킬까 우려한 도요토미는 그 에너지를 외부로 돌리기 위해 임진왜란을 일으켰다. 그 후 신라계 원씨인 도쿠가와(德川)와 교체되었으나 메이지유신을 계기로 백제 평씨계인 현 천황가가 다시 복구되었고, 그 후 부국강병으로 목표를 정한 일본은 군사 대국화에 줄곧 열중하였다.*

* 김용운(2018), 앞의 책, pp. 395~396.

개국 이후 일본은 줄곧 정복으로 일관했다. 1868년 근대화 혁명을 이루자, 오키나와 왕국을 편입시켰고, 홋카이도 왕국을 정복한 후 조선 식민지화(1910)로 이어갔다. 도요토미는 누구보다 팔굉일우(八紘一宇)* 국가원리에 충실한 인물이었다.

열도의 천하통일을 완수하자 조선을 새로운 정복 대상으로 삼았고, 명(明)과 인도를 포함한 전 대륙이 그의 정복 목표였다.

2차 대전 당시 등장한 '대동아 공영권'도 도요토미의 구상과 같은 것으로, 팔굉일우 정신에서 유래했다.

한반도의 지정학은 한반도 내의 세력 각축에서 밀려나 멸망한 세력에게 대륙이나 열도 양방향으로 도망갈 길을 터주고 재기의 기회도 얻게 해 주는 위치에 있다. 백제는 나당(羅唐)연합군에 패한 후 일본열도로 건너가 통일국가를 수립했고, 고구려는 패망 후 압록강을 건너 발해를 세웠지만 둘 다 피난 또는 망명정부의 성격은 있을지언정 정벌의 의미는 아니다.

반면 일본열도엔 탈아론(脫亞論) 정한론(征韓論)이 있었고, 당나라에 견당사라는 사신을 보내면서도 한반도와는 달리 사대(事大)는 거부했다. 중국이 주변국을 야만시(野蠻視)한 번이(蕃夷) 사관을 가졌듯이 나당연합군에게 왜가 패한 이후 이에 대한 반동으로 일본은 신라(한국)와 당(중국)을 얕보고 싫어하는 반한·반중(反韓反中) 정서를 지니고 있다.*

* 김용운(2018), 앞의 책, pp. 399~401.

개국(1854)에 이어 메이지유신(明治維新, 1868)으로 근대화의 길로 나서면서 근대 일본의 국책은 침략주의로 돌변했다. 일본의 국가원형은 팔굉일우인데, 즉 우두머리를 중심으로 순종하고 뭉치고 참아낸 에너지를 침략과 전쟁으로 폭발시킨 것이 일본 제국주의의 길이었다.

1873년 청(淸)이 서구 제국주의에 시달리는 틈을 이용해. 청의 조공국인 류큐(琉球) 왕국을 재빨리 일본에 편입시켜 오키나와현(縣)으로 이름조차 바꿔버린 것을 시작으로 서태평양 13개 섬을 자국 영토로 귀속시켰다. 이어서 청일전쟁(1894), 노일전쟁(1904)에서 승리한 일본은 마침내 진주만 폭격(1941)으로 시작된 미일전쟁에서 늘 선전포고 없이 기습전을 감행하였다. 일본은 미국의 군함 외교로 개국한 후발주자였지만 제국주의적 행위에 있어서는 오히려 미국보다 앞서 나갔다.

일본은 하와이 제도까지 귀속시킬 생각으로 천황가가 하와이 왕가와 혼인을 맺으며 기회를 노리던 중 1905년 일본과 미국은 서로가 원하는 것을 충족시키는 가쓰라-태프트 밀약을 맺어 미국은 필리핀을 갖고, 일본은 하와이를 포기하는 대신 조선을 식민지화했다.*

* 김용운(2018), 앞의 책, p.402.

조선이 일본의 식민지로 침식되기 전 마지막 개혁 정치의 기회가 될 뻔했던 갑신정변(1884)이 실패한 그해 12월 30일 국왕의 통역가로 개화파를 지지했던 윤치호는 "개화파는 준비가 제대로 안 된 채로 무모했다. 왕과 왕비가 청에 구원을 요청한 대처는 실망스러웠다. 조선이 앞으로 버텨낼 수 있을지 걱정이다."라고 일기장에 기록하였다.

김옥균의 개화당을 지지했던 당시 일본의 진보 지식인 후쿠자와 유키치는 특히 고종이 청을 끌어들여 개화파가 어렵게 조성해 준 변화의 기회를 살리지 못한 것에 크게 실망한다. 그의 눈에 조선은 "자기 명예를 지키기 위해서 생명을 거는 사무라이 정신이 없는 나라"였고, "사정이 급해지면 앞뒤 가리지 않고 아무 데나 기대는, 수치를 모르는 나약한 나라"로 비쳤다. 이 정변을 계기로 본래 '동양 3국 평화유지론'을 주장하던 유키치는 조선이나 청(淸)같이 열등한 아시아에서 벗어나 일본부터 먼저 서양 열강처럼 우월한 위치에 서야 한다는 탈아입구론(脫亞入歐論)으로 돌아섰다.

일본은 서구 열강을 열심히 흉내 내며 제국주의 대열에 합류하였고, 마침내 그 첫 번째 두 번째 침략 대상은 조선과 중국이 되었다.* 일본은 대륙 세력과의 관계에 있어서 자국 역량의 강약(強弱)에 따라 한반도를 '징검다리 또는 비수(匕首)'로 여기는 지정학적 인식을 충실히 따랐다.**

* 안상윤, 『다큐멘터리 19세기 韓日의 정치, 고종과 메이지』 (경기 파주: 휴먼필드, 2019), pp. 135~137.

** 김충근(1999), 앞의 책, p.195.

2차 대전에서 사상 최강의 해양 대국 미국에 패망한 뒤부터는 미국과 동맹함으로써 공산주의를 최전방에서 막아주는 한국의 지정학적 방패 역할을 누리고 있다.

이런 일본은 한국전쟁 중인 1951년 미국의 적극적인 중재로 한국과 국교 정상화를 위한 협상을 시도했으나 식민 지배에 대한 사과와 배상의 문제에 걸려 오래 난항을 겪다 1965년에야 한일협상이 타결되었다. 2차 대전 후 미국에 의해 무장 해제되면서 '전쟁할 수 없는 나라'라는 족쇄가 채워졌지만, 그 족쇄는 오히려 패전국 일본의 재기와 번영의 날개가 되었다.

북한의 남침 전쟁 도발로 일본은 미국의 태평양군수기지로 발돋움하는 바람에 막대한 전쟁 경기를 누렸고 한 푼의 안보 비용 없이 공산 침공을 막아주는 방파제 역할은 한국이 대신하였기 때문이다.

그러나 전후 한국과 일본의 관계에서 늘 문제가 되는 것은 침탈의 과거에 대한 반성은 인색하면서 오히려 독도 영유권을 주장하거나 전범(戰犯) 신사(神社)를 참배하는 일본의 태도인데, 이는 모두 '결과만 좋으면 된다.'라거나 '승리는 곧 정의'라는 일본의 원형 의식*에서 기인한 것이다.

* 김용운(2018), 앞의 책, P.403.

이런 민족감정을 제외하고 한국과 일본은 미국을 중심축으로 하는 바퀴살(Hub & Spoke) 동맹구조 아래 민주주의 시장경제라는 가치를 공유해 왔다. 현재 동양 3국 중 일본은 GDP 기준 한국(1.6조$)의 약 3배(5.2조$)이며, 중국은 일본의 3배 한국의 9배인 14.6조$ 수준이다. 군사력과 경제력(GDP)을 함께 비교해 보면 중국의 군사력은 세계 3위, 경제력은 세계 2위이고, 일본의 군사력은 세계 5위, 경제력은 세계 3위이다. 한국도 세계 6위의 군사력과 세계 10위의 경제력을 보유하고 있다.*

* https://namu.wiki/w/%ED%95%9C%EC%A4%91%EC%9D%BC GFP의 2021년 순위. (검색일: 2023. 1. 1.)

일본의 국력을 이렇게 비교하는 것은 우리가 아시아의 패권국으로 다시 굴기한 중국을 상대하는 데 있어 일본이 가지는 레버리지는 무엇일까를 고뇌할 때 참고하기 위해서이다. 일본은 이미 한 세기 전 중국의 4천 년 20왕조 역사에서 가장 크고 뼈아픈 패배를 안겨 몰락시킨 것을 비롯하여, 유라시아의 두 강자 중국과 러시아를 차례로 굴복시킨 데 이어 진주만 기습으로 태평양 건너 미국 본토를 넘본 진정한 亞太최강의 대제국이었던 과거를 지닌 나라이다. 일본의 과거 전범 이력에 대해 지금까지 가장 큰 트라우마를 갖고 있는 나라는 아마도 미국과 중국일 것이다.

전후 미국은 중·러 공산 블록의 세력 확장을 저지(沮止)시키기 위해 일본을 부흥시켜 활용했고, 철통같은 미일 안보동맹으로 태평양을 방위하면서도 일본의 핵 보유 등 재무장에는 일정한 가이드 라인을 유지해 왔다. 또 중국은 1970년대 미국과 비밀리에 수교 협상을 시작할 당시 대만의 핵 개발 움직임 저지와 함께 미국에 요구한 최고의 안보 관심은 일본 카드 불사용이었음은 널리 알려진 사실이다. 다시 말해 중국의 구소련 견제 카드와 미국의 대만 일본 견제 카드를 맞교환한 것이다.

그로부터 50여 년 후 북·중·러 공산 전재 블록이 강화되고 미중 전략경쟁이 격화되는 와중에 무엇보다 북한의 핵 보유가 엄연한 현실이 되어버린 상황은 한반도는 물론 세계 정세를 신냉전체제로 전환해 버렸다. 국제 안보 질서의 대격변기를 맞아 일본 정부는 2022년 12월 16일 각의를 열고 일본도 반격 능력을 보유하고 현재의 방위비를 5년 내 두 배인 GDP의 2% 수준으로 증액하기로 하는, 안보 관련 3대 문서 개정안을 의결함으로써 오랫동안의 숙원인 '군사 대국화'의 길로 성큼 나섰다.

일본이 2027년 방위비를 10조~11조 엔(약 105조 원)으로 증액하면 미국·중국에 이은 세계 3위 방위비 지출국이 된다. 일본의 안보 기본지침서인 '국가안전보장전략'에 등장하는 주변국 기술에서도 일본은 중국에 대해 지금까지 "국제사회의 우려 사항"이라고 표현했으나 이번에 "지금까지 없었던 최대의 전략적 도전"으로 바꿨다. 러시아에 대해서는 "모든 분야에서 러시아와 협력"이란 종전의 표현을 삭제하고 "안전보장상 강한 우려"라고 기술했다. 북한에 대해서는 "종전보다 중대하고 임박한 위협"이라며 위협 표현의 수위를 잔뜩 높인 대신 한국에 대해서는 "지정학적이나 우리나라의 안전보장에 있어 매우 중요한 이웃 나라"라는 표현을 유지했다.*

* 이하린, "일본, '반격 능력' 보유 결정…방위비 GDP 2%로 확대" 『매일경제신문』, 2022
  년 12월 16일.

이와 같은 일본의 안보 위상 변화는 반세기 전 미국이 소련을 견제하기 위해 중국을 끌어들였다면, 지금은 중국을 견제하기 위해 일본을 적극 당기고 있음을 암시한다. 2차 대전 후 일본을 무장 해제하고 '전쟁할 수 없는 나라'의 족쇄를 채운 게 미국이다. 그랬던 미국이 이제 일본의 '군사 대국화'를 가장 열심히 후원하고 있다. 일본이 '반격 능력' 보유와 방위비 2배 증액 등을 명기한 안보 문서 개정을 의결한 직후 미 백악관 안보보좌관, 국무장관, 국방장관, 상원 외교위, 하원 외교위가 앞다퉈 환영 성명을 냈다. "역사적 안보 도약" "필수 불가결한 파트너" 같은 수사를 썼다. 미 외교·안보 라인이 총출동한 이런 격렬한 환영은 거의 전례가 없다.

국제 안보 질서에 지각변동이 일어나 합종연횡이 숨 가쁘게 이뤄지고 있다. 한국 같은 '낀' 국가는 자강(自强)과 함께 연대, 즉 누구와 무엇을 어떻게 함께할지에 생존이 달려있다고 해도 과언이 아니다. 우리가 중국·러시아·이란 등과 사안별로 협력은 할 수 있어도 운명을 같이하는 건 상상할 수 없다. 우리의 선택은 사실상 정해져 있다. 미국·일본을 비롯한 영국·프랑스·호주 등 가치 공유국(like-minded states)과 팀을 이루는 것이다.*

* 임민혁, " '日 공격 능력'만 경계하다 놓칠 것들" 『조선일보』, 2022년 12월 27일.

일본의 군사 대국화는 이미 오래전에 시도된 것이다. 현재 미국이 주도하고 있는 인도·태평양전략은 본래 2007년 아베 신조가 일본 총리로 처음 취임하면서 중국 봉쇄 등 서방 진영의 집단 안보를 위해 내건 '아시아 NATO 구상'을 차용(借用)한 것이다. 그동안 일본은 자국의 재무장과 전쟁을 근원적으로 막고 있는 평화헌법을 고쳐 일본도 전쟁을 할 수 있도록 이른바 '보통 국가화' 시도를 줄기차게 해왔으나 여론의 반발로 헌법 자체는 손을 대지 못하고 대신 유엔평화유지군 파견 등 방어 전투는 할 수 있도록 헌법을 재해석하는 수준까지는 이르렀다.

중국은 무섭게 굴기하고 일본은 이에 대비하기 위해 군사 대국화의 길을 열심히 준비하는 기간 중 특히 북한의 핵 무력이 완성된 지난 5년 동안(2017~2022) 한국의 집권 세력은 국내 정치적 당파이익의 극대화를 위해 일본 식민 지배의 과거를 악마로 재소환하는 '퇴마 정치'*에 몰두하느라 친중·종북의 외통수만 두었다.

* 강준만, 『퇴마 정치』 (서울: 인물과사상사, 2022)

중국을 높은 산봉우리로, 한국을 작은 나라로 지칭하며 중화 질서의 복원을 의미하는 중국몽에 동참하겠다던 당시 진보정권은 일본 얘기만 나오면 '죽창가'를 외치고 정치적 반대 세력에겐 '토착왜구' 프레임을 덧씌워 대일 적개심을 정치에 이용했다.

아무도 막지 못하고 결국 북핵 시대가 열린 이제, 한국은 일본의 핵 무장화 논의의 귀추를 주목해야 할 처지에 이르렀다. 1964년 중국의 핵무기 개발과 2000년대 이후 북한의 핵실험이 진행될 때마다 일본 사회 안팎에서는 핵무장 논의가 일어나고 있는데 일본 정부는 '일본의 외교정책 대강(1969)'을 통해 "NPT 참가 여부와 관계없이 정책적으로 당면 핵무기는 보유하지 않는다."라면서도 "그러나 핵무기 제조의 경제적, 기술적 가능성은 항상 갖고 있다."는 원칙을 정했다.

이는 미국의 핵우산이 존재하고 발동하는 한 보유하지 않겠다는 뜻이며, 달리 말하면 미국의 핵우산이 발동하지 않거나 소멸하는 경우 핵(核) 무장할 필요가 있으며, 이를 위해 핵무기 제조의 경제적, 기술적 가능성은 항상 갖고 있지 않으면 안 된다는 사실을 말한다. 2016년 이후 북한의 4~6차 핵실험이 진행되면서 일본 국내는 물론 미국에서도 일본의 핵무장 찬성론이 계속 이어지고 있다.*

* 이기태(통일연구원), "일본의 핵무장 논의와 미일 동맹 강화" (2019), 한국일본학회(KAJA) 제96회 국제학술대회 발표논문집, pp. 303~306.

북한의 핵미사일 능력은 최고점을 향해 달리고 있고, P5 중 중국과 러시아는 이미 북핵 질주를 제재할 실제 행동에 어깃장을 놓고 있어 NPT 체제의 미래가 불투명해졌다. 또 안보리 상임이사국인 러시아가 우크라이나 침략 전쟁을 벌여 UN이라는 집단 안보 체제가 흔들리고 있다. 이러한 국제 질서의 변화는 결국 미국 주도의 평화 시대(Pax Americana)가 저물면서 비롯된 것인데 미국은 이제 한 발 빠지면서 지역 국가에 부담을 넘기는 역외 균형(Offshore Balancing) 전략을 가동하기 시작하는 것처럼 보인다. 미국은 지금처럼 중국의 도전을 홀로 막는 데 애를 먹는 것보다 전통적 안보 전략인 고립주의 노선(Monroe doctrine)으로 복귀할지 모른다. 이럴 경우, 미국이 마지막 택할 카드가 일본의 핵무장이 될 것이며 이는 중국은 물론 동아시아 지역 안보 개념과 구도 자체를 완전히 뒤흔들 것으로 예상된다.

이와 관련, "미국은 일본 재무장이 끝날 때까지 한국을 지켜줄 것이지만, 그 뒤는 한국을 버릴 수도 있다."*라거나 "한국이 직면하게 될 난관들을 해결하는 데 도움을 줄 수 있는 유일한 나라는 일본일 것"**이라는 언설(言說)을 참고할 필요가 있다.

* 신복룡(2020), 앞의 기고문.
* *피터 자이한(2021), 앞의 책, pp. 12~13..

한국이 중국의 팽창주의 근성과 대국 갑질을 제어하는 데 일본 카드의 활용만큼 좋은 '꽃놀이 패'는 없음을 의미한다.*

* 주재우, 『팩트로 읽는 미중의 한반도 전략』(경기 파주: 종이와나무, 2018), pp. 342~346.

무엇보다 한국이 북핵의 실체 앞에서 국론분열로 갈등하느라 자주적인 핵전략을 수립하지 못하는 와중에 일본이 먼저 핵무장하고 나서는 상황을 대비해야 한다. 미국(1945) 러시아(1949) 중국(1964) 북한(2017)에 이어 일본마저 핵보유국이 된다면 한국은 핵의 바다에 둘러싸인 외로운 섬[孤島]이거나 핵의 숲속에 갇힌 초라한 오두막이 된다.

러시아

러시아 정치의 전통은 먼저 공포 분위기를 조성하는 것이었다. 몽골계 타타르인의 킵차크 한국(汗國)의 강압적 지배를 벗어난 이반3세(1462~1505 재위)에 이어 이반4세(1547~1584 재위)는 '벼락의 황제(雷帝)'라는 별명이 상징하듯, 무서운 철권통치로 일관했다. 휘하에서 반란의 조짐이 보이면 그 봉토 안에 사는 주민들까지 모조리 학살했다. 이민족의 토지도 무자비한 방법으로 강탈했다.

이반4세는 즉위식에서 "로마제국은 멸망했고, 이제 모스크바를 제3의 로마로 만들 것이다. 앞으로 제4의 로마란 없다."라고 호언(豪言)했다. 제2의 로마는 비잔틴의 콘스탄티노플을 뜻했다. 스스로 비잔틴 황제의 계승자이자 그리스 정교의 수장임을 참칭(僭稱)함으로써 종교와 세속을 통합시킨 교황 황제주의를 선언한 것이다.

이반4세의 이와 같은 사상과 철권통치는 스탈린에 이어 지금의 푸틴으로까지 이어지고 있다. 이는 황량한 환경에서 습격과 약탈에 시달려 온 러시아인으로서는 강력한 지도자를 중심으로 지배자와 피(被)지배 민족 간에 발생한 일체감이 사회와 국가를 형성하고 지탱한다는 원형 의식에서 나온 것이다. 세속적 대러시아주의와 종교적 메시아주의가 결합한 근세 이후의 러시아는 유라시아의 중심 국가이며, 미국도 영국도 주변 국가에 불과하다는 생각에 빠진다.

냉전(冷戰) 시대의 소련은 이 지정학을 믿고 대륙군대로 세계의 패권을 잡아 해군력에 의존하는 미국과 영국을 앞지를 구상을 하기도 했다.*

* 김용운(2018), 앞의 책, pp. 346~360.

러시아는 국토의 절반 이상이 평원이다. 유럽과 아시아를 가르는 우랄산

맥도 최고점이 겨우 해발 1,200m에 불과하다. 중심의 일부 지역만 빼고 해발 100m 이상 되는 고지가 거의 없을 정도며 대신 강이 많아 세계 최대의 하천 국가이다. 이러한 환경에 시달려 온 러시아인은 슬라브 민족 특유의 정신세계인 지구력과 강한 집념을 갖고 있다.

몽골족의 침입으로 15세기까지 250년간 압제에 시달린 탓인지 서구인들은 "러시아인의 원형에는 문명과 야만이란 상충하는 두 요소가 있다."라고 말한다. 러시아는 폴란드와 프랑스, 나치 독일 등으로부터 빈번하게 침략을 당한 역사가 있어, 본능적으로 국경선은 되도록 멀리 두려워한다. 크리미아반도를 귀속시키려고 벌인 우크라이나와의 영토분쟁 또한 이런 경계심에서 나온 것으로 소련 붕괴 후 폴란드와 체코, 루마니아 등 여러 완충지대를 잃은 러시아는 영토에 관한 불안감이 고조되어 있는 상태였다.

미국과 러시아의 공통점은 3가지다. 첫째, 광대한 땅을 단숨에 영토화했다는 점. 둘째, 기독교적 선민의식과 사명감이 강하다는 것. 셋째, 백인 중심의 정치론을 갖고 황화론(黃禍論)을 염려하는 것이다.*

* 김용운(2018), 앞의 책, p.367.

러시아가 조선(한국)과 처음 조우(遭遇)한 것은 17세기 후반 중국(淸)의 나선정벌(1654, 1658)*을 통해서다. 시베리아를 병합한 러시아가 북만주로 압박해 오자 중국은 이에 무력 대응하면서 조선에 파병을 요청했는데 당시 조선 효종은 사대주의적 명분과 러시아 세력이 더 커져 조선 북방영토에 미칠 영향을 우려해 조총수(鳥銃手)들을 보냈다.

* 북만주 헤이룽장(黑龍江) 유역에서 벌어진 조청(朝淸) 연합군의 러시아 격퇴 전투. '나선'은 러시아를 일컫는 옛말.

그러나 러시아가 한반도가 포함된 동북아 지역과 본격적인 관계를 맺은 것은 19세기 후반 짜르 러시아가 세계 패의 출구로서 태평양 진출을 시도할 때부터였다. 몽골의 지배를 벗어난 제정러시아는 시베리아, 발칸반도, 중앙아시아 등 전 세계를 대상으로 본격적인 영토 확장을 추진하였지만, 서구 열강들에 의해 서쪽과 남쪽으로의 진출이 저지되자 극동지역으로 방향을 전환하였다. 아이훈조약(1858)과 북경조약(1860) 체결을 계기로 러시아는 연해주 지역을 확보하였으며, 그 결과 조선과 러시아는 국경을 인접하게 되었다.*

* 한동훈, "19세기 후반 조선과 러시아의 상호인식과 외교정책", 2021, 고려대학교 대학원 박사학위 논문, pp. 28~48.

　　당시 한반도는 러시아에 원동(遠東)의 발칸이었고, "조선은 연약하고 자위 능력이 없어 보잘것없는 신세"로 인식되었다. 또 "기타 강국들은 중국이 조선 독립을 위협하는 데 대해 아무도 관심하지 않았고, 다만 일본만이 조선이 중국에 침점(侵占)당하고 있는 데 대해 못마땅하게 여길 뿐"으로 여겨졌다. 동북아에 대한 러시아의 전략 초점은 시베리아 철도부설과 태평양 연안의 부동항인 따롄(大連)항과 뤼순(旅順)항을 확보하는 것이었다.

　　시베리아 철도는 만주를 손에 넣어 우선 중국을 분할하고, 그 길로 조선을 침략함으로써 동북아를 석권하여 태평양 진출을 위한 거점이었다. 이 같은 러시아의 야망은 니콜라이2세가 1900년 10월 어머니에게 보낸 편지에서 "선양(瀋陽)을 점령하는 것은 베이징(北京)을 점령하는 것과 마찬가지로 중요하다."라고 피력한 이른바 '黃러시아 제국' 건설의 꿈으로 대변된다. 그러나 러시아의 이런 꿈은 "일본이 주시하는 바는 동삼성(東三省, 만주)밖에 더 없다."(1900년 11월 小村 일본 공사)라는 일본의 '만주국' 건설의 야욕과 정면으로 부딪쳐 결국 러시아는 러일전쟁에서 일본에 패배하고 말았다.*

* 김구춘(중국연변대 교수), "짜르 러시아의 동북아 침략 정책, -1885~1904년 세계 패권을 위한 전략을 중심으로-", 『梨花史學』 Vol.19, (이화여자대학교 사학연구소, 1990), pp. 99~126..

1900년대에 들어오면서 러시아의 관심은 러시아 함대가 한반도 남쪽 대한/대마도 해협을 자유롭게 통행함으로써 뤼순항과 블라디보스토크 사이의 항로를 보장받는 것이었다. 러시아는 한반도의 거제도를 장악하고 싶어 했다. 1902년 초 대한제국은 러시아를 상대로, 마산포와 거제도의 어느 지역도 외국에 매도되거나 영구 조차할 수 없도록 한 비밀 협정을 발표했는데, 그때 러시아는 이미 그곳에 저탄장을 마련하고 있음이 드러나 일본 등 다른 열강들을 긴장시켰다.

그런 상황에서 일본은 1903년 6월 23일 한국에 대한 일본의 우선권과 만주에 대한 러시아의 우선권을 각각 인정하는 '만한교환론(滿韓交換論)'을 들고나왔고, 또 러시아는 같은 해 9월 20일 '러일 양국은 한국영토의 북위 39도 이북 지역을 중립지대로 인정하여, 양측은 군대를 위 지역에 투입하지 않는다.'라는 '한반도 중립지대론'을 제시했으나 양방의 이해가 엇갈려 대립 감정만 더 격화시켰다. 한반도에 대한 러시아와 일본의 영토야욕이 그만큼 치열했던 셈이다.

1904년 대한제국은 드디어 국외중립을 선언한다. 그러나 일본의 통신망을 피하고자 북경 주차 프랑스 공사관을 통해 발표된 국외중립은 하나의 소극(笑劇)으로 끝났다. 당시 대한제국은 중립에 필요한 두 가지 조건, 곧 열강의 확고한 보장과 강인한 자기 지탱력이라고 하는 필수요건을 아무것도 갖추지 못했기 때문이다.*

* 신복룡(2021), 앞의 책, pp. 364~400.

러일전쟁 참패 후 아시아의 주도권을 일본에 빼앗긴 러시아는 2차대전 말기 일본군을 상대로 한 점령 작전에서도 미국이 제시한 한반도 38도선 분할점령 안이라는 가이드 라인에 충실하며, 동북아보다 유럽에서의 진영 대결에 열중하였다. 한국전쟁 때도 아시아에서 미국과 충돌하는 위험을 두려워한 나머지 중국이 대리 참전(參戰)하도록 기획하고 압박, 결국 중국을 공산권 종주국으로 키워 뒤에 호환(虎患)을 당한다.*

* 김성보(2017), 앞의 책, pp. 20~52, 140~149.

2012년 이후 러시아는 신동방정책을 추진하면서 아시아 태평양 지역의 경제적·안보적 중요성을 인식하여 '극동개발부'를 신설하고, 재편된 동부 군관구의 전력 증강과 방위산업 개발을 통해 극동지역 발전과 아·태 지역에서의 영향력 확보를 추구하고 있다. 러시아는 중국과 함께 북핵 문제해결을 위해 소위 쌍중단/쌍궤병행을 공동 제안했다.

러시아는 한국과 주변국들이 빠진 북미 양자 협상이 처음부터 불가능하다고 보았고, 만일 협상이 진행된다고 해도 아무것도 얻을 수 없다고 평가해 왔다. 한반도 평화 정착과 동북아 공동번영을 위해서는 동북아 구성체로 이루어진 다자(多者) 협력 기구를 창설하고 그 협의기구 내에서 한반도 문제를 논의하여야 한다는 입장을 견지하고 있다.

2018년 푸틴 4기 정권 출범 이후 러시아는 한반도 주변에 대한 군사적 전개를 빈번히 하고, 특히 KADIZ에 대해 중국과 공동순찰을 감행하면서 지역 영향력 확대를 시도하고 있다.*

* 김선래, "러시아의 공세적 동북아 외교·안보 정책과 對 한반도 접근 전략", 『슬라브학보』 제36권 2호 (2021), pp. 70~78..

미중 갈등 속에서 구(舊)소련 제국의 세력권 회복을 염두에 둔 푸틴의 행각은 유럽에서 우크라이나 침공으로 힘겨운 투쟁을 벌이면서도 동북아 지역에 대한 옛꿈도 잊지 않고 있다.

표 2: 조선의 개항과 망국 과정

1845	영국 군함 사마랑호 제주도 측량
1853. 7. 8.	美 페리전단 요코하마 내항 정박. 7. 11. 내항 깊숙이 무력 시위하며 개항 재촉, 7.14. 미국 대통령 친서 수여식 거행 후 일단 귀국
1854. 3. 31.	美 페리와 日 막부 美日화친조약 체결, 도쿄 부근 시모다(下田)와 홋카이도 하코다데 미국에 개항
1858. 7	美日 수호통상조약(불평등) 체결
1861.	러시아 함대, 元山에 와서 통상 요구
1866. 8. 21~9. 4 (고종 3년)	미국 제너럴셔먼호 사건(조선의 화공으로 승선원 24명 전원 사망)
1867. 1	미국, 상하이 주둔 美 아시아함대 소속 와츄세트호(선장 슈펠트) 조선에 파견해 손해구제 명령. 1. 23. 한강 아닌 대동강으로 들어가 셔먼호 사건 상기시키고 지방 관헌 편에 우호조약 체결을 요망하는 공한을 관찰사에 전달.
1869년부터	일본, 조선의 門 노크 번번이 거절
1871	일본, 조선 종주국인 淸과 먼저 수호조약 맺어 조선 개항 우회 압박
1871	일본, 이와쿠라 사절단 107명 구미 12개국에 1년 10개월간 파견 문물연수, 불평등 조약 갱신 노력.
1871. 5. 16	신미양요(고종 8년), 미국이 셔먼 사건을 빌미로 개항을 요구하며 강화도 공격(美 3명 조선 350명 전사)
1875. 9	日 군함 운요호(雲揚號) 사건, 강화도 접근하다 서양 이양선으로 착각하고 개항 반대한 조선 수군이 포격, 조선군 35명 사살 후 나가사키로 귀환
1876	조선, 일본 강압으로 강화도조약 체결
1880	일에 수신사로 다녀온 김홍집이 淸의『조선책략』'親中國 結日本 聯美國' 갖고 귀국. 閔氏정권 조선 외교에 도움되리라 전파하다 전국 유생들 위정척사 시위 유발

1880년	미국, 슈펠트 제독 파견 일본과 청국을 중간에 내세워 조선과 수교 타진
1882. 5. 22	韓美 수호통상조약 체결(인천의 임시천막), 임오군란(1882. 7. 23.) 발생. 英國, 獨逸과 통상 조약
1884	러시아와 통상 조약
1886	프랑스와 통상 조약
1894. 6~1895. 4	청일전쟁, 일본승리
1896. 2. 11.~ 1897. 2. 25.	아관파천
1904.	한일의정서
1904. 2. 8.~ 1905. 9. 5.	러일전쟁, 일본승리
1905. 7. 29.	가쓰라·태프트 밀약
1905. 11. 17.	을사보호조약(일본, 조선의 국권 침탈 외교권 박탈 통감부 설치 등 5개항)
1910. 8. 29.	한일합방

미국

이민(移民) 국가인 미국의 초기조건은 첫째가 광대하고 독립적인 국토였다. 지하자원 등 천연자원이 풍부하고, 지정학적으로 유럽과는 대서양으로 아시아와는 태평양으로 갈라져 있어 외세의 영향권에서 완전히 벗어나 있는 환경이었다.

둘째는 메이플라워 서약으로 개신교가 국교의 성격을 가짐으로써 기독교 정신이 사회의 근간(根幹)인 나라이며, 셋째는 원주민 학살과 엄청난 고난을 수반한 방대한 서부 개척이 국가 형성의 초기조건이었다.

수많은 인종과 가치가 뒤섞인 이민 국가 특유의 복잡한 사회구조는 노인의 경험보다 청년의 과감한 행동력을 더 높이 평가하는 것과 같은 실용주의, 즉 프래그머티즘(pragmatism)은 물론 개별 감정보다 전체로서의 질서

조화와 보편적 인간관계를 추구하는 사회계약설을 정치철학으로 받아들였다, 강한 힘에 대한 신임과 두터운 신앙심, 그리고 단순한 사고는 미국인들의 생활신조나 다름없다.

미국의 초기조건은 메이플라워호를 타고 온 120명의 청교도 가족 대표 41명이 보스톤 만(灣)에 상륙하기 직전 시민 정치 제도를 만들어 '평등한 법률을 제정하고 질서와 안정을 도모할 것'을 골자로 하는 서약서에 합의한 데서 진화한 것이다. 이런 미국인들은 스스로 국가원리를 하나님의 명백한 운명(Manifest Destiny)으로 인식했다.

"미국인은 신으로부터 선택받았고, 미 대륙에 사는 모든 인종을 교화하는 것은 신으로부터 부여받은 미국인의 사명"이라는 사고체계로 이루어진 '명백한 운명'은 "세계의 자유와 민주주의를 확장하는 사명이 미국에 있음"을 자임하기에 이르렀다. 이 사명감으로 미국인들은 애팔래치아 산맥을 넘어 서부로 개척해 갔고, 스페인과의 전쟁도 승리로 이끌었으며, 태평양으로의 진출과 우주개발까지 이루었다.

미국의 세계 전략은 먼로주의(Monroe Doctrine)와 '명백한 운명'을 번갈아 채택하는 것이다. 먼로주의는 "미국은 아메리카 대륙에만 관심을 가질 테니까, 다른 나라들은 아메리카에 간섭하지 말라."라는 고립주의 선언이다. 1차 대전 후 윌슨 대통령이 민족자결을 근간으로 한 국제연맹 창설을 주도했지만, 미국 의회는 국제문제에 대한 적극적인 참여를 반대하여 회원국 가입을 거부했다.

이와 대조적으로 2차 대전 이후 미국은 자유와 민주주의의 신장을 위해 세계의 경찰국가 역할을 수행했지만, 여러 가지 외교 문제에서 실패를 거듭했다. 그 결과 오바마 시절 '미국은 더 이상 세계의 경찰관이 아니다.'라고 선언하기에 이르렀고, 마침내 중국의 접근 반대 지역 거부(A2AD: Anti-Access and Aerial Denial) 전략과 대치하고 있다. 가쓰라-태프트 밀약과 애치슨 선언 등 과거 역사를 감안(勘案)하건대 이런 미국은 먼로주의와 '명백한 운명'이라는 두 국가원리가 시계추 작용(pendulum)처럼 반복해 왔다. 이로 미루어 아태지역에서 일본과의 유대는 결코 포기하지 않을 공산이 크지만, 한반도에 대한 집착은 일본열도에 대한 것보다는 적을 가능성이 크다.*

* 김용운(2018), 앞의 책, pp. 324~346.

미국과 한반도(조선)의 초기 관계는 불운의 연속이었다. 먼로주의에 몰입해 아메리카 대륙 안에서의 개척과 발전을 구가하던 미국이 19세기 후반 극동에 눈길을 돌리게 된 이유는 광대한 상품 시장으로서의 중국에 대한 접근 필요성에서 비롯됐다. 당시 미국은 영국 프랑스 러시아 일본 등 다른 열강들과는 달리 이 지역에 대한 영토적인 야욕 없이 오로지 통상수호와 상업적 기회균등만을 추구하는 것이 특색이었다.

1866년 8월 제너럴셔먼(General Sherman)호가 대동강을 올라 만경대까지 순회하며 무장시위(武裝示威)를 하고 통상을 요구하다가 조선인들과 충돌했다. 선적이 텐진(天津) 소재 영국 메도우상사(Messers Meadows & Co.) 소속일 뿐 미국인 선주 선장 등이 직접 승선 운영하는 이 배의 몇몇 선원들이 육지에 올라갔다가 조선 관리들에게 체포되는 과정에 발생한 마찰이 확대된 충돌에서 조선은 간조기에 갇힌 셔먼호에 화공(火攻)을 퍼부어 헤엄쳐 나온 선원은 모두(24명) 살해하고 배도 소각·침몰시켰다.

평양시민의 화공격퇴에 김일성의 증조부도 크게 활약하였다며 북한이 푸에블로호 나포-선체 압수 사건(1968)과 함께 대미(對美) 승리의 상징으로 지금도 기리는 바로 그 사건이다.

7개월 뒤 1867년 1월 상하이에 머무르던 미국의 아시아함대 소속 와츄세트(Wachusett)호를 보내 셔먼호 사건을 거론하며 조선 연안에서 조난(

遭難)당하는 미국인들의 생명과 재산 보호를 할 수 있도록 우호조약을 체결하고자 하는 뜻을 조선 정부에 전달하려 했으나 실패했다.

이때도 조선이 해상무역로의 중요한 요충지인 데다 미국 상인들의 생명 보호를 위해 개국이 필요함을 보고서에 담았다.

이런 필요에 따라 미국은 1871년 조선정벌대를 파견했다. '당대 가장 뛰어난 해병 가운데 하나'로 알려진 로저스 2세(John Rodgers Ⅱ) 해병 소장이 이끌며 기함 콜로라도(Colorado)호 등 전함 5척, 보트 20척, 해군 해병 759명으로 구성된 정벌대는 5월 30일 인천 앞바다 작약도에 닻을 내리고 수로 탐측에 들어가는 한편, 수호조약 체결을 요구하였다.

조선의 실권자 대원군은 진무사를 시켜 다음과 같은 편지를 이양선(異樣船)으로 보냈다.

'…우리나라가 외국과 서로 관계를 가지지 않는 것은 바로 500년 동안 선대 임금들이 지켜온 확고한 법으로서 천하가 다 아는 바이며 청나라 황제도 옛 법을 파괴할 수 없다는 것을 잘 알고 있다. 이번에 귀국 사신이 협상하려는 문제로 말하면 애초에 협상할 것이 없는데 무엇 때문에 서로 만날 것인가? 넓은 천지에서 만방의 생명이 그 안에서 살면서 모두 자기 방식대로 생활을 이루어 나가니 동방이나 서양은 각기 자기의 정치를 잘하고 자기의 백성들을 안정시켜 화목하게 살아가며 서로 침략하고 약탈하는 일이 없도록 하는 것이 바로 천지의 뜻이다.'*

* 「고종실록」 8년(1871) 4월 17일(丙子).

교섭이 실패한 뒤 조선 측 포대로부터 포격이 시작되어 교전이 이루어졌는데 쌍방 교전 중 공교롭게도 포탄 한 발이 성조기에 명중하자 전투는 더욱 격렬해졌다. 이 전투에서 조선은 진무중군(鎭撫中軍) 어재연 어재순 형제 등 총 350명의 전사자가 발생했고, 미군은 전사 3명 부상 7명의 인명피해를 냈다. 미군 병사들은 "남북전쟁 때에도 겪어 보지 못한 총알 세례"를 퍼붓는 조선군의 저항을 피해 물러갔다.

미군이 우수한 화력으로 더 싸울 기력이 있었음에도 물러난 것은 조선은 생각했던 것보다 빈약하고, 또 원거리에 있어서 식민지 쟁탈의 대상이 될 만한 가치가 없었을 뿐만 아니라, 청국과 일본의 정치적 야욕과 러시아와 영국의 각축으로 유지되고 있는 (한반도) 세력균형의 틈바구니에 피를 흘리면서까지 개입하고 싶지 않았기 때문이었다.*

<hr>

* 신기석, "열강의 조선국에 대한 경제적 침식: 개국으로부터 청일전쟁에 이르기까지", 『정경학보』(1) (서울: 경희대학교, 1960), p.8.

<hr>

신미양요를 겪고 난 다음 조선 정부는 양이(攘夷) 의식을 고취하며 천주교 박해에 나서는 등 오히려 쇄국정책을 더 강화했다.

이처럼 조선에 직접 접근하는 방법이 세 차례나 실패하자 미국 국무성은 주일 공사에게 일본 외무성으로부터 조선에 보내는 소개장을 얻도록 훈령하는 한편, 1880년 4월 슈펠트 제독이 이끄는 타이콘데로가(Ticonderoga)호를 보내 일본 나가사키~조선 부산을 왕래하며 조선과 수호 통상 조약을 체결토록 지시했다. 통상 사절로 파견된 슈펠트(Robert W. Shufeldt)는 셔면호 사건 다음 해(1867) 피해복구와 통상교섭 차 조선에 파견된 와츄세트호 선장과 동일인이다.

일본 중재의 수교 타진이 자꾸 틀어지자, 일본이 조선 상권을 독점하고자 농간을 부리는 것으로 의심하고 있는 슈펠트를 청의 북양대신 이홍장(李鴻章)이 초청, 1881년 7월 텐진(天津)에서 만난 두 사람은 한미 수교를 위한 중국의 거중 조정에 의기투합했다.

이 무렵 중국은 일본에 수신사로 온 예조참의 김홍집을 통해 조선에 『조선책략(朝鮮策略)』을 적극 권장하던 참이었다.

"중국과 친밀하고, 일본과 손잡으며, 미국과 연대할 것(親中國 結日本 聯美國)"을 골자로 하는 조선책략은 남진하는 러시아 세력을 막는 것이 제1의 목적이지만, 일본이나 러시아가 한반도에서 터 잡는 것보다는 영토야욕이 없는 미국을 등장시키는 것이 자신에게 더 유리하다는 중국의 전략을 담은 것이다. 궁극적으로 청국이 계속 조선에서 종주권을 행사하려는 목적에 닿아있다.

조선책략이 국왕에게 보고된 것이 알려지자 엉뚱하게도 유생들이 들고 일어나 위정척사(衛正斥邪) 운동이 벌어졌다.

일본에 이어 종주국인 중국마저 급변하는 국제정세에 대응하기 위한 방책으로 대미 수교를 적극 권하는데도 조선은 지도부(대원군)에 이어 이번엔 민초(民草)들이 반대하고 나선 것이다.

내심 생각한 바가 있었던 고종은 유학생 인솔을 빙자하여 김윤식(金允植)을 텐진에 파견해 이홍장, 슈펠트와 함께 수교 교섭을 벌이도록 했다. 조약 초안에 이홍장은 '조선이 청국의 속방'이라는 구절의 삽입을 고집했으나 미국 측 슈펠트의 반대로 좌절됐다. 1882년 5월 22일 인천에 마련된 천막 속에서 마침내 전문 14조의 한미수호통상조약이 체결되었다.

슈펠트가 한미조약을 맺고 귀국했을 때, 그는 언론으로부터 '정신 나간 짓(act of absent-minded)'을 했다는 비난을 받았다. 우여곡절 끝에 체결된 한미수호통상조약은 1882년 당시 미국 측에서 보면 '한 장의 휴지(a waste paper)'에 지나지 않는 것이 되어 있었다.

제너럴셔먼호 사건(1866) 이래 두 차례의 전투 등 천신만고 끝에 수교를 이루는 16년의 세월 동안 조선은 이미 러시아의 음모와 영국의 교활함과 일본의 간교와 중국의 음흉에 나라 전체가 휘둘린 채 자칫하다가는 미국마저 실족할 위험성이 있는 늪(swamp)으로 인식되었다.*

* 신복룡(2021), 앞의 책, pp. 239~274.

그 사이 1854년 미국의 함선 압박에 문을 연 일본은 미국이 조선에 정벌대를 보내 두 번째로 개항 의사를 타진하던 1871년, 당시 일본 예산의 1%에 해당하는 엄청난 비용을 들여 구미 12개국에 약 2년의 기간 동안 이토 히로부미(당시 공업운수상) 등 지도부로부터 10대 소녀에 이르는 107명의 저 유명한 '이와쿠라 사절단'*을 보내 서양 문물을 체득하며 이미 제국건설에 박차를 가하던 기간이었다.

* 안상윤(2019), 앞의 책, PP. 89~94.

조선은 중국을 향한 사대 조공에 일편단심 매몰되어 있었던 데 반해 일본은 엄청난 규모의 미국 '구로후네(黑船)' 전단을 처음 본 충격에서 깨어나면서 멀리 떨어진 고절한 섬이었던 덕분에 피할 수 있었던 외세의 간섭을 더는 피해 가지 못할 처지가 되었다는 명백한 사실을 운명처럼 받아들인 결과였다.*

* 안상윤(2019), 앞의 책, P.48.

제2차 세계대전 이후 미국의 외교정책은 국제문제에 적극 개입하는 자유주의적 국제주의의 경향을 띠었다.

그러나 1950년대 한국전쟁, 1970년대 베트남 전쟁의 실패는 미국 외교의 고립주의 노선을 다시 대두시켜 미국의 대외정책이 고립주의와 '명백한 운명' 원리에 입각한 국제주의 사이를 반복하는 패턴을 보여주고 있다.

21세기 국가 안보 전략의 목표 중 미국이 가장 중시하는 항목은 의당 자국의 안보와 국민 안전의 보장이다. 미국은 이 같은 목표에 최대 위협이 되는 요소가 대량살상무기, 특히 폭력적인 극단주의자들의 핵 추구와 이의 확산이라고 인식하며, 그중 미국의 국가안보전략(NSS)상 단연 최고로 주목해야 할 대상으로 북한을 지목해 왔다. 따라서 미국은 아시아 태평양의 양자 또는 집단동맹은 미국의 역내 및 글로벌 안보의 기반이며, 이는 중국의 "냉전적 사고"라는 트집에도 불구하고 여전히 아태지역 안보의 초석이자 번영의 토양으로 역할하고 있다고 주장한다.

미국은 아시아의 상주 세력이자 주요 행위자임을 자처하며 자국은 물론 동맹과 파트너 국가들에 가장 이상적인 지역 안보 구조는 기존 미국의 양자동맹(兩者同盟)들에 기반할 뿐 아니라 여하한 동북아 집단안보 체제에서도 미국은 그 일원으로 포함되어야 한다고 고집하면서 한국도 이 원칙의 범주에서 대한다.*

* Ralph A. Cossa, "U.S. Northeast Asia Policy: Revitalizing Alliance and Preserving Peace on Peninsula", 『전략연구』 통권 제49호 (서울: 한국전략문제연구소, 2010.7), pp. 12~56.

한미 동맹은 세계에서 가장 성공적인 동맹의 하나로 평가되지만, 중국과 러시아의 압박이 반복되고 북한이 대규모 도발을 벌이면서 핵 공격 협박을 계속하는 상황에서 언제 어떤 상황이 전개될지 알 수 없는 것이 국제 정치의 현실이다. 최근 미국 브루킹스연구소의 북핵 대응 콘퍼런스에서 '미국의 핵우산이 펴지지 않을 때를 대비해 한국도 핵 잠재력을 갖춰야 한다.'라는 목소리가 나왔다. 미국 싱크탱크 전략국제문제연구소(CSIS) 한반도위원회는 1월 18일(현지 시간) 조 바이든 미 행정부에 "한반도에 핵무기를 재배치하기 위한 사전 논의에 착수해야 한다."라는 권고를 담은 보고서를 전달했다.* 랜들 슈라이버 전 미국 국방부 차관보는 1월 25일(현지 시간) VOA 인터뷰에서 "북한의 위협증대를 고려할 때 한국과 미국이 한국의 핵무장 논의를 하는 것은 절대적으로 적절하다."라고 밝혔다.**

* https://www.donga.com/news/Inter/article/all/20230120/117521851/1 문병기, "美 싱크탱크 CSIS "韓에 전술핵 재배치 사전 논의 착수해야" (검색일: 2023. 1. 20.)

** 이민석, "한국 핵무장 논의, 전적으로 적절", 『조선일보』, 2023년 1월 27일 A08면.

그러나 1월 31일 서울에서 열린 한미 국방장관 회담에서 로이드 오스틴 미국 국방장관은 F-35와 핵 항모 등 전략자산을 한반도에 더 많이 전개해서 핵우산을 강화하는 등 미국의 방위 공약과 확장억제 공약을 철통같이 지킬 것을 발표했으나 한국의 자체 핵무장이나 전술핵 재배치에 대해서는 언급하지 않았다. 윤석열 대통령은 "북핵 위협에 대한 한국 국민의 우려를 불식시킬 실효적이고 강력한 한미 확장억제 체계가 도출되도록 협의를 진행해 달라."라고 말했다.*

* https://www.donga.com/news/Politics/article/all/20230201/117681608/1 윤상호, "美, 핵 항모 등 전략자산 한반도에 더 많이 전개", (검색일: 2023년 2월 1일)

한국의 자체 핵무장론은 단순히 북핵 위협에 대한 대응을 넘어, 중국과 러시아는 물론 미국 일본을 포함한 주변 4강의 한반도 국제 동학에 대해 다의적이고 중첩적인 전략 담론이다. 미국 대외정책의 고립주의~국제주의 펜들럼(pendulum) 현상에 대한 대응일 수도 있으므로 한국의 주도적 액션이 주목받고 있다. 북핵 시대가 엄연한 현실이 된 마당에, 최소한 미국의 전술핵 재배치나 한국의 자체 핵무장 결단은 오히려 북한에 고난과 불안에서 빠져나올 수 있는 탈출구 역할도 가능할 것이라는 역발상, 즉 안보 또는 평화 내지는 통일 패러다임의 전환도 생각할 때가 되었다.

한반도 지정학의 소결

이 논문은 한반도 이슈를 현미경이 아니라 공중 높이서 조망하는 독수리의 눈으로 살펴보자는, 각론이 아니라 총론으로 논하자는 집필 의도를 가진 것이다. 한반도 문제 자체가 인류문명과 역사의 흐름에 따라, 국제체제 속에서 형성된 것이기 때문에 거시적 조감(鳥瞰)으로만 그 문제해결의 길도 찾을 수 있다고 보는 것이다.

이 장(章)에서 삼국시대 이래 지정학이 풍미하던 시대를 반추해 본 결과 한반도는 통사적으로 국제체제를 벗어난 적이 없었는데도 내부 분열과 낙후(落後)·무능(無能)이 늘 문제였음을 알 수 있다.

이 과정에서 중국은 어떤 경우에도 한반도를 자국의 속령(屬領)으로 두어야 한다는 일념이었으므로 삼팔선은 자국의 지역 패권과 안보를 위해 양보할 수 없는 마지노선으로 삼았다.

일본은 열도 밖의 보다 안전한 터전 확보의 제1 대상을 한반도로 인식할 뿐 아니라 신라와 백제 유민의 영향으로 한반도를 차지하되 양국 주민은 물론 열도와 반도의 영토도 아예 하나의 일본으로 통일(內鮮一體)하려고 생각하였다.

러시아는 원동 시베리아 개척에 눈 돌리면서부터 태평양으로의 출구확보를 위해 틈만 나면 한반도 땅을 넘보았다는 것을 알 수 있다.

외국인 견문록들과 조선왕조실록을 보면 조선은 초기부터 망국 때까지 가난과 쇄국과 학문통제에 대한 기록들이 넘쳐난다.

이를 시대별로 구분하면 다음과 같다,

첫째, 국권 상실의 조선 망국 이전까지 한반도는 중국과 일본의 양자구도 속에 있으면서 한반도 스스로 중국에 편향되어 있었다.

둘째, 일제 36년 동안 일본에 식민지로 압도되었다.

셋째, 해방(2차 대전) 후 미국과 러시아(소련)의 양강구도 속에서 남(南)은 미국에, 북(北)은 러시아에 편향되었다.

넷째, 탈냉전 후 미국과 중국의 양강 구도 속에서 남은 미국에, 북은 중국에 편향되어 있다.

이상에서 한반도는 중국 일본 러시아 미국의 국제 동학에서 조금도 자유롭지 못하고 철저히 예속되어 지금까지 이어지고 있음을 파악했다. 그리고 그 원인은 한반도가 대륙과 해양을 잇는 해륙 교량국가(橋梁國家)이어야 함에도 오로지 대륙편향, 해양 지양의 길만 걸어온 탓이었다.

미·중·일·러 주변 4강의 국제 정치는 한반도가 처한 지정학적 운명이었는데 한반도는 이에 전혀 반응하지 못한 것이다. 지정학이 결정론적인 것은 아니지만, 한 나라의 역사가 지리로써 운명 지어지는 점을 감안해서 서세동점의 19세기를 되돌아볼 때 가장 아쉬운 것은 제너럴셔먼호 사건 다음 해(1867년) 미국이 사건의 피해복구를 빌미로 통상을 요구하며 다시 한국을 찾았음에도 대응하지 않고 돌려보낸 것이다.

그 당시 미국에 부산 인천 원산을 개항하였다면 비록 일본의 대미 개항보다 13년 늦었지만 일본 중국 러시아의 대한(對韓) 침탈 경쟁을 막을 수 있는 마지막 기회가 되었을 것이다. 그 당시 영토야욕이 없는 미국은 극동 해상 통상로의 중간 기착지를 찾기 위해 한반도에 직접 접근해 왔다.

그러나 조선은 직접 개항의 문을 두드린 미국을 두 차례나 전투로 거부했다. 소중화 사상에 빠져있었기 때문이다.

청일전쟁 러일전쟁은 중국의 조선 종주권에 일본이, 일본의 조선 장악에 러시아가 차례로 도전한 세력 대결이었다. 한반도에서 벌어진 두 차례의 외세 각축전에서 가장 큰 피해를 당한 것은 땅의 주인이면서 아무런 역할도 하지 못한 조선이었다. 중국 일본 러시아의 조선 땅에 대한 영토야욕이 조선을 멸망으로 몰아갔다.

이 논문의 전체적인 구도(plot)를 짜면서 김용운 신복룡 박명림 세 분의 저서를 읽고 많은 도움을 받았다. 각기 전공 분야에 대한 풍부한 연구를 총괄 정리하거나(朴) 오랜 대학 강단을 은퇴하면서(申), 그리고 필생의 마지막 유작으로(金) 쓴 책이라 특히 감명 깊었다.

그들의 학문 무대가 지정학 시대였기에 제3장의 소결은 세 분 저서의 요지를 압축 정리하는 것으로 대신한다.

낙후·무능으로 외세에 농락당한 19세기와는 달리 이제 한국은 경제력을 가졌고, 북한은 핵 무력을 가지고 있다. 그만큼 국제적 위상이 높아지고 발언권도 강화됐다고 할 것이다. 그러나 여전히 4강 국제체제의 하부 대리 구조화해 있는 한반도 남과 북은 아직도 가야 할 길이 멀다.

박명림은 남북한이 상호 용서를 통한 포용으로 진실과 화해의 결합을 이루는 것이 가장 먼저라고 주장한다. 한반도 내부의 분열과 무지 무능이 문제의 핵심이라는 얘기다. 국토분단은 남북 좌우 보혁이 정도의 차이가 있을 뿐 모두에게 책임이 있으므로 분단의 과거 역사를 두고 이제 더 이상 시비곡직을 따지지 말자는 얘기일 것이다.

신복룡은 송, 글안, 여진, 그리고 고려의 북방 4국이 각축하던 시대 민본철학과 뛰어난 협상력으로 고려의 자주와 국격을 지켜낸 서희(徐熙) 대망론을 주창했다. 내치와 외치의 훌륭한 정치 리더십이 국가 운명을 좌우한다고 본 것이다. 전쟁이나 대결이 아니라 정치와 외교의 길을 추구해야 한다는 주장이다.

김용운은 북미 대립을 '독약 바른 토끼와 늑대의 대결'에 비유, 둘이 다 죽거나 둘 중 하나는 죽어야 끝날 것으로 보고 와중에 한국은 각자도생의 각오로 자강(自强)의 길로 가며 북한 변화의 때를 기다릴 수밖에 없다고 분석한다. 한반도를 짓누르는 미중 패권 대결은 완전히 이질적인 문명 간의 충돌이자 역사대결이므로 결국 반협반전(半協半戰)의 관계가 지속될 것으로 전망했다. 미국과 중국이 벌이는 G2 간의 다툼과 밀월에 일희일비하지 말고 한반도는 한반도의 길을 묵묵히 가는 것이 중요하다는 얘기다.

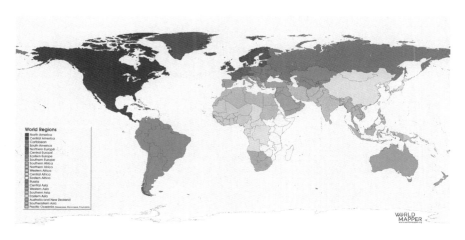

그림 2 지정학지도. 각국의 영토 비율로 만든 일반 지도

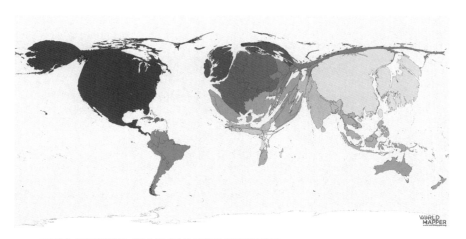

그림 3 지경학지도: 각국의 GDP 비율을 반영한 지도

출처: https://worldmapper.org/maps/gdp-2018/

제3부

북핵 시대 한반도 국제 정치, 地經學的 전망

제1장 지경학적 전망, 경제 기술 시대의 출로 모색

'복합 지경학'의 시대

복합 지경학 개요

지경학(地經學, geoeconomics)의 역사는 의외로 길다. 지경학의 역사를 제2차 세계대전 이후로 잡는가 하면 1990년대 탈냉전 이후로 보기도 한다. 이와 같은 시대구분은 지경학의 무대이자 바탕이라고 할 수 있는 국제정치 환경의 질적 변화와 무관하지 않다. 지경학의 핵심 주제인 경제와 안보가 연계되는 방식과도 밀접한 관계가 있다.*

* 이승주 신욱희 이승욱 이왕휘 이동률 이기태, 『지경학의 기원과 21세기 전환』(서울: 사회평론아카데미, 2021), pp. 5~6.

종래의 지정학(地政學, geopolitics)은 접근성, 자원의 분포, 인종 등 물리적 차원의 토착적 요인이 국가 간의 관계에 지대한 영향을 미친다고 전제하며, 주요국들이 자원과 시장을 확보하기 위해 치열하게 경쟁하는 것을 국제관계의 본질로 파악하였다. 이러한 시각은 하드파워에 기반을 두어 국가 간 관계를 설명하는 현실주의 계열의 설명과 일맥상통하는 측면이 있다. 이에 비해 지경학은 "국가이익을 증진 및 수호하고 자국에 유리한 지정학적 결과를 산출하기 위해 경제적 수단을 활용하는 것"과 "한 국가의 경제행위가 다른 국가의 지정학적 목적에 미치는 영향"을 포괄적으로 지칭한다. 지정학과 지경학은 각각 독자적인 동학 속에 분리되어 전개되기도 하지만,

서로 긴밀한 연계를 맺으며 전개되는 경향을 나타낸다.*

* 이승주, "동아시아 지역경제 질서의 다차원화: 지정학과 지경학의 상호작용", 『한국과국제
  정치』 제33권 제1호 [2017년(봄) 통권 96호], pp. 170~171.

지경학을 '국가가 지정학적 목적을 위해 경제를 수단으로 사용하는 것'으로 정의하고, 지경학과 거의 동일 개념으로 표현하는 용어로서 '경제의 전략화(economic statecraft)'와 '경제 안보'를 제시하기도 한다.

어떤 용어든 국가가 지정학적 목표를 추구하기 위해 경제적 수단을 행사함으로써 타국의 정책에 영향을 미치려는 전략을 의미한다. 다시 말해 각국이 경제를 제재의 도구로 사용하고, 경제를 이용해서 세력균형을 모색하며, 경제력을 억지력 구축에 편입시키고, 국제경제와 지정학과 전략이 혼연일체가 되는 국제 정치를 하는 것이다.*

* 이기태, "일본의 지역 전략─국제협조 지향의 '열린 지경학'─", 『일본학보』 제129집,
  (2021. 11.), p.289.

그러나 이와 같은 개념은 이미 '고전적 지경학'이 되어 버렸다. 21세기 들어 세계 경제의 네트워크화가 심화하고 미중 전략경쟁이 고조됨에 따라 지경학이 지정학의 수단으로 활용되는 제한적 역할을 하던 과거와는 달리, 지경학이 지정학적 경쟁 자체에 영향을 미치는 요인으로 부상하였다.

그 결과 지경학과 지정학의 혼합이 이루어지는 21세기 복합 지경학이 등장, 지경학 경쟁의 지정학적 전환(geopolitical turn)이 이루어졌다. 전통 지경학에서는 안보 목표를 위해 경제적 수단을 동원하는 일방(一方)의 연계가 일반적이었던 데 반해 복합 지경학서는 미국과 중국이 지금 전략경쟁에서 보여주는 바와 같이 경제와 안보가 양(兩)방향으로 연계되고 있는 것이 특징이다.

미국이 중국의 부상을 '경제적 침공(economic aggression)'으로 규정하고(White House Office of Trade and Manufacturing Policy 2018), 분산적 접근이 아닌 전(全) 정부의 대응을 위한 국가전략을 수립해야 할 필요성에 주목한 것은 복합 지경학의 새로운 단면을 드러낸다. 여기에 더해 4차 산업혁명으로 상징되는 21세기 기술 혁신은 '모든 것이 모든 것에 연결'되도록 함으로써 국가, 기업, 개인들이 디지털 네트워크를 통해 다차원적으로 연결되는 현상을 일상화했다.

이처럼 세계 경제의 네트워크화는 경제적 통치술의 변화를 초래한 중대한 요인이다. 세계 경제가 네트워크화됨에 따라 전통적·경제적 통치술의 경제적·정치적 비용이 기하급수적으로 증가하고 있기 때문이다. 그 결과 세계 주요국들이 경제적 총량의 비대칭성에 기반한 전통적 방식뿐 아니라, 네트워크 내의 위치를 활용하는 새로운 경제적 통치술을 병행 추구하는 것이 복합 지경학의 시대적 특징이다. 네트워크 제재, 스마트 제재, 표적 제재 등 새로운 방식이 광범위하게 활용되는 것은 이러한 배경이다.

네트워크를 활용한 제재의 가능성 증가가 미중 전략경쟁과 결합하면서 공급 사슬의 재편이 복합 지경학의 핵심 이슈로 부상하고 있다.

공급 사슬은 코로나19의 세계적 확산으로 구조적 취약성이 노출되었는데, 미국과 중국은 공급 사슬의 재편 과정에서 경제와 안보를 긴밀하게 연계하는 복합 지경학 경쟁을 전개하고 있다.

미국은 공급 사슬 재편을 경제적 관점에서만 접근하기보다는 중국과의 전략경쟁을 고려하여 추진하고 있다. 바이든 행정부가 공급 사슬 재편의 구체적 대안으로 리쇼어링(reshoring)*, 니어쇼어링(nearshoring)**, 우방 쇼어링(friend shoring)*** 등을 추구하는 것은 전략경쟁의 수단으로서 공급 사슬의 지경학적 가치를 반영한 것이다.****

---

* '제조업의 본국 회귀'를 의미한다. 인건비 등 각종 비용 절감을 이유로 해외에 나간 자국 기

업이 다시 국내에 돌아오는 현상을 말한다.

* * 해외로 나간 자국 기업이 다시 국내로 돌아오는 것이 어려울 경우 이웃 국가로 이동하는 현상을 말한다.

* ** 우방국 중심으로 공급망을 재편해 중국 의존도를 낮추고 생산공급의 안정을 꾀하려는 미국의 공급망 전략.

* *** 이승주, "세계 경제의 네트워크화와 미중 전략경쟁: 복합 지경학의 부상". 『정치정보연구』제24권 3호 (한국정치정보학회, 2021), pp. 51~54..

복합 지경학의 현황

지경학이 국제 정치 무대에서 외교·안보 정책으로 실용화한 것은 2차 대전 후 미국의 마셜 플랜이 대표적이라고 볼 수 있다. 마셜 플랜(Marshall Plan)은 제2차 세계 대전 이후 전쟁으로 폐허가 된 유럽 국가들의 재건과 경제적 번영을 위해 미국이 계획한 재건과 원조 기획(1947~1951년)으로, 정식명칭은 유럽 부흥 계획(European Recovery Program, ERP)이다.

온갖 선의에 찬 해설에도 불구하고 이 정책의 주요 목적은 전후 공산권 세력이 유럽 내에서의 확장을 방지하기 위해서라는 것은 엄연한 사실이다. 미국의 이 정책투사를 수용한 서유럽과 북유럽 국가들은 모든 산업 분야에서 크게 부흥했다. 마셜 플랜은 유럽 내 각국의 관세 거래 장벽을 철폐하고 경제 수준을 맞추기 위해 설치한 기구 등을 통해 오늘날 유럽연합으로 이어지는 유럽 공동체 창설의 첫 번째 계기가 되었다.

결과적으로 마셜 플랜을 통해 미국은 소련의 대서양 진출을 저지할 수 있었으며, 나아가 북대서양 조약 기구를 통해 소련이나 바르샤바 조약기구에 비해 압도적인 전력을 냉전기 동안 지속적으로 유지할 수 있었다.

이런 연유로 마셜 플랜에 대한 전통적 해석은 빈곤과 전체주의로부터 유럽을 구원한 것으로 되어있으며, 마셜 플랜의 경제사적 의의를 강조하는 학자들도 이 계획이 서독의 경제 기적을 이루고 마침내 통일하도록 한 긍정적 결과를 높이 평가한다.

이 전략 구사가 서독 경제를 빨리 재건하여 냉전의 선봉으로 삼으려 한 미국 외교정책의 도구로 사용되어 크게 성공하였음을 인정하는 것이다.*

* 양동휴, "마셜 플랜의 경제적 성과와 의의: 서독의 재건과 유럽통합의 추진", 『경제사학』 37권 0호(경제사학회, 2004), pp. 195~225.

마셜 플랜이 계기가 되어 유럽이 EEC EU 통독으로 진화하는 과정에서 독일의 뛰어난 역할과 기여가 관심을 끈다. 흔히 오늘날 유럽은 독일이 사실상 지배하는 것과 같다고 비유하는데, 이는 패전 후 독일이 국토와 체제의 안보는 물론 통일정책 등 대내외 모든 국책을 오로지 경제 논리에 충실하게 운용한 결과였다.

독일은 어찌 보면 유럽에서 가장 뛰어나면서도 흉포하고 처참했던 지정학적 통치 전통을 가진 나라였는데 패전 후 미국의 마셜 플랜에 순응하면서부터 국가의 통치행위나 국민의 의식, 생활에서 그러한 과거를 깡그리 지우는 것으로 새롭게 출발했다.

1945년 이후 독일은 과거와의 연속성을 유지하지 않고 오로지 재건과 부흥에만 매진했다. 과거를 되돌아볼 때 뒤따르는 수치심과 죄책감은 진솔한 반성과 솔직한 사죄로 대신했다.

당시 독일에서 생긴 신조어 Vergangenheitsbewaltigung(과거 대처 또는 과거 극복)은 비단 나치 시대만이 아니라 이전 독일 역사 전체에 대한 배제를 뜻하였다. 1945년 이전에 일어난 일은 가치나 존중의 대상이 되지 못했다. 군사는 말할 것도 없이 정치, 경제, 사회적 사건 등 어떤 것도 기념하지 않고, 어떤 공적도 찬양하지 않으며, 어떤 인물도 떠받들지 않고 그저 앞으로 나아갔다. 바로 이런 점이 일본, 러시아. 중국, 스페인 등 20세기 자신들의 역사를 되돌아보기 꺼리는 국가들과 극명하게 대조되는 현대 독일 민주주의의 훌륭한 특성이다.*

* 폴 레버 지음 이영래 옮김, 『독일은 어떻게 유럽을 지배하는가.』 (서울: 메디치미디어, 2019), pp. 173~177.

지경학을 '국가가 지정학적 목적을 위해 경제를 수단으로 사용하는 것'이라고 정의할 때 지경학의 전략적 운용이 불러일으킨 역사적인 대사건은 소련 붕괴, 즉 탈(脫)냉전일 것이다.

당시 미국은 레이건 독트린과 같은 강력한 대소정책의 시행으로 소련제국의 유지비용을 증대시킴으로써 결국 소련제국의 붕괴를 재촉하였다. 미국은 소련에 대해 군비경쟁을 심화시키고 기술이전의 제한을 강화함으로써 소련을 기술 경제는 물론 군사적으로도 쥐어짜는(squeezing) 정책을 시행하였다.

특히 1983년 레이건의 백악관 TV 연설로 촉발된 이른바 스타워즈(SDI; Strategic Defense Initiative, 전략방위 구상)는 핵무기 경쟁은 물론 달 탐사 우주 경쟁에서 기술 경제적으로 이미 피폐해진 소련이 더 이상 대미 군비경쟁을 지탱할 수 없는 치명적인 지경으로 몰았다는 것이다.

또 1970년대 말~1980년대 미국을 휩쓴 반핵·평화운동을 계기로 미국은 미소 양국이 이미 과도하게 보유한 핵무기의 파괴력은 정치 경제적으로 아무런 의미도 가질 수 없는 숫자놀음에 불과하다는 사실을 자각, 소련과 1987년 중거리핵전력협정(INF, Intermediate-range Nuclear Forces)을 맺게 되는데, 이 협정체결은 동서 간 핵무장에 기반한 경제구조의 실효(失效) 내지 해체를 의미했다.*

* https://namu.wiki/w/SDI 이삼성, "냉전체제의 본질과 2차 냉전의 발전과 붕괴",(검색일: 2021. 10. 16.)

소련 붕괴와 탈냉전은 경제 논리에 충실한 서구 자유 진영에 대한 동구 공산 진영의 항복으로 읽혔다. 1989년 5월 소련이 해체되던 최후의 순간 당시 미국 대통령 조지 부시(父)는 "하나님의 가호로 민주주의와 자유의 서방이 전제주의와 통제의 공산권에 승리했다."라고 선언하였다.

그런 부시도 1992년 대통령 선거에서 "바보야, 문제는 경제야!"라는 선거 구호로 국내 경제 실정을 공격하고 나선 빌 클린턴에게 패배했으니, 아이러니가 아닐 수 없다.

국제정치에서 지정학적 접근은 국가안보를 '죽고 사는 문제'로 인식하는 데 반해 지경학적 접근은 안보를 보다 실용적인, '먹고 사는 문제'로 인식하는 측면이 없지 않다. 이런 관점에서 볼 때 고르바초프는 먹고 사는 데 도움이 안 된다고 고전적 사회주의 노선을 버리고 자진해서 소련 해체의 길을 어렵사리 열었는데 지금 푸틴은 구(舊)소련 제국의 위세와 영역을 회복하겠다며 우크라이나를 침공했다.

러시아도 우크라이나도 먹고 사는 데 열심인 와중에 괜히 우크라이나의 친서방 행보가 러시아에 '죽고 사는 문제'를 불러일으킨 것이라고 예단하고 지정학적으로 접근한 셈이다. 국력이 상대적으로 막강한 러시아의 우크라이나 침공은 속전속결의 일방적 승리로 끝날 것이라는 애당초의 예상과는 달리 승패는 물론 종전의 시점을 한 치 앞도 내다볼 수 없는 혼전 상황을 이어가고 있다. 그러나 소련제국의 위용 재건이라는 푸틴의 야욕은 끝내 이루어지지 못할 것이 확실시되고 있다. 푸틴과 러시아가 중국 북한 등 1인 독재 공산 블록을 제외한 전 세계 거의 모든 국가로부터 지경학적 역풍을 맞고 있기 때문이다.

분단의 고착은 물론 신냉전의 질곡에 깊이 발 담근 북한 김정은은 물론 남북한 모두가 한반도 평화 또는 통일에 대한 패러다임 전환의 모티브와 방향을 21세기 복합 지경학에서 찾아야 할 것 같다.

한국적 함의

과거 지정학의 시대에는 전 세계에 침략 전쟁 팽창 압제 살상이 난무했다. 그러나 지경학이 국제 정치에 원용되면서부터 세계는 평화 협력 독립 자주 인권과 같은 보편가치가 좀 더 신장(伸張)되는 것을 보았다.

한반도만을 놓고 볼 때 지정학의 시대는 악운의 연속이자 질곡의 긴 터널이었다. 이런 의미에서 한반도 문제를 해결하기 위해 우리가 붙들어야 할 시대적 화두는 지경학이다.

한반도에도 지경학의 운용이 시도된 적이 있다. 가깝게는 김정은이 2013년부터 시행한다고 선언한 '핵-경제 병진 노선'이 이 범주에 해당할 수 있고, 북미정상회담을 앞두고 2018년 초에 채택한 경제 발전 총력 노선이 의도한 바는 '경제의 전략화'이자 '경제 안보'였다는 점에서 일단 외형은 지경학적 접근이었다.

그러나 이 지경학적 국정운용은 그것의 실용화를 위해 필수적인 대북 국제경제제재를 풀지 못해 실패한 것으로 보인다. 북한 형편에서 유엔 제재를 해제시키지 못하는 것은 지경학 실행의 기초 환경을 갖추지 못함은 물론 실용 수단도 없는 것이기 때문이다.

이에 반해 박정희 시기 한국의 경제개발과 산업화 정책 실행은 지경학적 국정운영의 성공한 사례로 평가된다. 남북의 첨예한 대치 국면에서 당시 박정희는 '멸공통일'을 국정 목표의 최우선 항목으로 유지하면서도 경제 발전이라는 우회로를 국방 안보의 보조수단으로 삼았었다.

이 과정에서 당시 한국 정부는 월남전에 국군 파병을 자청하고, 거기서 받는 전투수당의 일정 비율을 경제건설에 전용했는데, 이는 지경학의 변용이라 할 것이다. 박정희 정부의 경제개발 노선이 남북한 사이에 엄청난 국력 격차를 이루고, 여기서 체제 위기를 느낀 북한이 핵 개발에 나서게 됐다는 주장은 '내재적 접근법'이라는 친북 시각으로 매사를 비틀어 온 송두율

학파의 억지 논리일 뿐이다.

북핵 이슈와 관련, 대북 KEDO 사업은 북미 제네바 합의에서 유래한 국제적인 지경학 정책투사였는데 결과적으로 실패하였다. 대북 송금 등 진보정권이 시행한 햇볕정책은 물론 개성공단 금강산관광 등 그동안 시행된 남북경협도 모두 중단되어 파국 상태에 빠져있다. 경제 안보 또는 경제의 전략화로 요약되는 지경학 정책 운용은 선심 쓰기나 그냥 한 방향으로 적용되는 것이 아니며 성공을 위한 일정한 조건이 있다.

2차 대전 후 성공한 지경학 투사의 대표 케이스로 평가되는 마셜 플랜은 이 계획에 참여하는 국가들에 세계적 자유 경제 체제를 수용하여 국내 시장을 국제적으로 개방할 것을 요구하고 있었다. 또한 효과적인 원조 제공과 재건 작업을 위해 정치적 개혁 작업에 착수할 것과, 외부 국제기구의 지속적 감독을 받을 것, 그리고 타 참여국들과 지속적으로 협력할 것이 요구되었다. 당초 소련과 동유럽의 사회주의권 위성국들도 이 계획에 참가할 것을 제안받았다고 한다.

이때 미국은 소련과 그 동맹국에도 자유 국가들과 똑같은 원조 계획을 제시하였는데, 생각이 달랐던 소련으로서는 받아들일 수 없는 조건이었다.

소련은 공산주의 독재 체제를 유지하고 싶었고, 장기적으로 유럽 국가들을 소련의 영향권으로 끌어들이고자 하는 의지가 강했으며, 또한 두 번의 세계 대전에 책임이 있는 독일의 힘을 약화(弱化)시키는 방향을 원했기 때문에 제안을 거절했다.*

*https://namu.wiki/w/%EB%A7%88%EC%85%9C%20%ED%94%8C%EB%9E%9C 마셜 플랜, (검색일: 2023. 2. 18.)

분단의 극복 같은 민족 내부 정치는 물론 국가 간의 국제 정치에서 지경학적 접근이 성공하기 위해서는 그것이 순기능(順機能)할 수 있는 조건과 환경이 중요하다.

첫째, 원조를 포함한 모든 지경학적 정책투사는 공짜나 선심 공세가 아니고 대가를 치르는 경제행위이다. 단적으로 지정학이 영토의 확장을 목표로 한다면 지경학은 시장의 확장을 향하는 것이다. 지경학이 경제거래의 원리에서 나온 것이므로, 기본적으로 서로 주고받는 윈윈(win-win, 共瀛)의 관계를 지향해야 한다. 마셜 플랜이 시행될 당시 전 세계에서 가장 크고 중요한 시장은 유럽이었는데 미국은 이 계획을 통해 미소 간 시장경쟁에서 서유럽은 물론 중부유럽과 나중엔 동유럽의 시장까지 석권하게 됐다.

둘째, 인류의 보편가치를 지향하되 정책의 일관성과 지속성이 중요하다. 안보도 정치도 결국 사필귀정이며 '정의가 이긴다.'라는 신념이 필요하다는 얘기다. 서독 정부는 1989년 베를린장벽 붕괴까지 27년간 동독의 정치범 33만 755명과 그 가족 25만 명을 석방하여 데려오는 데 총 34억 6,400만 마르크를 지불했다. 동서독 정치범 석방거래는 1962년 서독의 한 기독교단체가 동독에 수감 중이던 성직자 150명을 옥수수 석탄 등 현물을 주고 데려온 것이 계기가 되었는데, 서독은 이 사업을 정부 차원에서 적극 추진하면서도 표면상 주체로 개신교연합회를 내세우는 등 철저한 비밀리에 27년간 꾸준히 지속함으로써 결과적으로 동독의 공산독재 체제가 내부적으로 서서히 허물어지는 효과를 거둔 것이다.*

* 김영희, 『베를린장벽의 서사』 (경기 파주: 창비, 2016), pp. 357~358.

셋째, 경제지원과 경협 사업 등 지경학적 정책투사는 시스템과 프로젝트 위주여야지 특정 정권이나 개인 독재자에게 영합하는 식이어서는 성공하기 어렵다. 동서독 분단 시절 유럽의 역학 관계상 독일통일의 열쇠는 소련이 쥐고 있는 것이나 다름없었다. 이런 소련이 페레스트로이카와 글라스노스트를 추진하느라 경제개혁에 필요한 엄청난 자금난을 겪고 있을 때 서독

정부는 대소 경제지원에 발 벗고 나섬으로써 독일통일은 소련에 경제적 이익을 가져다줄 것이라는 확신을 심었다.

경제지원도 소련군 4년간 주둔비 35억 마르크, 소련군 철수운송비 30억 마르크, 철수한 소련군의 거주 대책비 115억 마르크, 동독 내 소련 부동산 반환 175억 마르크 등 항목별로 소련이 제시한 비용을 꼼꼼히 흥정하고 조정해 서독이 약속한 지원액은 총 875억 마르크(미화 500억 달러)였다. 심지어 소련이 동독에 지급하는 무역대금을 이미 휴지 조각이나 다름없이 가치가 추락한 소련 루블화로 결제하도록 하고 서독 마르크로 교환해주는 등 소련의 경제난 해결에 진정성을 보여 독일이 통일 후에도 NATO에 남아 있는 것을 소련이 수용하는 안보 횡재를 얻었다. 독일통일은 이처럼 항목별로 하나하나 대금을 지불하고 사온 것이나 다름없었다.*

* 이인석, 『독일은 어떻게 통일되고, 한국은 왜 분단이 지속되는가』 (서울: 도서출판 길, 2019), pp. 300~318.

특히 현금원조 등 경제지원이 독재자나 나쁜 정권의 통치 자금으로 전용되는 것을 막기 위해 지원 대상에게 직접 전달하는 대신 금융기관 등 제3자에게 먼저 기탁하고 자금의 사용목표가 이루어진 경우에만 지급하는 에스크로(escrow) 제도가 권장되고 있다.*

* 브루스 부에노 데 메스키타·알라스테어 스미스 지음 이미숙 옮김, 『독재자의 핸드북』 (서울: 웅진씽크빅, 2012), pp. 295~296.

KEDO의 실패는 사업 진행에 상응하는 북한 비핵화 조치의 이행 과정을 확인 담보할 장치가 없었던 것이 원인이었고, 그 연장선상에서 2018~9년 북미정상회담을 통한 핵 담판도 결렬됐다. 대북 송금으로 상징되는 햇볕정책도 따지고 보면 경제적 지원으로 북을 변화시켜 보려는 것이었고, 개성공단 금강산관광도 다 경제적 투사 행위다. 그런데 아무런 효과가 없는 것은 위에서 짚어본 성공 조건이 미비했던 탓이다.

지경학은 결코 단기 승부가 아니다. 바로 드러나는 공적이나 정치적 효과를 기대할 수 없다. 마셜 플랜도 미국 국내에서는 결국 미국 시민의 세금을 유럽에 퍼준 것이라는 수정주의자들의 비판을 받았다. 소련 붕괴와 탈냉전의 역사를 이룬 레이건과 부시의 공화당 정권은 국내적 민생경제에 당장 효과가 없는 것이 빌미가 되어 선거에서 패배했다.

그러나 두 사업은 21세기 현재 패권국으로서의 미국을 확립하는 데 큰 영향을 끼친 사건이었다. 지경학은 인기나 시류에 영합하는 정객이 아니라면 장래를 내다보는 정치가가 할 수 있는 대업이다. 지경학의 결실은 그만큼 더디지만 보다 크고 안정적이다.

순위	국가/지역	GDP (US$million)	비고
1	미국	26,854,599	
2	중국	19,373,586	
3	일본	4,409,738	
4	독일	4,308,854	
5	인도	3,736,852	
6	영국	3,158,938	
7	프랑스	2,923,489	
8	이탈리아	2,169,745	[+2]
9	캐나다	2,089,672	[-1]
10	브라질	2,081,235	[+2]

11	러시아	2,062,649	[-2]
12	대한민국	1,721,909	[+1]
13	호주	1,707,548	[+1]
14	멕시코	1,663,164	[+1]
15	스페인	1,492,432	[+1]
16	인도네시아	1,391,778	[+1]
17	네덜란드	1,080,880	[+2]
18	사우디아라비아	1,061,902	
19	튀르키예	1,029,303	[+1]
20	스위스	869,601	[+1]

그림 4. 국가별 명목 GDP 순위

IMF 기준이며, 4월과 10월마다 업데이트된다.

출처: 영문위키 국제통화기금https://namu.wiki/w/%EA%B5%AD%EA%B0%80%EB
%B3%84%20%EB%AA%85%EB%AA%A9%20GDP%20%EC%88%9C%EC%9C
%84 (검색일: 2023.4.18.).

제2장 북핵 시대 한반도 지경학의 실제

21세기 세계 경제의 중심이 아시아로 옮겨 동아시아는 정치·경제·사회·문화 등 모든 측면에서 가장 역동적인 지역으로 협력과 갈등이 혼재되어 있다. 이런 동아시아에서 중국몽(中國夢)의 실현과 중국 중심의 거대 경제권 통합을 목표로 하는 중국의 일대일로 정책, 중국을 저지하려는 미국의 인도-태평양전략, 일본의 미·일 동맹 강화와 팽창주의, 강한 러시아 재건을 위한 러시아의 신동방정책 등 한반도 주변 4강이 지정학과 지경학의 상호작용을 통해 자국의 영향력 강화를 위해 각축하고 있음에 반해 한국은 남북분단으로 인한 대륙과의 물리적 단절, 남북 관계 경색과 북핵 위협 등으로 지경학적 가치를 강화할 수 없고, 지정학적 위기만 고조되는 구조적 모순을 안고 있다.*

> * 최재덕, "한반도 평화 체제 구축 과정에서의 남북한 주도권 강화 방안-지경학적 접근을 중심으로-",「국가전략」제24권 4호(2018년), p.41.

그렇더라도 제4차 산업혁명기라고 불릴 정도로 문명 전환이 이루어지는 시대를 맞아 한반도가 지향해야 할 길은 지경학적 접근밖에 없다. 역사적으로 지정학이 정치적 충돌 분리와 불균형을 상기시키는 '공포'였던 데 반해 지경학은 지리의 해체적 독해를 통해 경제적 평평함(flatness)의 팽창 확대를 가능케 하는 '희망'에 대비되고 있다.*

> * 신욱희, "지경학의 시대: 주체/구조와 안보/경제의 수평적 상호작용",「한국과국제정치」제37권 제3호(2021), p.39.

한국과 북한

백두혈통 정권 안보

냉전 종식 이후 세계질서를 지배하는 논리는 지정학에서 지경학으로 옮겨갔다. 지경학적 세계질서 속에서 남북한만 여전히 지정학적 접근법을 탈피하지 못하고 있다. 21세기 지경학의 논리에 입각한 한반도 국제 정치를 논하면서 한국이 1차로 고려해야 할 대상은 두말할 여지 없이 북한이다. 그런데 북한은 미북 핵 담판의 하노이 노딜 이후 현재 핵 강국을 자임하며 남북 단절 북미 대립의 길을 고집함으로써 한반도 국제 정치의 지경학적 전개에 크나큰 걸림돌이 되고 있다. 한반도 지경학 국제 정치의 시작과 끝은 결국 한국과 북한이 함께할 수밖에 없는 구조임을 생각할 때 북한의 대미 핵 담판이 왜 실패했는지 그 원인을 객관적으로 정확히 파악하는 것은 한반도 지경학의 미래와 관련하여 매우 중요하다.

다시 돌이켜보아도 2018년 북한 김정은 국무위원장이 '비핵화 의지'를 내세우며 남북 및 미북 정상회담에 나선 것은 북핵 문제에 대한 지경학적 접근법의 훌륭한 출발이었다. 비핵화를 매개로 제재 해제를 요구한 것은 당시 가장 첨예한 정치 안보 문제를 남북 및 북미 정상 간 경제 담판(grand bargain)으로 해결하자는 것이었기 때문이다.

이 담판이 실패한 원인에 대한 저간의 분석은 북미 사이에 비핵화의 정의(定意)를 공유할 수 없는 데다 대북 경제제재 문제를 놓고도 '제재 완화'와 '전면 해제' 사이에서 갈등한 수준에 머물러 있다. 그런데 남북 및 북미정상회담이 열리던 2018~9년 당시 미국 국무장관이던 마이크 폼페이오와 당시 청와대 국정상황실장이던 윤건영 의원(민주당)의 최근 진술은 핵 담판 실패의 원인을 좀 더 심층적으로 들여다볼 수 있게 한다.

폼페이오는 2018년 미 중앙정보국(CIA) 국장 신분으로(국무장관 상원 임명 비준 전) 평양을 방문해 김정은을 만났을 때 "김정은은 중국 공산당으로부터 자신을 보호하기 위해 한국 내 미국인들이 필요하며, 중국 공산당은 한반도를 티베트나 신장처럼 다루기 위해 미군의 철수를 필요로 한다고 말했다."라고 회고했다. 김정은이 그만큼 중국의 위협을 심각하게 인식하고 있었다는 뜻이다. 폼페이오는 "김정은은 (중국으로부터의) 보호를 필요로 했다. 이것이 그에게 얼마나 중요한지 나는 과소평가했다."라며 "한반도에서 미국의 미사일이나 지상 전력이 증강되는 것을 북한인들은 전혀 싫어하지 않는다."라고 기록했다. 또 "중국 공산당은 김 위원장이 협상을 타결할 재량을 거의 주지 않았다."라며 "북한 문제는 항상 중국 공산당과의 대리전으로 생각해야 한다."라고 주장했다.

2019년 2월 하노이 미·북 정상회담 당시의 상황과 관련, 폼페이오는 북한이 영변 핵시설을 완전하고 검증 가능하도록 해체하면 미국은 그 대가로 '몇 개의 소규모 한국 투자 프로젝트'를 허용해 주려고 했지만, 정상회담에서 김정은은 영변 단지 해체 대가로 "완전한 제재 해제"를 요구했다고 밝혔다.*

* https://www.chosun.com/international/us/2023/01/24/JUXZUB2H7BAE-5H5Z3IAPDDRGOE/?utm_source=naver&utm_medium=referral&utm_cam-paign=naver-news 김진명, "폼페이오 회고록서 대화 공개", (검색일: 2023. 1. 25.)

북·미 대화가 가동되자 김정은은 누구보다 중국과의 단절을 두려워하며 회담이 이뤄질 때마다 중국으로 달려가 시진핑의 훈수를 받았다. 폼페이오는 "중국은 북한에 대해 완전에 가까운 통제권을 가졌다."라고 덧붙였다.*
그 결과 북·미 대화는 좌초했지만, 북·중 관계는 복원됐고 김정은은 그 어느 때보다 중국에 매달리고 있다.

* https://www.donga.com/news/NewsStand/article/all/20230125/117576
472/1?utm_source=newsstand&utm_medium=referral&utm_campaign=main6
이철희, "중국, 미군 떠난 한반도를 티베트 신장 취급할 것"이라는 김정은의 속내 (검색일:
2023. 1. 26.)

폼페이오의 진술 내용 중에는 당시 미국이 북한에 제시할 경제적 대응 카드로 '몇 개의 한국 투자 프로젝트'가 등장한다. 당시 한미 정상의 대북 지경학적 정책투사 구상과 관련, 윤건영 의원은 문재인-김정은의 1차 판문점 회담 때 문 전 대통령이 김정은에게 전달한 USB가 있음을 인정하면서 "남과 북이 경제협력을 잘해서 한반도에 새로운 성장 동력을 만들자는 것이 핵심적인 내용이다. 트럼프 대통령이 싱가포르 회담에서 김정은 위원장에게 전달한 것과 비슷한 개념."이라고 말했다.*

* https://news.kbs.co.kr/news/view.do?ncd=5108465 「KBS」 2021년 2월 1일 뉴스
9, "'김정은 전달' USB에 뭐가 들었나?", (검색일: 2023. 2. 25.)

이 부분은 회담 직후 당시 김의겸 청와대 대변인이 "USB를 대통령이 직접 전달했다."라며 "대선 공약이던 '한반도 신경제구상'을 업데이트한 내용"이라고 공개한 바 있다.폼페이오의 진술에서 파악되는 김정은의 중국에 대한 경계심과 불신은 김일성 김정일 등 김 위원장의 선대 수령들의 대중 인식과 맥을 같이하는 것이다.

다만 김정은이 '자신의 보호'를 위해 주한미군의 필요성을 언급하며 중국이 백두혈통의 안위에 위협을 주는 실체임을 풍긴 것은 특기할 일이다.

또 한미 양국 세 사람의 진술을 통해 김정은이 비핵화를 들고 제재 해제

와 흥정하려 한 것에 못지않게 한국과 미국 대통령도 북한의 미래를 밝게 해줄 '경제구상'을 공유한 뒤 이를 북한에 제시했음을 알게 됐는데 우리는 이 부분을 각별하게 평가할 필요가 있다. 남북미의 문재인 김정은 트럼프 3자가 모두 지경학적 접근법으로 지정학적 위기를 해결하려 했음에도 성공하지 못한 것은 너무나 애석한 일이기 때문이다.

이상을 분석 종합하건대 다음 세 가지를 추론할 수 있다.

첫째, 중국은 중화사상에 젖어 아직도 북한에 대해 종주권과 같은 영향력을 행사하고 있는 것으로 보인다. 남북분단이라는 한반도의 현상(status quo)이 변경되는 것에 주변 4강이 별로 호의적이지 않음은 이미 주지의 사실이다. 미·북 정상회담을 전후한 전 기간에 걸쳐 일본은 비핵화 협상에 임하는 북한의 진의를 의심해 미국이 북한의 거짓에 속지 말도록 공개적으로 로비를 벌이고 다녔다. 그러나 중국은 쌍중단(雙中斷)과 쌍궤병행(雙軌竝行)이라는 이중적 기조에 머무는 줄로만 알았는데 이렇게 노골적으로 미북 협상의 판을 깨며 대국 행세를 했다.

그동안 중국은 중조(中朝) 관계가 북핵 문제 때문에 부정적인 영향을 받지 않도록 피해 가는 투 트랙(two track)전략*을 구사했는데, '중국 우선 미국 견제'를 위해서는 북핵의 존재도 신경 안 쓴다는 흉심을 드러낸 것이다.

* 윤영관, 『외교의 시대』 (서울: 미지북스, 2022), pp. 285~286.

둘째, 북한에 제재 해제와 같은 경제 문제해결이 아무리 절박해도 세습 수령제 정권 유지가 더 중요한 가치임을 보여주었다. 북한은 핵 무력 완성과 동시에 경제건설 총력 집중 노선을 선언하고 남북 및 북미 정상 핵 담판에 나섰다. 오랜 폐쇄적 통제경제의 실패 누적에다 국제적인 대북 경제제재까지 중첩되어 인민 생활의 피폐 등 경제적 곤란은 거의 한계상황에 도달했다. 그래서 2018년 6월12일 싱가포르 북미정상회담에서 트럼프와 김정은은 평화와 번영을 바라는 양국의 새로운 관계 설립과 한반도 비핵화를 향해 노력할 것 등의 합의 내용을 담은 미북 공동성명을 발표했다.

그리고 9월 19일 평양에서 남북정상회담이 열렸고 문재인은 평양시민 15만 명 앞에서 행한 연설을 통해 한반도의 평화와 비핵화를 위해 김정은과 함께 긴밀히 상의해 갈 것이라고 약속했다. 이때까지 김정은-문재인 관계는 순조로웠다. 그런데 이 연설 이틀 뒤인 9월 21일 김정은이 트럼프에게 보낸 친서에서 돌연 문재인의 관심과 간여를 배제하자고 주장했고 이후 김정은의 한국 답방 언질도 지켜지지 않고 '바보 머저리' '삶은 소 대가리' 같은 대남비난으로 이어졌다.

6.12 싱가포르 공동성명에 포함된 미북 관계 설립과 비핵화 노력이 더 이상 진척될 수 없는 사정, 즉 '중국의 완전한 대북 통제권'이 그즈음 발동한 것으로 짐작된다. 폼페이오는 회고록에서 김정은이 중국으로부터의 보호가 필요했고 그것이 그에게 얼마나 중요한지 그 당시엔 과소평가했음을 솔직히 기록하였다.

북한의 '바보 머저리' 같은 대남 비방도 중국으로부터 김정은 보호의 필요성을 눈치채지 못하는 사실과 관련된 것이 아닐까 하는 생각이다.

셋째, 역사적인 결과를 도출했어야 할 미북 정상회담은 실패했지만, 그 대신 김정은 철권정권은 건재한 지 3년, 이제 북한의 통치 권력 중앙무대에 김정은의 10세 어린 딸 김주애가 등장했다.

김정은이 집권 후 자신의 최대 후견인이자 고모부인 장성택을 처형하고 이복형 김정남을 독살한 것은 만약의 경우 중국이 북한에 자신 대신 친중(親中) 정권을 세울 대체 인물을 사전에 제거하기 위한 조치였다.

냉전 종식과 함께 전 세계 공산국가가 다 개혁해도 오롯이 북한만은 불변인 한반도 딜레마의 원인은 결국 북한의 일인 숭배 신정체제에 있음을 다시 각인시킨다. 김일성 이래 백두혈통 영구 통치의 선악시비(善惡是非)에 대한 인식 차이는 오늘날 한국 사회 남남갈등의 가장 깊은 골(谷)을 형성하고 있다. 또 북한이 핵 개발에 나선 연유와 비핵화 의지에 관한 판단의 상이도 국론분열의 출발점이다.

여기서 문재인 전 대통령에게 2018~9년 남북 및 북미 정상 담판의 전 과정에 대한 대국민 진상 고백을 간절히 촉구한다. 이미 지나간 정부를 비판하거나 성토하려는 것이 아니다. 문 전 대통령의 진실 고백은 남남갈등을 해소하고 국론통일을 위한 소중한 자료가 될 것이다. 이와 관련, 고 아베 신조 일본 총리가 남긴 회고록 원고가 최근 발간되었다.*

* https://www.donga.com/news/Inter/article/all/20230208/117782419/1 「동아일보」, 2023년 2월 8일. (검색일: 2023. 2. 8.)

여기엔 서훈 전 국정원장이 '북한이 핵과 미사일을 포기할 것이다, 6.25 전쟁을 끝내고 평화협정을 맺을 수 있다, 김정은은 훌륭하다.'라고 말한 것이 기록되어 있다고 한다. 또 아베가 "(서 전 원장은)북한이 일본과 국교를 정상화할 것이라고 했지만, 어디까지 김정은 뜻이고 어디부터가 한국의 희망인지 몰랐다. 그만큼 (서 전 원장은) 흥분해 있었다."라고 회고한 부분도 들어있다. 아베의 회고는 서 전 원장이 2018년 3월 문 대통령의 특사로 당시 북미정상회담 추진 상황을 설명하려 일본 총리실에 들러 말한 내용을 담고 있는데 회담이 열리기도 전에 회담의 성공을 장담하고 흥분했던 서 전 원장은 문 전 대통령과 함께 그 후 회담이 실패하는 과정을 남달리 면밀하게 주시할 수 있는 위치에 있었다.

김일성은 중국과 소련 사이에서 등거리 외교로 실리를 챙기면서도 소련을 활용한 레버리지로 중국을 견제했다. 백두산 15봉 중 6봉과 압록강 두만강 상의 삼각주를 지키느라 중국과 무력 충돌도 마다하지 않았다.*

* https://www.hankookilbo.com/News/Read/199310040093989791 북한과 중국

은 국경 문제로 전후 여섯 차례나 국지적 무력 충돌을 겪었고 1963~4년 북한 김일성과 중국 주은래 사이의 정치적 타결을 통해, 천지를 둘러싼 15개의 봉우리(石峯) 중 9개는 중국 측에, 최고봉인 장군봉(병사봉)을 포함한 6개 봉우리는 북한 측에 귀속시킴. 총면적이 21.42㎢(중국 측 관측)에 달하는 천지의 수면은 5분의 3이 북한에 귀속된 것으로 알려져 있다. (검색일: 2023. 3. 7.)

김정일은 중국이 아버지 김일성의 연기(延期) 간청에도 불구하고 끝내 한중수교를 서둘러 결행하자 근 10년간이나 중국 발길을 끊고 핵 개발에 몰두했다. 김정은은 시진핑의 주석취임을 앞두고 핵실험 자제를 요청하기 위해 평양에 온 시진핑 총서기의 특사도 만나주지 않으면서 핵 무력을 완성했다. 그러던 김정은이 북미정상회담에 나서면서 계기가 생길 때마다 우선 중국을 먼저 찾아가서 상의했다.

그 사이 중국 매스컴의 김정은에 대한 호칭은 '김 뚱보(金胖子)'에서 '80후 걸출한 세계 지도자(80後傑出的國際領導)'로 바뀌었다. 중국의 중화주의 이이제이(以夷制夷) 전략에 순응한 대가로 북한의 존재감이나 김정은 자신의 중량감은 크게 위축된 대신 호칭 상의 격상은 이루어진 것이다.

중국의 북한에 대한 전략은 한국과 그 동맹국인 미국의 영향력이 북상하는 것을 막는 전략적 완충 지대로 북한을 유지하는 것이다. 이를 위해 중국은 정치, 안보, 그리고 경제 측면에서 이번에도 역시 북한을 완전히 자국의 영향권 안에 위치시키는 전략을 펼쳤다.*

* 윤영관(2022), 앞의 책, p.241.

선(先)통합 후(後)통일

2018~9년 남북 및 북미정상회담은 한마디로 요약하면 남북미 세 당사

자 간의 '핵 담판'이었다. 외형상 3자 담판이었으나 중국 일본 러시아가 미국과 북한을 통해 시종 회담장으로 투사한 작용과 반작용은 물론 EU와 UN까지 관심과 훈수를 쏟은 것을 감안하면 글로벌 북핵 협상이었다고 할 것이다. 이 담판은 한반도의 운명을 바꾸는 것은 물론 동북아와 세계평화의 새 지평을 여는 계기가 될 수 있었다.

그러나 담판은 실패했고 한반도는 신냉전 체제의 최전방이 되었다.

북핵 담판이 실패하고 난 후 남북분단의 문제를 더 이상 '영토통일'이 아니라 남북한 '경제통합'을 수단으로 하는 지경학적 접근법으로 풀어야 한다는 연구와 주장이 나오고 있다.

그 중엔 지난 75년간 대결 협력 대화 합의 등 진보 및 보수적 모든 정책이 실패한 것을 되새김하면서, 결국 시장통합 사회통합의 길밖에 다른 방도가 없다며 '통합 지경학'의 논리*를 개발하는 학자도 있다.

* 임종식, 『지경학의 이론과 실제』 (서울: 바른북스, 2021)

통합 지경학을 "국가 간 경제통합을 수단으로 평화 체제를 구축하고 이를 토대로 상호 번영을 추구하는 지경학 전략"이라고 정의하는 이 접근법은 첫째, 남북 관계를 '나라와 나라 사이의 관계가 아닌 통일을 지향하는 과정에서 잠정적으로 형성되는 특수 관계'라며 민족 정서를 중시한 헌법 규정에서 '민족성'을 빼고 남북한이 상호 독립된 주권 국가성을 엄격히 지키면서 국제적 규범과 절차에 따라 완전히 새로운 관계를 구축해 나갈 필요가 있다고 강조한다. 둘째, 남북한이 상대방을 보통 국가로 인정하는 바탕 위에서 대북 대남정책에서 경제통합을 우선순위에 두고, 이 목표를 향해 단계적으로 꾸준히 나아가는 것이 중요하며 셋째, 통일 지정학과 마찬가지로 통합 지경학으로도 북한의 개혁 개방을 유도하기는 어려울 것이므로 오로지 남북 평화만 지향하는 공존공영의 정치·경제 논리에 충실하자는 논지이다. 환언하면, 감정도 기대도 뒤로하고 오로지 시장거래의 원칙, 경제 논리에 충실하자는 이야기다.

북핵 담판을 전후한 시기, 지경학적 접근법과 같은 맥락에서 한반도 '연성통합론', '연성복합통합론', '평화외교론' 등의 연구도 활발했다. 지경학의 시대를 맞아, 대륙과 해양 사이에 끼어 침략과 방어의 길목이 되어온 오랜 반도 국가의 운명을 경제 기술이 무한으로 교류할 수 있는 해륙 교량국가로 바꾸자는 희망의 발로였다.

'연성통합론'은 남북한의 경제. 사회. 문화적 교류와 통합을 지칭하는바, 전통 지정학 관점보다는 지경학적 협력의 강조를 통해 남북한이 한반도 평화 정착과 연성 통합은 물론 더 나아가 동북아 연성 통합에 주도적으로 이바지할 수 있다고 본다. 동북아의 강대국들을 남북한 평화 정착과 연성 통합의 "이익공유 주체로 참여시킴으로써" 한반도 평화의 지경학이 "교통, 물류, 에너지로 대륙과 연결"되기를 기대하는 것이다.

일차적으로 남북한 연성 통합은 한반도라는 좁은 범위에서 통일보다 훨씬 더 낮은 수준의 경제 중심 '통합'을 의미하며, 탈근대성과 지경학적 요인들의 작용이 수용되는 초(超)국경의 공동체를 지향한다.*

* 강봉구, "남북한 연성 통합의 딜레마와 한러협력의 기회·공간", 『대한정치학회보』 29집 3호, (2021. 8).

전재성의 '연성복합통일론'에서 '연성'은 "군사적, 정치적 통일뿐 아니라 경제·문화·이념적 통일을 함께 적극적으로 고려하자."라는 뜻이고 '복합'은 "남북의 통일일 뿐 아니라 동북아인들의 통합을 함께 추구"하는 정책적 실천을 의미한다. 이것은 한반도의 통일 과정이 동북아 접경지역(러시아의 극동+동북 3성+두만강 유역) 통합을 증진하고 동시에 동북아의 심화한 통합이 한반도의 통합과 안정성을 높여줄 것이라는 가정과 기대를 반영하고 있다. 연성 통일의 개념은 온전한 근대국가의 구성요소인 국내외 최고권으로서의 배타적 주권, 배타적 주권 관할의 물리적 영토성, 하나의 민족/국민 정체성을 가진 시민 등을 대신하여 "유럽연합과 같은 공통의 주권, 중첩적 영토성, 복수/공통 시민권 등의 개념을 상상"한다.

달리 표현하자면, 연성 통일은 탈민족화된 복수의 정체성을 가진 시민들이 공동 주권 관할 하의 영토 경계를 넘나들며 자유롭게 교류할 수 있는 '근대 주권개념을 초월한 공동체'를 지향한다.

더 나아가, 한반도의 연성통일 모델은 "동아시아 전체의 다층적·연성적 복합네트워크로 확산"되어 동아시아 다자주의 협력체/공동체의 연성 복합적 통합을 자극하도록 기대된다. 다자주의적 공존과 공영을 지향하는 이 지역 협력체는 종국적으로 동아시아 공동체로 진화될 것이다.*

* 전재성, "비판지정학과 한반도 연성복합통일론," 서울대학교–연세대학교 통일대비국가전략 연구팀(편), 『통일의 신지정학』(서울: 박영사, 2017), pp. 359~60.

이 '연성복합통일론'은 안중근 의사가 절규한 '동양평화론'의 시대적 그레이드업을 느끼게 한다. 그만큼 현실을 뛰어넘는 이상론일 테지만 기왕 남북통일을 시간과 형태를 다투지 말고 더 멀리 더 크게, 보다 안전하고 평화롭게 내다보고 대비하는 차원이니까 훌륭하고 가치 있는 발상이다.

한반도는 역사적으로 미·중·일·러가 상정한 지정학적 요소가 압도적으로 작용해 왔고, 북한의 핵무기 완성 선언으로 지정학적 긴장이 정점에 달하였다. 한반도는 남북분단과 북한의 핵무기 개발로 지경학적 가치를 강화할 수 없는 구조적 모순을 안고 있었다.

2018년 북한이 비핵화를 전제로 남북 및 북미 핵 담판에 나선 것은 한반도가 그 지경학적 가치를 강화하여 지난 1세기 동안 고조되었던 한반도의 긴장을 단숨에 해결할 수 있는 대전환점이 될 뻔한 사건이었다. 이 기회를 살릴 수만 있었다면 남북한이 경제협력을 주도하고 미·중·일·러를 남북한 평화 체제의 이익공유 주체로 참여시킴으로써 더 이상 강대국들의 지정학적 영향력에 흔들림 없이 한반도 평화 체제구축을 완성할 수 있었을 것이다. 한반도 지경학적 요소를 강화할 수 있는 수단으로 남북한 중심의 경제협력은 개성공단과 남북 철도 연결, 확대된 형태의 경제협력으로는 남·북·러 가스관과 송전망 연결 사업 등이 이미 실행 또는 논의되었다.

개성공단과 남북 철도는 남북 경제협력의 수단으로서, 개성공단은 실질적인 남북 경제협력의 공간적 산물임과 동시에 공동 생산과 이익공유의 실험구이고, 남북 철도는 상호소통, 물적·인적 자원 교류를 가시화하여 향후 남북 경제협력을 촉진시키며, 중국·러시아의 철도망과 연결하여 유라시아 대륙을 거쳐 유럽까지 한반도의 경제 지경을 넓히는 데 필수적이다.

남·북·러 가스관·송전망 연결 사업은 남북 경제협력에 있어 에너지의 수급이 핵심적이고 동북아 에너지 슈퍼 그리드, 동북아 에너지 공동체로의 발전 가능성이 충분하다.*

* 최재덕(2018), 앞의 논문, pp. 43~47.

이상과 같은 지경학적 관계가 남북한 사이에 펼쳐지면 이는 금방 중국의 일대일로 정책과 연결되고 러시아의 신동방정책과 만나면서 유라시아 대륙 쪽으로 엄청난 평화 및 경제적 시너지효과를 내게 될 것이다. 중국은 북한 나선항의 접안시설을 이미 장기 임대했는데 지금 진행 중인 창지투(長春-吉林-圖們) 개발계획이 완성되면 한반도 동북쪽 끝자락에 중국의 태평양 연안 산업기지가 형성되며 북한 서해안 쪽으로는 중국이 주도하는 황금평·위화도 북중 공동경제특구 건설과 도로 교량 철로 연결 사업이 거의 완성 단계에 이르렀다. 또 러시아 정부는 중국의 적극적인 한반도 전략에 자극받아 남북러를 연결하는 천연가스 파이프라인 건설 프로젝트 등 신동방정책에 관심을 기울이며 나진-하산 간 철도 개건 사업과 나진항 3호 부두현대화 사업에 박차를 가하는 중이다.*

* 윤영관(2022), 앞의 책, pp. 241~242.

중국과 러시아가 각기 속셈은 다르고 또 상호 경쟁·견제 심리가 작용하는 사업이지만, 이는 어쨌건 한반도 입장으로서는 남북중과 남북러의 거대한 경제협력 벨트가 되어 환서해 경제권과 환동해 경제권이 한반도를 H자 형태로 부양시키게 된다. 또 러시아의 신동방정책과 연계된 시베리아횡단철도는 한반도를 멀리 유럽 끝까지 J자 형태로 이어줄 것이다.

그러나 이와 같은 남북한 경제통합 전략은 한반도 비핵화 절차에 대한 합의가 타결되어 대북 제재가 일부라도 해제되기 시작할 때라야 비로소 시동을 걸 수 있다.*

* 임종식(2021), 앞의 책, p.150.

안타깝게도 북한이 핵보유국을 고집함으로써 국제적인 경제제재를 받게 된 현실은 북한이라는 존재가 북한 자신에게는 기회 상실을, 한국에는 대륙과의 유대강화를 방해하는 장애물로 작용하고 있다.

통합 준비

북한 문제는 다차원적이고 복합적이다. 전 세계가 북핵 문제에만 신경을 집중하고 있지만, 북한의 핵은 정치, 경제, 인권, 국제 안보 등 북한 내 모든 국가 현안과 얽히고설켜 어느 것 하나를 떼어내서 해결할 수 없다. 북한이 전 세계에서 유례를 찾을 수 없이 독특한 백두혈통 순혈주의에 입각한 일인 숭배 신정체제이기 때문에 더욱 그렇다. 그래서 지경학적 접근으로 문제를 풀어가야 한다는 명제는 절대적으로 맞는다고 하더라도 북한 체제의 특이성으로 인해 아무리 '느슨하고 낮은 단계의 통합'일지라도 사전 준비가 필요하다.

첫째, 앞으로 대북정책은 북한 주민들의 삶을 개선한다는 목표를 가지고 추진되어야 한다. 이제까지 대북정책은 주로 북한 정부만을 상대로 해왔는데 전부 실패하였다. 북핵 문제만 해도 경제제재를 곁들인 북핵 협상은 북한이 앓고 있는 병의 겉으로 드러난 증세만 치료하는 대증(對症) 요법이자 국부(局部) 치료에만 매달리는 격이었다.*

* 윤영관(2022), 앞의 책, p.304.

인권 개선과 외부의 개방 정보 투사를 위한 꾸준한 실질 대책도 여기에 포괄되어야 마땅하다. 북한 주민이 인간다운 삶을 살며, 사고와 행동의 패턴이 바뀌는 것만이 진정한 문제해결의 첩경이 될 것이다.

둘째, 다시 대화의 계기가 생기면 이제부터는 국내 정치적 의도가 담긴 전시성 정상회담보다 철저히 실무 차원의 대화부터 시작해야 한다. 한꺼번에 큰 성과를 기대하고 열린 정상회담은 별 성과가 없었고 뒤끝이 좋지 않았음을 경험했다.*

* 윤영관(2022), 앞의 책, p.311.

중국의 간여로 김정은의 '비핵화 의지'가 속절없이 꺾이고 만 핵 담판 실패의 경험에서 보듯, 백두혈통 일인 독재 체제가 모든 문제의 근원임은 거론하기 불편한 진실이다.

셋째, 가장 중요한 것은 남북경협의 길이 열리면 현금 지급 방식은 철저히 피하고 인프라나 기업 투자 등 시장 원리에 부합하는 방향으로 이루어져야 한다는 점이다.

시장 원리가 제대로 지켜지지 않으면 북한 경제도 살아나기 힘들고 그렇게 되면 우리가 투자하는 재원도 허비될 가능성이 높기 때문이다.*

* 윤영관(2022), 앞의 책, p.312.

2018년 문재인 전 대통령의 방북 때 우리가 목도(目睹)한 한 장면을 기억할 필요가 있다. 평양정상회담에 수행한 기업인들이 평양냉면으로 식사하는 자리에서 북한의 부장급(장관) 간부가 "목구멍으로 냉면이 넘어가느냐?"고 일갈한 장면. 세계 최강 미국 대통령도 투자유치를 위해 한 명씩 호명을 해가며 "땡큐!"를 연발할 정도인 세계 굴지의 기업인들한테 저런 갑질이라니 상상이라도 할 수 있는 일인가.

2020년 6월 개성 남북공동연락사무소 건물 폭파도 마찬가지다. 남북경협의 상징인 개성공단을 관리하기 위해 세운 건물을 폭파해 버린 북한 정권은 음식이 맘에 안 든다고 밥상을 차 엎어버린 행위와 같다.

80년대 말 데땅트 분위기에 편승해서 대북 접촉이 이루어질 때부터 한국의 민관, 기업은 물론 심지어 학술단체까지 북한 측 상대방에게 여비 숙식비까지 돈을 주지 않고 접촉 교류가 이루어진 사례는 없다.

이러는 바람에 북한에서는 '주체사상' '선군사상' '백두혈통 독재 체제'가 무슨 로열티를 받는 특허 전매권처럼 인식되어 있다. 저들이 경제 마인드를 갖게 하는 것이 남북 교류의 핵심이 되어야 한다. 이대로는 통합을 넘어 통일을 이루어도 남북 동포가 함께 살기 힘들 것이기 때문이다. 북한 사람은 우리와는 완전히 다른 '별난 세상'의 특이한 사람들이다.*

* 김충근, 『베이징에서 바라본 한반도』 (서울: 나남출판, 1999), pp. 186~192.

북핵 담판이 실패한 이후 북한은 한국과 미국을 향한 나라의 문을 걸어 잠그고 핵미사일로 협박하고 있어 한국으로선 아무것도 할 수 있는 일이 없다. 북한도 마찬가지일 것이다.

이 단절의 시기를 대북정책 전부를 다시 점검하는 계기로 삼을 필요가 있다. 북한을 대하는 방법과 수단, 심지어 말투까지 완전히 지경학적 정책투사에 맞춤형으로 탈바꿈해야 한다.

한반도가 대륙의 시작점으로, 해양으로의 출발점으로 교통, 에너지, 물류를 통해 유라시아 대륙과 연결되어 평화를 기반으로 한 새로운 동북아 경제 지도를 그릴 수 있는 주체가 되어야 한다.

한국과 미중(美中) 경쟁

한국과 미국

미국은 20세기 초부터 실질적인 지경학 전략으로 세계 패권국이 된 최초의 국가이다. 19세기 중반 이후 해방된 흑인노동력을 통해 비약적인 산업 발전을 이루었고, 그 결과 자국산 잉여상품을 세계 시장에 공급하기 위해 "후진국들이 미국 상품을 구매하는 일은 미국과 같은 근대화된 경제로 가는 지름길을 제공한다."라는 근대화(Civilization) 담론을 들고나와 시장을 개척해 나갔다. 제2차 대전 후 국제연합 설립을 주도하고 마셜 플랜으로 유럽의 재건을 지원하는 과정은 곧바로 미국 상품의 수출시장 확대로 이어졌다. 이 시기엔 세계 각국을 미국 주도의 자유무역 체제에 동참하게 하는 '자유무역주의(Free Tradeism)' 지경학 전략이 구사되었다.

1990년대 초 구(舊)소련 등 사회주의권의 붕괴는 세계를 미국 일극(一極) 체제로 일원화하였고, 자유무역주의는 세계 시장을 미국 중심의 단일 시장으로 통합하고자 하는 '세계화(Globalization)'라는 새로운 지경학 전략으로 바뀌었다. 결국 세계화는 2008년 금융위기의 발생을 계기로 신흥 중국의 강력한 도전과 함께 본격화한 탈세계화 현상과 긴장 관계를 형성하면서 새로운 길을 모색해 가는 과정에 있다.*

* 임종식(2021), 앞의 책, pp. 100~103.

이런 미국은 아시아가 어느 특정 국가의 지배적 영향 아래 들어가 미국에 배타적이거나 비우호적인 블록으로 변하는 사태를 막는 것을 미국 글로벌 전략의 핵심으로 삼고 있다. 바로 이 지점에서 한미 동맹은 미국의 아·태 안보를 지탱하는 쐐기 축(lynch pin)으로서, 주춧돌(cornerstone)에 비견되는 미일 동맹과 함께 미국이 이 지역에 대한 개입(commitment) 전략을 추진하는 데 있어서 중요한 고리 역할을 하고 있다.

또 남북 관계의 극적 변화에 따라 만약 주한미군의 철수 문제가 불거질 경우 이는 곧바로 주일 미군의 주둔 명분에 영향을 미칠 것이므로 한미 동맹과 미일 동맹은 사실상 서로 긴밀히 연결되어 있다.

한반도 문제와 관련 미·일·중·러 주변 4국은 한반도 분단으로 인한 여러 문제에도 불구하고 분단의 지속을 통해 주변 4국 간 한반도에서의 세력균형이 유지되기를 바라는 상태일 것이다.

그러나 남북분단이라는 현상 유지가 더 이상 불가능해져서 남북 간 시장 통합이나 영토통일이 현실로 다가온다면, 주변 4국 중 한반도 통일을 가장 적극적으로 지원할 국가는 미국일 것이라는 인식이 보편적이다.*

* 윤영관(2022), 앞의 책, pp. 210~214.

지금의 바이든 행정부는 동북아 정책에 있어 중국과의 전략적 경쟁에 우선순위를 부여하고 한반도 문제를 지역 정책의 틀 안에서 유기적으로 다루고자 한다. 아울러, 현재 기술혁명의 시대에 안보의 중심축이 기존의 정치 군사 분야에서 경제 기술 분야로 이동함에 따라 핵과 미사일을 중심으로 한 북한 문제보다는 기술 패권과 공급망 확보를 우선시하는 경제문제에 집중하고 있다.

바이든 행정부가 미국의 글로벌 리더십 복원(renewing American leadership)을 대외정책의 목표로 설정하고, 21세기 미국의 핵심 이익이 존재하는 인도-태평양 지역에서 역내 동맹 및 파트너들과의 협력을 통한 대(對)중국 견제에 집중함에 따라 역내 핵심 동맹인 한국과의 협력은 강화

되는 반면 경쟁 상대국인 중국의 협조가 필수적인 북한과의 관계 개선 문제
는 교착상태가 유지되는 모습이다.*

* 민정훈 정한범, "바이든 행정부 출범과 한미관계와 북미 관계의 탈동조화: 미중 전략경
쟁과 경제 안보를 중심으로", 『세계지역연구논총』 제40집 1호(서울: 한국세계지역학회,
2022), p.22.

바이든 행정부의 대북한 정책의 목표는 '한반도의 완전한 비핵화'이다.
미국은 이를 위해 '세심하게 조정된 실용적 접근(Calibrated Practical
Approach)' 방식에 입각, 전통적인 CVID 정책과 대북 제재를 유지하는
외에 북한 인권 문제도 앞세우고 있다.
정상회담을 통한 톱다운(Top Down) 방식이 아니라 실무협상을 거치는
바텀엎(Bottom Up) 방식으로 회귀했다.*

* 임종식(2021), 앞의 책, pp. 111~112.

한미 동맹은 지정학 수단이자 지경학 수단이기도 하다. 한국은 한미 동맹
을 통하여 안보 문제를 해결하였고, 튼튼한 안보를 토대로 경제성장에 국가
자원을 집중함으로써 큰 성공을 이루었다.
이런 한국에 대해 미국은 대중(對中) 견제를 위한 미국의 움직임에 역내
핵심 동맹인 한국이 적극적으로 참여해 줄 것을 기대하고 있다. 특히 이러
한 대중 견제의 핵심은 경제 기술적인 부분에 집중되고 있는데, 바이든 행
정부의 인도-태평양전략은 반도체, 대용량 배터리, 핵심 광물, 의약품, 정
보통신 등 핵심 품목 및 산업에서 미국 주도의 안정적인 공급망을 구축하는
것에 우선순위를 부여하고 있다. 바이든 행정부 출범 이후 한미 간 협력은
한국의 역량 및 양국의 전략적 이익에 부합하는 반도체, 대용량 배터리, 백

신 공급 등 실질적 부문을 중심으로 활발하게 진행되고 있다.*

* 민정훈 정한범(2022), 앞의 논문, p.23.

미국은 종전선언 및 평화협정 체결과 대북한 경제제재 해제의 열쇠를 쥐고 있는 핵심 당사국이다.*

* 임종식(2021), 앞의 책, p.209.

미국은 동아시아 패권국이면서 한반도 휴전협정 당사국으로 종전선언, 평화협정, 대북 경제제재 해제의 열쇠를 쥐고 있는 주체이자 한반도 평화에 따른 이익 공유 주체로서, 러시아 중국 몽골 일본에 비해 상대적으로 경제적 이익 공유의 몫이 제한적이다. 미국의 한반도 평화에 대한 이익이 북미 관계 진전을 적극적으로 추동할 기재로 작용하지 못하고 있는 것이 한반도 평화 구축의 제약 요인으로 작용하는 것은 아닌지 분석해 볼 필요가 있다. 북한의 비핵화 진전과 함께 다자간 경제협력을 통한 미국의 경제적 이익 공유에 대한 비전이 제시되어야 할 것이다. 대북 제재가 완화 또는 해제되지 않은 상황에서 남북, 북중 간 협력이 긴밀해지면 한미관계나 북미 관계에 영향을 미칠 수 있다는 점을 주시해야 한다.*

* 최재덕(2018), 앞의 논문, p.67.

한미 동맹은 한미 FTA의 체결을 통해 경제 동맹의 성격을 추가했다. 미국은 경제적인 관점에서 한미 FTA가 미국 상품과 서비스의 한국 진출을 증대시켜 주고 미국 내 고용 창출 효과를 가져올 것이라 보았다.

한국과 중국

중국은 한반도 문제를 철저하게 세계 전략 차원에서 접근해 왔다. 한반도 문제를 한중 관계 그 자체로만 보는 것이 아니라 대미 전략 차원에서, 그리고 미국의 동맹인 일본과의 관계라는 시각에서 보아왔다. 중국은 한반도가 해양 세력이 중국을 침략하는 징검다리가 되거나 한일 또는 한미일 연합 세력이 중국을 포위하는 하나의 고리가 되지 못하도록 막고자 하는 전략적 목표를 가져왔다. 이를 위해 중국은 한반도에 대한 영향력을 확대 유지하려고 노력해 왔는데, 냉전기에는 방어적인 형태로, 1992년 한중 수교 이후에는 보다 적극적인 형태로, 그리고 미중 경쟁이 심화한 2010년 이후에는 공세적인 형태로 추진해 왔다. 중국이 북한 문제나 한반도 통일을 바라보는 시각은 이러한 큰 전략적 틀을 벗어나지 않을 것이다.*

* 윤영관(2022), 앞의 책, p.234.

한중 수교 당시 중국은 서방의 경제제재로 개혁개방정책의 추진에 상당한 애로를 겪고 있어 그 돌파구로 한중 수교가 절실했지만, 한중 수교를 하는 경우 사실상 '두 개의 한국'을 지지하는 것이 되고 이는 다시 '두 개의 중국'을 정당화해 줄 수 있다는 우려 때문에 고민이 많았다.

그때 덩샤오핑이 직접 개입해 한국과의 수교를 통해 한미 동맹과 미군의 한국 주둔이 가진 대중 잠재적 위협을 상쇄하고 한반도에서 일본의 입지가 강화되는 것을 막으면서 대신 중국의 영향력을 키우겠다고 결단했다.*

* 윤영관(2022), 앞의 책, p.236.

한국이 수교를 통해 세계 최대의 중국 시장을 확보하려는 목표와 중국은 한국으로부터 산업화 정책추진에 우선 급한 기술 지원을 받고 동시에 한국 내 중국의 영향력을 확대하려는 목표는 쌍방 모두 성공적이었다.

한중 관계의 순항이 한미관계에 영향을 미치기 시작한 것은 2005년 '동북아 균형자론'을 들고나온 노무현 정부 시절이다.

한국이 미국과 중국 사이에서 균형자 역할을 하겠다는 이 발상은 미국과 어느 정도 거리를 유지하고 중국을 가까이하겠다는 의도를 담고 있어 한국 내 영향력 증대를 바라는 중국의 의도에는 잘 들어맞는 아이디어였지만 동맹인 미국 측으로부터 심각한 반응이 나타났다.*

* 윤영관(2022), 앞의 책, p.238.

그러나 중국은 어느 때고 여지없이 냉정한 전략적 계산에 따라 한반도 외교를 수행하고 있다. 2010년 천안함, 연평도 사태 당시 한국 정부와 국민은 한중 수교 이후 심화해 온 양국 관계를 감안할 때 중국이 최소한 객관적인 자세로 북한의 도발을 비판해 주기를 원했다.

하지만 중국 정부는 그러한 한국인들의 기대를 저버렸고 오히려 한국 측의 책임을 거론하고 나섰다. 특히 천안함 사건 이후 유엔 안보리에서 중국은 철저하게 북한의 주장을 대변했고, 그리하여 최종 도출된 결의문 문안을 두고 북한 대표는 "위대한 외교적 승리"라고 주장할 정도였다.*

* 윤영관(2022), 앞의 책, p.239.

중국은 미국의 동맹인 한국을 미국과 일본이 이끄는 대중국 연합전선에서 이탈시키고자 하는 것이 대한국 외교정책의 최우선 목표임을 잊지 말아야 한다. 중국 관점에서 중국과 한국의 관계는 중국과 미국, 중국과 일본 관계보다 훨씬 하위의 개념이며, 한국과 미국 또는 한국과 일본 사이를 어떡하든 떼어 놓고자 하는 의도가 상시 작동하고 있는 셈이다.

중국의 북한에 대한 전략은 한국과 그 동맹국인 미국 일본의 영향력이 북상하는 것을 막는 전략적 완충 지대로 북한을 유지하는 것이다.

이를 위해 중국은 정치, 안보, 그리고 경제 측면에서 북한을 완전히 자국의 영향권 안에 위치시키는 전략을 펼쳐 왔다.

특히 중국은 정치 및 안보 차원에서 북한의 후원국으로 군림하던 과거와 달리 최근 북한에 대한 경제적 영향력을 증대하려는 노력을 꾸준히 지속하고 있다. 중국 정부는 창지투(長春-吉林-圖們) 개발계획과 함께 북한 나선항의 부두 일부를 장기 임대했는데, 이는 동북 3성 내지(만주)를 북한 나선항을 통해 동해와 멀리 동중국해, 남중국해로 연결하는 물류 수송로를 확보하는 결과가 된다. 한반도 동북 끝자락의 연해 지역에 대한 중국의 이 같은 투자와 개발은 단순히 경제적 차원의 문제로만 그치지 않고, 중국은 자국의 물류 수송로를 보호한다는 명목으로 동해에서 해·공군 작전 활동을 수행할 것이다. 이렇게 될 경우, 한반도가 군사 전략적 의미에서 중국의 내해* 안에 존재하는 섬처럼 될 수 있다. 일본과 러시아 정부는 일찌감치 이 점에 대해 신경을 곤두세우고 있다.**

* 2010년 천안함 사태 후 미국 정부가 한미 합동 훈련을 위해 서해상에 항공모함 조지워싱턴호 파견을 발표하자 중국 해군의 양이(楊毅) 제독이 "그 결정에 대해 값비싼 대가를 치르게 될 것"이라고 강력히 반발했는데, 이후 중국은 마라도 남단 공해 수중에 초음파 정찰탐색기를 설치해 놓고 우리의 서해 입구를 감시하는 것으로 알려져 있다.

** 윤영관(2022), 앞의 책, pp.241~242.

실제 중국은 한반도 삼면의 KADIZ에 대한 순찰 및 무력시위 비행을 대폭 강화했고, 북미 핵 담판 실패가 확인된 2020년 이후는 러시아 공군과 합동 비행도 자주 하고 있다. 북핵 문제와 관련, 중국은 한국, 미국, 일본과는 달리 북한의 비핵화보다도 북한의 체제 유지를 지원하는 것을 더 중요한 우선순위로 삼았다.*

* 윤영관(2022), 앞의 책, p.243.

이런 중국은 통일 과정과 통일 이후 한반도 상황이 중국, 미국, 일본 간의 역학 관계 속에서 중국에 불리하게 정해지는 것을 원치 않는다. 한반도 통일 문제에 관한 중국의 입장은 다음과 같이 예측해 볼 수 있다.

첫째, 자국에 대해서는 '하나의 중국' 원칙을 일관되게 고집하는 반면, 한국은 '하나의 한국'을 주장하는 대신 유엔에 동시 가입했기 때문에 한반도에는 실질적으로 두 개의 주권 국가가 존재한다고 인식하고 있다.

이에 따라 중국은 한국이 북한의 주권을 존중해야 한다고 주장하고 있지만, 이런 중국에 대해 한국은 민족자결의 원칙에 따른 통일이라는 현상 변경의 문제는 국제법의 범위를 초월하는 고도의 정치적 행위라는 점을 강력히 인식시켜야 한다.

둘째, 중국은 남북 통합이나 통일 과정에서 정치적, 경제적으로 영향력을 행사하려고 할 것이다. 평화적 통일을 바라는 중국이 유엔 안보리 상임이사국으로서 유엔의 감독 아래 한반도 통일 과정이 진행되기를 원할 경우, 한국은 1990년 독일 통일의 경우가 그러했듯이 민족자결의 원칙에 따라 철저히 한국인들의 주도로, 동시에 국제적 협력을 받아서 이루어지도록 지혜를 발휘해야 할 것이다.

셋째, 중국은 통일 한국이 한미 동맹이 종료된 상태의 비핵 국가이자 비동맹 완충 지역이 되기를 희망하고 있다. 우리는 중국이 1970년대 미중 화해 시기 미일 동맹이나 한미 동맹이 동북아 국제 정치에서 안정자(stabilizer) 역할 수행에 대해 그 사실을 수긍했다는 점을 상기시켜 줄 필요가 있다. 그 당시 중국은 미일 동맹으로 일본이 미국의 품을 떠나 독자 노선을 취하고 재무장하여 중국과 대결하는 방향으로 나아가지 못하도록 억제하는 측면이 있음을 인정했다.

또 한미 동맹에 대해서도 그것이 한국 정부가 북한에 대해 공격적 조치에 나서지 못하도록 억제하는 긍정적 역할이 있다고 믿어 왔다. 그러나 G2로 굴기한 이후 중국은 한미 동맹이나 미일 동맹 모두를 '냉전의 유산'이라고 비판하면서 미국과의 경쟁에 나서 있다.

넷째, 한국 정부는 중국과 현안을 다루어 나가는 데 있어서 분명한 원칙과 명분을 가지고 임해야 하며 끝까지 지켜내야 할 것은 물러서지 않는 강한 의지를 보여줄 필요가 있다.*

* 윤영관(2022), 앞의 책, pp. 246~253.

예컨대 한중 수교 당시 비록 실기했지만, 지금이라도 다시 한미 동맹의 생성 원인은 중국의 6.25 무단참전에 근원이 있음을 내세워 안보에 관한 한미 동맹 또는 한미일 협력 체제에 대한 중국의 시비엔 강력히 쐐기 박아야 한다. 사드(THAAD) 배치 당시 중국이 보인 보복 조치에 문재인 정부가 오히려 3불(不)약속까지 더 얹어준 것은 대중(對中) 저자세 굴욕외교로 비판받아 마땅하다. 그런다고 중국의 대(對)한반도 고압 자세는 전혀 달라지지 않았고, 앞으로도 달라지지 않을 것이다.

당시 사드 보복은 겉으로 드러난 한한령(限韓令)이나 롯데마트 옥죄기 외에도 개별 투자기업의 경우 소방, 환경, 건축, 인사, 노무, 세무 등 모든 부문에 걸쳐 일사불란하게 '통일전선' 방식으로 전개됐다.*

* 한중수교30주년기념사업준비위원회 편, 『한중 30년: 새로운 미래를 향해』 (서울: 동아시아문화센터, 2022), pp. 217~222.

시진핑 시기 중국은 서구식 민주화를 거부하고, 경제발전과 공산당 일당 체제의 공존을 유지하는 '중국 모델'을 추진하고 있다.

한국이 대북정책을 수립하는 과정에서 이런 중국 모델이 북한의 정치변화에도 영향을 미칠 수 있다는 것을 고려할 필요가 있다.

중국은 2021년 8월부터 청년층의 저항에 대해 통제와 함께 공동부유(公同富裕)라는 '달래기 정책'을 실시하고 있는데, 이는 주석 3기를 위한 시진핑의 통치 정당성 강화와 사회안정 유지를 위한 조치였다. 공동부유 정책은 성장에서 분배로 중점을 이동하여 사회안정과 체제 유지를 지향한다. 선부론(先富論)이 경제성장에 중점을 둔 정책이라면, 공동부유는 심각한 빈부격차로 인한 사회 불안정을 관리하기 위한 일종의 달래기 정책이다.*

* 이민자, "시진핑의 공동부유(公同富裕) 제기 배경 및 정책적 함의", 『新亞細亞』 29권 1호 (2022, 봄), p.88.

중국은 개혁개방 이후 미국식 자본주의 노선을 채택하여 경제성장에 성공했으나 빈부격차 확대와 자본에 대한 관리 감독 부실로 많은 문제가 발생, 이 정책의 시행이 불가피했다. 그러나 공동부유 추진 과정에서 기득권층의 저항은 물론 경제성장과 소득 재분배 간의 균형을 고려할 때, 이 정책은 인민들의 불만을 달래기 위한 정치구호로는 매력적일 테지만 단기간에 성과를 내기는 어려운 한계가 엿보인다.*

* 이민자(2022), 앞의 논문, p.89.

미중 전략경쟁과 패권전쟁

국제 정치의 역사에서 경제력이 급속도로 성장하는 신흥 대국은 자국의 경제력 상승에 맞춰 더 강화된 영향력과 국제적 역할을 추구한다. 2차 세계대전 직후 미국은 경제력이 세계 경제의 절반을 차지할 정도로 강해지자, 그에 걸맞게 국제 정치의 틀을 짜는 주도적인 역할을 담당했다.

조만간 미국의 경제력을 따라잡을 것으로 보이는 중국도 지난 30여 년간의 경제성장에 자신감을 얻어 더 큰 영향력과 국제적 역할을 본격적으로 추구하고 있다. 문제는 기존 패권국이 신흥 대국의 그러한 움직임에 협력하기가 쉽지 않다는 데 있다.

모든 권력은 상대적이다. 따라서 신흥 대국의 영향력이 커진다는 것은 바로 기존 패권국의 영향력이 작아진다는 것을 의미하기 때문이다. 중국이 아시아에서 군사적 영향력을 확대하고 2008년 금융 위기 이후 공세 외교로 나오자, 미국은 그에 대응해 2011년을 전후하여 아시아 태평양 지역을 중시하는 이른바 '재균형(rebalancing) 전략'을 들고나왔다.

다시 말해 미국이 그동안 중동이나 다른 지역에 집중했던 자원을 경제적으로 중요한 아시아 태평양 지역에 재집중하고, 이 지역의 동맹국 및 파트너 국가들과의 관계를 강화하며, 이 지역의 정치, 경제, 안보 협력의 틀(architecture)에 적극 참여하겠다는 전략으로 나선 것이다.*

* 윤영관(2022), 앞의 책, pp. 85~86.

데땅트의 바람이 인 1970년대 이후 미국과 중국은 양국이 협력으로 얻는 이익이 서로 균형을 이루어 왔다. 양국은 국교 수립 초기에는 소련을 견제하기 위하여 지정학적 협력의 이익을 공유하였다.

소련 붕괴 이후에는 개혁개방을 통한 중국의 현실 경제적 이익과 중국이 자유민주주의 시장경제 체제로 편입되면 결국 미국에 커다란 정치·경제적 이익이 올 것이라는 기대 이익이 균형을 이루었다.

그러나 21세기 경제적으로 굴기한 중국은 미국의 기대와 달리 사회주의 시장경제 체제의 발전을 통한 '중국몽'의 실현을 외치며 '미국과는 다른 길'로 질주하자 이에 실망한 미국이 대중 정책 기조를 견제 모드로 전환한 것이 미중 경쟁의 모습이다.*

* 임종식(2021), 앞의 책, pp. 180~181.

냉전 시기 미국은 자국의 패권에 도전하는 소련을 봉쇄함으로써 세력 균형을 유지하려 하였고, 21세기 들어서는 미국 주도의 국제 질서에 도전할 능력을 보유한 중국의 부상을 견제하는 데 주력하고 있다. '선택적 관여(selective engagement)'로 대별(大別)되는 미국의 국가 안보 전략은 유럽과 아시아 등 자국의 핵심적 이익이 존재하는 지역에서 관여를 통해 다른 패권국가의 등장을 막고 자국의 이익에 부합하는 역내 세력 균형을 유지하는 것이다. 만약 세력 균형이 심각하게 흔들릴 경우, 전쟁까지 불사하며 세력 균형을 회복하고자 한다. 1991년 소련의 붕괴와 더불어 유일한 초강대국으로 자리매김한 미국은 압도적인 경제력과 군사력 및 동맹 시스템을 바탕으로, 유럽 및 아시아에 전략적 우선순위를 부여하고 해당 지역에서 미국에 유리한 세력균형과 국제 질서를 유지하려 하고 있다.*

* 최우선, "미국의 대외전략 변화와 도전", 한홍열 외 『세계 질서의 변화를 읽는 7개의 시선』 (서울: 통일교육원, 2020), pp. 100~142.

미국의 동아시아 전략은 기본적으로 이 지역이 어느 한 국가의 지배적 영향력 안에 들어가지 못하도록 막는 것이다. 1905년 미국 시어도어 루스벨트 대통령은 포츠머스 조약을 통해 러일 전쟁의 종결을 중재했는데, 이는 러일 전쟁에서 이긴 일본 세력이 만주까지 지배할 정도로 너무 커지는 사태를 막기 위한 세력 균형 정책의 일환이었다. 그 후에도 미국은 1930년대에 일본의 세력이 너무 커지자, 중국 편에 서서 일본을 견제했고, 1949년부터 1970년대 중반까지 공산당 정부가 중국대륙을 지배하게 된 시기에는 2차 세계대전 당시 적국이었던 일본과 동맹을 맺어 공산 중국을 견제했다. 그러다가 1970년대에는 수교(修交)를 통해 중국을 끌어당기며 중국과 일본을 동시에 포용했다.*

* 윤영관(2022), 앞의 책, p.87.

미국과 일본이 주도하고 있는 '인도-태평양 구상(FOIP)' 역시 표면적으로 지정학적 전략이지만 동시에 지경학적 특성도 가지고 있다. 지경학은 경제적 측면에서 국가 안보를 강화할 수 있는 기초를 제공하며, 지정학적 경쟁이 실제에 있어서는 경제적 경쟁으로 나타나는 경우가 빈번하다.

지정학적 목적을 달성하기 위해 군사력을 동원하는 데에 많은 제약이 존재하는 현대 국제 정치에서 지경학은 국가 간 경쟁의 중요한 결전장(arena)이기 때문이다.

지경학과 지정학의 상호작용이라는 관점에서 보면, 중국의 부상은 분명 동아시아 지역 차원의 경제통합을 촉진하는 요인으로 작용하였다. 시진핑 주석은 일대일로를 주창하면서, 저성장 뉴노멀 시대를 맞아 동아시아를 중심으로 내륙과 해양을 연결하고, 연성 국가들과 개혁개방, 화해 공영을 바탕으로 세계 경제에 새로운 신(新)성장 동력을 공급하고 상호 이익을 공유하는 통합되고 연결된 거대경제권을 형성하자고 제안했다.

일대일로는 고대 동서양의 교통로였던 실크로드 개념을 확장하여, 중국-중앙아시아-유럽을 연결하는 육상 실크로드와 중국-동남아-서남아-유럽-아프리카를 연결하는 해상실크로드를 잇는 거대 인프라 구축을 기반으로 한 통합경제권 형성을 목표로 한다.

중국은 일대일로를 통하여 동아시아를 기반으로 중국몽의 실현, 위대한 중화민족의 부흥, 신흥 대국 관계를 중심으로 한 주변국 외교, 해상권 장악과 지역 패권주의에 도전하는 등 지정학적 우위를 꾀하면서 중국의 지속적인 경제발전 견인, 중국 중심의 동아시아 지역 경제통합 촉진, 안정적인 에너지 공급원과 공급로 확보 등 지경학적 이익을 극대화하려는 복합적인 성격을 가진다.

중국이 2017년까지 일대일로 사업으로 68개국에 지원한 자금은 총 8조 달러이며, 차관 형식을 통해 인프라 구축과 정비에 사용된 자금은 완성 후 인프라 운영 수익으로 중국에 부채를 상환하는 형태가 대부분이다.

그러나 일대일로에 협력할수록 국가 부채가 급증하는 구조적인 취약성으로 인해 획기적인 경제성장을 기대하며 일대일로에 참여했던 저개발국가 중에는 부채비율이 35%에서 126%로 급증하여 금융 취약국으로 전락하는 사례도 속출하였다.

중국이 일대일로 인프라 건설의 일환으로 야심차게 진행했던 항만 건설의 경우, 스리랑카는 부채 미상환으로 대형선박의 접안이 가능한 서남아시아 최대항구인 함반토타항 운영권(99년)을 중국에 넘겼고, 항구의 안전 유지를 위해 해군 군함과 잠수함 기항도 가능해져 중국 해군의 보급기지로 이용될 우려가 있다.

중국의 일대일로 구상은 아시아-유럽-아프리카의 거대 경제권통합을 목표로 하고 있으나 시행 5년 차에 드러나는 중국의 패권주의, 해상권 강화, 해외군사 기지 건설 및 인도양 주요 항구의 장기조차 등과 일대일로 인프라 건설 협력 국가의 경제 주권 침해는 지경학적 수단인 일대일로를 이용한 중국의 지정학적 영향력 확대를 극명하게 보여준다.*

* 최재덕(2018), 앞의 논문, pp. 50~53.

2000년대에 들어서 중국은 세계의 공장 역할을 담당하면서 동아시아의 주변 국가들을 중국 경제와 구조적으로 연결하고, 그들의 대중국 의존도를 높여 왔다. 중국은 주변 국가들과 자유무역협정(FTA)을 적극 추진하였다. 동남아국가연합과 중국-아세안자유무역협정(CAFTA)이 2010년 발효되면서 이 지역에 세계 3대 자유무역지대가 탄생했고, 이로써 동남아 국가들은 '차세안(ChAsean)'이라는 말이 생길 정도로 이미 중국 경제권에 통합된 상태이다. 중국은 동아시아에서 그치지 않고, 2013년 시진핑 주석이 발표한 '신실크로드 경제 벨트(New Silk Road Economic Belt)' 구상과 '21세기 해양 실크로드(The 21st Century Maritime Silk Road)' 구상을 통해 유라시아 대륙 전체는 물론 아랍과 아프리카를 대상으로 경제 대전략을 펼치고 있다. 중국은 이러한 자국의 세계 경제 대전략 구상을 실현할 수단으로 2013년 10월 아시아인프라투자은행(AIIB)을 창설함으로써 미국, 유럽, 일본이 각각 영향력을 행사하는 세계은행, 국제통화기금, 아시아개발은행에 맞서게 되었다. 2차 대전 직후 미국이 마셜 플랜을 통해 초강대국으로 발돋움했던 것처럼 중국이 두 실크로드 구상을 통해 새로운 슈퍼파워로 발돋움을 한 것이다.*

* 윤영관(2022), 앞의 책, pp. 88~93.

그럼에도 중국은 이미 개발된 원천기술을 활용하는 응용 기술 부문에서는 두각을 나타내고 있으나 핵심 원천기술 개발에 있어서는 한계를 보인다. 이에 따라 중국의 기술 혁신은 다른 나라의 원천기술·소재·부품·장비에 의존하고 있다는 약점을 지니고 있다.

미국은 이러한 중국의 약점을 공략하여 중국의 부상을 지연 또는 억제하고자 하고 있으며, 이와 같은 전략은 첨단기술 및 전략산업 분야에서 미국 중심의 공급망 재편 노력으로 구체화하고 있다.*

* 신종호 외, 『미중 전략경쟁과 한국의 대응: 역사적 사례와 시사점』 (서울: 통일연구원, 2021).

중국은 날로 신장(伸張)되는 경제적 위상에 걸맞게 그동안 꾸준히 위안화(元貨)의 국제화도 추구해 중국의 위안화가 현재 기축 통화인 미국 달러의 역할에 강력히 도전하고 있다. 또 중국은 미래 국가경쟁력 확보를 위해 필수적인 에너지와 자원외교에도 열중하여, 동아시아 서태평양과 중동 원유 산지를 잇는 결정적인 수송로이지만 미국 해군이 장악하고 있는 말라카해협을 우회하는 육지 원유 수송로도 이미 확보했다.

러시아나 카자흐스탄에서부터 중국으로 이어지는 중앙아시아 파이프라인과 중국 남부 광시좡족 자치구에서부터 윈난성의 쿤밍(昆明)을 거쳐 미얀마 서부 해안으로 바로 연결되는 파이프라인이 이미 완공되었다. 이 과정에 미얀마에서 출현한 군부 쿠데타 정권의 배후에 중국이 있다고 알려져 있다. 중국은 시베리아-태평양 파이프라인(ESPO)의 노선 채택을 놓고 일본과 경합하다 일본 '나홋카(Nakhodka) 라인'에 졌으나 그 지선 격인 스코보르디노~다칭(大慶) 간 중국 파이프라인을 별도로 확보했다.

무엇보다 중국 에너지 외교의 절정은 2014년 5월 21일 러시아와 천연가스 판매 협상이 타결된 것이다. 이것은 냉전 이후 러시아가 체결한 계약 중 가장 큰 규모의 천연가스 거래로 국제 정치의 국면을 바꾸는 '게임 체인저(game changer)'로 평가받고 있다.*

* 윤영관(2022), 앞의 책, pp. 94~96.

군사적 행보를 보면 중국은 우선 서태평양에 한해서라도 미국을 견제하고 밀어내려고 시도하고 있다. 이러한 중국의 목표가 달성되면 한국과 일본은 중국 해군이 지배적 영향력을 행사하는 해역에 둘러싸인 섬이 될 것이다. 2014년 중국이 태평양의 공동 지배를 미국에 제의*한 이래 중국은 해군력 강화를 통해 과거 미국 해군의 안방이나 다름없던 태평양 해역에서 지속적으로 지배력을 늘려가고 있다.

* 중국의 시진핑 주석은 2014년 7월 9일 제6차 미중 전략경제대화의 개막 연설을 통해 "광활한 태평양에는 중국과 미국 두 대국을 수용할 수 있는 공간이 충분하다."라고 말했다. 시진핑은 부주석 시절인 2012년 2월 『워싱턴포스트』와의 인터뷰에서 동일한 발언을 해서 국제적으로 화제가 되었다.

중국군은 방대한 병력에 근거한 육군 중심의 대내 지향적 군대에서 해군과 공군을 현대화 과학화로 강화하여 바다와 하늘을 종횡무진할 수 있는 기술집약적 군대로 탈바꿈했으며, 중국은 군사적 초강대국으로 부상하기 위해 계속 군비에 박차를 가하고 있다.*

* 윤영관(2022), 앞의 책, pp. 96~97.

미국과 중국의 군사 경쟁이 서로 부딪치는 최전선은 동중국해와 남중국해이다. 두 해역은 미중 간은 물론 일본 대만 필리핀 베트남 말레이시아와 중국 간에 지정학적(도서 영유권 및 군사 배치) 분규와 지경학적(대륙붕 개발 및 원유 가스 시추) 분쟁이 상시(常時)로 발생하는 지역이다.

특히 한국도 1978년 일본과 공동개발구역(JDZ) 협정을 체결한 제7광구의 50년 협정 기한 소멸(2028년)을 앞두고 중국이 벌써부터 관할권을 주장하고 있어 앞으로 동중국해에 중대한 국가이익이 걸려있다.*

* https://www.donga.com/news/Economy/article/all/20230303/118164286/1 『동아일보』, 2023년 3월 4일 (검색일: 2023. 3. 4.)

이 해역의 센카쿠 열도[중국명, 조어도(釣魚島)]를 두고 중국과 오래전부터 영토분쟁을 벌이고 있는 일본과 협정 기한이 만료되기 전에 긴밀한 공동전략을 짜는 것이 중요하다. 센카쿠 분쟁을 두고 미국은 미일 동맹의 정신에 입각, 일본 편을 들고 있으므로 우리에겐 한미일 협력 체제가 중요한 것이다. 중국은 2014년 대대적인 중국 해군의 호위 아래 HD-981로 불리는 거대한 해상 석유 시추 설비를 베트남과의 분쟁 수역 안에 일방적으로 설치한 데 이어 국제사법재판소의 불법 판정에도 불구하고 남중국해 분쟁 수역의 암초를 매립(埋立)해 군사 시설을 건설하는 등 공격적인 행동을 계속하고 있다.*

* 윤영관(2022), 앞의 책, p.103.

2010년 이후 서태평양, 즉 동아시아와 동남아시아 지역에서 미국을 의식한 중국의 군사훈련은 점점 강도를 더하고 있다. 한반도 주변 해역도 예외가 아니다. 천안함 사건 이후 한미 당국은 2010년 6월 유엔 안보리에 대북 제재 안건을 상정하는 한편, 서해에서의 연합 군사훈련을 계획했다. 그러나 중국은 대북 제재 안건에 대해서 안보리 의장 성명문에 북한이 공격 주체와 규탄 대상으로 거명되지 못하도록 막았고, 한미 연합 군사훈련에 대해서는 서해가 자국의 내해라고 주장하며 미국의 항공모함 진입을 강력히 반대했다. 결국 한미 군사훈련은 동해상에서 진행될 수밖에 없었는데, 이 훈련이 끝난 직후에 중국은 서해와 동중국해에서 해상 군사훈련을 실시하며 정면으로 대응했다. 북한의 연평도 포격 사건 때에도 중국은 한미 연합 군사훈련에 대해 강력히 반대했다.

그러나 한국과 미국은 앞선 천안함 사건 때와 달리 서해상에서 연합 훈련을 강행했고 한국은 연평도 사격 훈련을 하였다. 그러자 중국은 다시 이에 대응해 육해공합동 군사훈련과 미사일 부대를 포함한 군사훈련을 실시하였다. 이후 중국은 러시아를 우리의 동해와 서해 언저리 동중국해로 불러들여 중러 해공군 연합 군사훈련을 벌이는 횟수를 늘려가고 있다.*

* 윤영관(2022), 앞의 책, pp. 104~105.

　중국이 자국 연근해에서 미국 해공군의 접근에 대해 '접근 차단/지역 거부(anti-access/area-denial)' 전술로 나오자, 미국은 해·공군력을 통합 운용하는 '항공 해양 전투(air-sea battle)' 작전개념으로 맞섰다.

　미국은 지리적 차원에서 아시아 태평양 지역의 동맹 및 파트너 국가들과의 관계를 심화하고 확대하면서, 이 지역에서 미군 배치와 주둔, 군사 협력의 성격을 국제 정세변화와 연계시키는 한편 중국의 대양 쪽 담 벼락같은 동남아시아의 중요성을 강조하게 되었다.

　마침내 2011년 11월 17일 당시 오바마 대통령은 호주 의회 연설을 통해 아시아 태평양 지역이 미국의 '최우선 순위(top priority)'이며, 아시아 태평양 지역의 미래 건설에 있어 미국은 더욱 광범위하고 장기적인 역할을 수행키로 결단했다고 발표하였다. 이후 미국의 군사전략 보고서들은 중국을 가상의 적으로 상정하면서 아시아 태평양 지역에 국방 정책의 우선순위를 두는 새로운 전략들을 밝혔다.*

* 윤영관(2022), 앞의 책, pp. 110~114.

　미국은 2018년 5월 30일 태평양사령부를 인도·태평양사령부(U.S. Indo-Pacific Command)로 확대 개편하고, 2022년 11월 22일 그 산하에 우주군사령부(U.S. Space Forces Indo-Pacific)를 신설함으로써 중국과의 어떠한 군사적 대결에도 대응할 수 있는 종합 조치를 취했다.

　중국의 동중국해와 남중국해에 대한 관할권 주장은 물론 해공군 전력 강화 추세가 예사롭지 않다고 본 것이다.

패권국인 미국이 상승국 중국에 대해 견제로만 대응한 것은 아니며, 경제나 글로벌 이슈를 놓고는 협력을 모색하는 포용(engagement) 정책도 추구했었다. 1970년대 리처드 닉슨 행정부가 중국과 국교를 체결하고 협력을 도모함으로써 중국의 국제무대 진출을 도운 것은 중국을 미국 주도의 세계 질서 속에 포용하려는 시도였다. 2001년 미국은 중국을 세계무역기구에 가입시킴으로써 중국 경제와 서방 경제가 네트워크를 형성하고 상호의존적으로 서로 얽히게 만들고, 이를 통해 중국이 자유주의 시장 논리의 경제 규범을 받아들이고 더 나아가 서방 국가들의 민주주의, 자유, 인권과 같은 가치들까지도 수용하게 될 것이라고 기대했었다.

그러나 중국은 독자적인 가치관에 입각한 정치 체제를 추구하며 반(反)서방 국제기구를 만들어 기존 질서에 대항하는 자세로 나왔다. 2013년 3월 시진핑 주석취임 이래 '중국몽'과 '중화민족의 위대한 부흥'을 부르짖으며 그런 모습은 날로 분명해지고 있다.

시진핑의 주석취임 한 달 후 중국 공산당이 발행한 '9호 문서'는 중국 사회를 위협하는 7가지를 제시하고 이를 타파할 것을 천명했는데, 여기에는 '서구식 입헌 민주주의', '인권이라는 보편적 가치', '서구식 언론 독립과 시민참여 개념', '지나친 친시장적 신자유주의'가 포함되어 있었다. 또 중국은 2001년 러시아 및 중앙아시아 국가들과 상하이협력기구(SCO)를 설립하고 2000년부터 아프리카 40여 국가들과 중국-아프리카협력포럼(FOCAC)을 조직, 미국 주도의 기존 국제 질서와는 다른 길을 모색하고 있다.*

* 윤영관(2022), 앞의 책, pp. 115~118.

이런 중국이 2035년까지 사회주의 현대화에 성공하고, 2050년까지 사회주의 현대화 강국이 되겠다고 꿈꾸고 있다. 중국은 아시아의 강국을 넘어 미국과 대등한 글로벌 강국으로 도약할 각오를 다지고 있다.*

* 이민자(2022), 앞의 논문, p.37.

기존 패권국 미국과 상승 대국 중국의 경쟁은 남중국해를 포함한 서태평양 지역에서뿐만 아니라 한반도에서 더욱 치열해지고 있다. 중국은 글로벌 차원에서 미국의 지도력에 정면 도전하는 것이 아직은 시기상조임을 알기 때문에 자신이 위치한 동아시아에서만은 지배적 영향력을 확보하고자 다양한 경제적, 군사적 노력을 기울이고 있다.

이에 대해 미국은 재균형 전략의 기조 아래 중국에 강력하게 대응하며 동아시아에서 영향력 유지 확대를 위해 노력하고 있다.*

* 윤영관(2022), 앞의 책, pp. 209~210.

미중 대립은 본질적으로 군사적 수단보다 경제적 수단을 앞세우는 지경학적 경쟁이다. 1980년대 미국과 일본의 무역 기술 분쟁과 본질적으로 흡사한 면이 농후하다.*

* 임종식(2021), 앞의 책, p.181.

미국의 대중국 정책은 바이든 정부 들어서고부터 경쟁과 협력의 균형을 추구하는 방향으로 전환되었다. 먼저, 갈등 일변도의 경제 관계를 재설정하는 구체적 방안은 무역 및 중국의 산업정책에 대한 징벌적 접근을 강화함과 동시에 미국의 경쟁력 회복을 위한 조치들을 단행하고 있다.

대중국 가치동맹을 강화하여 중국의 홍콩과 신장 정책에 대하여 서방세계와 공동전략을 취하고 경제적 제재도 병행한다. 일대일로와 남중국해 동중국해 문제에도 인도-태평양전략으로 강력 대응한다.*

* 임종식(2021), 앞의 책, pp. 110~111.

한국에 대하여 미중 양국은 모두 웨징(wedging) 전략을 구사하고 있다. 중국은 한국의 높은 대중국 무역의존도와 대북한 관계를 지렛대로 한국을 압박하면서 한국을 중국 편으로 끌어들이거나 최소한 중립적인 태도를 취하도록 하려는 목표를 가지고 있다.

미국도 한미 동맹을 토대로 한국의 중국접근을 견제하고 있다. 미중 갈등 상황에서 한국이 어느 한쪽으로 기우는 것은 위험할 수 있다. 그래서 한국은 헤징(hedging) 전략으로 미중 사이에서 상황을 관리해 왔다.

다시 말해 중국의 일대일로 전략에 동참하면서 중국 주도의 역내포괄적 경제동반자협정(RCEF)을 통해 아세안 국가들과 협력을 강화하는 동시에, 다른 한편 인도-태평양전략과 한미일 연합 훈련을 통해 미국과의 군사동맹을 강화하는 등 상반된 전략을 전개하는 중이다.*

* 임종식(2021), 앞의 책, p.182.

이처럼 미중 사이에 낀 국가로서 한국이 중립적이고 자주적인 헤징전략에 성공하기 위해 가장 효과적인 수단은 한국도 자체적으로 핵을 보유하는 것이 될 것이다.*

* 임종식(2021), 앞의 책, p.184.

미중 대결의 미래 전망

과거 냉전 시기 패권국 미국은 유럽과 일본을 양 날개로 삼아 소련과 중국 등 유라시아 대륙의 공산 세력을 봉쇄하였다. 냉전 이후 지금도 이러한 미국과 일본, 미국과 유럽이라는 두 협력의 축은 유지되고 있다. 다만 그동안 양 날개에 해당하는 역할을 하던 일본과 유럽의 권력은 상대적으로 약화되었다.*

* 윤영관(2022), 앞의 책, p.171.

중요한 것은 미국과 일본, 미국과 유럽이라는 양 축이 기존 국제 질서의 현상 유지를 원하는 데 반해, 중국과 러시아는 현상 변경을 추구한다는 점이다. 여기서 오늘날 국제 질서상 최대의 불안 요인인 미중 경쟁 또는 미중 대결이 시작된 것이다.

미중 세력 대결은 패권 경쟁의 결과로 전쟁을 통해 글로벌 또는 지역 아키텍처(architecture)가 재편되었던 과거의 세력전이(勢力轉移)와 달리, 21세기 미국과 중국은 갈등 속에서도 직접적인 대결은 가능한 회피하는 가운데 제도를 통해 경쟁하는 특징을 보여주고 있다.

미국과 중국을 포함한 동아시아 주요국들이 갈등과 협력의 이중 동학이라는 외견상 모순된 대외전략을 추구하는 것은 이 때문이다. 동아시아 국가 간 갈등과 협력의 이중 동학이 '지정학(geopolitics)'과 '지경학(geoeconomics)'의 복합적 상호작용이라는 관점에서 이해되는 이유이기도 하다.*

* 이승주(2017), 앞의 논문, p.170.

미중 대결의 본질은 국제무대에서 오랫동안 '제1의 훼방꾼(spoiler)'* 노릇이나 하며 '책임지는 이해 당사국(responsible stakeholder)'**의 역할을 마다하던 중국이 2010년대 들어 경제적으로 살만해지자 '신형대국관계(新型大國關係)'***를 요구하며, 미국에 도전장을 낸 것으로 단순화할 수 있다.

* Leslie H. Gelb, "We Just Saw the Future," 『The Daily Beast』, Dec. 20, 2009. 윤영관

(2022), 앞의 책, p.175. 재인용.

* * Robert Zoellick, "Whither China: From Membership to Responsibility?", 『NBR Analysis』Vol.16 No.4 (Dec.,2005), pp. 5~14.

* ** 윤영관(2022), 앞의 책, p.180.

이를 미국의 관점으로 보면 죽의 장막에서 가난에 찌들어 있던 중국을 개혁 개방의 길로 인도하고 국제 시장 질서에 진입하도록 도와줬더니 배은망덕하게도 태평양을 나누자고 하는 격이고, 중국의 관점에서는 세계 제2의 국력을 가진 지금은 이미 죽의 장막 시대 중국이 아닌데 왜 똑같이 취급하느냐고 불만인 셈이다.

그런 불만에도 불구하고 지금의 미중 패권 경쟁은 군사적 대항조치를 사용하지 않고 결착을 본다는 상호 간 무언의 대전제가 있다. 그 대신에 '경제'라는 수단으로 결착을 본다는 '경제를 사용한 전쟁'이 되었고, 여기서 '경제 안보'라는 개념이 탄생하였다. 다시 말해 '안보'라는 개념은 과거 미소 냉전과 같이 군사적 요소를 상상하기 쉽지만, 핵 억지력에 의한 군사 충돌 위험이 감소한 결과 이른바 '경제가 무기'가 되면서 '경제를 사용한 전쟁'이 되었다. 이러한 가운데 경제 안보 개념이 갈수록 첨예화되는 미국과 중국의 대립 구도를 해석하는데 빠질 수 없게 되었다.*

* 이기태(2021), 앞의 논문, p.295.

기술 경제적 측면에서만 보면, 미국의 경제적 통치술은 미국 기업과 개인에 대하여 중국의 무제한 접근을 제한하는 방어적 조치와 자체적 혁신 역량을 강화하는 양면성을 보인다. 반면, 중국의 경제적 통치술은 미국 및 서구 선진국의 시장 개방을 활용하는 한편, 외국 기업의 중국 시장에 대한 접근을 조절하는 약탈적 행위로 나타난다.*

* 이승주(2021), 앞의 논문, p.61.

경제 안보 개념에서는 전통적인 외교와 군사 세계에서는 보이지 않는 특징과 어려움이 존재한다.

첫째, 위협의 탈군사화, 일상화이다. 국제경제의 상호의존 심화와 첨단기술의 비약적 발전은 국민의 일상적인 경제, 사회생활까지 영향을 미칠 수 있다.

둘째, 경제적 위협에 대응하는 '수단'과 '방법'이 발달하지 않았다. 예를 들어 갈등하는 두 국가 사이에 경제 안보 문제가 불거질 경우, 당장 정부 내 어느 부서가 담당해야 할지 매뉴얼이 없는 것 등이다. 일본의 경우 2019년 이후에야 행정부 내의 의사결정 메커니즘을 개선하고 총리 직할의 국가안보회의(NSC)를 중심으로 안보정책과 경제정책의 융합을 도모하는 움직임을 보였다. 구체적으로 일본은 2019년 10월 외무성 내에 경제 안보를 담당하는 부서를 신설하였고, 2020년 4월 내각관방 국가안보국(National Security Agency: NSS) 내에 '경제반'을 설치하였다.

셋째, 중국 의존에 의한 취약성이라는 현실이다. 국제사회에서 경제 안보에 관한 관심 증가를 야기하고 있는 것은 중국이다. 미국을 포함한 많은 국가가 경제 안보 문제로 고민하는 것은 중국이 거대한 시장과 함께 가격경쟁력 및 첨단기술에서도 앞서 나가면서 디커플링을 말하기도 전에 대중 의존이 심화하고 있는 것이 현실이다.

우리는 부상하는 중국이 가져오는 세계정치의 변화를 종래와 같은 지정학적 시각이 아닌 안보-경제 연계의 새로운 시각, 즉 지경학(地經學)이라는 분석 틀로 살펴보아야 할 것이다.

냉전기는 안보 영역, 그리고 탈냉전기는 경제 영역의 우위가 존재했던 시기라면, 신(新)냉전기는 안보와 경제가 수평적으로 상호작용하는 형태의 구조적 결합을 보여주는 시기라고 할 수 있다. 또한 갈등과 협력의 가능성이 공존하면서 개별 국가의 선택이 중요하다는 점에서 구조적 전환기에 있어 주체의 역할이 부각(浮刻)되고 있는 시점이기도 하다.*

* 신욱희(2021), 앞의 논문, p.52.

이런 다소 복잡한 형태의 미중 대결은 과연 어떻게 귀결될 것인가가 한국에는 중요하다. 미중이 주도하는 다극 체제, 또는 미중 양극의 신냉전 체제로 진행될 것이라고 보는 시각이 많다. 미국 국가정보위원회(NIC)가 2008년에 발간한 보고서는 브릭스(BRICs)의 부상과 미국의 상대적 쇠퇴 추세가 이어질 경우, 30년 이내에 다극 질서가 확실히 자리매김할 것으로 예측했다.* 미국과 중국의 작용이 가장 영향력이 세지만 일본 유럽 러시아 인도 브라질 남아공이 군웅할거 하는 구도를 말한다.

* National Intelligence Council, 『Global Trends 2025: A Transformed World』(Washington DC: US Government Printing Office, 2008), p. iv-ⅴ.

반면 미중 관계의 향배에 따라서는, 특히 미국과 중국 두 나라의 관계가 협력보다 갈등으로 치닫고 여기에 다른 주요 국가들이 합종연횡하는 경우, 국제체제는 두 개의 진영으로 분화할 수도 있다. 마치 1890년대 이후 패권국 영국과 상승국 독일의 관계가 갈등의 방향으로 나아가면서 국제 질서가 두 나라를 중심으로 양극화되고 두 진영 간의 긴장이 고조되었던 것과 유사한 결과(1차 세계대전)가 나타날 수 있다는 것이다.

이 경우가 당사국인 미국과 중국은 물론 글로벌 차원에서나 한국의 관점에서도 가장 바람직하지 않은 시나리오이다.*

* 윤영관(2022), 앞의 책, p.176.

이에 대해 헨리 키신저 전 미국 국무장관은 2010년 "오늘날의 중국을 기존 국제체제에 통합해 내는 일은 1백 년 전 영국이 독일을 통합해 내는 일보다 훨씬 어려울 수 있다."라고 주장했다.

그에 따르면, 19세기 당시 영국과 독일의 문제는 민족 국가 수준의 상대적으로 작은 국가 간의 일이었던 데 반해, 지금의 미국과 중국은 거대 세력 간의 일이기 때문에 문제가 한층 더 어려울 수 있다는 것이다.

특히 지금의 중국은 발전과 동시에 거대한 사회경제적 변화와 내부 혼란을 겪고 있어 문제가 더 복잡한 데다 세계 최강의 양대 세력인 미국과 중국 모두 자신과 대등한 권력을 지닌 국가와 협력을 해본 경험이 없다는 것도 문제여서, 영국과 독일이 우호 관계에서 대결 관계로 변해 결국 파국에 이른 것과 같은 불행한 관계로 흘러갈 수도 있다는 것이다.*

* Henry Kissinger, "Keynote Address: Power Shifts and Security", The 8th IISS Global Strategic Review: Global Security Governance and the Emerging Distribution of Power, Geneva (Sep. 10, 2010). 윤영관(2022), 앞의 책, pp. 179~180. 재인용.

1970년대 미중 데탕트의 기획자로서 그동안 미중의 협력 가능성에 대해 낙관적이었던 키신저조차 이렇게 비관적인 전망을 내놓은 것은 이례적이다. 그렇다면 한국의 중국 전문가들은 미중 경쟁의 미래와 그 영향의 중심권에 자리 잡은 한중관계를 어떻게 보고 있는지 살펴보자.

지난 10여 년간 중국을 집중적으로 연구하고 있는 니어재단(정덕구 이사장)은 국력 굴기를 바탕으로 한 중국의 팽창욕을 위험한 시각으로 보고 있다. 니어재단은 한국과는 가치, 생각, 방법이 다른 강성대국 중국을 극복하는 전략과 그 속에서 한국 나름의 생존 방정식을 연구 분석한 『극중지계(克中之計)』 1, 2권을 지난 2021년 발간한 데 이어 최근(2023년 3월 13일) 이 책의 제3탄 격인 『시진핑 신시대는 왜 한국에 도전인가』를 발간하였다. 이

책에서 시진핑 1인 지배 체제가 앞으로 내외에 미칠 부정적 도전적 모순과 갈등의 기원으로 몇 가지를 제시한다.

첫째, 시진핑은 집권 이래 과거 40여 년간 중국이 국제사회에 약속했던 정경분리 원칙을 부정해 온 점을 든다. 그동안 한국 기업이 중국의 각지에서 투자를 확대하고 고용을 증대하며 관계를 증진해 온 것은 중국당국이 미래지향적인 정경분리의 원칙을 기반으로 삼았기 때문이다. 그러나 그는 지금 그 전제 자체를 부정하고 있다. 시진핑의 주석취임에 즈음한 역점 투자유치 항목이었던 삼성전자의 시안(西安) 진출로 한국 기술 따라잡기의 대단원을 이룩한 중국은 2017년 이른바 사드 보복을 기점으로 한국에 대한 제재를 본격화하였다. 한국의 자본, 기술, 기업에 주어지던 종래의 우대 조치가 모두 사라지고, 대신 중국 땅에서 한국 라벨은 오히려 리스크로 둔갑하였다.

둘째, 그동안은 중국에 살며 다양한 활동을 해온 외국인들의 안전이 어느 정도 보장되어 왔다. 그러나 지금 중국에선 인간의 기본적 자유와 권리가 보장되지 못한다. 중국공산당은 얼굴, 지문, 홍채, 걸음걸이 등 14억 개개인의 생체 정보를 가지고 전 인민의 행동거지, 사생활, 사유 습관까지 통제하고 있는데 그 실상은 지난해 말 과도한 코로나 방역 조치에 항거한 백지 시위 진압 과정에서 여실히 드러났다.

당시 중국당국은 시위의 주축인 대학을 조기 방학한 후 고향 집을 향해 전국 방방곡곡으로 흩어진 시위참가자 개개인을 식별해 내 전원 의법조치(依法措置)함으로써 소리소문없이 시위의 씨를 말려버렸다. 2015년부터 중국에서 활동하는 외국인에 대해서도 열 손가락 지문과 얼굴 등 생체 정보를 다 확보하고 있어, 중국당국은 중국 내 모든 외국인의 동향을 세밀히 추적하고 있다. 국외에서도 중국은 최첨단 장비를 통한 선거 개입, 언론 장악, 회유 협박 등 다양한 방법으로 호주 등 자유 진영 여러 나라에 대한 영향력을 확장해 왔다. 첨단 과학기술로 무장한 전체주의 중국의 위협이 지구촌 곳곳에서 나타나고 있는데 한국도 예외가 아닐 것이다.*

* 송재윤, "中·北 해킹 대비, 선관위 시스템 재정비하라", 『조선일보』, 2023년 5월 15일, A30면.

셋째, 중국은 북한 미사일 공격을 묵인해 왔고 대북한 UN 제재를 은연중 위반하여 생존 자원을 공급하며 UN 안보리 상임이사국으로서 북한을 철저히 비호해 왔다. 지금 북한은 중국의 비호 아래 미사일을 난사하며 한국과 미국, 일본을 위협하고 있다. 이 과정에서 중국은 한국의 안보에 위해 요인으로 등장하고 있는 셈이다.

1992년의 한중수교는 덩샤오핑의 개혁개방정책을 전제로 양국 간의 공존체제를 추구한 것이다. 따라서 향후 시진핑 시대의 중국에 관한 한국의 입장은 어느 정도 새로운 방향에서 모색되어야 한다. 중국이 다시 폐쇄, 반민주, 반인권의 나라로 이행한다면 한국과의 생존 관계에서 충돌이 불가피하다. 한중 양국 간에 상호 주권과 생존권, 그리고 정체성의 충돌 부분이 현실로 나타날 수 있기 때문이다.

이제 우리는 어떤 분야에서 중국과 협력하고 어떤 것을 거부할 것이며 어떤 분야에서 경쟁할 것인지를 분명히 해야 할 때가 되었다. 시진핑 주석이 주도하는 중국공산당 체제는 결국 전체주의 독재체제로 이행할 것이고, 그 체제는 오래가지 못한다는 역사의 교훈을 경험하게 될 것이다. 중국의 길은 오로지 시진핑의 판단과 생각에 따라 결정될 것이다.

그러나 중국 인민의 생각과 욕구 체계의 변화, 그리고 국제 정치환경에 따라 그의 생각과 행동규범은 수정할 수밖에 없다. 그리고 시진핑 시대는 덩샤오핑 시대 이후 중국이 걸어온 길을 역류하며 진행될 것이다.*

* 정덕구 윤영관 외, 『시진핑 신시대 왜 한국에 도전인가?』 (서울: 21세기북스, 2023), pp. 5~21.

정덕구는 "중국 중심의 세계관을 바탕으로 한 시진핑식 세계 전략은 필연적으로 미중 갈등·견제, 상호 봉쇄를 강화함으로써 한국은 그동안 중국과의 보완적 생존 산업 관계를 잃고 미국 주도의 인·태 전략의 틀 속에서 생존 방정식을 풀어야 하는 때를 맞았다."라면서 "우리의 가치와 정체성을 확고히 지키면서 주권과 생존권에 저촉되는 일에는 사생결단으로 맞서는 자세가 필요하다."라고 강조하였다. 그는 특히 시진핑 시대를 미구에 지나칠 '겨울'로 보고, "한국은 시진핑이 아니라 중국의 사계절을 다 보고 대응하는 지혜가 필요하다."라고 말한다.*

* http://nearthink.net/38/?idx=14495400&bmode=view 니어재단 출판 세미나, (검색일: 2023. 4. 12.)

주중대사 시절 당시 갓 '중국 특색의 사회주의 시장경제'를 실행하던 쟝쩌민 주석의 경제개혁 정책 자문에 응하면서 한중 협력관계를 전방위적으로 활성화시킨 황병태(외국어대 초대 직선 총장)는 중국이 덩샤오핑의 개혁 개방 노선에서 마오쩌둥의 전제 체제로 회귀하는 모습을 특히 비관적으로 보고 있었다. 공산당 일당독재에 1인 지배 체제를 강화한 중국과 러시아의 동조화(coupling)는 시대에 역행하는 것은 물론 두 나라가 각기 처한 내부의 민족 및 지역적 복잡한 현실도 외면함으로써 결코 성공할 수 없을 것이라고 단언했다.*

* 한국언론 초대 주중 특파원단과의 대담(2023년 1월 19일과 3월 29일).

한중수교 실무담당자로 초대 주중 정무공사, 대통령(김대중) 외교의전 수석, 통일부 장관, 주중대사(7년)를 지내며 대중 외교 업무로 공직 생활을 마친 김하중은 중국은 자국의 국익과 영향력 보위(保衛)에 관한 한 매몰찰 만큼 철저하다며, "자유민주주의 시장경제라는 가치와 안보(安保)에 관한 한 한국이 미일 및 대중 관계에서 좌고우면하는 등 너무 많은 것을 생각할 필요 없이 원칙에 충실해야 한다."라고 회고하였다.*

* 김하중, 『김하중의 중국이야기 2』 (서울: 비전과리더십, 2013).

수교 초기 주중대사관 경제연구관, 주중 경제 공사, 연세대, 서울대 국제대학원 교수로 재직하며 중국 경제를 연구해 온 정영록은 남북한 문제해결과 관련해 중국의 협조를 과다하게 평가하는 역대 진보정권의 풍조를 개탄한다. 중국은 국경선을 지키는 측면이나 대만 문제의 해결을 위한 최종카드로서 북한 카드의 효용성을 결코 포기하지 않을 것이므로, 4강 합의에 의한 한반도 통일은 물 건너간 것으로 보고 결국 중국의 극복이나 북핵 문제의 해결은 경제적으로 더욱 튼튼한 국력을 통해 풀어야 한다고 주장한다. 그는 단기적 북핵의 관리나 장기적 통일 문제의 해결은 국제공조에 의존할 수밖에 없을 것이지만 "그중 미국의 핵우산과 한미 동맹이 가장 중요한 해결책의 열쇠임을 믿어야 한다."라고 강조하였다.*

* 정영록, 『대한민국 경제혁신 핏팅 코리아』 (서울: 하다, 2021), pp. 87~94.

북경대 경제학박사 출신으로, 1979년 중국 주재 국제경제연구원으로 시작하여 주중대사관, 연구소, 무역협회, 인천대 교수 등으로 근무하며 중국 경제를 전공해 온 한광수는 『G2 시대 한국의 생존 전략: 미중 패권전쟁은 없다』라는 제목의 저서에서 미중 경쟁과 한미중 관계의 현재와 미래를 압축하고 있다. 미국은 광범위한 첨단 서비스업 분야의 세계 제왕이며 중국은 제조업 분야의 세계 최강국으로 양국의 시장 규모를 실질 구매력 기준으로 보면 2018년 현재 각각 20조 달러 수준으로, 미중 두 나라는 바로 이 비슷한 초거대 시장이라는 힘을 바탕으로 G2 시대 글로벌 이익 공동체로서 21세기 세계질서를 주도하고 있다는 것이다.

미중 사이엔 연중 열려있는 각 분야 대화채널만 20~90개에 이를 정도로 교류 접촉이 긴밀해 지구상의 모든 문제가 미중(美中) G2로 다 해결되는 것은 아니지만, 그렇다고 미국과 중국 두 나라가 빠지면 해결될 일도 없게 된 것이 지구촌의 현실이다.

두 나라 사이엔 갈등 해소, 이해조정의 노력과 장치가 상설화되어 있다. 두 나라는 대화를 통한 이득이 충돌을 통한 손실보다 낫다는 역사적 지혜, 다시 말해 비싼 값 치르고 배운 역사의 교훈을 공유하고 있으므로 한국이 양국의 티격태격에 너무 민감하거나 현혹되지 말 것을 주문하였다.*

* 한광수, 『G2 시대 한국의 생존 전략: 미중 패권전쟁은 없다』 (서울: 한겨레출판, 2019).

동아시아와 한반도는 오랜 시간 동안 지정학적 결정론의 영향 아래에 있었으며, 현재에는 동아시아에서의 미중 간 지역적 경쟁이 사실상 세계적인 수준의 갈등과 협력의 구조를 만들어 내고 있다. 하지만 이 경쟁이 식민주의 시기의 영러 관계나 냉전기의 미소 관계와는 달리 상대적으로 지경학적 특성을 가졌다는 점을 생각해 볼 필요가 있다.

따라서 미국의 인도-태평양과 중국의 일대일로 구상이 수렴할 수 있는 부분을 지정학이 아닌 지경학적인 시각에서 고찰하고 그 안에서 한반도의 역할을 규정할 수 있을 때, 혹은 글로벌 가치 사슬의 재편에서 동아시아와 한반도가 갖는 기능주의적 측면을 검토할 수 있을 때, 한국은 비로소 안보와 경제 사이의 선순환적인 구조적 결합과 그것이 가져오는 긍정적인 지경학적 영향의 가능성을 탐색할 수 있을 것이다.*

* 신욱희(2021), 앞의 논문, p.56.

한국과 일본

전범국 일본이 냉전기 패전의 국망(國亡) 상황을 딛고 고속 경제 성장을 달성할 수 있었던 가장 중요한 이유는 미일 동맹을 통해 미국이 안보 우산을 공짜로 제공했기 때문이다. 이에 못지않게 중요한 또 하나의 이유는 바로 한국의 존재였다. 한국이 한미 동맹과 주한미군을 통해 공산 진영으로부터 비무장인 일본의 안보를 지켜주는 방패 역할을 해주었다.

탈냉전 이후 변해버린 국제 정치 상황 속에서도 일본은 기본적으로 한국이 새로운 위협인 상승 대국 중국을 견제하는 방패막이 역할에 충실해 주기를 바랐다. 2010년 이후 중국이 공세 외교를 펼치자, 불안감이 증폭된 일본은 미일 동맹을 한층 더 강화함과 동시에 미국, 일본과 함께 중국에 대처하는 한미일 3국 연대에 한국이 적극 참여해 주기를 원했다.

2012년 7월 한일 군사정보보호협정 체결에 대해 일본 측이 적극적이었던 것도 한미일 군사 협력을 강화하기 위한 것이었다.

그즈음 일본에서는 자국이 추진하는 '가치 외교의 네트워크'에서 인도나 호주와는 협력이 잘 되는데, 정작 지리적으로 가장 가까운 국가이자 민주주의 국가인 한국이 적극적이지 않아서 안타까워하는 분위기였다.*

* 윤영관(2022), 앞의 책, pp. 224~226.

현재 일본은 중국의 상승에 불안감을 느끼면서 또 한편 20여 년의 장기 경제 침체와 정치적 무기력에서 벗어나려고 안간힘을 쓰고 있다.

그러면서 일본은 대외적으로 미국과의 연대를 강화하면서 외교적·안보적 역할을 증대하려고 꾸준히 노력해 왔다.

그러던 일본이 아베 정부 등장 이후 미국과의 동맹 강화의 기반 위에서 호주 인도 필리핀 등과 양자관계를 심화하여 동아시아에서 반중 연대를 구축하기 시작했다. 과거사 문제를 두고 한국, 중국과 마찰을 빚은 일본은 한국의 문재인 정부 시기 친중 좌파적 정책 기조 때문에, 한일 관계가 최악의 상태로까지 치달았다.

패권국은 아니지만 일본 역시 '닫힌 지경학'을 보여주었다. 2019년 7월 이후 반도체 재료인 3가지 전략물자에 대해 대한국 수출관리를 엄격히 하고 곧이어 수출 절차를 간소화하는 '화이트국가(수출 우대국)'에서 한국을 제외하는 등 일련의 움직임을 보였다. 이러한 일본의 행동 역시 지경학적 관점에서 해석할 수 있다. 일본은 과거부터 이러한 전략자산의 대한국 수출을 둘러싼 안보상 우려를 표명하고 있었지만, 한국이 이에 대해 충분한 설명을 하지 않았다는 측면에서 국내법, 국제법의 규범을 따르는 형식으로 일련의 조치를 취했다고 주장한다. 일본의 조치는 반도체 생산에 필요한 원재료를 일본에 의존하는 한국 기업엔 커다란 비용 상승 요인이 되었지만, 일본 정부는 자국의 세력권 확대 모색도 아니고 한국 정부가 주장하듯이 '강제 동원 피해자 문제'에 대한 보복도 아니라고 주장하였다.

하지만 한국 정부는 일본의 수출 규제 조치에 대응해서 한국과 일본이 체결하고 있었던 한일 군사정보보호협정(General Security of Military Information Agreement: GSOMIA) 종료를 결정하고, 일본을 한국의 '화이트국가'에서 제외하는 대항조치를 취하였다.

이와 같은 한일 간 무역전쟁은 한 국가의 행동이 그 의도를 넘어서 상대 국가에 '경제상호의존의 덫'으로 해석되는 계기가 되었고, 이후 '보복의 연쇄'로 사태가 악화하는 사례를 남겼다.

결국 역사 문제와 경제상호의존이 맞물리며 양국 정치가 해결 방안을 제시하지 않고 상호불신이 증폭하는 가운데 한국이 '역사'를, 일본이 '경제'를 각각 무기화한 것이 특징이었다. 문재인 정부의 역사 문제에 관한 명확한

대일 '도의적 우월 파워' 행사에 대해 아베 정부는 한국에 대한 경제적 레버리지를 이용해서 한국의 파워 행사를 억제하려고 시도하였다.

일본 내에서는 한일 갈등과 같은 '패권주의에 기반한 닫힌 지경학'과 대비되는 지경학의 접근법으로 '국제협조주의에 기반한 열린 지경학'이 고려되고 있다. 이러한 접근법은 경제적 수단에 의해 국제규범을 구축해서 국제 질서 유지 및 안정을 모색하거나 경제적 수단으로 자국의 소프트 파워를 강화해서 국제관계의 안정을 모색하는 것을 말한다.[*]

* 이기태(2021), 앞의 논문, pp. 293~294.

한국과 일본은 과거사와 대중 인식 등 여러 가지 편차에도 불구하고 서로의 안보를 위해 긴밀히 협력할 필요가 있는데 바로 이것이 두 나라의 딜레마이다. 즉 미국이 북한의 위협으로부터 일본을 지켜주는 데 있어서 한국이 최전선이고, 또 북한으로부터 한국이 공격받을 경우, 이를 저지하기 위한 후방 병참기지가 일본이라는 점이다. 만일 북한이 도발하면 미일 동맹에 따라 오키나와 기지에 주둔한 미군 전투기가 한국의 방위를 위해 출격하게 되어있는 것에서 보듯 북한 위협에 대한 안전보장이라는 측면에서 한국과 일본은 서로 협력해야만 하는 파트너이다.[*]

* 윤영관(2022), 앞의 책, p.228.

경제적으로도 한일 양국은 당장 외교적 문제해결에 나서야 할 중대한 현안을 앞에 두고 있다. 제주도의 남방에 위치하는 한일 간의 대륙붕 공동개발구역(JDZ: South Korea-Japan Joint Development Zone)은 1968년 유엔 산하 아시아경제개발위원회가 '동중국해 대륙붕에 엄청난 양의 석유 자원이 묻혀 있을 가능성이 높다.'라는 내용의 보고서를 발표한 바로 그 지역이다. 한국에서 '7광구'로 불리는 이 수역의 경제적 가치를 정확히 추산하긴 쉽지 않다. 2004년 미국 매장량의 4.5배 규모의 석유가 묻혀 있다는 미국 측 보고서도 나왔지만, 정확한 가치를 가늠하기 위해선 실제 탐사가 이뤄져야 한다. 7광구 탐사와 개발은 1986년 일본이 공동 개발에 손을 떼면서 중단된 상태이다. 단독 탐사는 불가능하다.

그럼에도 개발을 시도할 가치는 충분하다는 게 전문가들의 의견이다. 1980년대 한일 공동탐사에서 소량의 가스가 발견됐다는 점, 1995년 7광구 해역에서 불과 860m 떨어진 곳에서 천연가스 9,200만 배럴이 매장된 것으로 추정되는 '춘샤오 가스전'이 발견돼 중국이 2011년 개발에 성공한 점 등이 이를 뒷받침한다. 안보적인 중요성도 있다.

동중국해 유전 개발에 공격적으로 나서고 있는 중국이 향후 7광구 소유권을 주장할 수 있기 때문이다.*

* https://www.donga.com/news/Economy/article/all/20230303/118164286/1

조응형 고도예 이축복, "'美 석유 4.5배' 7광구, 2년 뒤 日 독식 우려" (검색일: 2023. 3. 4.)

이 지역과 관련한 '한일대륙붕공동개발협정'은 최소 50년(1978년~2028년)의 효력 기간을 가지지만, 협정만료 3년 전인 2025년 6월 이후 한일 양국 중 누구든 서면 통고로 최초 50년간의 종료 시에 혹은 그 후에 언제든지 협정을 종료시킬 수 있다.

현재 한국이 가지고 있는 유리한 위치가 2028년에 소멸할 수 있다는 점에서 독도보다 더 중요한 문제일 수도 있다는 견해도 있다. 미국의 인도-태평양전략에 기반한 한·미·일 협력관계가 강조되고 있고, 탄소 중립이 국제사회의 화두가 되면서 한일 간 대륙붕 공동 개발 역시 기후변화 대응과 에너지 안보를 염두에 두지 않을 수 없게 되었다. 과거사 문제로 갈등을 겪고 있는 한일 양국이 감정적 접근보다 기능적 접근으로 이 지역의 공동 개발을 통해 실리를 추구하는 외교적 선택을 서둘러야 한다. 일본은 경제성이 없다는 이유로 '한일공동개발협정'의 이행을 실질적으로 회피하면서 대신 인근 '중일공동개발구역'에 더 관심을 가지는 것 같다.

중국은 JDZ을 둘러싼 한국과 일본의 역학관계를 추적하면서, 중일공동개발구역을 하나의 지렛대로 삼고 post-2028년의 한일대륙붕공동개발협정이 어떻게 전개될 것인지를 주의 깊게 관찰하고 있다. 만약 신협정이 체결된다면, 아마도 중국은 한국과 일본이 자원개발에 관한 법적 문제를 어떻게 처리하는지 지켜보면서, JDZ에서 한일 양국의 유전과 가스전 시굴 활동을 견제하고 향후 해외 조광권자들의 입찰 또는 물리적 침투를 막기 위해 자신들의 새로운 대응 논리를 피력할 것으로 판단된다.

JDZ에서 한일 양국의 자원탐사와 개발 활동이 동결된 현재의 협정 체제를 실질적으로 자원개발이 가능한 협정 체제로 변모시키려면, 한국은 중국의 도전에 대응할 수 있는 전략적 방안도 준비할 필요가 있다.

한일대륙붕공동개발협정의 향방은 대륙붕 경계획정과 공동 개발을 둘러싸고 한일 양국이 미래지향적인 관계를 구축하기 위해 상생의 메커니즘을 작동할 수 있는지를 조명하는 바로미터가 될 것이다.

무엇보다도 한일관계에서 독도, 교과서, 위안부, 강제 동원 등과 같은 현안들이 과거의 문제라면 한일대륙붕공동개발협정은 미래의 문제이다.*

* 박창건, "지경학의 연결성으로서 한일대륙붕공동개발협정: Post-2028년을 대비하는 한일 양국의 입장과 중국 변수", 『국제정치논총』 제62집 3호(서울:한국국제정치학회, 2022), pp. 147~180.

북핵 시대, 한반도엔 한미일 vs 북중러의 신냉전체제가 강화되어 우리가 한일관계를 새로운 시각에서 접근할 수밖에 없는 상황이 되었다. 우리에게 가깝고도 먼 이웃 일본 문제에 대해 어떻게 대응해야 할 것인가?

첫째, 한국과 일본 두 나라는 중장기적으로 중국에 대한 전략적 공통 분모를 모색하는 것이 바람직하다. 한일 양국은 미국과의 동맹에 충실하면서도, 한편으로 서로 연대하고 협력하여 동아시아에서 미중 갈등을 완화하는 방향으로 힘을 모으고 역내 평화를 창출해 내야 한다.

이 경우 1999년 아세안+3회의에서 한중일 정상이 만들어 낸 한중일 삼국 협력의 틀을 활용할 수 있다.

둘째, 한국은 일본에 대해 너무 대결적으로 나가는 것을 지양할 필요가 있다. 매사 경쟁적 감정적 대결적으로 나가는 것보다 유연한 자세로 협력관계를 회복하는 것이 한국의 전략적 이익에 부합하기 때문이다.

일본은 다원적인 민주 사회로 아시아에서 그 어느 나라보다 다양한 민간 단체와 NGO, 그리고 양심 세력과 지식인 사회가 발달해 있다.

셋째, 정부 차원에서 한국은 시야를 넓혀 일본 문제를 한일 양자관계에 국한하지 말고 아시아 태평양 지역과 국제 정치 전반의 차원에서 양국 관계를 조망하고 대응하는 자세로 나가야 한다. 우리가 한일 양자관계에 몰두하고 있을 때 일본은 글로벌 외교를 펼치면서 범세계적인 외교 네트워크를 형성해 국제사회의 여론장악력이 우리보다 강한 것이 사실이다.*

* 윤영관(2022), 앞의 책, pp. 229~231.

일본이 한반도의 미래에 대해 갖고 있는 기본적인 희망 사항은 한반도가 평화롭게 그리고 비핵화된 분단 상태에서 현상 유지되는 것이다. 일본은 지금과 같이 미국의 대북 억제를 통해 평화를 유지하면서 한국과는 우호적인 관계를 지속하는 상황을 원한다. 이 지점에서 일본과 미국은 한반도에 대한 이익의 측면에서 서로 합치되며, 그러한 공통의 이익을 추구하는 과정에서 일종의 역할 분담의 모습도 보여준다.

즉 미국은 한반도에 대한 대전략을 주도하면서 일본에 전략 이행에 필요한 지원을 요구하고, 일본은 미국이 한반도 방위의 책임을 다하도록 유도하면서 미국의 지원요청을 앞장서 수행하는 실무 역을 맡는 식이다.*

* 윤영관(2022), 앞의 책, p.232.

만일 한반도에서 시장통합이나 영토통일 등 현재와 같은 분단 상황의 변경이 불가피한 사정이 생길 경우, 일본은 그것이 일본에 불리한 방향으로 전개될 가능성을 제일 우려한다. 일본은 신흥제국 중국에 대응하기 위한 안전핀으로 주일 미군이 있고, 그 최전방에 한미 동맹과 주한미군이 있는 현실을 누구보다 만끽하며 누리는 국가이다. 이렇다 보니 일본은 통일 한국이 미국과의 동맹 관계를 끊고 중립국이 된다든지 대륙 패권 중국에 가까워져 왜(倭)가 지원한 백제와 고구려를 멸망시킨 나당(羅唐)연합군 같은 한중(韓中) 연합세력이 형성되는 것을 가장 두려워한다.

일본은 문재인 시기 진전되는 북한의 핵미사일 능력에도 불구하고 남북미가 3자 정상회담을 하면서 핵 협상을 시도하는 것을 특별한 시선으로 주시하였다. 비록 남북미 3자 사이의 북핵 담판은 실패하였으나 그 직후부터 일본이 미국과 외교·국방 장관 2+2 회담 형식의 '미일안보협의위원회'를 만들어 미일 군사 일체화*에 나서고, 유럽 4대 강국과도 군사 협력**에 속도를 내는 것은 백제와 고구려가 멸망한 7세기 한반도에서 일본(倭)과 당이 격돌했던 역사를 의식한 군사적 대비였을 것이다.

* https://www.chosun.com/international/international_general/2023/01/13/WR6DSGPVVBFKJINNYZ3PZCQFPI/ 성호철 김진명, "대만 앞바다서 우주까지...美·日 '군사 원팀'으로" (검색일: 2023. 1. 13.)

** https://www.chosun.com/international/japan/2023/01/13/IWFYERCIE-JGOBLNJ7APNGIM7PE/?utm_source=naver&utm_medium=referral&utm_cam-

paign=naver-news 성호철, "日, 유럽 4대 강국과도 군사 협력 속도전 英과 사실상 '準 군사동맹' 맺어… 군대 파병·무기 반입 용이해져"(검색일: 2023.1.13.)

통일한국이 중국과 연대하여 일본을 적대할 가능성을 생각하기 때문이다. 1970년대 초 미중 지도부(키신저 저우언라이 등)가 미중 관계 수립을 협의하는 자리에서 한미 동맹은 북한의 위협을 억제하는 효과뿐만 아니라 일본의 무장을 억제하는 효과도 있음을 논의한 바 있다. 그리고 이는 한반도가 통일된 경우에도 유효하다.

중국은 통일한국과 미국의 동맹이 일본의 핵 보유 의지를 포함하여 군사력 증대를 억제하는 긍정적 효과가 있음을 인식할 필요가 있다.*

* 윤영관(2022), 앞의 책, p.233.

그 당시 대만과 일본의 핵무기 개발 의지를 저지한 데 관한 한 중국은 미국 측에 크게 빚진 바가 있고, 이는 북핵 시대 새로운 한·미·중·일 4국 입체 관계를 모색해야 하는 한국이 참작·원용해야 할 대목이다.

미국과 일본이 공동으로 주도하고 있는 인도-태평양 구상도 2010년 일본과 중국 간의 센카쿠제도 분쟁 시 중국의 경제보복으로 발생한 희토류 사태 이후 일본이 대중국 경제의존도를 낮추기 위해 대중 투자를 인도로 대대적으로 전환하는 정책으로부터 구체화했다.

이후 아베 정권은 중국 시진핑 체제의 중화민족 패권주의를 견제하기 위한 전략으로 인도-태평양전략으로 발전시켰다.

일본은 동남아시아에서 일대일로 구상이 난항을 겪자, 아프리카 끌어안기 전략을 구사하고 있는 중국에 대응하여 인도-태평양전략을 동남아시아부터 중동지역, 아프리카까지 확장해 가고 있다. 미국 호주 일본은 인도-태평양 지역에 고품질 인프라 개발을 촉진하고, 재정력과 사업 규모를 중국과 균형을 이룰 수 있도록 노력하는 데 합의했다.*

* 최재덕(2018), 앞의 논문, p.56.

일본은 미국으로부터 대규모 천연가스를 수입하는 대가로 중동 석유 수송로의 안전을 위한 집단 자위권의 허용을 요구하여 관철하였다. 또 인도와의 경제협력을 확대하고 환태평양경제동반자협정(TPP)을 주도하면서 인도-태평양 지역에서 경제적 이익의 우위를 노리고 있다.*

* 임종식(2021), 앞의 책, p.180.

미국은 통일 이후에도 한국과의 동맹을 유지하고 동시에 한국과 일본 두 동맹국의 관계가 강화되기를 희망한다. 만일 한국과 일본 간에 진정한 화해가 이루어져 관계가 깊어지면, 한미일 삼국은 한반도의 통일 이후 일어날 수많은 복잡한 역내 사안들을 서로 협력하여 해결해 나갈 수 있을 것이고 미국은 일본을 통해 통일된 한국과의 연결고리를 좀 더 쉽게 심화해 나갈 수 있을 것이다. 미국은 한일 간의 파트너십이 지역 안정에 이바지할 뿐만 아니라 통일 이후 극동에 대한 미국의 개입과 그 지속을 한결 쉽게 만들어 줄 것이라고 믿고 있다.*

* 윤영관(2022), 앞의 책, p.215.

한국과 러시아

역사적으로 러시아에 있어서 시베리아 개발과 동아시아 진출은 일종의 뉴프런티어였다. 극동 시베리아의 자원은 아직도 개발되지 않은 상태이고 세계 경제의 중심이 점차 동아시아-인도 태평양 지역으로 이동하고 있다. 러시아 정부는 한동안 시베리아 개발과 동아시아 진출을 국가전략으로 설정하고 아시아 태평양 국가로서의 정치적 위상을 제고하려고 노력했다.

러시아는 2014년 크림반도의 병합에 대한 미국과 유럽연합의 경제제재로 경제가 어려워지자, 유럽을 우회하여 극동 연해주 지역의 경제발전을 통하여 활로를 찾는 '신동방정책'을 추진하기도 했다.

중국 파이프라인과 남북러 파이프라인 건설을 통하여 동아시아에서 에너지 판로를 적극적으로 개척하고자 노력한 것이다.*

* 임종식(2021), 앞의 책, p.179.

푸틴 정부는 냉전 시기 구(舊)소련 제국이 누렸던 국제적 위상의 회복을 꿈꾸고 있다. 이를 위해 러시아는 상승 대국인 중국과 연대하면서, 미국의 글로벌리더십의 약화로 생기는 공백을 파고드는 모습을 보인다. 그렇지만 중국과 러시아의 연대는 전략적이라기보다 아직은 전술적 차원에 그치고 있으며, 러시아 경제는 자원 의존형 산업 구조로서 취약성을 드러내고 있다. 더구나 러시아는 푸틴의 우크라이나 침공이라는 중첩된 악수(惡手)에 발목이 잡혀있다. 그럼에도 푸틴 행정부는 세계 대국으로서의 국제적 위상 회복을 강하게 원하고 있으므로 중장기적으로 볼 때 러시아는 시베리아 개발과 동아시아 진출에 더욱 힘쓸 수밖에 없는 사정이다.

러시아가 잠정 중단 상태인 신동방정책 추진에 다시 돌입하더라도 적지 않은 지역 장애요인이 도사리고 있다.

글로벌 차원에서 러시아는 미국의 패권 정치에 반대하며 중국과 연대하고 있으나 지역적 차원에서 러시아는 13억 인구를 가진 중국과는 이 지역에서 오래 경합한 역사가 있어서 그 영향력이 시베리아 지역에서 확대되는 것에 대한 러시아 측의 우려가 크다. 극동 시베리아 지역의 러시아 인구가 아주 적은 데다 갈수록 감소하고 있어서 만약 중국인들이 진출해 밀려들기 시작하면 시베리아가 실질적으로는 중국화해 버릴 가능성마저 배제할 수 없기 때문이다. 한편 일본도 기술과 자본력을 가지고 사할린 지역의 에너지 개발에 참여해 왔지만, 쿠릴 열도를 둘러싼 영토 분쟁 때문에 일러 두 나라는 협력을 심화하는 데 어려움을 겪고 있다.

한국의 경우는 이들 국가와 다르다. 러시아에 있어서 한국은 중국이나 일본처럼 위협적인 대국이 아니면서도 러시아가 필요로 하는 세계 최고 수준의 기술과 자본력, 인적 자원을 보유한 국가이다. 러시아에 한국은 협력을 심화해도 큰 위협이 되지 않고 안심할 수 있는 적절한 협력대상이며, 이 점은 러시아 정부도 이미 간파하고 있다.*

* 윤영관(2022), 앞의 책, pp. 253~254.

푸틴 정권의 신동방정책은 러시아의 에너지 전략과 함께 이루어지고 있다. 핵심은 동북아시아에 안정적인 에너지 판로를 개척하는 것으로 동시베리아와 극동 지역개발, 아시아 국가들과의 협력 확대 방안을 모색하고 있다. 극동지역의 '선도(先導)개발구역' 지정, 극동개발부 신설, 블라디보스토크를 자유항으로 지정하였으며, 동북아 국가와의 경제·에너지 협력 촉진과 외국인 투자 유치를 위한 '동방경제포럼(Eastern Economic Forum)'도 2015년부터 매년 개최하고 있다.

역대 한국 정부는 북한을 관통하는 파이프라인을 통한 러시아 천연가스 도입을 시도했으나 안보 불안 문제로 추진하지 못했다. 문재인 정부 시절 신북방정책 추진과 한반도 평화 체제구축에 대한 기대감으로 한때 현실화 가능성이 점쳐진 적도 있다.

남·북·러의 가스관 연결이 현실화하면 세계 2위의 액화천연가스(LNG) 수입국인 한국으로서는 에너지정책 다변화, 공급 안정성, 경제성뿐만 아니라 남북러 3각 에너지 협력을 통한 경제협력 기반을 확보하게 될 것이다.

또한 러시아의 극동 시베리아 개발 정책 추진 방향이 '극동 시베리아 지역을 아시아·태평양 경제권으로 통합'하고, '에너지·광물·어업·임업·자원 개발 및 물류 수송망 확충을 통한 자생적 경제 성장 기반 확보'를 노린 것이어서 한국의 정책 방향과 일맥상통한 면이 많다.*

* 최재덕(2018), 앞의 논문, pp. 54~55.

러시아가 우크라이나 침공(侵攻) 전쟁이라는 자충수에서 헤어 나오기만 하면 신동방정책 실행 강화에 나설 것은 자명하다.

한국은 그때를 잘 대비하여 말만 걸쳐놓고 중단 상태인 러시아와의 여러 가지 경협(經協) 사업에 뛰어들어야 한다.

한반도 문제에서 푸틴 대통령은 2000년 1기 취임 직후 남북한 모두와 등거리 관계를 유지하는 데 집중할 것임을 천명하였다.

푸틴의 등거리 외교는 북한에 대해서는 북러 간의 정치적 유대를 더욱 강화하면서, 한국에 대해서는 경제협력을 추진하는 방향이었다.

2012년 출범한 푸틴 2기 정부에서도 한반도 남북에 대한 등거리 외교의 원칙은 이어지고 있다. 러시아는 북한의 대중국 경제의존도가 자꾸 심화하고 있는 상황과 그것의 파급효과에 매우 민감하다. 러시아로서는 북한에 대한 중국의 영향력 심화 확대가 한반도 내에서 자국의 상대적 입지 약화로 연결되지 않을까 우려하는 것이다.

이런 맥락에서 러시아가 그동안 관심을 쏟은 남북러 가스 파이프라인 사업, 철도, 전력망 건설사업 등은 비록 지금과 같은 북한의 대남 단절과 적대 상황에서는 어쩔 수 없다손 치더라도 한국이 절대 포기해서는 안 될 지경학적 북방정책의 무한한 가능성을 지닌 분야이다.*

* 윤영관(2022), 앞의 책, pp. 257~259.

이 중 남북러 가스관 연결 프로젝트(남북러 가스관 사업)은 2011년 한·러 정상회담을 앞두고 8월 24일 울란우데(Ulan-Ude) 북러 정상회담에서 당시 김정일 국방위원장이 동의하여 남북러 가스관 연결 사업의 구체적인 일정까지 발표됐으나 한 달 뒤 김정일 국방위원장의 사망과 2012년 한국의 정권 교체, 2013년 북한의 3차 핵실험으로 PNG 사업은 전면 중단되었다.*

* 최재덕(2018), 앞의 논문, p.63.

북핵 문제와 관련, 러시아는 북한의 비핵화를 반대한다는 분명한 입장을 제시하면서도 대체로 중국의 입장에 동조하는 태도를 취하고 있다.

북핵 문제의 근본 원인은 북한이 외교적 고립과 안보 불안감을 가지고 있는 데서 기인하기 때문에 어쨌거나 미국이 먼저 손을 내미는 것이 중요하다고 주장한다.

한반도 통일 문제에 대해서 러시아는 중국이나 일본의 경우와는 달리 깊은 우려감을 가지고 있지는 않다.

러시아는 설령 한반도가 통일된다고 할지라도 그것이 러시아의 국익에 결정적 영향을 미칠 것이라고는 인식하지 않는다. 오히려 러시아는 한국을 러시아의 시베리아 극동(極東)지역의 경제 개발과 동아시아 지역 진출에 있어서 협력 가능성을 가진 국가로 파악하고 있다.

러시아는 아시아 태평양 지역의 안보 문제와 관련해서 1980년대 말부터 다자협력 메카니즘의 필요성을 주장해 왔다.

그런 맥락에서 러시아는 2005년 6자 회담 합의로 구성된 '동북아평화안보체제(NEAPSM)' 실무그룹 의장국을 맡는 등으로 한국의 지역 다자 안보 구상과 유사한 점이 많다.*

* 윤영관(2022), 앞의 책, pp. 260~262.

한국과 동남아 그리고 인도

미중 패권 경쟁, 글로벌 가치 사슬의 변화로 21세기 세계의 경제와 외교·안보의 중심이 동아시아로 이동하면서, 인도·태평양 지역의 중요성이 그 어느 때보다 부각하고 있다. 이 지역에서는 지정학적으로 중국의 일대일로 전략과 미국의 인도·태평양 전략이 첨예하게 대립한 가운데 인도·아세안을 우군으로 만들고자 하는 미·중의 영향력 확대 경쟁, 지경학적으로 인도·아세안에 대한 미·중·일의 경쟁적 경제협력 관계 형성과 경제적 영향력 우위를 점하기 위한 지정학적 각축이 치열하게 벌어지고 있다.

또한 원유 수송로의 안전보장, 에너지 안보 차원에서 인도·태평양 지역의 안정은 한국의 국익과 연결된 매우 중요한 사안이다.

미중 경쟁은 군사·안보 분야로 확전되면서 항미적(抗美的) 성격이 강한 중·러의 전략적 협력관계가 이 지역에서 중·러 대 미·일의 대결 구도로 확장되었고, 중·러가 동북아에서 공동으로 군사적 영향력을 행사하기에 이르러 한국의 안보 상황에도 영향을 미치고 있다.*

> * 최재덕, "신남방정책과 '인도-태평양전략'의 상호연계 모색: 지정학과 지경학의 상호보완성을 중심으로", 『세계지역연구논총』 제37집 4호 (서울: 한국세계지역학회, 2019), pp. 322~326.

인도·아세안에 대한 한국의 전략은 2017년 11월 문재인 대통령이 「APEC, 아세안+3, 동아시아정상회의」 참석차 베트남, 인도네시아, 필리핀을 방문하여 '신남방정책'과 '한-아세안미래공동체구상'을 밝히면서 구체화했으나, 그 뒤 미북 핵 협상을 중재하는 과정에 북중(北中)에 치중하느라 큰 진전을 보지 못했다. 본래는 4강 중심의 경제·외교 관계에 다변화를 추구하고 아세안·인도와 양자·다자협력을 강화하는 것을 목적으로 삼았다.

아세안은 총인구 6억 5,000만 명, 경제 규모는 세계 7위의 거대경제권으로 최근 3년간 한국과의 교역 규모가 연평균 16% 성장했다. 아세안 지역은 중위연령이 30세 미만으로 잠재적 소비력을 갖추고 있으며 소비시장이 연평균 15% 성장하고 있다. 아세안은 중국에 이어 한국의 제2교역 대상으로 한국은 글로벌 보호무역주의와 미중 무역 갈등 심화에 대응하여 개방적 대외환경 조성과 신흥경제권과의 협력 확대를 위해 포스트 차이나로 부상하고 있는 ASEAN과의 전략적 협력이 무엇보다 시급하다.

2019년 11월 4일 '역내포괄적경제동반자협정(RCEP)'의 협정문이 15개 국가에 의해 7년 만에 타결됨으로써 자유무역의 가치 아래 새롭게 결집한 RCEP 참여국들은 교역·투자 활성화와 수출시장 다변화를 통한 새로운 기회 창출을 기대하고 있다.

RCEP는 상품과 서비스 교역은 물론 경제기술협력, 경쟁, 전자상거래, 원산지, 통관, 위생·검역, 기술규제, 분쟁 해결 등 통상의 전 분야가 포함되어 있어 한국의 동남아·인도 진출을 가속화(加速化)시킬 기제다.

특히 메콩 유역 5개국(면적 194만 km2, 인구 2억 4,000만 명)은 최근 동아시아에서 가장 빠르게 성장하는 신흥시장이다. 포스트 차이나의 최적 지역으로 부상하면서 국제사회의 투자·개발 경쟁이 치열하다. 1992년부터 본격화된 메콩 유역 개발은 2000년대 들어 더욱 활발하게 중층적으로 개발되고 있다. 현재 확대 메콩 유역 경제협력 프로그램(GMS)을 비롯하여 메콩강위원회(MRC)사업, 메콩-갠지즈협력사업, 에야와디-차오프라야-메콩 경제협력전략(ACMECS) 등 많은 개발사업이 진행되고 있고, 일본, 중국, 미국 등 주요국의 진출과 협력, 경쟁이 갈수록 치열해지고 있는바 한국은 새로운 성장 동력 확보를 위해 메콩 유역 국가와의 협력이 시급하다.*

* 최재덕(2019), 앞의 논문, pp. 329~330.

이처럼 동남아는 미국의 인·태 전략과 중국의 일대일로 전략이 교차하는 길목으로 미중 경쟁 구도 속에서 생존책을 강구(講究)해야 하는 한국으로서는 이 지역과의 정책 동조화가 절실한 형편이다. 중국의 산업 구조 변화, 임금인상, 기술격차 축소로 인한 수직형 분업 구조 약화에 따라 글로벌 가치 체인(GVC) 재편 차원에서도 한국은 아세안과의 협력을 도모해야 한다.

한국은 아세안과 제도구축의 파트너로 강대국의 압력에 대응하기 위한 공동의 협조를 모색하도록 노력해야 하며, 동북아지역의 대결 구도가 심화함에 따라 동남아지역을 통한 정치·경제적 우회를 모색하고 협력관계를 증진해 나가야 한다. 아세안은 21세기 들어서 비약적인 경제발전을 이루고 있으며, '아시아의 시대'를 맞아 경제뿐만 아니라 동아시아 평화 수호를 위한 안보 분야의 중요성이 높아지고 있다.

동남아 국가들은 특히 외교 전략적인 측면에서 한국에 중요하다. 한국은 강대국이 아닌 중견국이기 때문에 국제무대에서 자국의 외교 목표를 달성하기 위해서는 중위권 국가들과 연대하고 협력을 강화해야 한다.

이런 점에서 동남아 국가들은 한국과 유사하게 경제적으로는 중국과의 교역 및 투자에 크게 의존하지만, 안보적으로는 미국을 끌어들이는 전략을 추구하고 있다. 국제무대에서 비슷한 입지에 있는 이들 국가와 전략적으로 연대함으로써 한국의 외교적 입지를 강화할 수 있다.*

* 윤영관(2022), 앞의 책, p.340.

한국과 아세안은 아세안안보포럼(ARF), 아세안+3, 동아시아정상회의(EAS), 아시아태평양경제협력체(APEC), 아세안국방장관회의플러스

(ADMM+), 지역포괄적경제협정(RCEP) 등 다양한 다자협력체에 함께 참여하고 있다.*

* 최재덕(2019), 앞의 논문, p.334.

이 지역과 함께, 사드 보복 등 중국의 한국 홀대를 생각하면 인도야말로 중국을 대체할 기회(機會)의 대국이자 북중러 블록화로 유라시아 대륙 쪽으로 막힌 한국의 안보 및 경제 영역을 보완하고 개척해야 할 최적의 땅이다. 인도는 한국에 중앙아시아와 중동 아프리카 지역 진출을 위한 교두보로서도 중요하다.

이런 인도가 미중 무역전쟁과 러시아·우크라니아 전쟁이 빚어낸 공급망 재편으로 '세계의 공장'이자 '세계의 시장' 역할을 해온 중국의 대안으로 급속히 떠오르고 있다. 인도는 지난해 말 집계한 인구가 14억 1,700만 명으로, 14억 1,200만 명인 중국을 처음으로 추월했다. 평균 연령도 28.4세로 38.4세인 중국보다 젊고, 지난해 GDP(국내총생산) 성장률은 6.5%로 3%에 그친 중국을 크게 앞질렀다.*

* https://www.chosun.com/economy/auto/2023/02/21/WWWDNVNBKRB7F-CLQQT726H4LLY/ 류정 변희원, "'제2의 중국 잡아라' 인도 투자 러시" (검색일: 2023. 2. 22.)

인도는 인도·태평양 시대에 전략적 가치가 돋보이는 국제 정치 대국이다. 인도는 아세안, 유럽연합(EU), 아프리카, 중동 국가들 모두와도 깊은 연대를 가지고 있다. 아프리카 53개국, EU 27개국, 아세안 10개국을 각각 한 곳에 모아 1대 1로 정상회담을 하는 나라다. 하기야 아프리카 전체 인구(13억 5,000만)가 인도보다 적다. 아세안 인구는 인도의 반도 안 되고, EU 인구는 인도의 3분의 1 수준이다. 현재 아시아에서 중국을 군사적으로 견제할 수 있는 나라도 세계 4위의 군사 대국인 인도뿐이다.

2007년 고향인 구자라트주 총리로 처음 방한한 이래 한국에 꽂힌 모디 총리는 한국이 인도의 발전 모델이라는 신념을 갖고 있는데 거기서 나온 것이 '메이크 인 인디아(Make in India)'라는 강력한 제조업 육성 정책으로, 롤 모델은 한국이다. 한국과 인도는 역사적으로 서로 빚이 없고 지정학적으로도 서로에 위해가 되지 않는다. 2000년 전 가야 김수로왕과 인도 아유타국 공주 허황옥의 결혼으로 사돈 나라임을 강조하는 인도를 한국이 피할 이유도 없다. 한국이 한 단계 더 도약하려면 제2의 중국이 필요하다. 중국과 30년 상호 '윈-윈'했듯이 이제 인도 경영에 '올인'할 때다. 인도와 외교·안보·경제·문화 등 전방위적으로 관계를 강화해야 한다.*

---

* https://www.joongang.co.kr/article/25136770 신봉길, "한국과 인도, 위대한 관계 만들 때가 됐다." (검색일: 2023. 2. 1.)

1991년 외환위기를 겪은 인도는 아세안과의 전략적·경제적 협력을 위해 라오 전 총리가 '동방정책(Look East Policy)'을 수립하여 인·아세안의 관계가 발전하기 시작했다.

현재의 모디 총리는 중국의 부상과 아시아 지역 내 안보 역학 구도의 변화에 좀 더 적극적으로 대응하고자 기존의 동방정책을 발전시켜 2014년 신동방정책(Act East Policy)을 수립하였고, 이를 통해 협력대상 지역을 아시아와 태평양 전 지역으로 넓혀, 확대된 리스크에 대한 대응 방안을 마련하고 외교 다변화를 통해 경제 성장 동력을 창출하고 있다.

전략적 모호성을 취하던 미국의 '인도-태평양전략'에 가담하여 미국, 일본, 호주, 인도로 구성된 QUAD에 참여하면서 인도·태평양 지역 안보에 적극성을 보인다.

인도는 한국의 경제·외교 관계 다변화에 중요한 파트너이고, G20, 브릭스(BRICs) 회원국으로서 국제사회에서 발언권을 높이고 있으며, 미국과 일본은 중국 견제 카드로 인도와 경제적·군사적 협력을 강화해 나가고 있다. 한국이 아시아에서 정치·안보·경제적 영향력을 넓히려는 인도의 요청에 부응하여, 한-아세안 경제협력을 인도-아세안-한국으로 확대한다면 한국의 경제적 외연 확장과 외교·안보적 지평이 크게 확대될 것이다.*

* 최재덕(2019), 앞의 논문, p.332.

인도는 지난 20년 동안 연평균 8%에 가까운 괄목할 만한 성장률을 보여 인도 경제가 2050년에는 미국, 중국과 함께 3대 경제 대국이 될 것으로 예측되기도 한다. 구매력 평가 지수로 환산한 GDP 기준으로는 2011년에 이미 세계 3위를 차지하였다.

인도는 냉전 시기 친(親)소련 노선과 핵실험으로 미국의 제재를 받는 등 갈등 관계에 있었으나 2006년 3월 부시 행정부가 인도를 사실상 핵보유국으로 인정하는 내용의 이례적인 핵 협력 협정을 체결, 획기적인 관계 개선이 이루어졌다. 이후 미국의 대(對)인도 정책은 1970년대 소련을 견제할 목적으로 중국을 끌어들인 포용정책과 비슷하게, 중국을 의식해 그 대항마로 인도를 밀어주는 양상으로 전개됐다.

2014년 5월 모디 총리의 집권 후 인도는 이데올로기나 진영보다는 실용주의에 입각한 다(多)동맹 대국 외교를 펼치면서 인도양 진출을 강화하는 전통적 라이벌 중국에 대한 견제에도 나서고 있다.

인도가 미국과 중국 사이에서 어떠한 외교를 펼쳐 나갈 것이냐가 21세기 국제 정치의 핵심 변수가 될 것이다.*

* 윤영관(2022), 앞의 책, pp. 147~156.

아세안도 2015년 아세안정치안보공동체(ASEAN Political-Security Community), 아세안경제공동체(ASEAN Economic Community), 아세안사회문화공동체(ASEAN Socio & Cultural Community)로 외연을 확대하고 협력 심화를 위해 아세안공동체로 새롭게 출범하였다. 아세안공동체를 통해 미중 사이에서 주도권을 행사하고 강대국 간 경쟁 구도를 활용하여 자신의 경제발전과 영향력을 확대하는 기제로 활용한 것이다. 2019년 6월 24일 제34회 아세안 정상회의에서 아세안 정상들은 '인도 태평양에 대한 아세안의 시각(outlook)'이라는 별도의 성명을 통해 아세안은 '싸움의 장이 아니라, 상생의 공간 윈-윈의 장'이라는 사실을 강조하였다.

아세안의 입장은 아세안의 안보적 위험을 감내하고 경제발전을 추구하겠다는 의미가 아니라, 아세안의 의지와 관계없는 미중 간의 패권 경쟁에 희생양이 되고 싶지 않다는 의미였다.

인도 또한 인도·태평양 전략의 추진체라 할 수 있는 미·일·인·호 4개국 안보 대화(QUAD)에 참여하면서도 다소 소극적이었으나 바이든 정부 출범 후 태도를 일신, 인도양에서의 패권국임을 자임하고 강대국으로서 국제 안보 질서 구축 및 유지에 영향력을 행사하고자 하는 의지를 드러내고 있다.

한국이 인도·아세안과 전략 관계를 강화하면서 미일이 주도하는 인·태 전략에 호응할 경우, 첫째로 한미 동맹 강화와 안보협력 다변화의 기회가 될 것이며, 한미 동맹이 더욱 포괄적이고 미래지향적인 동맹으로 발전하는 계기가 될 것이다.

둘째, 한-아세안, 한-인도 간 신뢰를 바탕으로 한 안보협력은 안보협력과 경제협력이 상호 강화되어 선순환구조를 이룸으로써 경제협력이 더욱 활성화될 것이다.

셋째, 인도-태평양 지역 국가의 안보협력에 적극적으로 동참함으로써 인도·아세안을 한반도 비핵화와 평화 정착의 지지 세력으로 확보할 수 있다.*

* 최재덕(2019), 앞의 논문, p.350.

인도·태평양 전략은 인도·태평양 지역에서 미국의 영향력 확대와 중국의 패권 도전 저지를 목적으로 하는 지정학 전략이지만, 이 전략이 성공하기 위해서는 동 지역 국가들과의 지경학적 협력이 반드시 동반되어야 한다.

한국의 인도·태평양 전략 참여가 미중 간의 양자택일이라는 이분법적인 시각에서 벗어나 인도·태평양 전략을 인도-태평양 지역에서 한국의 경제적·외교적·안보적 협력의 범위를 넓히는 복합 지경학 전략으로 이용하여 미국, 중국, 일본, 아세안, 인도와의 양자 또는 다자협력을 확대하는 방향으로 나아가야 할 것이다. 아세안은 남북 간 중개자, 개혁·개방의 조력자로서 북한 비핵화 과정에 도움을 줄 수 있으며, 북한의 정상 국가화에 이바지할 외교 무대를 열어줄 개방적인 다자협력체이다.*

* 최재덕(2019), 앞의 논문, pp. 351~352.

한국은 이미 중국 주도의 RCEP에도 가입해 있으므로 중국과의 협력관계도 적극 유지하려는 노력이 필요하다.

다만 RCEP에는 지경학적 기회 요인과 지정학적 위험 요인이 위태롭게 공존한다는 점을 유의해야 한다. 지경학적 기회 요인이란 세계 경제의 생산 거점이자 성장 엔진 지역의 FTA라는 점인데 여기에는 중국의 과도한 중심성이라는 위험 요인도 도사리고 있다. 지정학적 위험 요인이란 회원국 간 발전 격차와 차이, '전략적 경쟁국 간 경제 통합' 등이다.*

* 김양희, "RCEP의 지경학과 지정학, 전망과 함의", 『동향과전망 112호』 (2021), p.180.

제3장 북핵 시대 총결

　제2부와 제3부는 북한 연구의 보편적 접근법인 '과거에 대한 분석과 이론화'라는 틀을 의도적으로 이탈한 것임을 밝힌다. 대신 북핵 문제 등 한반도 이슈를 거시적·총론적 역사 흐름의 시각에서 보고 설명하는 방법을 택하였다. 북한 체제의 본질은 백두혈통 1인 철권독재이며, 분단 고착과 북미 대립은 북한의 남침 전쟁 도발이 그 초기조건이다.

　그럼에도 북한은 이 같은 본질과 조건을 화석화해서 꽁꽁 묻어두고, 사안마다 자기 좋은 주장과 행동으로 일관한다. 핵미사일 개발과 대남교섭, 대미 외교 및 벼랑 끝 전략이 대표적이다.

　이런 북한을 상대할 때 또는 연구할 때 북한이 당장 들이대는 주장과 단편적인 팩트에 열중하면 끝없이 말(言)의 수렁에 말려들어 전쟁의 침략자와 피해자, 또는 협상에서 갑을관계가 전도될 위험이 있다.

　북중(北中) 공산주의자들이 대화 협상에서 사용하는 동시적 단계적 접근방식 및 쌍중단 쌍궤병행(雙中斷 雙軌竝行), 또는 살라미(salami) 전술은 모두 미분(微分)의 논리모순을 이용해 상대를 수렁에 몰아넣는 수단이다.

　예를 들어 비핵화에 이르기 위해 우선 중간단계까지 가자는 것은 논리상 '중간의 중간'은 영원히 이어질 수 있다는 논리니까 결국 비핵화에는 도달할 수 없게 되는 것과 같다.

　이에 따라 북한의 핵 협상 태도는 헤징(hedging)으로 위장했지만, 기실 치팅(cheating, 기만) 전략이었음은 김정은이 문재인 대통령을 중재자로 이용한 후 철저히 배제하고, 트럼프 대통령을 시종 현혹하는 방식에서도 거듭 드러났다.*

* 김충근, "북핵 시대 한반도 신냉전체제의 강화", 『新亞細亞』 (서울: 신아시아연구소, 2023 봄), pp. 28~41.

　북한의 본질과 초기조건 등 지나온 과거를 시야에 넣고 현안을 거시적 포괄적 역사적 접근으로 분석 전망한 본 연구의 결론은 다음과 같다.

　첫째, 북한 김정은은 핵 협상을 통해 경제건설에 총력을 집중할 수 있는 계기를 마련하려던 애당초 생각을 접고 다시 핵 공갈 전략, 즉 지정학적 접근으로 돌아간 것이 확인되었다. 여기엔 여러 요인이 있었으나 백두혈통 정권 안보가 가장 중시되었다.

　중국의 작용이 결정적이었다. 중국은 일대일로 정책을 경제협력의 강화 확대, 즉 지경학적 접근인 양 포장하고 있지만 사실은 패권 유지 확장을 위한 지정학의 구태의연한 접근법, 다시 말해 한반도에 대해 치순(齒脣) 관계론과 이이제이 전략으로 미국을 견제하는 데 급급하였다.

　한반도 국제 정치에서 중국에 '책임 있는 이해당사자' 역할을 기대하는 것은 여전히 연목구어(緣木求魚)다.

　둘째, 분단 해소 즉 통일 이슈는 다시 장기과제일 수밖에 없다. 상승 대국 중국의 세력 팽창을 극복하고 북핵 문제는 물론 통일 이슈를 해결하기 위해서는 종합적인 국가경쟁력 제고에 나서야 한다.

　이를 위해 우선 남남갈등을 해소해서 적어도 안보와 남북문제에 있어서는 국론통일이 시급하다. 통일 이슈는 결국 남북한 주민의 각성과 의지에 따를 수밖에 없다.

　셋째, 지금과 같은 남북 대치 북미 대립의 한반도 신냉전 체제 아래서 지경학적 접근은 좋은 기회 요인이다. 경제도 안보도 모두 디지털화로 대표되는 4차 산업혁명기는 결국 기술 패권이 시대와 세계를 이끌 것이다.

　기술은 사람과 교육이 제일 중요하므로 한국은 인구감소 대책과 교육개혁을 위해 총력을 쏟아부어야 한다.*

* 정영록(2021), 앞의 책, pp. 16, 55.

넷째, 미국이 주도하는 인도·태평양 전략을 적극 활용, 가치동맹 기술동맹의 공급 체계에 핵심적으로 가담해야 한다. 한 치 앞 미래를 예측하기도 어려운 신냉전 체제 아래서 미중 사이의 '균형 외교' 같은 안일한 생각을 하고 있을 겨를이 없다.

기술과 생산은 결국 연구개발에 대한 투자 규모에 따라 승부가 날 수밖에 없는데 미국 주도 동맹과 파트너 국가들의 R&D 투자가 북중러 블록과 그 우방국들을 압도하고 있다.

여기에 더해 한미일 협력 체제를 더욱 강화하고 중국 러시아를 대체하고도 남을 동남아와 신흥대국 인도 진출에 매진해야 한다.

순위	국가	R&D 지출액(십억 US$)	연도
1	미국	473.4	2013년
2	중국	409	2015년
-	유럽 연합	334.3	2014년
3	일본	170.8	2014년
4	독일	106.5	2014년
5	대한민국	91.6	2014년
6	인도	72	2015년
7	프랑스	58.4	2014년
8	영국	43.7	2014년
9	러시아	42.6	2014년
10	브라질	35.4	2012년

그림 5. 주요 국가 R&D 투자액 동향

출처: https://namu.wiki/w/%EC%84%B8%EA%B3%84%20%EC%97%B0%EA%B5%AC%EA%B0%9C%EB%B0%9C%20%EC%A7%80%EC%B6%9C%EC%95%

한반도는 내부의 논리 갈등과 정치 당쟁에 매몰돼 문명 진화와 세계 정세를 외면하다 국망(國亡)에 몰린 비극을 안고 있다. 112년 전 일제에 의한 합방(合邦)이 가장 뼈아픈 국치(國恥)의 경험이었고, 그 전의 임진왜란도 그 후의 6.25 전쟁과 남북분단의 고착화도 마찬가지였다.

역사의 고비마다 한반도에 전개되었던 주변 4강(强)의 관계 동학이 지금도 고스란히 재현되고 있음을 확인하였다.

이런 상황에서 한국으로서는 이제 북한 스스로 자기 운명을 결정하도록 기다리면서 오히려 자유 인권 민주화 등 보편가치의 실현을 요구하는 대북 벼랑 끝 전략으로 나가는 수밖에 없지 않나 생각된다.

에곤 바르 같은 전략 짜기, 빌리 브란트 같은 리더십 흉내 내기가 통하지 않기 때문이다.

우선 한국과 독일은 상대가 다르다. 국제환경, 즉 주변국도 다르다. 독일은 민족적 구심력이 강해 항상 주변국을 침공하는 가해자였던 반면 한반도는 내부의 갈등 반목이 외부의 원심력에 놀아나는 피해자였다.

전범국 독일은 전승 연합국에 의해 징벌 차원에서 강제 분할됐지만, 한반도는 패전국 일본의 식민지로 미국과 소련에 의한 일본 무장해제와 점령의 편의에 따라 분단됐다. 미소 분할 점령 후 민족지도자들의 남북협상이 실패하면서 분단이 고착됐다. 말하자면 남북 간 좌우합작의 실패가 지금껏 계속 연장되고 있는 것이라고 할 수 있다.

1980년대 내재적 접근법의 영향을 받은 제3세대 이후 북한 연구자들의 학문적 회고 성찰도 필요하다. 헌법상 남북한의 위상으로 볼 때 북한 연구를 이미 소멸한 신라나 백제 연구하듯 할 수는 없다.

북한을 논할 때 이데올로기적 편견을 자제하자는 말은 옳다. 그러나 이미 판명된 이데올로기적 결점과 병폐에 대해 침묵할 필요는 없다고 본다.

공산주의 일당독재의 폐해, 사회주의 폐쇄사회, 통제경제의 실패는 북한 딜레마의 상수이다.

여기다 중국 베트남 수준의 집단지도체제도 아니고 쿠바같이 일인 독재자의 개심(改心)*도 없는 북한은 그 존재 자체가 국제적 문제 덩어리이다.

* 『The Atlantic』, 2010년 9월 9일. 말년의 피델 카스트로는 "The Cuban model doesn't even work for us anymore,"라고 말해 쿠바를 이끌고 있던 동생 라울에게 당내 정통 공산주의자들과 관료들의 반발을 무릅쓰고 개혁(改革) 수행 공간을 주려고 했다.

문재인 서훈 박지원은 생존해 있는 진보 내지는 좌파적 정책추진의 최고 책임자들로서 과연 북한의 신세대 영도자 김정은의 진의와 21세기 북한의 실체는 무엇이던가 본대로 경험한 대로 진상 고백이 필요하다. 남남갈등을 해소하고 앞으로 더디고 힘들더라도 정말 생산적인 남북 관계를 위해 필요하다. 문재인의 고백이 진보와 보수진영의 오랜 대북 노선 갈등을 정리하고 대북 정책 통합의 계기가 될 수 있을 것이다.

덧붙이자면, 무엇보다 남남갈등의 해소가 시급하다. 지난 75년간 보수와 진보 또는 좌우 진영의 한반도 문제 접근법이 모두 실패한 지금 더 이상 숨기거나 비밀리에 추진해야 할 대북 정책이란 소용없다고 본다.

남북 관계의 실제상황을 한국 국민과 북한 인민대중이 다 알고 변별할 수 있어야 한다. 여태까지 남북 당국이 전담했으나 실패한 통일 담론을 이제부터 남북 동포 대중의 주도와 선택에 맡기는 것이 바로 신사고이고 대전환(paradigm shift)이 될 수 있다.

다시 말해 양측의 통치 엘리트들이 전담했던 통일 담론을 남북 동포 대중에게 넘겨주자는 얘기다.

이를 위해 우선 한국은 여야 합의로 대북 정책 실행의 공식 매뉴얼을 제정할 필요가 있다.

미국 중국 일본 러시아 등 주변 4강의 국제 동학은 한반도 지도자들의 필수전문 분야가 되어야 한다. 이들 국가가 각기 자국 이해관계에 따라 작용하는 것을 한반도가 서툴게 대응하거나 속수무책일 때 한반도 운명은 장기판의 졸(卒)이 되어왔다. 먼저 여야가 손잡고 북한을, 그다음 남북이 서로 짜고 역할 분담을 해서 4강을 관리하는 순서라야 문제의 핵심에 접근할 수 있을 것이다.

에필로그

"잘 가라, 김정은!"

협치 우선순위는 대북 국론통일

대통령과 여야가 지금처럼 행동해서야 무엇이 해결될까. 서로 부딪혀 깨지는 파국밖에 없을 것이다.

이것은 지난 총선에서 표출된 국민의 뜻이 아니다. 우리 국민의 선거 결단은 언제나 위대했다.

국민의 준엄한 총선 명령은 무엇보다도 대북 국론통일이다. 국론이 통일되면 당연히 한반도 기적의 출발점으로 삼을 수 있다.

국민은 지난 79년 동안 한반도 불행의 원천이었던 북한 체제와 김일성 일족에 대한 우리 내부의 인식통일을 명령하고 있다.

총선 민의가 협치(協治)라면 지금 여야가 타협으로 국론을 모을 곳 중 가장 시급한 주제가 북한 이슈이기도 하다.

여야 동서 보수·진보가 끊임없이 충돌하는 원인부터 해결하고 분단 80주년인 내년부터는 대한민국이 훨훨 다시 비상하라고 계시함이 분명하다.

핵 4강을 자처하는 북한 김정은은 대한민국을 한반도의 두 국가 중 자기들의 주적이라고 특정하고, 동족 혈연도 부인하는 의절을 선언했다.

그러고도 김정은은 미사일 도발을 일삼고, 최근엔 온갖 오물을 남쪽 하늘에 뿌리며 계속 우리를 집적거린다.

북한의 이런 도발 DNA는 개선되지 않는다. 이런 북한에 대해 '비핵화에 나서면 담대한 지원 협력' 타령만 하고 있을 수는 없다. 철저한 안보 대책을 세우고 "잘 가라, 김정은!" 하며 보낼 수 있는 여건을 만들어야 한다.

미국 대선이 가깝다. 바이든이 재선되어도 선거가 만사인 미국에선 선거 전후의 민심 동향에 따라 현재의 한미동맹 및 한미일 핵 협의 체제에 어떤 변화가 있을지 모른다. 미국은 철저히 여론이 지배하는 국가다.

또 아직 선거 여론조사 우위를 유지하고 있는 트럼프는 벌써 주한미군 철수, 방위비 인상같이 우리 국익과 안보에 직결된 예민한 이슈를 들먹이고 있을뿐더러 당선되면 트럼프는 물론 김정은의 품성이나 정치적 필요성이 상호 공명해 또 북핵 협상 쇼를 할 것이 확실시된다.

여기다 최근 북한과 일본이 비밀 접촉을 재개했고, 곧 방북할 푸틴의 러시아는 물론 시진핑 1인 천하의 중국도 상호 결속과 이완, 균형과 견제 등 현란한 북·중·러 관계 동학을 연출하고 있다.

모두가 최연소 공산 맹주 김정은과 북한 무력 '사용법'을 놓고 복잡한 계산을 일삼는 것이다.

한반도 안팎에서 일어나는 도전 요인은 오히려 우리에게 위기 속에서 기적의 기회를 제공하고 있다.

이에 우리도 반응해야 한다. 대북정책과 안보 평화 패러다임을 완전히 바꿔야 한다.

북한 김정은의 의절 선언에 대한 매서운 답이 되고, 미국 중국 일본 러시아를 향해서도 대한민국의 새롭게 단합되고 결연한 국책 정향(定向)을 천명하는 수준이어야 한다.

여기서 대통령과 여야가 협치 화합하면 각기 살 길이 열릴 것이다. 민주화 산업화를 동시에 이룩한 한국의 저력이면 충분히 가능하다.

대북 국책방향은 북핵 폐기의 실제 행동이 확인되지 않는 한 한국은 이후 남북 간 모든 대화와 교류 협력의 상대를 북한 주민으로 전환하고, 자체 핵무기 개발에 돌입하는 수준이면 훌륭하다.

이를 위해 먼저 국회에서 대정부 핵 개발 촉구 결의안을 여야 합의로 채택하면 최상이다. 그런 다음 북한의 대남도발에 대해서는 그 도발의 강도와 형태를 불문하고 상호주의 원칙에 따라 철저하게 응징해야 한다.

이와 같은 대북 전략 국론통일 작업이 만약에 민주당 이재명 대표의 이니셔티브로 추진된다면 정말 환상적일 것이다. 무엇보다 김정은 북한에 주는 시너지 효력이 원폭급(原爆級)일 것이며, 국내적으로는 고질적인 여야 정쟁과 동서 갈등을 해소하는 정치혁명의 변곡점이 되기에 충분하다.

이 대표가 나선다면 문재인 전 대통령과도 조율하는 과정이 필요할 것이므로 이는 민주당이 갖고 있는 친중·종북·좌경 이미지를 덜어내면서 이 대표 자신의 대권 꿈에도 다시 불을 지피는 계기가 될 것이다.

대북 국론통일과 여야협치의 이니셔티브는 누가 잡아도 좋지만, 윤석열 대통령에게는 피하거나 지체할 수 없는 필수임무가 되었다.

대통령 자신에게 곧 밀려들 조기 퇴진 압박과 식물 정부의 폐해를 막기 위한 최후의 승부처도 바로 이 길뿐이다.

윤 대통령은 우리 사회에 최대 25%의 친중·종북 세력이 광범위하게 존재한다는 사실을 알아야 한다. 학계 언론계 등 소위 지식층에 있고, 심지어 군 내부 현역 장교에도 있다. 김정은이 내심 크게 믿고 큰소리치는 구석이 바로 여기다. 6.25 이전 박헌영이 이끌던 때보다 유사시 훨씬 더 유용한 '남로당'이 있다고 자부하고 있다.

이런 상태로 나라가 제대로 굴러가기를 바라는 것은 바보짓이다. 윤 대통령이 대한민국의 정체성을 바로 세우고 나라와 국민을 필망(必亡)의 위험에서 구한다는 각오를 해야 한다. 자체 핵무장 방침 수립과 대북 자유 인권 드라이브, 이 두 가지에 모든 것을 다 걸면 대통령의 정치생명은 물론 국가에도 사즉생의 길이 동시에 열린다.

김정은이 앞으로 한두 번은 더 대미 낚시질을 할 터인데, 다음 북미회담 전에 반드시 두 가지를 착수해야 한다. 놀라운 일이 벌어질 것이다.

통일부 집계자료(2017년)에 따르면 김대중(24억 달러) 노무현(43억 달러) 두 대통령 집권 시기의 대북 현금 및 현물 지원 규모가 67억 달러였다. 물론 정부와 민간 차원의 지원을 합산한 것이지만, 문재인 정부 때는 또 얼마나 퍼주었는지 아직 알 수가 없다.

김·노 두 대통령 시기 10년 동안 북한당국을 통해 전달된 67억 달러어치의 돈과 쌀 등 현물이 만약 우리 손으로 직접 북한 전 지역 주민들에게 골고루 나누어 주었다면 아마도 벌써 삼팔선이 풀렸을 것이다.

윤 대통령은 위 두 가지 대북 국책방향이 정해지면 북한 주민 구호사업을 즉각 재개하고 중단없이 밀어붙여야 한다. 똥까지 퍼부은 김정은의 만행을 이대로 어물쩍 넘겨서도 안 된다. 현재 탈북민단체 등에서 하는 '대북전단' 풍선 살포 사업을 통일부 주관으로 전환하는 등 모든 방법을 다 동원해서 공개적·대대적으로 전개할 필요가 있다.

예를 들어, 탈북민단체가 살포하는 1$짜리 지폐를 10$ 지폐로 바꾸고 모든 기술을 동원해서 ('김정은 귀족'이 사는) 평양을 제외한 전 지역, 특히 인민군 영내에도 살포하면 더 좋지 않겠는가. 내용물은 지폐를 비롯하여 쌀, 라면, 의약품 등 북한 주민의 삶에 도움이 되는 생필품으로 엄격히 제한해야 한다.

여기에 드라마 등 K-컬처 비디오테이프도 계속 보내고 한국은 인력난 때문에 1인당 최저시급 7$와 안전 귀환을 보장하는 조건으로 북한 근로자들을 무제한 받아들일 준비가 되어 있다는 등 한국과 자유세계 소식을 체계적으로 투사해야 한다.

국가에도 위기는 동시에 기회가 될 수 있다. 수천 년 비운에 할퀴었던 나라의 팔자를 바꾸자. 삼팔선이 풀리면 '화평세상'이 열린다. 그 주역이 윤석열 대통령과 이재명 대표는 물론 지금 온 국민의 비호감 대상인 여야 국회의원이 될 수도 있다.

국민은 못 속인다

나는 1976년 동아일보 사회부에서 수습기자로 대학가 유신철폐 데모 취재에 투입된 후 YH사건, 부마사태, 10.26, 12.12, 사북사태, 광주사태 등 사태 현장 전담이었다(그 당시 우리 사회는 그렇게 호칭했다).

정치부로 옮겨서는 2.12총선, 직선제 개헌 투쟁, 6.10 항쟁, 6.29 선언, 3김 1노 대통령 선거 등 역시 민주화 정치투쟁의 현장만 누볐다. 이 기간 취재현장에서 만난 민초(民草)들의 반응 중 다음 몇 컷이 아직도 기억에 선명하다. '국민은 못 속인다'는 중간 제목을 '민초는 다 안다'는 뜻으로 쓰게 된 까닭이기도 하다.

박정희 대통령이 김재규에게 암살된 1979년 10.26 다음 날 아침, 아직 공식 발표되지 않은 '대통령 유고'를 전하며 유신반대 데모를 가장 맹렬히 해온 서울대생들의 반응을 따기 위해 서울대 도서관 앞에서 경제과 3년생을 만났다.

"우리는 박정희 대통령이 제 발로 물러나라고 데모했다. 죽어 나오라고 하지 않았다. 갑자기 죽다니 박 대통령 개인의 불행을 넘어 나라가 얼마나 혼란해지겠나? 국가적 큰 불행이 아닐 수 없다."

1980년 5월 17일 오후 나는 이화여대 학생회관에서 열린 전국대학총학생회장단 회의를 취재하다 '지금 광주가 심상찮다.'라는 본사 연락을 받았다. 당시 대학총학생회장단은 수십만 군중이 운집한 서울역 앞 시위에서 계엄철회, 군의 부대 복귀와 조속한 대통령 선거 실시를 요구하며 시위중단을 결정한 직후였다.

광주에 도착하니 밤 9시 통금이 실시되었다. 시민 동향을 파악하기 위해 전남도경 정보과로 뛰어들었다. 시가지 현장에서 막 돌아온 정보 형사들은 책걸상에 걸터앉아 막 소주병을 들이키고 있었다. 그중 한 간부는 전남대 시위대가 학교로 돌아가는 도로변에서 계엄 확대, 김대중 연금 등 중앙소식을 전하며 시위 계속을 부추기는 사람들에게 "정권이 너희들에게 올 것 같냐? 그 전에 광주 사람 다 죽게 생겼다."라고 욕해 주었다며 "신군부가 하필 왜 광주를 찍었냐. 당장 내일 오전 10시 금남로에 다 모이기로 사발통문이 시내 전역에 돌았는데 이거 큰일 났다."라고 탄식하였다.

5.18 이른 아침 금남로 충장로 해장국집과 조찬 가게를 돌았다. 식당 여주인, 택시 기사, 출근길 직장인들이 서울서 출장 온 동아일보 기자 신분을 확인하자 저마다 흥분하기 시작했다.

"일제 강점기까지 우리 호남도 국가적 고비 고비마다 맹렬히 항쟁(抗爭)했다. 해방 후 3.15 마산의거와 부마사태 때를 비롯하여 너무 오래 침묵(沈默)했다. 보아하니 정치군인들이 호남을 우습게 알고 광주에서 끝을 보자고 하는구나. 이제 우리가 영남에서 시작된 민주화 열망의 꽃을 피울 것이다. 두고 봐라."

내가 코흘리개 초등학생 때 구경한(?) 마산학생의거와 성인이 되어 불과 몇 달 전 직접 취재한 부마 사태의 재기 부활을 광주에서 만나다니! 말없이 풀처럼 엎드려 있다고 해서 민초(民草)라고도 부르는 국민 대중은 나라 안팎 구석구석 정치가 돌아가는 모습을 다 꿰뚫어 보고 있다.

한국 현대정치사에서 역대 대통령 선거와 국회의원 총선은 반드시 국가적인 암시 교훈을 주었다. 우리의 총선, 대선은 크든 작든 매번 '선거 혁명'의 길을 텄다. 그런데 선거를 통해 나타난 민심을 왜곡하거나 눌러 가두면 반드시 폭발했다. 그 대표적인 것이 1978년 제10대 총선과 1985년 이른바 2.12로 불리는 12대 총선이다.

10.26 사태 전 해인 1978년 제10대 총선에서 당시 집권당인 공화당은 제1야당인 신민당에 득표율(得票率)이 뒤지는 결과가 나왔다. 개표 결과는 신민당 32.8%, 민주공화당 31.7%, 민주통일당 7%, 무소속 28%였다.

당시 대통령이 임명하는 유정회가 3분의 1을 차지했고, 지역구도 동반

당선되는 식이었기 때문에 여소야대는 되지 않았지만, 정권에 대해 주권자인 국민이 강력하게 경고를 보낸 선거였다.

그러나 유신정권은 선거 부진의 책임을 부가가치세와 물가 상승 탓으로 돌려 남덕우 당시 경제기획원 장관과 김정렴 대통령비서실장 등을 경질하는 선에서 엉뚱한 처방을 내렸다. 그리고 박정희는 이전의 강압 통치를 지속, 제1야당 총재 김영삼의 의원직 제명으로 부마 사태를 촉발하고 이어 10.26 사태로 자신의 생명마저 잃었다.

광주사태를 무력 진압하고 등장한 전두환 정권 역시 마찬가지였다. 1985년에 있었던 2.12 총선(12대)에서 정치규제에 발이 묶인 김영삼, 김대중 두 김씨가 대리인을 내세워 급조한 신민당(신한민주당)이 엄청난 돌풍을 일으켰고, 그것이 전두환 정권이 궁극적으로 몰락하게 되는 기폭제가 되었다. 당시 집권 세력의 들러리로 인식돼 여당 2중대로 불린 제1야당 민한당과 3중대로 불린 제2야당 국민당은 양김(兩金) 신당의 선명한 민주화 선거 구호에 몰려 전국적으로 거의 전패 수준으로 몰락했다. 1구2인제가 아니었으면 집권당도 참패했을 것이다.

당시 민심이 가리키는 것은 '군부독재 타도, 가짜 야당은 다 물러가라'였다. 그러나 이런 선거 민심도 외면하고 전두환 정권은 5공 군부독재를 밀어붙이다 김근태 고문, 권인숙 성고문, 박종철 고문치사 등을 일으키면서 뒤에 당할 화(禍)만 키웠다. 선거는 시대의 대변화에 앞서 그 조짐을 보여주고, 그 결과를 만들어 내는 커다란 역할을 하는 것이 틀림없다.

5.18 하루 전 전국대학총학생회장단이 자진 시위중단을 선언하면서 촉구한 대통령 선거가 제대로 실시되었다면, 10대 총선에 나타난 선거 민의(民意)가 뒤늦게나마 구현되어 광주 오월의 한은 맺지 않았을 것이다.

또 폭발한 광주 민심을 단전 단수 교통차단은 물론 보도 통제로 그토록 철저히 봉쇄하지 않았다면 시민과 국군이 시가전을 벌이는 상황까지는 가지 않았을 것이다.

당시 북한은 대남 방송을 통해 광주 유혈 실황을 실시간 보도하였다. 광주 상황 대남 방송은 실제상황에 5% 정도의 가짜를 가미한 것으로, 바로 이 유언비어가 광주의 군과 시민 양쪽을 자극하여 불에 휘발유를 붓는 격이었다. 북한의 정규군이 투입됐는지 나는 알 수 없었다. 금남로 시위 현장에서 내가 세 번이나 인터뷰한 '광주의 여인' 고 전옥주 씨는 집회 때마다 군중들에게 "우리 속에 불순분자가 끼어들지 않게 경계하자."라고 외치면서 광주 시민의 뜻을 왜곡시킬 북한공작이 제일 걱정된다고 토로했다.

그러나 전국에 남파된 간첩과 고정간첩, 그리고 우리 내부의 제5열은 광주로 다 집결했을 것이다. 북한 대남 방송은 시간마다 광주 실황을 실시간 파악하고 보도하였으니까. 당시 현지 기자 중엔 시위군중의 불신과 반감 때문에 현장취재에 위험이 따르자 대남 방송을 모니터링해 기사를 작성하는 사람도 있었다. 나는 광주 주재 기자들이 본사로 송고한 평양발 유언비어를 확인 분류하느라 더 힘들고 분주했다.

지금 남쪽 하늘에 오물을 퍼붓고 있는 김정은의 할아버지 김일성과 아버지 김정일이 광주사태 당시엔 유언비어 폭탄을 퍼부었다. 그리고 그때는 질식당한 언론자유가 사회를 붕괴시켰는데 지금은 유튜브 개인 방송을 포함한 난장판 매스컴과 언론 방종(放縱)이 나라를 혼란에 빠뜨리고 있다. 세상에 김정은 일가 같은 악질 독재자가 없고, 한국언론같이 막가는 날림뉴스 제조공장들도 없다.

민심은 천심이다

야(野) 192석 대 여(與) 108석, 22대 총선 결과로 표출된 선거 민의를 여기서 다시 생각한다. 과연 국민은 윤석열 대통령과 민주당 국민의힘 거대 양당에 무엇을 명령했는가.

먼저, 윤 대통령은 보수우파 국민으로부터 가짜 보수 위장 좌파 의혹을 받아 총선참패의 큰 몫을 차지했는데, 이 의혹은 전혀 해소(解消)되지 않았다. 이재명 대표를 만나 협치를 논했지만, 여야대치는 더 심화하고 있다. 이런 가운데 총선 후 지금까지 국민 앞에 드러낸 통치 액션은 언론브리핑을 재개해 영일만 석유매장 가능성을 직접 발표했고, 여당 당선자들을 만나서는 "의석수가 문제 아니다."라며 또 어퍼컷 세레모니를 했다. 총선 전후 한동안 공개 행보가 없었던 김건희 여사가 다시 나타났고, 이어 윤 대통령이 김 여사의 손을 꼭 잡고 외국 순방길에 나섰다.

보수우파 국민들은 "우리는 발가락이 가려운데 대통령은 등을 마구 긁어 피가 날 지경"이라며 실소하고 있다. 경남 합천의 향토 논객은 정말 입에 올리기 어려운 말임에도 불구하고 윤 대통령을 위해서라며 '재임 기간만이라도 김건희 여사와의 졸혼(卒婚)을 생각해 보라.'는 글을 자신의 SNS에 올리기도 했다.

국민의 힘에 대해서도 보수 국민은 시름만 깊어지고 있다. 지난 대선 때 보수의 둥지를 뻐꾸기 탁란(托卵) 장소로 내준 바보짓에도 불구하고 국민의힘 의원들에게서 보수의 가치를 되찾고 수호하려는 의지를 도무지 느끼지 못한다. 21대 때를 거슬러 올라가 보수정당의 공천 과정이 그때부터 좌파와 싸워 이기려는 투지를 제거하는 일종의 거세 의식이 아니었을지 의심하고 있다. 그럼에도 국힘당 의원들은 4년 임기가 보장된 고액 연봉 취업(就業)에 안도하는 것 같다.

다음으로, 이재명 조국 대표를 지지했던 진보성향 국민은 윤석열 김건희 부부가 싫어 민주당과 조국당을 찍었지만, 요즘 들어 야당이 이겨도 너무 많이 이겼다고 생각하는 것 같다. 총선에서 밀어주면 두 대표가 부당하고 억울하다고 주장하는 혐의들이 좀 벗겨질 줄 알았지만, 정작 쌍방울 대북송금 사건 1심 재판 결과 이 대표의 사법 리스크가 하나 더 추가되는 것을 보고 당황스럽기도 하다. 그러면서 조 대표는 윤 대통령 탄핵 시기를 카운트 다운하듯 기고만장하고 야당 의원들은 시간이 걸릴 수밖에 없는 탄핵보다 당장 윤통의 하야(下野)를 촉구하고 나서니 어리둥절하다.

총선 전 정치 이슈가 등장하면 "대통령 부부도 별반 투명·공정하지도 않은데 이재명 조국만 탈탈 털었다."라고 목청을 높이던 호남 국민은 침묵하는 시간이 길어졌다.

특히 민주당이 이재명 1인 정당으로 무섭게 변신하는 것도 모자라 국회운영이나 입법 활동을 이재명 방탄에 '올인'하는 것을 보고 온 국민이 경악하기 시작했다. 이재명 조국 구하기 때문에 국가 시스템이 다 망가지는 건 아닌지 걱정하고 있다. 야당 의원들의 정치행태는 조폭 세계에서 흔히 보던 '똘마니 행동대원'과 별반 다르지 않음을 보고 더욱 한숨짓는다.

이상에서 살펴본 윤 대통령과 여야(與野) 정당, 정치인들의 총선 후 민의 수렴은 선거를 통해 표출된 민의를 오독(誤讀)한 것이 아닐까? 오독이 아니라면 우리 국민은 현 정치권을 한꺼번에 다 쓸어버림으로써 '창조를 위한 파국'을 택했을 것이다.

[참고문헌]

국내 단행본

강준만, 『퇴마 정치』, 서울: 인물과 사상사, 2022.

김계동 김근식 등, 『북한의 체제와 정책』, 서울: 명인문화사, 2018.

김계동 외, 『현대외교정책론』, 서울: 명인문화사, 2009

김부성, 『내가 판 땅굴』, 서울: 갑자문화사, 1976.

김상배·이승주·전재성 편, 『중견국 외교의 세계정치』, 서울: 사회평론아카데미, 2020.

김성보, 『북한의 역사 1』, 경기 고양: 역사비평사, 2011.

김영희, 『베를린장벽의 서사』, 경기 파주: 창비, 2016.

김용운, 『역사의 역습』, 서울: 맥스미디어, 2018.

김태형 박민형 설인효 이근욱 이장욱 정성철 최아진 황지환 황태희, 『북한이 핵보유국이 된다면 어떻게 달라지는가』, 서울: 사회평론아카데미, 2020.

김충근, 『다시 혁명을 기다리며, 베이징에서 바라본 한반도』, 서울: 나남출판, 1999.

김하중, 『김하중의 중국 이야기 2』, 서울: 비전과리더십, 2013.

민족통일원, 『통일 후 북한 토지 소유 개편 방안 연구』, 1995.

박명림, 『한국전쟁의 발발과 기원 II』, 서울: 나남출판, 1996.

박명림, 『한국 1950 전쟁과 평화』, 서울: 나남출판, 2002.

박정현 저 손용수 역, 『Becoming KIM JONG UN』, 경기도 파주: 다산북스, 2021.

서울대 통일평화연구원, 『북한 사회 변동 2020』, 2021.

송민순, 『빙하는 움직인다』, 경기도 파주: 창비, 2016.

신복룡, 『한국사에서의 전쟁과 평화』, 서울: 선인, 2021.

신복룡 편, 『한국분단사자료집』III-3, 서울: 원주문화사, 1992.

신종호 외, 『미중 전략경쟁과 한국의 대응: 역사적 사례와 시사점』, 서울: 통일연구원, 2021.

안상윤, 『다큐멘터리 19세기 韓日의 정치, 고종과 메이지』, 경기 파주: 휴먼필드, 2019.

윤영관, 『외교의 시대』, 서울: 미지북스, 2022.

이삼성, 『한반도의 전쟁과 평화』, 경기도 파주: 한길사, 2018.

이승주 신욱희 이승욱 이왕휘 이동률 이기태, 『지경학의 기원과 21세기 전환』, 서울: 사회평론아카데미, 2021.

이용준, 『북핵 30년의 허상과 진실, 한반도 핵 게임의 종말』, 경기 파주: 한울엠플러스, 2018.

이용준, 『대한민국의 위험한 선택』, 서울: 기파랑, 2019.

이인석, 『독일은 어떻게 통일되고, 한국은 왜 분단이 지속되는가』, 서울: 도서출판 길, 2019.

이종석, 『새로 쓴 현대북한의 이해』, 서울: 역사비평사, 2000.

임종식, 『지경학의 이론과 실제』, 서울: 바른북스, 2021.

정덕구 윤영관 외, 『시진핑 신시대 왜 한국에 도전인가?』, 서울: 21세기북스, 2023.

정영록, 『대한민국 경제혁신 핏팅 코리아』, 서울: 하다, 2021.

주재우, 『한국인을 위한 미중관계사』, 경기 파주: 경인문화사, 2017.

주재우, 『팩트로 읽는 미중의 한반도 전략』, 경기 파주: 종이와나무, 2018.

통일부, 『국민의 정부 5년 평화와 협력의 실현』, 2003.

한광수, 『G2 시대 한국의 생존 전략: 미중 패권전쟁은 없다』, 서울: 한겨레출판, 2019.

한미클럽, 『한미저널』 통권 10호, 서울: 한미클럽, 2022.

한용섭, 『북한 핵의 운명』, 경기 파주: 박영사, 2018.

한중수교30년기념사업준비위원회 편, 『한중 30년, 새로운 미래를 향해』, 서울: 동아시아문화센터, 2022.

홍철·김원배 편저, 『21세기 한반도 경영전략: 지경학적 접근』, 서울: 국토연구

개번 맥코맥, 박성준 역, 『범죄 국가 북한 그리고 미국』, 서울: 이카루스 미디어, 2006.

리처드 하스, 김성훈 옮김, 『혼돈의 세계』, 서울: 매경출판, 2017.

밀러, 이영희 옮김, 『문명의 공존』, 서울: 푸른숲, 2000.

브루스 부에노 데 메스키타 외, 이미숙 옮김, 『독재자의 핸드북』, 서울: 웅진지식하우스, 2012.

야노쉬 코르나이, 차문석·박순성 역, 『사회주의 체제의 정치경제학 1』, 경기 파주: 나남, 2019.

야노쉬 코르나이, 차문석·박순성 역, 『사회주의 체제의 정치경제학 2』, 경기 파주: 나남, 2019.

조지 프리드먼, K전략연구소 옮김, 『21세기 지정학과 미국의 패권 전략』, 서울: 김앤김북스, 2018.

존 볼턴, 박산호·김동규·황선영 옮김, 『존 볼턴의 백악관 회고록, 그 일이 일어난 방』, 서울: 시사저널사, 2020.

클라이브 해밀턴, 김희주 역, 『중국의 조용한 침공』, 서울: 세종서적, 2021.

폴 레버, 이영래 옮김, 『독일은 어떻게 유럽을 지배하는가.』, 서울: 메디치미디어, 2019.

피터 자이한, 홍지수 옮김, 『각자도생의 세계와 지정학』, 서울: 김앤김북스, 2021.

한스 J, 모겐소, 이호재 역, 『현대국제정치론』, 서울: 법문사, 1987.

헌팅턴, 이희재 옮김, 『문명의 충돌』, 서울: 김영사, 2017.

국내 연구논문

강봉구, "남북한 연성 통합의 딜레마와 한러협력의 기회·공간", 『대한정치학회보』 29집 3호, 2021.

고유환, "분단 70년 북한 연구 경향에 관한 고찰," 『통일정책연구』 제24권 1호,

2015.

김갑식. "김정은 정권의 수령제와 당·정·군 관계", 2014.

김경일, "한반도 평화 체제구축과 지경학 시대의 도래", 통일연구원 개성공업지구지원재단 정동영 의원(당시) 공동주최 「2019 한반도의 그림, 지경학 시대의 도래와 한반도 평화 체제」 정책토론회 자료집

김근식, "대북 포용정책과 기능주의: 이상과 현실", 『북한연구학회보』 15권 1호, 북한연구학회, 2011.

김구춘(중국연변대 교수), "짜르 러시아의 동북아 침략 정책, -1885~1904년 세계 패권을 위한 전략을 중심으로-", 『梨花史學』 Vol.19, 이화여자대학교 사학연구소, 1990.

김선래, "러시아의 공세적 동북아 외교 안보 정책과 對한반도 접근 전략", 『슬라브학보』 제36권 2호, 2021.

김아영, "북한의 대미 정상회담 협상전략 유형 연구." 북한대학원대학교 석사학위논문. 2021.

김양희, "RCEP의 지경학과 지정학, 전망과 함의", 『동향과전망』 112호, 2021.

김연식, "북미 간 핵 협상 분석 -비대칭 협상 이론과 양면 게임이론을 중심으로-", 북한대학원대학교 박사학위 논문, 2021.

김원배, "한반도의 지경학적 입지와 한국의 선택", 『21세기 한반도 경영의 지경학적 전략』 정책토론회 발표 자료집(국토통일원, 2000. 1. 21.), pp. 75~105.

김진윤 외, "아시아 안보에 나타난 강압외교와 미국의 견제", 『국제정치연구』 제21권 2호, 동아시아국제정치학회, 2018.

김충근, "북핵 시대 한반도 신냉전 체제의 강화", 『新亞細亞』, 서울: 신아시아연구소, 2023 봄.

류우익, "통일에 대비한 국토개발 전략", 『97국토포럼』(국토개발연구원, 1997), pp. 31~62.

민정훈·정한범, "바이든 행정부 출범과 한미관계와 북미 관계의 탈동조화: 미중전략경쟁과 경제 안보를 중심으로", 『세계지역연구논총』 제40집 1호, 한국세계지역학회, 2022.

박명림, "북한혁명의 성격: 반정복과 반혁명–북한 토지개혁의 과정 내용 의미의 분석", 『아세아연구』 40(1), 고려대 아시아문제연구소, 1997.

박삼옥, "남북한 경제 지리적 통합의 기반 구축 전략", 홍철·김원배 편저, 『21세기 한반도 경영전략: 지경학적 접근』 (국토연구원, 1999), pp. 259~294.

박창건, "지경학의 연결성으로서 한일대륙붕공동개발협정: Post-2028년을 대비하는 한일 양국의 입장과 중국 변수", 『국제정치논총』 제62집 3호, 한국국제정치학회, 2022.

사공 일, "세계화의 심화와 우리의 선택", 『21세기 한반도 경영전략: 지경학적 접근』 (국토연구원, 1999), pp. 17~25.

서동만, "북한 연구에 대한 반성과 과제: 90년대 연구 성과와 문제점," 『북조선 연구 서동만 저작집』, 창비, 2010.

신기석, "열강의 조선국에 대한 경제적 침식: 개국으로부터 청일전쟁에 이르기까지", 『정경학보』(1), 경희대학교, 1960.

신복룡, "중국은 우리에게 누구인가?", 『애틀랜타한인뉴스』, 2020년 11월 29일.

신봉길, "한국과 인도, 위대한 관계 만들 때가 됐다." https://www.joongang.co.kr/article/25136770 (검색일: 2023. 2. 1.)

신욱희, "지경학의 시대: 주체/구조와 안보/경제의 수평적 상호작용", 『한국과 국제정치』 제37권 제3호, 2021.

안병준, "동북아지역 정치경제의 구조와 전망", 『21세기 한반도 경영전략: 지경학적 접근』 (국토연구원, 1999), pp. 71~100.

안충영, "동북아 지역통합을 위한 전략", 『21세기 한반도 경영의 지경학적 전략』 정책토론회 발표 자료집(국토통일원, 2000. 1. 21.), pp. 33~73.

양동휴, "마셜 플랜의 경제적 성과와 의의: 서독의 재건과 유럽통합의 추진", 『경제사학』 37권 0호, 경제사학회, 2004.

양성철, "協商一般理論과 對北 協商戰略 研究" 『전략논총』 Vol.– No.5, 한국전략문제연구소, 1995.

이기태(통일연구원), "일본의 핵무장 논의와 미일 동맹 강화", 한국일본학회(KAJA) 제96회 국제학술대회 발표논문집, 2019.

이기태, "일본의 지역 전략—국제협조 지향의 '열린 지경학'—", 『일본학보』 제 129집, 2021.

이민자, "시진핑의 공동부유(公同富裕) 제기 배경 및 정책적 함의", 『新亞細亞』 29권 1호, 2022 봄.

이삼성, "냉전체제의 본질과 2차 냉전의 발전과 붕괴", https://namu.wiki/w/ SDI (검색일: 2021. 10. 16.)

이상숙, "김정은 시기 북중 관계와 북한의 대중(中)정책 (2012~2021)", 『정책연 구시리즈 2021~18』, 서울: 국립외교원 외교안보연구소, 2022.

이승주, "동아시아 지역경제 질서의 다차원화: 지정학과 지경학의 상호작용", 『 한국과국제정치』 제33권 제1호, 2017 봄.

이승주, "세계 경제의 네트워크화와 미중 전략경쟁: 복합 지경학의 부상". 『정치 정보연구』 제24 권3호, 한국정치정보학회, 2021.

임성재, "북한의 대미 벼랑 끝 협상전략 연구", 동국대학교 대학원 박사학위 논 문, 2022.

유장희, "경제의 지역화와 한반도", 『21세기 한반도 경영전략: 지경학적 접근』(국토연구원, 1999.) pp. 27~68.

전재성, "비판지정학과 한반도 연성복합통일론," 서울대학교-연세대학교 통일 대비국가전략 연구팀 편, 『통일의 신지정학』, 박영사, 2017.

조성렬, "한반도 비핵 평화 프로세스, 2018년 성과와 2019년 과제(2018)", 통일 연구원 개성공업지구지원재단 정동영 의원(당시) 공동주최 「2019 한반도의 그림, 지경학 시대의 도래와 한반도 평화 체제」 정책토론회 자료집, pp. 25~37.

채진원, "'문명충돌'을 막는 한반도 문명 전환의 논리 탐색", 『현상과 인식』 통권 제146호, 한국인문사회과학회, 2021.

최상철 이영성, "통일 후 북한지역에서의 토지 소유 및 이용에 관한 연구", 『환경 논총』, 서울대환경대학원, 1998.

최우선, "미국의 대외 전략 변화와 도전", 한홍열 외 『세계질서의 변화를 읽는 7 개의 시선』, 통일교육원, 2020.

최재덕, "한반도 평화 체제구축 과정에서의 남북한 주도권 강화 방안-지경학적 접근을 중심으로-", 『국가전략』 제24권 4호, 2018.

최재덕, "신남방정책과 '인도-태평양 전략'의 상호연계 모색: 지정학과 지경학의 상호보완성을 중심으로", 『세계지역연구논총』 제37집 4호, 한국세계지역학회, 2019.

한동훈, "19세기 후반 조선과 러시아의 상호인식과 외교정책", 고려대학교 대학원 박사학위 논문, 2021.

북한 문헌

『김일성 저작집 15』, 평양: 조선로동당 출판사, 1981.

『김정일 선집 제21권』, 평양: 조선로동당 출판사, 2013.

김일성, "토지개혁 사업의 총결과 금후의 과업", 『김일성 장군 중요논문집』.

『로동신문』, 1974년 3월 26일.

『로동신문』, 2021년 1월 8일.

『노동신문』, 2021년 1월 13일.

『로동신문』, 2022년 9월 9일.

『조선중앙통신』, 2022년 8월 11일.

외국 문헌

Don Oberdorfer, 『The Two Koreas: A Contemporary History』, Basic Books, 1997.

Henry Kissinger, "Keynote Address: Power Shifts and Security", The 8th IISS Global Strategic Review: Global Security Governance and the Emerging Distribution of Power, Geneva (Sep. 10, 2010

Leslie H. Gelb, "We Just Saw the Future," 『The Daily Beast』, Dec. 20, 2009.

Mike Pompeo, 『Never Give An Inch』(New York: HarperCollins Publish-ers, 2023)

National Intelligence Council, 『Global Trends 2025: A Transformed World』(Washington DC: US Government Printing Office, 2008)

Ralph A. Cossa, "U.S. Northeast Asia Policy: Revitalizing Alliance and Preserving Peace on Peninsula", 『전략연구』통권 제49호 (서울: 한국전략문제연구소, 2010.7)

Robert Zoellick, "Whither China: From Membership to Responsibility?", 『NBR Analysis』Vol.16 No.4, (Dec.,2005)

『The Atlantic』, Sep. 9, 2010.

『The New York Times』, Sep. 5, 2022.

李春日, 『萬里馬速度-金正恩時代朝鮮經濟』, 中國河北: 澳門時間全媒體, 2021.

『人民日報』, http://www.people.cn

언론 기사 자료

『경향신문』, www.khan.co.kr

『동아일보』, www.donga,com

『매일경제신문』, www.mk.co.kr

『신동아』, shindonga.donga.com

『연합뉴스』, www.yna.co.kr

「전북일보」, http://www.jjan.kr

『조선일보』, www.chosun.com

『중앙일보』, www.joongang.co.kr

『펜앤드마이크』, www.pennmike.com

『한국경제신문』, www.hankyung,com

『한국일보』, www.hankookilbo.com

『한겨레신문』, www.hani.co.kr

『BBC 코리아』, www.bbc.com/korean
『KBS』, news.kbs.co.kr
『VOA 코리아』, www.voakorea.com

인터넷 검색자료

『동국대 북한학연구소』, nkstudy.com
『두산백과』, terms.naver.com
『외교부』, www.mofa.go.kr
『통일부 북한자료센터』, unibook.unikorea.go.kr
『행안부 대통령기록관』, https://www.pa.go.kr
『행정안전부 국가기록원』, https://www.archives.go.kr
「KDI경제정보센터」, https://eiec.kdi.re.kr